Untersuchung und Vergleich der Privatisierung
öffentlicher Unternehmen als zentraler Bestandteil
der Wirtschaftspolitik in den achtziger
und neunziger Jahren in Deutschland und Frankreich

Europäische Hochschulschriften
Publications Universitaires Européennes
European University Studies

Reihe V
Volks- und Betriebswirtschaft

Série V Series V
Sciences économiques, gestion d'entreprise
Economics and Management

Bd./Vol. 3003

PETER LANG
Frankfurt am Main · Berlin · Bern · Bruxelles · New York · Oxford · Wien

Fabian Kamm

Untersuchung und Vergleich der Privatisierung öffentlicher Unternehmen als zentraler Bestandteil der Wirtschaftspolitik in den achtziger und neunziger Jahren in Deutschland und Frankreich

PETER LANG
Europäischer Verlag der Wissenschaften

Bibliografische Information Der Deutschen Bibliothek
Die Deutsche Bibliothek verzeichnet diese Publikation in der Deutschen Nationalbibliografie; detaillierte bibliografische Daten sind im Internet über <http://dnb.ddb.de> abrufbar.

Zugl.: Kassel, Univ., Diss., 2003

D 34
ISSN 0531-7339
ISBN 3-631-51594-4

www.peterlang.de

Vorwort

Während meines ersten längeren Auslandsaufenthalt in Frankreichs 1993 habe ich mir die Frage gestellt, wie die Wirtschaftspolitik in unserem Nachbarland eigentlich funktioniert, obwohl die soziale Marktwirtschaft dort nicht existiert. Am Beispiel der Privatisierung einer französischen Großbank musste ich feststellen, dass es auch andere Möglichkeiten als die in Deutschland praktizierte Ordnungspolitik gibt. In unterschiedlichen Kulturen ist mit Hilfe ähnlicher und/oder verschiedener Ziele und Entscheidungen der Wirtschaftspolitik anscheinend eine Einflussnahme auf ökonomische Aktivitäten möglich. Zur detaillierten Analyse dieser Annahme habe ich als Thema die Untersuchung der Privatisierungen in Deutschland und Frankreich hinsichtlich ihrer Entstehung, Durchführung und Ergebnisse vom Beginn der achtziger Jahre bis 2001 gewählt.

Vergleichende Studien der Wirtschaftspolitik dieser Art sind bisher selten. Die existierende Literatur zu diesem Thema begleitet das Thema im Rahmen der länderspezifischen Argumentationsweise eher unabhängig voneinander. Für ein besseres Verständnis der Privatisierungen (und damit zwingend auch des jeweiligen Wirtschaftsmodells) aus Sicht des jeweils anderen Landes wird die Betrachtungsweise deswegen auf einen systematischen kontrastiven Vergleich ausgeweitet. In der Arbeit werden zunächst die theoretischen und praktischen Grundlagen der Privatisierung öffentlicher Unternehmen diskutiert. Nachfolgend wird nach der für jedes Land getrennten Darstellung des Verlaufs der Privatisierungen in den achtziger und neunziger Jahren eine detaillierte Analyse der Privatisierungen durchgeführt. Dabei wird in diesem Hauptteil zum einen auf die verschiedenen ökonomischen Ebenen eingegangen, da durch die Entstaatlichung sowohl makroökonomische als auch mikroökonomische Veränderungen erwartet werden. Zum anderen werden die landestypischen Entwicklungen erarbeitet und explizit miteinander verglichen. Wenn die Arbeit einen kleinen Beitrag zum besseren Verständnis der Wirtschaftspolitik und Privatisierungen Frankreichs aus deutscher Sicht und Deutschlands aus französischer Sicht leistet, sehe ich das als Erfolg.

Meinem Doktorvater, Herrn Prof. Dr. Hans G. Nutzinger, danke ich für die Unterstützung und Betreuung dieser Arbeit. Die Offenheit für ein Thema mit dem methodisch teilweise unerschlossene Forschungsbereiche bearbeitet werden, die hilfreichen Diskussionen und die jederzeit unkomplizierte Zusammenarbeit haben zum Gelingen der Arbeit besonders beigetragen. Herrn Prof. Dr. Hans Manfred Bock danke ich für die Übernahme des Zweitgutachtens und für Anregungen aus dem Blickwinkel der Komparatistik. Den in der Arbeit erwähnten Interviewpartnern danke ich für ihre Gesprächsbereitschaft. Die Ergebnisse haben eine Einordnung und Verstehen des Themas aufbauend auf der Fülle der existierenden Literatur ermöglicht.

Besonderen Dank auch an meine Familie für die Durchsicht des Manuskripts und dem Verständnis für einen cand. Dr. rer. pol. während der Phasen der Fertigstellung einer Dissertation.

Fabian Kamm

Inhaltsverzeichnis

Abkürzungsverzeichnis

Abs.	Absatz
AG	Aktiengesellschaft
AGF	Assurances générales de France
AL	Arbeitslose
Apr.	April
Art.	Artikel
Aufl.	Auflage
BDPME	Banque de développement des PME
BIMP	Banque industrielle et mobiliaire privée
BIP	Bruttoinlandsprodukt (PIB)
BMW	Bayerische Motorenwerke
BNP	Banque nationale de Paris
BRD	Bundesrepublik Deutschland
bspw.	beispielsweise
BTP	Bâtiments et travaux publics
BUE	Banque de l'union européenne
bzgl.	bezüglich
bzw.	beziehungsweise
ca.	circa
CAC40	Wichtigster Pariser Aktienindex (abgeleitet von: la cotation assistée en continu)
CCF	Crédit commercial de France
CDC	Caisse des dépôts et consignations
CDF	Charbonnages de France
CEA	Commissariat à l'énérgie atomique
CEE	Communauté économique européenne (EWG)
CEEP	Centre européen de l'entreprise publique
CFDT	Confédération française démocratique du travail (Gewerkschaft)
CFTC	Confédération française des travailleurs chrétiens (Gewerkschaft)
CGCT	Compagnie générale de construction téléphonique
CGE	Compagnie générale d'électricité
CGM	Compagnie générale maritime

CGP	Commissariat général du plan (Planungskommissariat)
CIC	Compagnie financière de crédit industriel et commercial
CIRAC	Centre d'information et de recherche sur l'Allemagne contemporaine
CLF	Crédit local de France
CM	Commission de modernisation (Modernisierungskommission)
CNP	Caisse nationale de prévoyance Assurances
CNRS	Centre national de la recherche scientifique
DATAR	Délégation à l'aménagement du territoire (Raumplanungskommission)
DASA	Daimler-Chrysler Aerospace
DAX	Deutscher Aktienindex
DCN	Direction des constructions navales
Ders.	Derselbe
Dez.	Dezember
DFI	Deutsch-französisches Institut
d.h.	das heißt
Dies.	Dieselben/Dieselbe
DM	Deutsche Mark
EADS	European aeronaute defense and space company
ed.	edited (herausgegeben)
éd.	édition (Auflage)
EDF	Electricité de France
EG	Europäische Gemeinschaft (heute Europäische Union)
EGV	Europäischer Gemeinschaftsvertrag
EMC	Entreprise minière et chimique
ENA	Ecole Nationale d'Administration (Nationale Verwaltungshochschule)
EnBW	Energie Baden-Württemberg
et al.	und andere
etc.	et cetera
EU	Europäische Union
EWG	Europäische Wirtschaftsgemeinschaft
EWS	Europäisches Währungssystem
FAZ	Frankfurter Allgemeine Zeitung
Feb.	Februar
ff	fort folgende
FF	Francs français
GAN	Groupe des assurances nationales
GDF	Gaz de France

GWB	Gesetz gegen Wettbewerbsbeschränkungen
INSEE	Institut national de la statistique et des études économiques
i. S.	im Sinne
IWF	Internationaler Währungsfonds
Jan.	Januar
Jg.	Jahrgang
KfW	Kreditanstalt für Wiederaufbau
MATIF	Marché à terme des instruments financiers (Börse für Termingeschäfte)
MF	Millions de francs
Mio.	Millionen
Mrd.	Milliarden
Nov.	November
N°	numéro (Nummer)
Nr.	Nummer
NSV	Nettostaatsverschuldung
NZZ	Neue Zürcher Zeitung
OCDE	Organisation de coopération et développement économique (OECD)
OECD	Organization for economic cooperation and development
OFCE	Observatoire français des conjonctures économiques (Wirtschaftsforschungsinstitut)
Okt.	Oktober
OPA	Offre publique d'achat (Übernahmeangebot)
o.V.	ohne Verfasser
PDG	Président directeur général
PIB	Produit intérieur brut (Bruttoinlandsprodukt)
PME	Petites et moyennes entreprises (Mittelstand)
priv.	privatisiert
PTT	Postes, télégraphes, téléphones (Post)
PUK	Péchiney Ugine Kuhlmann
RATP	Régie autonome des transports parisiens
RECME	Répertoire national des entreprises controlées majoritairement par l'Etat
RMI	Revenu minimum d'insertion (Gesetzliches Mindesteinkommen)
RWE	Rheinisch-Westfälisches Elektrizitätswerk
s.	siehe
S.	Seite(n)
S.A.	Société anonyme (Aktiengesellschaft)

SEITA	Société nationale d'exploitation industrielles des tabacs et allumetes
SICAV	Société d'investissement des capitaux variables
Sept.	September
SME	Système monétaire européen (EWS)
SMIC	Salaire minimum interprofessionnel de croissance (Mindestlohn)
SNCF	Société nationale des chemins de fer français
SNECMA	Société nationale d'études et de construction de moteurs d'avion
SNIAS	Société nationale industrielle AEROSPATIALE
s.o.	siehe oben
SOFRES	Société française d'enquête par sondage (Meinungsforschungsinstitut)
Sp.	Spalte(n)
s.u.	siehe unten
SVR	Sachverständigenrat
SZ	Süddeutsche Zeitung
TGV	Train à grande vitesse
u.a.	unter anderem
UAP	Union des assurances de Paris
URL	Uniform resource locator (Adressierungsschema von Internet-Quellen)
US	United States (Vereinigte Staaten)
USA	United States of America (Vereinigte Staaten von Amerika)
Veba	Vereinigte Elektrizitäts- und Bergwerks-Aktiengesellschaft
Vgl.	Vergleiche
Viag	Vereinigte Industrie-Unternehmungen AG
VKWW	Vahlens Kompendium der Wirtschaftstheorie und Wirtschaftspolitik
VW	Volkswagen
Wara	Wachstumsrate
WestLB	Westdeutsche Landesbank
z.B.	zum Beispiel
ZögU	Zeitschrift für öffentliche und gemeinwirtschaftliche Unternehmen

Verzeichnis der Tabellen und Abbildungen

Tabellen

Abbildungen

Verzeichnis des Anhangs

Tabellen

Abbildungen

Gesprächsprotokolle

Experteninterviews

1 Einführung

1.1 Problemstellung

Während der vergangenen beiden Jahrzehnte ist die Privatisierung von Unternehmen des öffentlichen Sektors wahrscheinlich der wesentliche Bestandteil der qualitativen Wirtschaftspolitik in Deutschland und Frankreich.[1] Dabei werden für die Privatisierung öffentlicher Unternehmen zahlreiche Begründungen angeführt und vielfältige Ziele vorgegeben. Die Thematik kehrt in regelmäßigen Abständen zurück in den Blickpunkt der Öffentlichkeit, da der durchzuführende Prozess meist ausführlich in Presse und Fachliteratur diskutiert wird (vor allem bei einer entsprechenden Größe des Privatisierungskandidaten und bei einer Platzierung von Aktien an der Börse).

Die Umsetzung von Privatisierungen verläuft mittlerweile bereits dermaßen lange und kontinuierlich, dass sie als fester Bestandteil der praktischen Wirtschaftspolitik in den beiden Ländern angesehen werden kann. Die Ideen und Äußerungen der Politik zu diesem Thema widersprechen einerseits den pragmatischen Umsetzungen der Privatisierungsvorhaben an sich, unterstützen aber andererseits privatisierungsfreundliche wirtschaftstheoretische Ansätze und Konzeptionen. Es scheint keine Rolle mehr zu spielen, ob die Privatisierungen von jeweils eher rechts- oder linksgerichteten Regierungen geplant oder durchgeführt werden. Zudem sind für öffentliche Unternehmen auf der einen Seite eine stärker liberal orientierte Wirtschaftspolitik und auf der anderen Seite verengte finanzielle Spielräume in beiden Ländern Gründe für Veränderungen. Zusätzlich werden die Privatisierungen im Rahmen der allgemeinen Wirtschaftspolitik in Deutschland und Frankreich erheblich durch äußere Einflüsse wie die fortschreitende europäische Integration, technische Entwicklungen und die Globalisierung vorangetrieben. Bezogen auf die Entwicklungen der öffentlichen Unternehmen wird sogar von einem Paradigmenwechsel im öffentlichen Sektor gesprochen.[2]

---

1 Vgl. Schleyer (1997): S. 64-65; sowie Gesellschaft für öffentliche Wirtschaft (1994): S. 195. Qualitative Wirtschaftspolitik wird für die Arbeit definiert als Sozialpolitik, Wettbewerbspolitik, Ordnungspolitik, Wirtschaftsgrundlagenpolitik und Strukturpolitik. Quantitative Wirtschaftspolitik dagegen umfasst Konjunktur- und Wachstumspolitik.

2 Vgl. Froehly (1999): S. 361; sowie Cox (1999): S. 268-269, 272; sowie Voisin (1995): S. 55.

Die zentralen Fragen der Arbeit sind einerseits eine Bewertung der bisherigen Privatisierungspolitik anhand der gesetzten Ziele und Auswirkungen in Deutschland und Frankreich und andererseits eine Erklärung der Art der Privatisierungen und ihrer Abläufe in den beiden Staaten unter Beachtung der jeweiligen landesspezifischen Ausgangssituationen sowie jeweiliger Besonderheiten. Zusätzlich sollen mögliche Parallelen der sich weiterentwickelnden Ansätze der Privatisierungsvorhaben untersucht werden. Die Untersuchungen der Länder mit ihren jeweils unterschiedlichen konzeptionellen und faktischen Grundlagen ihrer Wirtschaften können jeweils Stärken und Schwächen der Ziele transparenter machen.

Die analysierende Gegenüberstellung der beiden Länder bietet sich aus verschiedenen Gründen an. Für Deutschland und Frankreich als ‚Hauptachse Europas' lassen sich einerseits in der realen Wirtschaftspolitik vermehrt Gemeinsamkeiten ausmachen, obwohl die Wirtschaftsordnungen unterschiedlich konzipiert sind.[3] Die Privatisierung öffentlicher Unternehmen waren in beiden Ländern seit den achtziger Jahren immer wiederkehrende Themen der Wirtschaftspolitik. Andererseits sind die ökonomischen Rahmenbedingungen für die nationale Wirtschaftspolitik in den letzten beiden Jahrzehnten grundlegenden Veränderungen unterworfen.[4] Hierbei tauchen vermehrt Parallelen in der Standortdebatte und bei Fusionen, auch beeinflusst durch die Privatisierungen, auf. Ein umfassender Vergleich und eine detaillierte Analyse der geschilderten Thematik existieren bisher nicht. Auch für die kommenden Jahre scheint ein andauernder Bedarf an Privatisierungen im öffentlichen Sektor in den beiden Ländern notwendig. Insofern soll die Arbeit einen Beitrag zur Theorie, Konzeption und Realisierung der Privatisierung öffentlicher Unternehmen im Rahmen der jeweils umgesetzten Wirtschaftspolitik in Deutschland und Frankreich leisten.

Weitere Anliegen des vorliegenden Themas sind einerseits, das Verständnis für Gemeinsamkeiten und Unterschiede in der Wirtschaftspolitik in beiden Ländern zu fördern, sowie andererseits existierende Stereotypen zu hinterfragen. Unterschiedliche Grundvorstellungen und persistente Missverständnisse, geprägt durch „das Geröll ideologischer Zerrbilder und nationaler Fehlwahrnehmungen"[5] in beiden Ländern, haben in der Vergangenheit den grenzüberschreitenden, wirtschaftspolitischen Dialog teilweise erschwert.[6] Vor diesem Hintergrund geht es demnach auch nicht um eine rein wirtschaftwissenschaftliche Erörterung, auch wenn Deutschland vor allem aus ökonomischer Sicht in Frankreich oftmals als Vergleich angeführt wird. Die landesspezifischen und historischen Ausgangsbe-

---

3 Vgl. Uterwedde (1998c): S. 450; sowie Schoser (2000): S. 149; sowie Wright (1997): S. 152.

4 Vgl. Froehly (1999): S. 361; Uterwedde (1998b): S. 21-22.

5 Picht/Uterwedde (1998): S. 189.

6 Vgl. Froehly (1999): S. 371.

dingungen sowie die politischen Rahmenbedingungen sollen ansatzweise, soweit hilfreich für das Verständnis der Wirtschaftsmodelle und der Privatisierungen, Berücksichtigung finden.[7]

Die Ausgangshypothese der Arbeit lautet, dass es trotz unterschiedlicher Begrifflichkeiten in beiden Ländern zahlreiche Übereinstimmungen in Theorie und Praxis der Privatisierung öffentlicher Unternehmen sowie der Wirtschaftspolitik gibt. Dabei sind eine direkte Analogie oder ein funktionales Äquivalent zu unterscheiden.[8] Das heißt, es gibt einerseits direkte Parallelen und andererseits Unterschiede in Theorie und Praxis, die aber mitunter zu vergleichbaren Ergebnissen führen. In diesem Zusammenhang sollen mehrere als Fragen formulierte Thesen erörtert werden. Die Fragen bedingen sich teilweise gegenseitig und sind interdependent:

- Ist Frankreich ein Modell für Privatisierungen in Deutschland oder umgekehrt? (Ist Ordnungspolitik überhaupt noch notwendig, da es sie in Frankreich nicht gibt? Oder besteht Reformbedarf? Inwieweit bleiben sich die Länder bei den Privatisierungen treu?)
- Welche Unterschiede und/oder Gemeinsamkeiten lassen sich in Theorie (Diskurs) und Praxis (Umsetzung) zur Privatisierungspolitik feststellen?
- Inwieweit werden die politisch festgesetzten Ziele erreicht? Welche Ziele werden neben den offiziellen Zielen verfolgt? Sind die verfolgten Ziele widerspruchs- und konfliktfrei? (Ziel-Mittel-Optimierung?)
- Inwieweit sind Globalisierung und europäische Integration privatisierungsfördernd?
- Inwieweit gibt es Unterschiede im Einfluss auf die praktizierte Wirtschaftspolitik? Primat der Politik (Frankreich) versus Primat der Wirtschaft (Deutschland)? Unterschiede der Privatisierungen bei Zentralismus und Föderalismus?
- Welche (in)direkten Auswirkungen haben die Privatisierungen auf das jeweilige Modell (Systemwettbewerb, Standortpolitik und Beteiligungspolitik)?

---

7 Vgl. Neumann/Uterwedde (1986): S. 20. Dabei können u.a. auch solche Themen wie Machtfragen oder Mentalitätsunterschiede eine Rolle spielen.

8 Vgl. 2. Gesprächsprotokoll Uterwedde im Anhang S.IX. Einen kurzen Einblick in die Vielfältigkeit der unterschiedlichen ökonomischen Rahmenbedingungen findet man bei Neumann/Uterwedde (1986): S. 88.

1.2 Abgrenzung des Themas

Der Schwerpunkt der Arbeit liegt auf dem Zeitraum vom Beginn der achtziger Jahre bis 2001. Es wird betont, dass es explizit um einen deutsch-französischen Vergleich geht. Die soziale Marktwirtschaft[9] wird, soweit möglich und sinnvoll, als Referenzsystem für das vorliegende Thema herangezogen. Diese Vorgehensweise bietet sich an, da die europäische Wirtschaftsordnung in Teilbereichen vom deutschen Modell geprägt ist.[10] Zudem ist diese Abgrenzung hilfreich, um einen klaren Orientierungsrahmen des Vergleichs zu schaffen. Da das Konzept der sozialen Marktwirtschaft in Frankreich nicht offiziell und direkt verfolgt wird, wäre ein umfassender Vergleich Frankreichs mit ordnungstheoretischem Hintergrund nicht sinnvoll.

Besondere Entwicklungen in Deutschland, wie die Privatisierungen in den neuen Bundesländern nach der deutsch-deutschen Wiedervereinigung oder aktuelle Entwicklungen einzelner Sektoren und Branchen in beiden Ländern (Bereiche Telekommunikation, Post, Energiebranche und Landesbanken, etc.), sollen nur behandelt werden, soweit sie für das Thema der Arbeit von Bedeutung sind. Die Privatisierungen in den neuen Bundesländern werden nicht detailliert betrachtet,[11] da durch sie das Thema Systemtransformation und Privatisierungen behandelt werden muss. Diese Fragestellung ist für den deutsch-französischen Vergleich der Privatisierungen von untergeordneter Bedeutung, da sich die Privatisierungen innerhalb der bestehenden Modelle vollziehen. Für die Privatisierungen in den neuen Bundesländern existiert kein ähnliches Pendant in Frankreich. Eine Diskussion der Theorie der sozialen Marktwirtschaft, ihrer Implementierbarkeit und wettbewerbsrechtliche Erörterungen erfolgen nur, falls sie für die Arbeit relevant sind. Auf theoretische Ansätze in Frankreich wie Neomarxismus, Neoprotektionismus oder Neomerkantilismus wird nicht eingegangen.[12] Auch die Theorie der internationalen Arbeitsteilung wird nicht behandelt.[13]

Die theoretischen Ausführungen zu Privatisierung bewegen sich in Deutschland zwischen wirtschaftwissenschaftlich geprägten Argumenten aus ordnungstheoretischer Sicht und aus Sicht der öffentlichen Wirtschaft. In Frankreich dagegen fließen in die wirtschaftswissenschaftlichen Fragen auch stärker Stellungnahmen von Politikwissenschaftlern, Soziologen und Praktikern ein. Es wird

---

9 Vgl. Streit (1991): S. 260 ff.

10 Vgl. Experteninterview Schlecht im Anhang S.XVI.

11 Vgl. Knauss (1993): S. 177-181.

12 Eine Darstellung erfolgt bei Gourevitch (1982): S. 5-7.

13 Eine Darstellung dieser Theorie findet sich bei Steinacker/Westphal (1985): S. 12-19. Im Wesentlichen geht es um strukturelle Anpassungen der französischen Wirtschaft infolge von Internationalisierungsprozessen.

deswegen darauf hingewiesen, dass eine Beschäftigung mit ökonomischen Problemstellungen in Frankreich erst seit den achtziger Jahren in den Mittelpunkt rückt. Bis dahin ist Politik das dominierende Thema. Dagegen stehen in Deutschland, auch bei Privatisierungen, normative, ökonomische Betrachtungen im Vordergrund.[14] Diese Veränderung bedeutet somit einen großen Wandel in Frankreich, unterstützt indessen zugleich eine vergleichende Analyse aus hauptsächlich wirtschaftswissenschaftlicher Sicht. Andere Ansätze in Frankreich können auch die deutsche Diskussion bereichern, da sie den Standpunkt erweitern oder verschieben. Der Meinungsaustausch wird aber auch erschwert, weil man von einer rein wirtschaftswissenschaftlichen Diskussion funktionaler Erfordernisse abkommt. Der Autor hält eine teilweise Berücksichtigung von nichtwirtschaftwissenschaftlichen Analysen jedoch für notwendig, da in der Praxis die ökonomischen Modelle durch historisch entwickelte, gesellschaftlich-politische Gegebenheiten überlagert werden. Gerade in einem länderübergreifenden Vergleich zwischen Deutschland und Frankreich ist dem immer wieder Rechnung zu tragen, auch wenn wirtschaftswissenschaftliche Diskussionen und Überlegungen die dominierende Argumentationsbasis der Arbeit ausmachen.

1.3 Komparatistik als methodisches Problem

Zur Würdigung bisher vorhandener Definitionen eines europäischen bzw. deutsch-französischen Wirtschaftsmodells und methodischer Vorgehensweisen im länderübergreifenden Vergleich werden hier kurz drei Ansätze betrachtet. Diese Ansätze stammen von Michel Albert (‚Rheinischer Kapitalismus in Deutschland und Frankreich'), Günther Ammon (‚Ein deutsch-französischer Wirtschaftsstil') und Jacques Pateau (‚Ein deutsch-französisches Modell').[15]

---

14 Vgl. Gesellschaft für öffentliche Wirtschaft (1994): S. 197 ff.; sowie Schmidt et al. (1983): S. 186; sowie Wermuth (1995): S. 123; sowie Fischer (1996): S. 134; sowie Ammon (1989): S. 233; sowie Kowalsky (1987): S. 110. Dies ist umso bemerkenswerter, als es bereits im 18. Jahrhundert mit den Physiokraten bedeutende französischen Wirtschaftswissenschaftler gab. Aber auch bei ihnen ist die Sichtweise des Ökonomischen politisch. Für eine aktuelle, ausführliche Einführung in die Wirtschaftswissenschaft und ihre Akteure in Frankreich aus soziologischer Sicht S. Lebaron (2000). Aktuell wird in Frankreich über eine ‚autistische Ökonomie' diskutiert. Der Wirtschaftswissenschaft wird hauptsächlich ihr Formalismus und ihre Realitätsfremde vorgeworfen, S. dazu o.V. (2000e): S. 20. Für eine aktuelle Kritik des Neoliberalismus aus soziologischer Sicht vergleiche bspw. Bourdieu (2000).

15 Vgl. Albert (1992): S. 104; sowie Ammon (1993): S. 194; sowie Pateau (1992): S. 194.

- Für verschiedene europäische Länder (u.a. Nordeuropa, Schweiz und Deutschland) und Japan gemeinsam als ein Wirtschaftsmodell werden von Michel Albert zu Beginn der neunziger Jahre die Begriffe des ‚rheinischen Kapitalismus' oder des ‚rheinischen Modells' gebildet.[16] Diese dienen als Schlagworte im Gegensatz zum amerikanisch geprägten Modell des ‚capitalisme anglo-saxon' (angelsächsischer Kapitalismus). Albert verweist zur Charakterisierung auf verschiedene einheitliche Kriterien des rheinischen Modells:[17] Platz des Marktes, Kapitalismus der Banken, Verwobene Interessengeflechte, ein gut verwalteter Konsens, Ordoliberalismus, etc.. Die Stärke des Essays von Albert liegt in der Schaffung eines verständlichen Schlagworts und in der rechtzeitigen Reflexion sich abzeichnender tiefgreifender Veränderungen der europäischen Modelle durch Bezugnahme auf die Merkmale der sozialen Marktwirtschaft. Er leistet.mit seiner Untersuchung einen wichtigen Diskussionsbeitrag zu einem europäischen Wirtschaftsmodell.

- Zur Darstellung eines europäischen Wirtschaftsstils stellt Ammon 1993 in einem Aufsatz, der über den ‚französischen Wirtschaftsstil' hinausführt, die französische Planification der sozialen Marktwirtschaft in Deutschland gegenüber.[18] Er prüft deren Einfluss auf ein europäisches Modell. Nach Betrachtung des Romvertrags von 1957 und des Essays von Michel Albert kommt Ammon zu der Hypothese, dass von einem Ansatz eines europäischen Wirtschafts- und Gesellschaftsstils gesprochen werden kann. Dabei beruft er sich auf Aussagen von Jacques Delors und nennt folgende Kriterien:[19] Marktwirtschaft, sozialer Ausgleich, Stabilität und Wachstum, europäische Infrastrukturprojekte, Subsidiarität und Erhaltung nationaler Identität. Der Vorteil des Ansatzes von Ammon liegt in der speziellen Auswahl der Modelle Deutschlands und Frankreichs als Untersuchungsobjekte. Der Referenzpunkt ist der gleiche wie bei Albert, wird aber zum einen theoretisch und zum anderen inhaltlich ausschließlich orientiert an Deutschland und Frankreich (um die Planification) erweitert.

- Jacques Pateau beschäftigt sich hauptsächlich mit Fragen der Praxis des interkulturellen Managements in Bezug auf deutsche und französische Unternehmen.[20] Es wird in der jüngsten Untersuchung angenommen, dass für ein Verständnis der Zusammenarbeit zwischen beiden Ländern zuerst die kultu-

---

16 Vgl. Albert (1992): S. 104.
17 Vgl. Albert (1992): S. 103 ff.
18 Vgl. Ammon (1993): S. 178 ff; sowie Ammon (1989).
19 Vgl. Ammon (1993): S. 192-193.
20 Vgl. Pateau (1992): S. 194-195.

rellen Unterschiede zu untersuchen sind, um die jeweils andere Verhaltensweise zu verstehen. Für die Untersuchung werden drei Phasen unterschieden:[21] Einführung der interkulturellen Sichtweise, Kennenlernen der Unternehmenspraxis durch Beantwortung von Fragen, Ansätze des interkulturellen Managements. Als methodische Vorgehensweise wird ein Wechsel zwischen Geistes- und Sozialwissenschaften und der Praxis in den Unternehmen vorgeschlagen.[22] Im Vergleich zu Albert und Ammon wird ein anderer Ansatz gewählt, da nicht von den realen Ausprägungen der Wirtschaftsmodelle ausgegangen wird (Makroebene in der realen Ausprägung), sondern methodisch zunächst die Modelle interkultureller Analyse auf Stärken und Schwächen geprüft und anschließend der Unternehmensalltag untersucht wird (Mikroebene). Als Referenzpunkte werden die Kulturanalyse und die Untersuchung einzelner Beispiele (Unternehmen) gewählt.

Unabhängig von einer weiteren inhaltlichen Diskussion ist für Albert und Ammon festzustellen, dass die gewählten Kriterien sich nur eingeschränkt zur Untersuchung von Privatisierungen eignen. Das Abstraktionsniveau ist eher gesamtwirtschaftlich-gesellschaftlich und derart gewählt, dass eine Zusammenfassung von Kriterien für ihre Untersuchungen möglich sind. Bei Pateau wird dagegen durch den interkulturellen Ansatz ein Element eines deutschen oder französischen Wirtschaftsstils herausgegriffen. Dadurch lässt sich das komplexe Phänomen Privatisierung wohl auch nicht erklären.

Die Vorschläge der drei Autoren sind auf eher allgemeinem Niveau formuliert, so dass es nicht möglich ist, die Ansätze und Überlegungen eines konkreten Phänomens wie der Privatisierung zu übertragen. Die vergleichende Analyse der Arbeit betont im Wesentlichen ökonomische Fragestellungen, indem die Ergebnisse der Privatisierungen an wirtschaftlichen Daten und Fakten gemessen werden. Denn für den Ökonomen gilt: „Die Wirtschaftspolitik muß sich an ihren Ergebnissen, nicht an ihren Motiven messen lassen“[23]. Dies ist wohl auch der Grund dafür, dass explizit vergleichende, im Ansatz disziplinübergreifende Untersuchungen der Wirtschaftspolitik bisher äußerst selten sind.[24]

Die wirtschaftstheoretischen Probleme des Systemvergleichs scheinen weiterhin zu bestehen, da auf das ‚Warum‘ durch die Untersuchung von Daten und Fak-

---

21 Vgl. Pateau (1999): S. 11-13.

22 Vgl. Pateau (1999): S. 13.

23 Woll (1984): S. 11.

24 Versucht wird das in jüngster Zeit gelegentlich wieder mit Hilfe des Konzepts der Wirtschaftsstile. Als weiterführende Literatur zur Diskussion um einen „Wirtschaftsstil“ vgl. Schefold, Bertram: Studien zum Verhältnis von Ökonomie und Kultur: Frankfurt, 1994.

ten anscheinend nicht ausreichend geantwortet werden kann.[25] „Es ist vielmehr unerlässlich, Vorstellungen über die Zusammenhänge in der Wirklichkeit zu gewinnen [.....]. Wenn es aber Aufgabe der Wirtschaftstheorie ist, ökonomische Sachverhalte zu erklären, dann gilt das auch für [.....] die Theorie des wirtschaftlichen Systemvergleichs [.....]. Findet nun in dem, was wir betreiben [.....] tatsächlich *Erklärung* statt? Versucht man, hierauf eine Antwort zu finden, dann sieht man sich mit der Tatsache konfrontiert, daß es in der Erkenntnistheorie gar keine einheitliche Auffassung darüber gibt, wann ein wirtschaftliches Phänomen oder ein Ereignis eigentlich erklärt ist."[26]

1.4 Gang und Methoden der Untersuchung

Die Arbeit ist in sechs Hauptteile gegliedert. Nach der Einführung, einer inhaltlichen Abgrenzung, der Darstellung der Komparatistik als methodisches Problem und einer einleitenden Problemstellung in Kapitel 1 werden im ersten Hauptteil (Kapitel 2) zunächst theoretische Grundlagen zur Privatisierung öffentlicher Unternehmen im Rahmen der allgemeinen Wirtschaftspolitik dargestellt. Dabei werden die unterschiedlichen Wirtschaftssysteme und -ordnungen, das Verständnis des Zusammenspiels von Wirtschaft und Staat, die Begründung staatlicher Eingriffe aus Sicht der Wirtschaftstheorie und grundlegende relevante wirtschaftspolitische Konzeptionen vorgestellt. Anschließend erfolgt die Einführung der theoretischen Grundlagen zur Privatisierung öffentlicher Unternehmen. Nach der Diskussion der inhaltlichen Zusammenhänge von Wettbewerb und Deregulierung sowie Privatisierung, erfolgt eine Darstellung der Theorie öffentlicher Unternehmen. Daran anknüpfend werden insbesondere die theoretischen Ziele der Privatisierungen sowie die Gründe für und die Vorbehalte gegen Privatisierungen detailliert diskutiert. Zum Abschluss werden die Ausführungen zusammengefasst.

Der zweite Hauptteil (Kapitel 3) schließt sich an mit der Erklärung der konzeptionellen Ansätze und möglichen Bedingungen und Restriktionen bei der Umsetzung der Privatisierungen in beiden Ländern, also mit den praktischen Grundlagen zur Privatisierung öffentlicher Unternehmen. Vor der Darlegung der tatsächlichen Rolle der öffentlichen Unternehmen und ihres Sektors werden, zum besseren Verständnis des Themas, die konzeptionellen Grundlagen der Wirtschaft in Deutschland und Frankreich untersucht. Im nächsten Schritt werden einerseits relevante gesetzliche Tatbestände und andererseits mögliche Vorgehensweisen sowie Strategien der Privatisierungen dargelegt. Zum Ende dieses

25 Vgl. Gutmann (1987): S. 32.
26 Gutmann (1987): S. 32-33.

Kapitels werden typische landesspezifische Privatisierungsprozesse behandelt, bevor abschließend die Rolle der EU-Integration sowie der Globalisierung detailliert erläutert wird. Zum Abschluss werden die Ausführungen zusammengefasst.

Im dritten Hauptteil (Kapitel 4) wird für die bisher durchgeführten Privatisierungen in Deutschland und Frankreich in ihrem Verlauf und Ergebnis eine Bestandsaufnahme durchgeführt. Dies erfolgt vor dem Hintergrund der im ersten und zweiten Hauptteil vorgenommenen Darstellung der wesentlichen Grundlagen zum Verständnis der Privatisierungen in Theorie und Praxis. Diese Gliederung wird am Beispiel Frankreich dargestellt. Nach einer Einordnung in die im ersten und zweiten Hauptteil beschriebenen Zusammenhänge durch die Grundlagen und Historie werden Privatisierungsprogramme und -techniken von 1986-1988, von 1993-1997 und bis 2000 dargestellt. Es wird geklärt, inwieweit Veränderungen zwischen den verschiedenen Privatisierungsprozessen existieren. Anschließend werden die Privatisierungen in ihrer tatsächlichen Vorgehensweise beleuchtet, bevor ein Zwischenergebnis und ein Ausblick versucht werden. Die Gliederung dieser Unterpunkte ist für Deutschland identisch aufgebaut.

Im vierten Hauptteil schließlich (Kapitel 5) werden die bis dahin erarbeiteten Analysen und Ergebnisse zur Privatisierung öffentlicher Unternehmen in Deutschland und Frankreich in einem zusammenfassenden Vergleich gegenübergestellt und bewertet. Nach einem Hinweis auf die der Arbeit zugrundeliegende Problematik möglicher Evaluierungen werden zunächst die Konzeptionen und die Realität der Wirtschaftssysteme miteinander verglichen. Daran schließt sich eine Gegenüberstellung des öffentlichen Sektors in Deutschland und Frankreich an, bevor eine allgemeine Kosten/Nutzen-Analyse des Sektors sowie einer einzelnen Privatisierung aus Sicht des Privatisierungskandidaten diskutiert wird. Im nächsten Schritt wird zuerst ein deutsch-französischer Paarvergleich von zehn Unternehmen vorgenommen, die in einer typischen Form von Privatisierungsfragen betroffen sind. Danach werden weitere typische Beispiele einzelner Privatisierungskandidaten untersucht. Bei der folgenden Untersuchung der französischen Besonderheiten bei Privatisierungen wird insbesondere auf französische ‚Spezialitäten' wie den ‚noyau dur' (harter Kern) als Aktionäre, die goldenen Aktien oder auch die führende Schicht des französischen Kapitalismus (Verwaltungselite) eingegangen. Dito erfolgen die Analysen des Verlaufs und Ergebnisses der Privatisierungen in Deutschland. Bei den Besonderheiten wird aus deutscher Sicht speziell auf das politökonomische Verhalten, ordnungspolitische Überlegungen und Eigenheiten des politischen Systems eingegangen. Des weiteren werden die verschiedenen, für die Privatisierungen gesteckten wirtschaftspolitischen Ziele auf ihren Zielerreichungsgrad hin untersucht. Daran schließen sich eine Analyse weitergehender Auswirkungen der Privatisierungen, nämlich der Standort- und Beteiligungspolitik, und ein Vergleich der aufgezeigten landesspezifischen Besonderheiten aus Kapitel 4 an. Abschließend werden mögliche Ansätze zu Annäherungen der Privatisierungen und der Wirtschaftspolitik vorgeschlagen.

Die Ausführungen der Arbeit (Kapitel 6) enden mit einer Schlussbemerkung und der Zusammenfassung der Ergebnisse.

Die Arbeit basiert zum einen auf der Auswertung von amtlichen Quellen und Publikationen der entsprechenden Ministerien, von Verbandszeitschriften, der Fachpresse sowie von Tageszeitungen, Internetadressen (versehen mit der URL und dem Datum der Internetrecherche) und Wochenzeitschriften. Da auch in jüngerer Zeit laufend Privatisierungen durchgeführt werden, sind regelmäßig aktuelle Artikel aus Tageszeitungen zitiert.

Zum anderen stützt sich die Arbeit hauptsächlich auf entsprechende Sekundärliteratur aus beiden Ländern. Eine kleine Auswahl von Autoren ist hier vorangestellt. In Deutschland sind Ausführungen und Analysen der Monopolkommission (Monopolkommission 1998) zur Deregulierung der Wirtschaft, von Karl-Hans Hartwig (Hartwig 1998) und Peter Eichhorn (Eichhorn 1988) zur Rolle der öffentlichen Unternehmen und von Otto Schlecht (Schlecht 1999) zur sozialen Marktwirtschaft relevant für die Arbeit. Für Frankreich sind die Arbeiten von Elie Cohen zum französischen Kapitalismus (Cohen 1996), von François Morin (Morin 1998) zur Beteiligungspolitik französischer Großunternehmen, von Christian Stoffaës (Stoffaës 1995) zur öffentlichen Wirtschaft sowie von Henrik Uterwedde (Uterwedde 1996a) zur laufenden Kommentierung der französischen Wirtschaftspolitik zu erwähnen.

Der Vergleich zwischen Deutschland und Frankreich für das Thema ist durchgängig so aufgebaut, dass innerhalb von Kapiteln oder in Kapiteln nacheinander in chronologischer Reihenfolge zuerst die jeweiligen Ausführungen zu Deutschland und danach zu Frankreich erfolgen. Zitate oder Anmerkungen in französischer oder englischer Sprache im Haupttext werden in den Fußnoten oder im Text übersetzt. Manche Ausführungen des Französischen oder Englischen sind nur in ihrer ursprünglichen Formulierung und Fassung ‚richtig' zu verstehen und werden deswegen im Original zitiert. Trotz eventuell auftretender Schwierigkeiten, die eine Übersetzung hervorrufen kann, wird für diese Begriffe oder Sätze eine Übersetzung versucht.

Zusätzlich zur Literaturauswertung wurden mehrere Experteninterviews geführt. Die Protokolle der Interviews sind im Anhang der Arbeit hinterlegt. Außerdem wurden im Vorfeld zwei Gespräche mit Herrn Dr. Uterwedde geführt, die sich als Gesprächsprotokolle ebenfalls im Anhang finden.

Mit vier Experten wurde jeweils ein Interview geführt: Dr. Uterwedde vom Deutsch-Französischen Institut (Ludwigsburg); Prof. Dr. Eichhorn von der Universität Mannheim; Prof. Dr. Schlecht, Vorsitzender der Ludwig-Erhard-Stiftung (Bonn); Prof. Elie Cohen, Forschungsdirektor am CNRS in Paris. Alle diese Interviewpartner sind ausgewiesene Experten aus Theorie und Praxis zum Thema Wirtschaftspolitik und/oder Privatisierung öffentlicher Unternehmen in Deutschland und Frankreich.

Die Fragen für die Experteninterviews wurden in Anlehnung an einen Fragenkatalog der OECD[27] bzgl. einer vergleichenden Übersicht von Privatisierungspolitik und Privatisierungsinstitutionen in OECD-Ländern vorbereitet und vom Autor der Arbeit um themenspezifischere Fragen für Deutschland und Frankreich ergänzt. Basierend auf einem Standardfragenkatalog, der im Anhang der Arbeit hinterlegt ist, wurden die genannten Interviewpartner befragt, um die derzeitigen Entwicklungen zum Thema zu diskutieren und/oder Details zu bestimmten Punkten der Arbeit zu vertiefen. Die Interviewpartner wurden ausgewählt, da sie eine ausgeglichenes Verhältnis an unterschiedlichen Erfahrungen repräsentieren (landesspezifische und/oder -übergreifende Kenntnisse zur Wirtschaftspolitik, Kenntnisse aus Praxis und Theorie zur Privatisierung öffentlicher Unternehmen).

Nach der ersten Kontaktaufnahme über Telefon oder Email wurde den Interviewpartnern eine Kopie des ursprünglichen Exposés zum Thema und der vorformulierte Fragenkatalog zugesandt. Das Exposé führte in die wichtigen Fragestellungen der Arbeit ein. Die Interviews wurden als Vier-Augen-Gespräche geführt und dauerten ca. 90 Minuten. Der Autor fertigte während der Interviews handschriftliche Notizen. Die Vorgehensweise für die Fragen der Interviews war explorativ, das heißt, die Fragen dienten als grober Leitfaden für das Gespräch. Davon erhoffte sich der Autor zum einen weitere Erkenntnisse und zum anderen eine Vertiefung bereits bekannter Details. Die Interviews werden in der Arbeit zitiert.

27 Vgl. OECD: Comparative Overview of Privatisation Policies and Institutions in OECD Member Countries, in: http://www.oecd.org//daf/corporate-affairs/privatisation/ index.htm, 6.9.2000.

2 Theoretische Grundlagen zur Privatisierung im Rahmen der allgemeinen Wirtschaftspolitik

In diesem Teil der Arbeit werden die für das Thema relevanten wirtschaftstheoretischen Grundlagen behandelt. Nach einer Einführung werden die Ideen zu unterschiedlichen Wirtschaftssystemen und -ordnungen, die Theorie zur Begründung von Staatseingriffen und kurz die wesentlichen Inhalte dominierender wirtschaftspolitischer Konzeptionen erläutert. Anschließend erfolgt eine ausführliche und detaillierte Analyse der wirtschaftswissenschaftlichen Diskussion zur Privatisierung öffentlicher Unternehmen. Das Kapitel schließt mit einer kurzen Zusammenfassung.

Die theoretischen Grundlagen dienen dem allgemeinen Verständnis des Themas und der Einordnung der Privatisierungen öffentlicher Unternehmen im Rahmen der allgemeinen Wirtschaftstheorie. Sie werden zur Begründung der Eingriffe der praktischen Wirtschaftspolitik herangezogen. In Deutschland und Frankreich ist grundlegend von den gleichen, bekannten Theorien in den Wirtschaftswissenschaften auszugehen. Eventuell existierende besondere französische oder deutsche Entwicklungen oder Diskussionen werden, soweit im Detail bekannt, aufgeführt.

2.1 Einführung und Grundlagen

2.1.1 Begründung und Ziele staatlicher Tätigkeit in der Theorie

Der Kernaussage der Wohlfahrtsökonomik ist, dass ein Marktsystem allseitiger, vollständiger Konkurrenz zu einem Pareto-Optimum[28] (nach dem Nationalökonomen Vilfredo Pareto) führt, wenn keine öffentlichen Güter und externe Effekte vorliegen und wenn Marktvollkommenheit und -vollständigkeit herrscht.[29] In diesem Sinn ist die Wohlfahrtsökonomik als theoretische Grundlage der Wirtschaftspolitik zu verstehen. Einerseits ist zu klären, welches Ordnungssystem eine größere Wohlfahrt garantiert, andererseits können wirtschaftspolitische Maß-

28 Vgl. Woll (1990): S. 602. Es ist ein Zustand, bei dem sich der Nutzen eines Individuums durch veränderte Güterkombination nicht mehr steigern lässt, ohne dass ein anderes Individuum schlechter gestellt wird. Sowie Stoffaës (1995): S. 60.

29 Vgl. Budäus (1998): S. 19.

nahmen und ihre Wirkung bzgl. positiver oder negativer Veränderung der Wohlfahrt bewertet werden. Das essentielle Problem eines Marktsystems ergibt sich durch dessen Versagen in einigen Marktbereichen in der Realität. Als Gründe für Marktversagen werden mögliche ruinöse Konkurrenz und ungleiche Verteilung von Information angeführt. Aber auch opportunistisches Verhalten der Marktteilnehmer und Versagen des Staates, dessen Eingreifen auch Marktverzerrungen herbeiführt, sind von Bedeutung.[30] Es geht also um Marktformen, bei denen der Preismechanismus nicht oder nur eingeschränkt funktionieren kann, so dass staatliche Eingriffe zur Verhinderung oder Beseitigung der Probleme notwendig werden.[31]

Da eine Wohlfahrtsmaximierung als Oberziel nur schwer objektiv zu bewerten ist, werden methodisch einfachere Ziele der Wirtschaftspolitik ausgewählt. Neben der Erreichung gesellschaftlicher Oberziele wie Frieden, Freiheit und Gerechtigkeit, geht es um die gesamtwirtschaftlichen Ziele im Rahmen des magischen Vierecks.[32] Diese Ziele sind aus theoretischer Sicht in beiden Ländern tendenziell gleich, beeinflussen sich gegenseitig und verändern sich nach der wirtschaftlichen Lage. Als wichtigstes Ziel in Deutschland kann die Vollbeschäftigung gelten, gefolgt vom Wirtschaftswachstum. Als wichtigstes Ziel kann in Frankreich das Wirtschaftswachstum gelten, gemessen am Bruttoinlandsprodukt (BIP), gefolgt von der Vollbeschäftigung, Preisstabilität und dem Außenhandelsgleichgewicht. In beiden Ländern dominieren also die Ziele Wirtschaftswachstum und Vollbeschäftigung. Diese Gewichtung der Ziele ist allerdings als Momentaufnahme zu verstehen und richtet sich in beiden Ländern nach der wirtschaftspolitischen Orientierung der jeweiligen Regierung sowie der gesamtwirtschaftlichen Lage.[33] In der folgenden Graphik werden die beschriebenen Zusammenhänge illustriert.

Ergänzt wird diese Sicht durch normative Ziele der staatlichen Wirtschaftspolitik, die der Staat neben einer Vielzahl von nicht-ökonomischen Zielen verfolgt. Neben den bereits dargestellten gesellschaftspolitischen Zielen und der Berücksichtigung des magischen Vierecks sind also als ökonomisches Zielsystem eine optimale Allokation der Ressourcen, eine gerechte Distribution sowie eine Stabilisierung der gesamtwirtschaftlichen Entwicklung aus wohlfahrtsökonomischer Sicht wünschenswert.[34] Ferner lassen sich als Gründe für staatliches Eingreifen

---

30 Vgl. Deregulierungskommission (1991): S. 3.

31 Vgl. Woll (1990): S. 77.

32 Vgl. Berg/Cassel (1992): S. 195; sowie Cotta (1983): S. 115; sowie Woll (1990): S. 78 ff; sowie Streit (1991): S. 236.

33 Vgl. Pébereau (1987): S. 7-14, 342 und 373; sowie Cotta (1983): S. 115.

34 Vgl. Eichhorn (1999b): S. 4; sowie Peffekoven (1992): S. 487; sowie Bilger (2000): S. 130.

zum einen Marktversagen (z.B. völlige Preisunelastizität von Angebot und Nachfrage, das Cobweb-Theorem[35] oder anormales Angebotsverhalten) und zum anderen Marktmängel, also das Resultieren von suboptimalen Gleichgewichten, finden. In diesem Bereich der theoretischen Diskussion überschneiden sich demzufolge finanzwissenschaftliche und wirtschaftspolitische Rechtfertigungen für staatliche Eingriffe. Die verfolgten Ziele, optimale Allokation, Stabilisierung und gerechte Distribution, sind also in Finanzwissenschaft und Wirtschaftspolitik identisch, werden aber aus unterschiedlicher Perspektive diskutiert und analysiert.

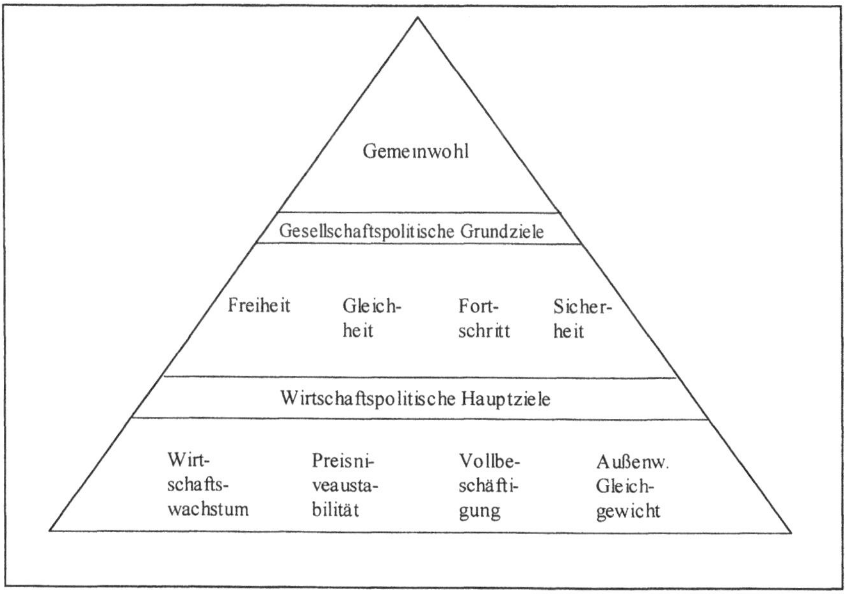

Abbildung 1: Zielpyramide[36]

In den nächsten beiden Kapiteln werden die drei großen staatlichen Zielgruppen Allokation, Distribution und Stabilisierung im einzelnen dargelegt. Vor allem die Allokation spielt bei der ökonomischen Theorie zu Privatisierungen eine Rolle.

35 Vgl. Woll (1990): S. 100-102. Nach Preisveränderung kommt es zu einer verzögerten Angebotsanpassung.

36 Vgl. Berg/Cassel (1992): S. 199. Die Pyramide wurde vom Verfasser leicht modifiziert.

2.1.1.1 Allokation

Unter Allokation versteht man allgemein den Einsatz von Produktionsfaktoren in einer Volkswirtschaft, so dass der Output an Gütern und Dienstleistungen maximiert und die Konsumentenbedürfnisse optimal bedient werden.[37] Das Ziel der allokativen Effizienz ist dabei die Erreichung einer größtmöglichen Wirtschaftlichkeit. Ist eine Besserstellung aller nicht weiter möglich, ist der Zustand paretooptimal.

Im Wesentlichen können vier Fallgruppen der Marktmängel, also das Auftreten suboptimaler Gleichgewichte, unterschieden werden: Erstens die Beeinträchtigung der Funktionen des Marktes durch die Natur der Güter (Theorie der öffentlichen Güter), zweitens die Existenz von Erträgen/Kosten bei Nicht-Marktteilnehmern (Theorie der externen Effekte), drittens die Fehleinschätzung von Erträgen/Kosten durch Marktteilnehmer (Theorie der Meritorik) und viertens das Auftreten wettbewerbsbeschränkender Marktkonstellationen (Theorie des natürlichen Monopols). Diese Marktmängel sollen durch Staatseingriffe gelindert oder beseitigt werden.[38]

Ein Gut oder eine Leistung ist, im Gegensatz zu privaten Gütern, als öffentlich charakterisierbar, wenn einerseits Nichtausschließbarkeit vom Konsum über den Preis vorliegt sowie andererseits Nichtrivalität im Konsum herrscht (dann belaufen sich die Grenzkosten einer zusätzlichen Nutzung auf 0). Dementsprechend wird von einem reinen öffentlichen Gut gesprochen, wenn beide genannten Kriterien voll erfüllt sind (bei der äußeren Sicherheit wird dies angenommen). Von einem unreinen öffentlichen Gut ist die Rede, wenn nur eines der Kriterien erfüllt ist oder beide nicht vollständig (bei einer Autobahn wird dies angenommen; hier ist ein Ausschluss über den Preis möglich, aber es fallen Ausschlusskosten dafür an). Die Forderung nach einem staatlichen Eingriff wird daraus abgeleitet, dass wegen Nichtausschließbarkeit eventuell gar kein Markt zustande kommt oder wegen Nichtrivalität der Markt zu allokativ unbefriedigenden Ergebnissen führt. Hier liegen die Ursachen für Marktmängel also im besonderen Charakter bestimmter Güter.[39]

Bei externen Effekten dagegen liegen Eingriffe in die Sphären von Nichtteilnehmern am Markt vor, die von den Marktteilnehmern nicht berücksichtigt werden. Sie werden definiert als Auswirkungen einer Aktivität, die der Verursacher bei rein marktwirtschaftlicher Ordnung nicht voll zu spüren bekommt, weder di-

---

37 Vgl. Peffekoven (1992): S. 487.

38 Vgl. Cartelier (1995): S. 74-75; sowie Stoffaës (1995): S. 60-63; sowie Budäus (1998): S. 19.

39 Vgl. Percebois (1998): S. 5; sowie Fély (1999): S. 44-45.

rekt noch über den Preis. Externe Erträge (Kosten) entstehen, wenn diese Auswirkungen von allen Betroffenen zusammen per Saldo positiv (negativ) gewertet werden. Bei Auftreten von externen Effekten sollen die Individuen zur Erreichung allokativer Effizienz durch Staatseingriffe dazu gebracht werden, die Auswirkungen auf Dritte zu internalisieren. Als fiskalische Internalisierungsmethoden werden normalerweise Steuern oder Subventionen vom Staat eingesetzt.[40]

Bei (de)meritorischen Gütern oder Bedürfnissen liegt der Fall vor, dass wegen Fehlen von Informationen und/oder falscher Informationsverarbeitung kein Allokationsoptimum zustande kommt. Dies führt indessen nicht direkt zur Rechtfertigung von Staatseingriffen, da einzelne Individuen unterschiedliche Fehleinschätzungen haben und gleichzeitig Überschätzung (Demeritorik) sowie Unterschätzung (Meritorik) existieren können. Problematisch ist bei der (De)Meritorikdiskussion, dass mit dem Argument einer Fehleinschätzung quasi jede staatliche Intervention begründbar wäre. Die einzelnen Wirtschaftssubjekte wissen jedoch wahrscheinlich selbst am besten, was für sie richtig ist. Aus diesem Grund wird der Punkt Meritorik nicht weiter in der Arbeit diskutiert.

Ein natürliches Monopol schließlich liegt dann vor, wenn ein einzelnes Unternehmen den relevanten Markt effizienter versorgen kann als mehrere Unternehmen, deren Produktionskosten für jede Ausbringung höher wären.[41] In diesem Fall profitiert das Monopol von der sogenannten Subadditivität seiner Kostenfunktion. Die Subadditivität ist grundsätzlich entweder auf fallende Durchschnittskosten (bei Einprodukt-Unternehmen) oder auf Vorteile der Verbundproduktion (bei Mehrprodukt-Unternehmen) zurückzuführen. Staatliche Intervention wird bei natürlichen Monopolen gefordert, da sie zwar die gesamte Marktnachfrage am kostengünstigsten befriedigen können, was wohlfahrtsfördernd sein kann, aber bei mangelndem Konkurrenzverhältnis ihre Marktmacht missbrauchen können.[42] Die weitere, vertiefte Verbindung von einzelnen Aspekten der Begründung staatlicher Eingriffe zur Privatisierungsdiskussion wird in 2.2.2.2.2 hergestellt.

2.1.1.2 Distribution und Stabilisierung

Neben der Allokation sind hauptsächlich Probleme im Bereich der Verteilung und Stabilisierung Argumente für Staatseingriffe. Da die erwähnte Besserstellung aller restriktiv ist, weil sie normalerweise nicht möglich ist, kann diese Anforderung verstärkt werden. Es wird nur noch die Besserstellung mindestens eines In-

40 Vgl. Fély (1999): S. 43-44.
41 Vgl. Siebke (1992): S. 76.
42 Vgl. Peters (1995): S. 220; sowie Fély (1999): S. 44.

dividuums gefordert, wenn gleichzeitig kein anderes Individuum schlechter gestellt wird. Die Distribution wird hier relevant, da angenommen wird, dass eine solche Besserstellung aller nur über redistributive Maßnahmen oder eine Reallokation der Ressourcen umgesetzt werden kann.

Die Einkommensverteilung in einem marktwirtschaftlich orientierten System ist im Wesentlichen an produktiven Leistungen orientiert. Es wird argumentiert, dass der Staat dann mit distributiven Maßnahmen eingreifen soll, wenn einzelne Individuen nicht oder nur eingeschränkt in der Lage sind, einen solchen Beitrag zu leisten.[43] Als Instrumente einer Distributionspolitik in einer gemischten Wirtschaftordnung kommen als staatliche Eingriffe die Lohnpolitik (also Festlegung eines gesetzlichen Mindestlohns) oder die Vermögenspolitik in Frage. Dabei ist die letztere hervorzuheben, da durch Privatisierungen öffentlicher Unternehmen mit dem Instrument der Volksaktien verteilungspolitische Ziele verfolgt werden.[44]

Bei der Stabilisierung fallen unter staatliche Aktivität vor allem Aufgaben zur Gewährleistung eines hohen Nutzungsgrads der Produktivkräfte und der Stabilität des Geldwertes.[45] Der Begriff Stabilisierung ist eng verbunden mit dem Begriff Gleichgewicht. Bei Ungleichgewichtszuständen auf Märkten sind Arbeitslosigkeit (Angebotsüberschuss auf dem Arbeitsmarkt) oder Inflation (Nachfrageüberschuss auf dem Gütermarkt) möglich. Damit wird auch wieder die Beziehung zu den gesamtwirtschaftlichen Zielen des magischen Vierecks hergestellt (s.o.). Da sich Art und Umfang wirtschaftlicher Aktivität im Zeitablauf ändern können, wird das Ziel der Stabilisierung verständlich. Ein System heißt stabil, wenn es nach einer Veränderung von außen (exogen), die ein Ungleichgewicht herstellt, von sich aus (endogen) Kräfte entwickelt, die wieder ein Gleichgewicht herbeiführen. Ein System ist dann instabil, wenn diese Kräfte nicht existieren oder nicht ausreichen. Für jedes Wirtschaftssystem stellt sich somit die Frage nach Stabilität oder Instabilität für die einzelnen Märkte. Von der Beantwortung dieser Frage hängt die Gestaltung einer Wirtschaftsordnung, eines Wirtschaftsmodells und der praktischen Wirtschaftspolitik ab.

Die bisherigen Ausführungen legen aus theoretischer Sicht in bestimmten Bereichen staatliche Intervention nahe. Allerdings ist damit noch nicht die Intensität, die Operationalisierung, der Umfang und die Terminierung der Eingriffe festgelegt. Außerdem verändern sich marktwirtschaftliche Systeme laufend, so dass die Frage, was privat oder staatlich zu organisieren ist, permanent neu gestellt wird. Hier können einerseits die Idee einer Wirtschaftsordnung als Rahmen

43 Vgl. Peffekoven (1992): S. 495.
44 Vgl. Peters (1995): S. 304-308.
45 Vgl. Peffekoven (1992): S. 496.

einer Volkswirtschaft (s. 2.1.2) sowie grundlegende wirtschaftspolitische Konzeptionen (s. 2.1.3) als Leitfaden dienen. In beiden Bereichen gibt es unterschiedliche Ausprägungen im Verständnis und in ihrer Anwendung in beiden Ländern.

2.1.2 Wirtschaftssysteme und -ordnungen

Die Begriffe Wirtschaftsordnung und Wirtschaftssystem sind aus moderner Sicht definierbar als „die Form des Zusammenwirkens der Wirtschaftssubjekte bzw. die grundlegende Gestalt der Volkswirtschaft“[46]. In der Arbeit wird, diese Begriffe zusammenfassend, auch von einem Wirtschaftsmodell gesprochen. Die Funktionen einer Wirtschaftsordnung sind erstens soziotechnisch (zur Gestaltung wirtschaftlicher Institutionen zur Koordination der einzelwirtschaftlichen Entscheidungen), zweitens lenkend (zur Ausrichtung der Produktion am privaten und kollektiven Bedarf) und drittens gesellschaftlich (zur Berücksichtigung der Interdependenz mit anderen gesellschaftlichen Ordnungen, zur Berücksichtigung des gesamtwirtschaftlichen Ziele Allokation, Stabilisierung und zur Berücksichtigung der gesellschaftlichen Oberziele). Die Wirtschaftsordnung und das Wirtschaftssystem sind in beiden Ländern in der Realität durch die historische Entwicklung verschiedenartig ausgeprägt, haben indessen trotzdem (immer mehr) Gemeinsamkeiten aufzuweisen. Auf diesen Aspekt wird später detaillierter eingegangen.

Zur Klärung des Verständnisses der beiden Wirtschaftssysteme und -ordnungen ist eine einleitende historische Betrachtung hilfreich. Zuerst einmal ist aus französischer Sicht der Merkantilismus[47] zu erwähnen. Dieser wird in Deutschland als Kameralismus bezeichnet. Im 18. Jahrhundert lag dessen Hauptziel in einer Erhöhung der Staatsmacht durch die Wirtschaft. Nach dem französischen Hauptvertreter Colbert wird die französische Ausprägung auch als Colbertismus bezeichnet.[48] Der modernere Begriff dazu lautet Sozial-Colbertismus.[49]

46 Eichhorn (1991): S. 75. Vgl. Gutmann (1987): S. 13 ff für verschiedene Auffassungen und Definitionen des Begriffs Wirtschaftssystem.

47 Vgl. Knödler (2000): S. 58. Der Merkantilismus hat kein theoretisches Fundament, sondern ist definierbar als eine Summe wirtschaftspolitischer Maßnahmen, die in einzelnen europäischen Ländern umgesetzt wurden. Als Vordenker des Merkantilismus gelten in Deutschland Johann Joachim Becher und in Frankreich Jean Bodin.

48 Vgl. Berg (1992): S. 245-246; sowie Poser (1994): S. 23-24; sowie Weber (1957): S. 15-16; sowie Meyer (1986): S. 16-17; sowie Ammon (1989): S. 66 ff. In Zusammenhang mit dem cartesianischen Rationalismus kommt es zusätzlich zu einer Verflechtung staatlicher Machtpolitik mit der Wirtschaftspolitik. Vgl. dazu Peyrefitte (1978): S. 109 und 113.

49 Vgl. Uterwedde (1993b): S. 5 und (1997b): S. 129; sowie De Foucauld (1988): S. 17 ff. Er benutzt die Bezeichnung ‚gallisches Modell‘.

Damit wird eine Verbindung des Colbertismus mit sozialpolitischen Aktivitäten in Frankreich zum Ausdruck gebracht. Wichtig ist aus theoretischer Sicht, dass der Colbertismus auf keiner ausgefeilten Konzeption beruht, aber trotzdem direkte diskretionäre Staatseingriffe billigt. Dieser Umstand hat als Kritiker zum einen die französischen Physiokraten und zum anderen Adam Smith auf den Plan gerufen. Ferner vollzieht Smith in seiner Analyse einen Paradigmenwechsel, weil er nicht mehr aus Staatssicht, sondern erstmals aus Sicht des Individuums argumentiert und diskutiert. Dieser Betrachtungsstandpunkt ökonomischer Sicht war bis dahin nicht gewählt worden.[50]

Nach 1945 wird versucht, die Frage nach einer Wirtschaftsordnung und eines Wirtschaftsmodells in Deutschland durch die soziale Marktwirtschaft und in Frankreich durch die Planification zu beantworten. Nichtsdestoweniger geht die Diskussion um eine optimale Wirtschaftsordnung seit diesem Zeitpunkt ständig weiter und scheint auch nicht abschließend beantwortet zu sein. Die Möglichkeiten eines sogenannten ‚dritten Weges' – ursprünglich verstanden als Kombination aus Marktwirtschaft und Planwirtschaft – werden immer wieder erörtert. Auch in Deutschland wurde eine stärkere staatliche Planung, beruhend auf indikativen Lenkungsansätzen, regelmäßig von theoretischer Seite diskutiert. In diesem Zusammenhang hat aktuell das Schröder-Blair-Papier zumindest in Frankreich für Aufregung bzgl. der Möglichkeit eines ‚dritten Weges' gesorgt. Was darunter genau zu verstehen sei, ist allerdings auch in der Sekundärliteratur unklar. Auch die soziale Marktwirtschaft wird als ‚dritter Weg' zwischen Kapitalismus und staatlicher Wirtschaft bezeichnet. Der Bergriff ‚dritter Weg' wird also in allen möglichen Zusammenhängen benutzt, sobald eine eindeutige Abgrenzung eines wirtschaftlichen Modells aus theoretischer Sicht nicht möglich ist.[51] Deswegen wird dieser Begriff in der Arbeit nicht weiter verwendet. Die Frage nach dem optimalen Wirtschaftsmodell ist und bleibt ein Dauerthema der Wirtschaftswissenschaften.

Von einer gemischten Wirtschaft kann man sprechen, wenn sich „bei der Ordnung von Produktion und Verbrauch [....] Elemente von Markt- und Staatslenkung"[52] vermischen. Bei entsprechender dezentraler Planung im privaten und öffentlichen Bereich ergibt sich für real existierende Wirtschaftssysteme ein Definitionsproblem. Man spricht im allgemeinen von Kapitalismus,[53] indessen in

---

50 Vgl. Eichhorn (1999b): S. 5-7.

51 Vgl. Uterwedde (1999b): S. 274; sowie Eichhorn (1991): S. 75; Schlecht (1999): S. 94; sowie Pébereau (1987): S. 83.

52 Samuelson (1955): S. 42.

53 Vgl. Thieme (1992): S. 17; sowie Perroux (1960): S. 10-14; sowie Albert (1992): S. 226-227. Albert unterscheidet rheinischen und angelsächsischen Kapitalismus (s.u.).

der Literatur existiert kaum ein exakt definierter Begriff zur Beschreibung des Systems der französischen oder deutschen Wirtschaft. Die Bezeichnungen lauten „Soziale Marktwirtschaft“[54] oder „Mischsystem“[55] für Deutschland bzw. „sozialistische Mischwirtschaft“[56] oder „Soziale Marktwirtschaft à la française“[57] für Frankreich, je nach betrachteter Periode und jeweiliger wirtschaftspolitischer Tendenz oder Grundeinstellung des jeweiligen Autors, Wissenschaftlers oder Politikers.

In der Arbeit soll übergreifend der Begriff der gemischten Wirtschaftsordnung verwendet werden, da in Deutschland und Frankreich in der Realität von einer Koexistenz zentraler und dezentraler Lenkung im Rahmen einer grundsätzlich marktwirtschaftlich orientierten Wirtschaft auszugehen ist.[58] Wie der Staatseinfluss, trotz unterschiedlicher Grundlagen in beiden Ländern, in verschiedener Weise als Ordnungsmodell konzipiert ist, wird in den folgenden beiden Kapiteln durch die Gegenüberstellung von sozialer Marktwirtschaft und Planification analysiert.

2.1.2.1 Ordnungstheorie und soziale Marktwirtschaft in Deutschland

Als Schlagwort für die Wirtschaftsordnung der Bundesrepublik Deutschland hat sich die Bezeichnung ‚soziale Marktwirtschaft‘ etabliert. Das zugrundeliegende normative Konzept der Ordnungstheorie wird von Walter Eucken mit Unterstützung von Wissenschaftlern anderer Disziplinen entwickelt, wenn er auch selbst diesen Begriff nicht verwendet hat. Die soziale Marktwirtschaft zielt grundlegend „auf eine Synthese zwischen rechtsstaatlich gesicherter Freiheit, wirtschaftlicher Freiheit – die wegen der Unteilbarkeit der Freiheit als notwendiger Bestandteil einer freiheitlichen Ordnung überhaupt angesehen wird – und den sozialstaatlichen Idealen der sozialen Sicherheit und der sozialen Gerechtigkeit“[59]. Oder anders ausgedrückt „Sinn der sozialen Marktwirtschaft ist es, das Prinzip der Freiheit auf dem Markte mit dem des sozialen Ausgleichs zu verbinden“[60]. Verein-

---

54 Schlecht (1990): S. 18.
55 Papier (1999): S. 100.
56 Heidelberg (1993): S. 26.
57 Uterwedde (1979): S. 66.
58 Vgl. Desportes/Mauduit (1999): S. 32; sowie Lebaron (2000): S. 205; sowie Lösch (2000): S. 186; sowie Woll (1990): S. 72; sowie Rousselot (1992): S. 202-203; sowie Yergin/Stanislaw (1999): S. 17-18; sowie Cox (1984): S. 68; sowie Eichhorn (1999a): S. 18.
59 Lampert (1992): S. 85-86.
60 Vgl. Müller-Armack (1966): S. 243.

facht lässt die soziale Marktwirtschaft sich damit aus moderner Sicht als Marktwirtschaft plus Sozialstaat definieren.

Das essentielle Kriterium der Konzeption ist das auf dem Walras'schen Gleichgewichtssystem[61] beruhende „sogenannte „Maximum-Theorem", nach dem die „vollständige Konkurrenz" die „optimale Allokation der Ressourcen" und damit ein „maximales Sozialprodukt", „maximale Bedürfnisbefriedigung" und höchstmögliche „soziale Wohlfahrt" garantiert"[62]. Es basiert auf der Annahme, dass die Steuerung der Wirtschaft über den Wettbewerb als zentrales Lenkungsinstrument und damit Kernelement der Ordnung funktioniert. Als ursprünglich definierte Grundsätze für staatliche Eingriffe werden zum einen die Auflösung wirtschaftlicher Machtgruppen und eine Begrenzung ihrer Funktion und zum anderen die Gestaltung der Wirtschaftsordnungsform, nicht aber eine Steuerung des Wirtschaftsprozesses, als notwendig angesehen.[63]

Dem Staat wird also eine aktive Rolle zuerkannt und damit Staatseingriffe innerhalb der genannten Aufgaben grundsätzlich legitimiert. Gegenwärtig werden das Erhalten günstiger wirtschaftlicher Rahmenbedingungen, die Aufrechterhaltung eines funktionsfähigen Wettbewerbs, eine Steuerung der sozialen Sicherung und Maßnahmen in den Bereichen Umweltschutz sowie Infrastruktur als Felder staatlicher Betätigung angesehen. Außerdem ist die Konzeption der sozialen Marktwirtschaft als ein offenes System gedacht. Das heißt, dass sie sich den laufenden, ständig ändernden Problemstellungen der wirtschaftlichen und gesellschaftlichen Entwicklung stellt.[64]

Eucken hat sich schon früh mit den Fragen der Verflechtung von Interessen von Staat und Wirtschaft beschäftigt und vor allem auf das Anwachsen der staatlichen Tätigkeit und daraus resultierender Probleme (Rent-seeking) hingewiesen. Dass er sich damals nicht detaillierter mit dieser Frage beschäftigt hat, liegt wohl daran, dass er von der Hypothese, dem Gemeinwohl verpflichteter staatlicher Akteure, ausging. Die Expansion der Staatstätigkeit war empirisch in den dreißiger Jahren zudem noch nicht so fundiert feststellbar. Die Analyse der Einflussnahme von Interessengruppen war also bereits in der Ordnungstheorie zumindest im An-

---

61 Der Ökonom Léon Walras hat zur Darstellung des Markträumungsprozesses die Marktkräfte als eine Person dargestellt, die eine Auktion leitet. Anhand der ihm bekannten Informationen über Angebot und Nachfrage bestimmt diese den Preisraum bei dem alle Märkte geräumt sind und damit eine optimale Allokation der Ressourcen gewährleistet ist. Der Tauschvorgang findet erst statt, nachdem der Gleichgewichtspreis festgelegt wurde.

62 Lösch (2000): S. 187.

63 Vgl. Eucken (1990): S. 334-337; sowie Eger/Nutzinger (1999): S. 19.

64 Vgl. Schlecht (1990): S. 44 und (1999): S. 84.

satz vorhanden. Sie wird seit den fünfziger Jahren verstärkt durch die Neue Institutionenökonomik und die Neue Politische Ökonomie diskutiert.[65]

Als notwendigen Rahmen einer funktionierenden Wettbewerbsordnung hat Eucken die konstituierenden Prinzipien formuliert.[66] Für die Analyse der Privatisierung öffentlicher Unternehmen sind daraus drei Prinzipien von Bedeutung:[67]

- Erstens das Privateigentum als Voraussetzung für die Funktionsfähigkeit der Wettbewerbsordnung sowie den Wettbewerb als Voraussetzung für eine soziale Wirkung des Privateigentums: Für einen funktionsfähigen Wettbewerb mit autonom und dezentral agierenden Wirtschaftssubjekten wird nämlich ein breitgestreutes Eigentum an Produktionsmitteln als eine notwendige Bedingung angesehen. Damit allerdings das Privateigentum an Produktionsmitteln nicht zu sozialen Missständen führt, ist ebenso eine funktionierende Wettbewerbsordnung notwendig, die einen intensiven Wettbewerb erzwingt und wirtschaftliche Macht begrenzt. Damit wird die besondere Stellung des Privateigentums als eine zentrale Frage zu Privatisierungen verdeutlicht, allerdings wird keine direkte Aussage über das Ausmaß des Privateigentums und die Verteilung zwischen öffentlichem und privatem Eigentum getroffen. Dies ist aber aus ordnungstheoretischer Sicht durch das Subsidiaritätsprinzip präzisierbar. Es besagt im Wesentlichen, dass in der sozialen Marktwirtschaft grundsätzlich Privatinitiative und Privateigentum Vorrang vor Staatsinitiative und Staatseigentum einzuräumen sind. Das Prinzip der Subsidiarität wird in Frankreich dagegen kaum in Zusammenhang mit Fragen nach einer Wirtschaftsordnung gebracht.[68]

- Zweitens das Haftungsprinzip als Zuweisung von Verantwortung für ökonomische Entscheidungen und zum Ausschluss der Sozialisierung von Verlusten: In diesem Sinne erfordert Haftung Privatisierung. Das Prinzip schafft einen Anreiz, eigenverantwortlich und gewinnorientiert zu agieren. Gewinnerzielung und -verteilung erfolgt entsprechend ökonomischer Leistungsfähigkeit, wie auch Verluste und Fehlleistungen den Verursachern angelastet wer-

65 Vgl. Eucken (1932): S. 13; sowie Eger/Nutzinger (1999): S. 12, 15 und 20; sowie Bilger (2000): S. 128.

66 Vgl. Eucken (1990): S. 254 ff.

67 Vgl. Dichmann (1994): S. 241.

68 Vgl. Hartwig (1998): S. 656; sowie Chevallier (1995): S. 40; sowie Dichmann (1994): S. 203. Dichmann betont, dass das Prinzip auf Ordnung von Staat und Wirtschaft zielt. Da es zu jeder Zeit durch wirtschaftliche und gesellschaftliche Kräfte bedroht sei, müsse die Realisierung der Subsidiarität eine Daueraufgabe einer individualistischen Gesellschaftsordnung sein.

den. Staatliche Eingriffe, die Fehlplanungen korrigieren und Verluste ausgleichen, sind vor diesem Hintergrund zu unterlassen. Eine Verteilung der Verluste auf die Gesellschaft widerspricht dem Haftungsprinzip. Dadurch würden suboptimale Entscheidungen von den Wirtschaftssubjekten getroffen, da Risiko- und Renditeaspekte entscheidungsirrelevant werden. Über das Haftungsprinzip werden auch unterschiedliche Anreizstrukturen und Verhaltensweisen innerhalb öffentlicher und privater Unternehmen transparenter.

- Drittens die Verhinderung von Monopol- und Kartellbildungen sowie Kontrolle unauflöslicher Machtgebilde: Zur Erhaltung des Wettbewerbs sollen Kartelle und Monopole verboten und Tendenzen zu deren Bildung unterbunden werden. Diese Aufgabe soll ein Monopolaufsichtsamt leisten. Zusätzlich sollen von dem Amt über Preiskontrollen (auch natürliche) Monopole zu wettbewerbsanalogem Verhalten veranlasst werden. Daraus wird deutlich, dass über die Privatisierungsfrage hinausgehend auch immer die Marktverhältnisse von zentraler Bedeutung sind.

Ergänzt werden die theoretischen Grundlagen durch mögliche Ansätze zur Vergleichbarkeit von Wirtschaftssystemen. Nach Thalheim werden die Kriterien Eigentumsordnung, Lenkungssystem, Ziele des Wirtschaftens und Umfang des Wettbewerbs analysiert, da sie auch für Privatisierungen von Bedeutung sind.[69] In der Konzeption der sozialen Marktwirtschaft werden entsprechend den bisherigen Diskussionen das Privateigentum, die dezentrale Koordination über den Markt, die Ziele Freiheit, Gerechtigkeit und Sicherheit sowie ein funktionsfähiger Wettbewerb als zentrale Kriterien der Ordnung angesehen. Grundlegend wird eine dezentral über den Markt koordinierte Wirtschaftsordnung in Deutschland positiv bewertet.

In der derzeitigen wirtschaftspolitischen Diskussion werden zu Fragen der Wirtschaftsordnung neben einem Aufbrechen der sogenannten Deutschland AG und des Kartells aus Regierung und Sozialpartnern vor allem eine Wiederbelebung der grundsätzlichen Prinzipien der sozialen Marktwirtschaft diskutiert. Es wird festgestellt, dass sich seit Anfang der siebziger Jahre eine Kluft zwischen Konzeption und Realisierung des Konzepts entwickelt hat. Zum einen bedeutet dies ‚zurück zu den Wurzeln im Sinne Erhards', und zum anderen ist eine Anpassung der Ausführungsbestimmungen notwendig. Die soziale Marktwirtschaft sei

69 Vgl. Gutmann (1987): S. 27-28.

ein offenes System, und die Anpassungen seien systemimmanent möglich.[70] In diesem Zusammenhang können Privatisierungen auch als Daueraufgabe der Ordnungspolitik in etablierten Marktwirtschaften bezeichnet werden.[71]

Neben ähnlichen ‚sozialen' Merkmalen der Wirtschaftsordnung (Sozialversicherung oder Sozialpartnerschaft) in Deutschland und Frankreich findet man in Deutschland im Gegensatz zu Frankreich die Pluralität als weiteres Charakteristikum der sozialen Marktwirtschaft. Diese äußert sich in einem föderalen Staatsaufbau und der Übernahme öffentlicher Aufgaben durch Bundes-, Landes- und Gemeindeunternehmen. Dabei sollen diese Unternehmen, legitimiert durch den öffentlichen Auftrag, vor allem im Infrastrukturbereich Aufgaben übernehmen. Allerdings ist die Pluralität als Charakteristikum der sozialen Marktwirtschaft in den grundlegenden Prinzipien Euckens nicht verankert. In Frankreich dagegen werden die Infrastrukturaufgaben öffentlicher Unternehmen auch aus theoretischer Sicht ergänzt durch industrie- und technologiepolitische zentral vorgegebene Aufgaben der öffentlichen Unternehmen.[72] Eine grundlegende ordnungstheoretische Diskussion zu den genannten Elementen der Wirtschaftsordnung (Privateigentum, Haftungsprinzip und Monopolschutz) erfolgte in Frankreich in der für Deutschland aufgezeigten Form direkt nach 1945 nicht.

2.1.2.2 Planification, Colbertismus und ‚Dirigisme' in Frankreich

Es existiert bisher kein Begriff, der in Frankreich, entsprechend den Ausführungen zur sozialen Marktwirtschaft in Deutschland, die Wirtschaftsordnung in einem theoretischen Rahmen charakterisieren könnte.[73] Gleichwohl setzt sich die französische Wirtschaftsordnung, entsprechend der angeführten Definition eines Wirtschaftsmodells, ebenso wie in Deutschland aus den Aktionen der einzelnen Wirtschaftssubjekte zusammen. Daneben erklären die in der Überschrift des Kapitels ausgewählten Begriffe die historische Entwicklung (Colbertismus), die besondere Rolle des Staates (Dirigisme (Dirigismus)) sowie die Institutionalisierung von planenden und ordnenden Elementen (Planification (Planung)).

Ergänzend zu den bisherigen Darlegungen zum Colbertismus in 2.1.2 sind die Begriffe Etatismus und Dirigismus zur weiteren Charakterisierung des französischen Modells zu nennen, da sie die Verbindung zum politischen System Frank-

---

70 Vgl. Funk (2000): S. 276; sowie Schlecht (1999): S. 83; sowie Experteninterview Schlecht im Anhang S. XVI. Für eine Diskussion über Konzeptions- oder Implementierungsfehler der sozialen Marktwirtschaft S. Grossekettler (1999): S. 66 ff.

71 Vgl. Hartwig (1993): S. 60.

72 Vgl. Eichhorn (1991): S. 77-78; sowie Neumann/Uterwedde (1986): S. 117 ff.

73 Vgl. o.V. (1999d): S. 1.

reichs herstellen.[74] Dieses auch als „monarchische Republik“[75] bezeichnete etatistische System benutzt die Wirtschaft als Mittel für den eigenen Zweck. „Das Verhältnis Politik-Ökonomie ist mehr als Strategie, der dirigistische Etatismus ist mehr als Wirtschaftspolitik: er verkörpert ein bestimmtes *Regime*, d.h. eine Einheit aus „Staatsform“ und „Gesellschaftsmodell““[76].

Auf diese Weise konkretisiert sich die traditionelle Orientierung der Wirtschaft an einem dominierenden Staat und an zentral gesteuerter wirtschaftlicher Planung in Frankreich.[77] Der ‚etatistische Dirigismus‘ spiegelt sich in der Wirtschaft in einem hybriden System wider, so dass man weder von einem liberalen noch von einem sozialistischen ‚Regime‘ sprechen kann.[78] Der Dirigismus insbesondere wird verstanden als Konzept zur Beschreibung der wirtschaftlichen und sozialen Rolle des Staates in Frankreich. Er ist charakterisierbar durch „the existence of institutions whose stated aim was to shape economic development, to finance growth and to provide the country's infrastructure, regardless of the realism or effectiveness of the institutions‘ action“[79]. Dem Staat wird in einer französischen Wirtschaftsordnung also traditionell eine starke Rolle zugestanden. Dies ist im Wesentlichen systemimmanent historisch entwickelt und vorgegeben sowie politisch begründet.

So wie die Lösung des Problems Markt oder Staat in Deutschland durch die Ordnungstheorie versucht wird, so wird in Frankreich nach 1945 die Planification als Lösungsansatz für das Ordnungsproblem institutionalisiert und gewählt (durch das Planungskommissariat unter Leitung von Jean Monnet). Auch wenn der Staat systemimmanent dominiert, braucht er schließlich eine Planung als Leitfaden und zur Abstimmung seiner Eingriffe.

Die Idee einer Planung entspringt den Erfahrungen mit dem ‚reinen‘ Kapitalismus des 19. Jahrhunderts und dessen Vertrauen auf den Marktmechanismus und freie Konkurrenz. Im Markt herrschende Monopol- und Konzentrationstendenzen führen in die große Krise von 1929. Es setzt sich die Ansicht durch, dass

---

74 Vgl. Hough (1982): S. 15.

75 Ziebura (1989): S. 3.

76 Dannebom et al. (1984): S. 49.

77 Vgl. Cohen (1982a): France: Industrial Policy in the Entrepreneurial State, in: Journal of Contemporary Business, 11, 1982, S. 100, zitiert nach Dannebom et al. (1984): S. 32.

78 Vgl. De Calan (1977): S. 11.

79 Cohen (1998): S. 45. Übersetzung: ....die Existenz von Institutionen, deren Ziel, unabhängig vom Realismus oder der Effektivität ihrer Handlungen, die Gestaltung der wirtschaftlichen Entwicklung, die Finanzierung von Wachstum und die Bereitstellung der Infrastruktur des Landes war. Vivien Schmidt definiert ‚dirigisme‘ als „both a set of interventionist policies and of directive policy-making processes“, vgl. Schmidt (1997): S. 229.

der Markt nur in der Theorie funktioniere, in der Realität indessen zu wünschen übrig lasse. Nur sehr wenige Märkte würden den Erfordernissen der Theorie genügen, da ca. 50 Prozent des Bruttoinlandsprodukts außerhalb des Spiels von Angebot und Nachfrage erwirtschaftet würde.[80]

Die exakte Bezeichnung des Plans lautet ‚Plan zur wirtschaftlichen und sozialen Entwicklung'. In der Theorie hat die Planification als ein Element des Wirtschaftssystems folgende Aufgaben: Sie ist ein Ersatz für Terminmärkte, sie reduziert Transaktionskosten und sie führt Angebot und Nachfrage dort zusammen, wo dies der Markt aufgrund seiner Mängel nicht schafft.[81] Außerdem wird die Tatsache der Ungewissheit über zukünftige Entwicklungen betont, was sich im Fehlen des Walras'schen Auktionators ausdrücke. Diese Lücke soll durch die indikative Planung ausgefüllt werden.[82] Die Planification erfolgt als eine „an Global- und Branchenwerten ausgerichtete(n) Zielplanung mit selektiven Erfüllungsinterventionen"[83]. Dem Idealbild entspricht die Planification, wenn durch Koordinieren der Erwartungen der Einzelpläne sowohl die Transparenz der Gesamtwirtschaft erhöht als auch die Meinungen über zukünftige Entwicklungen in Einklang gebracht werden.[84]

Es handelt sich also „um eine Wirtschaftsplanung, die der vorwiegend marktwirtschaftlichen Ordnung der französischen Wirtschaft – in der wirtschaftliche Entscheidungen sowohl von den privaten Haushalten und Unternehmern als auch vom Staat (als Unternehmer und Administrator) getroffen werden – angepasst wurde"[85]. Es wird darauf hingewiesen, dass die Planification aus der Praxis und pragmatischen Überlegungen zur Lösung akuter wirtschaftlicher Probleme nach Ende des 2. Weltkriegs entstanden ist, normativen Charakter hat und lediglich etwas mehr an Planung bedeutet als die Planungspraxis anderer Industrieländer. Der Pragmatismus äußert sich vor allem darin, dass die Planification als offenes System gedacht ist, da sich die Planung an die wirtschaftliche Entwicklung laufend anpasst. In diesem Punkt ist der konzeptionelle Ansatz also analog zu konzeptionellen Vorstellungen zur sozialen Marktwirtschaft zu sehen.[86]

---

80 Vgl. Quinet (1990): S. 9; sowie Pascallon (1977): S. 3-4. Einige Ökonomen versuchten zu beweisen, dass sich in einer sozialistischen Gesellschaft ein Wohlfahrtsmaximum auch durch ein Plansystem verwirklichen lässt. Dies läuft auf eine vollständige Simulation des Marktes hinauS. Vgl. dazu Boncoeur (1986): S. 2-3.

81 Vgl. De Calan (1977): S. 9; sowie Quinet (1990): S. 11.

82 Vgl. Chaloupek/Teufelsbauer (1987): S. 24. Der Auktionator soll die Wirtschaftspläne der Individuen koordinieren.

83 Besters (1982): S. 107.

84 Vgl. Nienhaus (1984): S. 44-47.

85 Müller-Ohlsen (1967): S. 11.

86 Vgl. Müller-Ohlsen (1967): S. 10-14; sowie Pébereau (1987): S. 84-86.

Die Planung erfolgt grundsätzlich in drei Schritten, und in der Plankommission arbeiten Unternehmer, Gewerkschaftsvertreter, Vertreter der Konsumenten und verschiedene Experten zusammen. Zuerst wird vom Planungskommissariat (CGP) in kooperativer Zusammenarbeit mit anderen Organen ein Planentwurf mit wirtschaftspolitischen Zielen erstellt. Im nächsten Schritt werden in der Modernisierungskommission (CM), in der alle Akteure der Wirtschaft vertreten sind, sektorale Detailpläne erarbeitet, die an das Planungskommissariat zurückgeleitet werden. Dieses wiederum koordiniert nun die Teilpläne und nimmt Korrekturen am Planentwurf vor, da die Detailpläne Priorität haben.[87]

Ein Mehr an Planung lässt sich durch einen ausgebauten öffentlichen Sektor, Preisfestsetzungen von staatlicher Seite oder gesamtwirtschaftliche Investitionslenkung präzisieren. Teilweise werden öffentlichen Unternehmen auch konkrete Planziele im Rahmen der Planification vorgegeben. Allerdings gibt es seit Mitte der achtziger Jahre größere Veränderungen, die die Planungsaktivitäten begleiten. Dazu gehören eine stärkere Autonomie öffentlicher Unternehmen, freie Kapitalbewegungen, eine erhöhte Unabhängigkeit der Banque de France (französische Zentralbank) oder die Etablierung des Conseil de la concurrence (französisches Kartellamt).[88]

Auch in Deutschland wird eine Art indikative Planung praktiziert. Aufbauend auf dem Jahresgutachten des Sachverständigenrats (SVR) werden durch den Jahreswirtschaftsbericht der Regierung gesamtwirtschaftliche Globalwerte ohne verbindliche Ziele für normalerweise ein Jahr projiziert.[89] In diesem Sinn erfüllt die Planification Funktionen, die teilweise auch in Deutschland eine Parallele haben. Erstens gehört dazu eine pädagogische Rolle als Diskussionsforum aktueller wirtschaftspolitischer Themen, zweitens die Aufgabe einer Vorausschau der wirtschaftlichen Entwicklung und drittens als ein neutraler Ort für den Dialog der Sozialpartner. Diese Funktionen werden dadurch erleichtert, dass in der Plankommission Unternehmensvertreter, Gewerkschaften, Konsumenten und verschiedene Experten zusammenarbeiten.[90]

---

87 Vgl. Colletis (1999): S. 252; sowie Besters (1982): S. 108-109. Im Parlament wird der Plan per Gesetzgebungsverfahren verabschiedet und bindet damit die Regierung an ihre Entscheidungen.

88 Vgl. Schmidt et al. (1983): S. 185; sowie Cohen (1998): S. 43; sowie Jones (1999): S. 69; sowie Bauby (1998): S. 21.

89 Vgl. Besters (1982): S. 107-108.

90 Vgl. Colletis (1999): S. 252; sowie Uterwedde (1997b): S. 133-134 und (1999a): S. 209-210. Diese Aufgaben werden in Deutschland in ähnlicher Form vom SVR und von den Wirtschaftsforschungsinstituten wahrgenommen.

Abschließend ist im direkten Vergleich zu Deutschland auffällig, dass es, obwohl der Begriff ‚Ordnungspolitik' im Französischen nicht existiert, immer mehr Beispiele gibt, die durchaus ordnungspolitische Charakteristika aufweisen:

- Folgt man der Grundidee, dass Wirtschaftspolitik in parlamentarisch-demokratischen Staaten hauptsächlich durch Gesetzgebung ihre Anwendung findet und dem Staat eine aktive Rolle zugedacht ist, so kann man die französische Gesetzgebung zur Privatisierung von 1986,1993 und 1996 durchaus als ordnungspolitische Maßnahme qualifizieren.[91]

- In der neueren Literatur wird auf die Verantwortung des Staates eingegangen. Dabei wird seine Aufgabe mit „En se tenant à l'écart de l'exécution, l'État joue son rôle de promoteur, d'arbitre, de contrôleur et d'animateur"[92], mit „Il doit se recentrer sur ses fonctions d'orientation, de stimulation et de contrôle"[93] oder mit „Fonctions remplies par un État minimal: assurer les libertés individuelles, la défense, un système de droit, le contrôle de la monnaie et le respect des régles économiques"[94] beschrieben. Diese Ausführungen haben für staatliche Eingriffe im Wesentlichen ordnungspolitischen Charakter, ergänzt durch Keynessches Gedankengut.

- Bei der Einführung des Themas Wirtschaftswissenschaft und soziale Ordnung wird der Begriff ‚ordre économique' verwendet, der aus deutscher Sicht als Ordnungspolitik zu verstehen ist und die derzeitige wirtschaftspolitische Diskussion mitbestimmt. „A chaque état des rapports de force entre groupes sociaux correspond ainsi une forme dominante des croyances économiques, qui contribue à définir les fondements de l'ordre économique"[95]. Außerdem

---

91 Vgl. Lösch (2000): S. 190.

92 Refait (1997): S. 101. Übersetzung: ....der Staat übernimmt eine Rolle als Initiator, Schiedsrichter, Kontrolleur und Förderer und hält sich fern von Ausführungen.

93 Refait (1997): S. 103. Übersetzung: ....er soll sich zurückbesinnen auf seine Funktionen der Orientierung, Stimulation und Kontrolle.

94 Tanzi (2000): S. 31. Übersetzung: ....durch einen Minimalstaat zu erfüllende Aufgaben: Sicherstellung der individuellen Freiheit, der Landesverteidigung, des Rechtssystems, der Kontrolle des Geldes und der Einhaltung der ökonomischen Spielregeln (beschrieben).

95 Lebaron (2000): S. 215. Übersetzung: ....jedem Zustand der Kräfteverhältnisse zwischen sozialen Gruppen entspricht eine dominierende Form der wirtschaftlichen Anschauung, die zu einer Definition der Grundlagen der ökonomischen Ordnung beiträgt.

wird der ‚ordre économique' als einer der Hauptgründe für Privatisierungen angeführt.[96]

Im Gegensatz zu Deutschland wird in Frankreich bei einer Thematisierung der Ordnungsfrage vor allem die Rolle des Staates betont und ein Verlust der staatlichen Souveränität festgestellt und diskutiert. Ferner wird Souveränität aus moderner Sicht in Frankreich „par la non-sujétion à un gouvernement tiers, par la capacité à contracter avec d'autres Etats et par l'acceptation de ce pouvoir par le peuple"[97] definiert. Diese Diskussion ist aus historischer französischer Sicht und in einem anderen Staatsverständnis zu verstehen. Sie ist in dieser Form in Deutschland eher unbekannt und wird deswegen nicht weiter untersucht.

Nach Thalheim werden die Kriterien Eigentumsordnung, Lenkungssystem, Ziele des Wirtschaftens und Umfang des Wettbewerbs untersucht, da sie für Privatisierungen von Bedeutung sind.[98] In der Konzeption der Planification und des Dirigismus werden entsprechend den bisherigen Diskussionen das Staatseigentum, die zentrale Koordination durch den Staat, die Ziele wirtschaftliche und soziale Entwicklung als zentrale Kriterien der Ordnung angesehen. Auf Wettbewerbsfragen wird bei der Planification nicht eingegangen. Grundlegend wird der Markt als Lenkungs- und Koordinationssystem in Frankreich kaum anerkannt, und deswegen wird eine zentrale Kontrolle und Steuerung für notwendig gehalten.

2.1.3 Wirtschaftstheoretische Konzeptionen

Ergänzend zur Idee und Konzeption von Wirtschaftsordnungen ist in allen Ländern grundsätzlich ein wirtschaftsprozessorientiertes Modell zur langfristigen und konstanten Steuerung von Gesellschaft und Wirtschaft zu finden. Die Auswahl oder auch die Kombination der verschiedenen Ansätze obliegt der Politik und den Trägern der Wirtschaftspolitik.[99] Die Konzeptionen sind für das Thema relevant, da ihre grundlegenden Ideen und die daraus resultierenden Maßnahmen in Ergänzung zum jeweiligen Wirtschaftsmodell einerseits als theoretische Grundlage und Leitfaden des wirtschaftspolitischen Handelns anzusehen sind. Somit

---

96 Vgl. Kessedjian/Dion (1995): S. 9.

97 Cohen (1996): S. 338. Übersetzung: ....durch die Unabhängigkeit von einer dritten Regierung, durch die Fähigkeit mit anderen Staaten Verträge zu verhandeln und durch die Akzeptanz dieser Macht in der Bevölkerung (definiert).

98 Vgl. Gutmann (1987): S. 27-28.

99 Vgl. Berg/Cassel (1992): S. 189; sowie Gourevitch (1982): S. 15.

können über die Konzeptionen wie auch über die Wirtschaftsordnungen Privatisierungen begründet oder abgelehnt werden. Andererseits werden gleichzeitig zu Privatisierungen auch immer andere wirtschaftspolitische Maßnahmen, in Zusammenspiel mit oder unabhängig von den Privatisierungen, durchgeführt. Dies ist von Bedeutung, da zumindest eine praktische Privatisierungspolitik damit nie isoliert betrachtet werden kann.

Sowohl in Deutschland als auch in Frankreich werden von den sechziger Jahren bis Anfang/Mitte der achtziger Jahre eher die Ideen von Keynes in Diskurs und Praxis verfolgt, bevor verstärkt Rezeptionen angebotsorientierten oder liberalen Gedankenguts folgen. Die angestrebten Deregulierungen und Privatisierungen sind in der Regel eingebettet in ein Bündel wirtschaftspolitischer Maßnahmen. Die gewählten Maßnahmen beeinflussen sich gegenseitig.

Andere theoretische Entwicklungen in Frankreich wenden sich weg von der Steuerung und hin zu einem Zusammenspiel zwischen Staat und dem privaten Sektor. Es geht auch um neuere theoretische Begründungen für staatlichen Interventionismus. Der Rückzug liberaler Konzepte, die weniger Staat fordern, bringt eine Rückkehr keynesianischer Ideen mit sich.[100] In diesem Kontext wird nicht mehr von der Abwechslung theoretischer Konzepte, sondern von einer Koexistenz von Keynes und Friedman ausgegangen. Beide Konzepte könnten je nach wirtschaftlicher Problemlage Anwendung finden, um sich schließlich zu ergänzen.[101] Immer wieder wird in Frankreich außerdem eine autonome Wirtschaftspolitik gefordert ohne äußere Zwänge oder einer Imitation der Wirtschaftspolitik anderer Länder.[102]

In den Empfehlungen durch das Stabilisierungskonzept des Sachverständigenrats[103] in Deutschland (und international) dominieren seit Anfang der siebziger Jahre angebotsorientierte Ansätze. Diese sind in der sozialen Marktwirtschaft, zumindest von theoretischer Seite, zu ergänzen durch makroökonomische Steuerungsinstrumente, wie sie im ‚Stabilitäts- und Wachstumsgesetz' (StabG) von 1967 festgeschrieben sind.[104] Für die Ausgabenseite wird eine Veränderung der Staatsausgaben, für die Einnahmenseite eine Veränderung der Steuersätze vorge-

---

100 Vgl. Vgl. Le Cacheux (1986): S. 44 und (1990): S. 13-16; sowie Moatti/Gibier (1994): S. 47-48.

101 Vgl. De Foucauld (1988): S. 77 und 80. Er geht leider nicht darauf ein, wie das in der praktischen Wirtschaftspolitik funktionieren soll.

102 Vgl. Cotta (1993): S. 32-33.

103 Die vollständige Bezeichnung lautet: Sachverständigenrat zur Begutachtung der gesamtwirtschaftlichen Entwicklung. Es wird auch vom ‚Rat der fünf Weisen' gesprochen; vgl. Hickel (1999): S. 112. In Frankreich gibt es keine dem Sachverständigenrat entsprechende Institution; vgl. 2. Gesprächsprotokoll Uterwedde im Anhang S. IX.

104 Vgl. Lampert (1992): S. 128-129; sowie Hickel (1999): S. 95.

schlagen. So wird auch in Deutschland von theoretischer Seite eine Wiederbelebung Keynesscher Wirtschaftspolitik und Eurokeynesianismus als wirtschaftspolitisches Konzept für Europa gefordert. Das seit 1983 in Frankreich verfolgte stabilitätsorientierte Konzept wird ebenfalls immer wieder diskutiert.[105]

Auf politischer Ebene wird die Diskussion ‚Keynesianismus versus Angebotspolitik' eher theoriefern geführt.[106] Mit den Begriffen werden in der Politik regelmäßig bestimmte Einstellungen bezeichnet. In der Regel geht es dabei um die Frage, welche Rolle der Staat in der Wirtschaft spielt. Dem Staat wird bei Keynes eine große Rolle zur Beeinflussung der Wirtschaft zugeschrieben, unabhängig von langfristiger Geldpolitik oder anderen Details. Die Grundhypothese von Friedman dagegen lautet, dass ‚Staatstätigkeit nichts bringt', da Privates verdrängt wird. Die Begriffe ‚Keynesianismus' und ‚Angebotspolitik' sind theoretisch weiter differenzierungsfähig,[107] aber für politische Instrumente und Entscheidungen in Deutschland und Frankreich relativ unbedeutend. Für die Arbeit ist eher die Richtungsentscheidung die maßgebliche Frage und nicht die Feingliederung oder Verästelung der Theorie. Deswegen erfolgt in den beiden folgenden Kapiteln nur eine kurze Abhandlung der Konzeptionen.

2.1.3.1 Klassik und Neoklassik

Dieses auf der Mikroökonomie aufbauende System negiert ein Eingreifen der staatlichen Wirtschaftspolitik, da über den Preismechanismus auf allen Märkten (Geld, Güter, Kapital, Arbeit) ein Gleichgewicht herrsche und somit ein stabiles System vorliege. Das Volkseinkommen entspricht also dem gesamten Sozialprodukt. Somit ist das Sparvolumen gleich dem Investitionsvolumen, und es herrscht Vollbeschäftigung.[108] Zentrale Komponenten sind dabei die ‚unsichtbare Hand' Smith's zur Plankoordination am Markt und das Say-sche Theorem, wonach jedes Angebot sich eine entsprechende Nachfrage schafft. Geld sei ohne jeden Einfluss auf die gesamtwirtschaftliche Entwicklung, und Vollbeschäftigung sei gegeben. In diesem Zusammenhang beschränkt sich die Staatsaktivität auf das Angebot reiner öffentlicher Güter. Man spricht auch vom Zustand des ‚laissez-faire'.[109]

Eine Wiederentdeckung des klassischen Konzepts vertreten Friedman und die sogenannten Monetaristen, die Geldpolitik als das Mittel des Staates zur Ein-

105 Vgl. Hickel (1999): S. 111-115, 126; sowie Colletis (1999): S. 254.
106 Vgl. Klauder (2001): S. 564-565. Hier erfolgt eine Darstellung der unterschiedlichen Politikreaktionen auf jeweils herrschende Doktrinen am Beispiel Deutschland.
107 Vgl. Cassel/Thieme (1992): S. 303-310.
108 Vgl. Weber (1957): S. 67; sowie Rittenbruch (1990): S. 121.
109 Vgl. Rittenbruch (1990): S. 121-122; sowie Woll (1990): S. 70.

flussnahme auf eine Volkswirtschaft ansehen. Sie akzeptieren zudem eine natürliche Rate an Arbeitslosigkeit und sehen Wirtschaftspolitik im Rahmen einer langfristigen, stabilitätsorientierten und dem Produktionspotenzial angepassten Geldpolitik. Eine Art Ergänzung dazu bildet das angebotsorientierte Konzept. Hier wird argumentiert, dass ein Markt aus zwei Bestandteilen besteht und dem Angebot mehr Aufmerksamkeit zu schenken sei, als dies insbesondere bei Keynes der Fall ist.[110] Im Wesentlichen werden wirtschaftliche Krisen entweder durch externe Anstöße oder durch übermäßige Kostenbelastung der Produktionsfaktoren Arbeit und Kapital erklärt, welche abzubauen seien. Dies äußert sich in einer Verringerung staatlicher Regulierungen jeder Art.[111] Damit erklärt sich das Bestreben zur Deregulierung. Dieser Ansatz wird auch als exakter Gegensatz zu Keynes interpretiert, da er eine Wirtschaftspolitik des ‚laissez-faire‘ mit möglichst geringer Staatstätigkeit bedeute. Der Staat soll aber für ein stabiles Preisniveau und eine Geldwachstumsrate, die der Wachstumsrate des Sozialprodukts entspricht, sorgen.[112]

Es ist festzuhalten, dass die beste Wirtschaftspolitik aus Sicht der Neoklassiker im weitgehenden Verzicht auf Staatseingriffe besteht, um die Selbststeuerung der Märkte nicht zu stören. Die staatliche Wirtschaftspolitik soll sich darauf beschränken, durch Sicherung des Wettbewerbs auf allen Märkten das Funktionieren des Marktmechanismus zu gewährleisten und durch eine restriktive Geldmengenpolitik, die sich am Wachstum der Produktionskapazitäten orientiert, die Inflationsgefahren auszuschalten. Da diese Politik auf möglichst günstige Entfaltungsmöglichkeiten für die Anbieter auf den Märkten gerichtet ist, heißt sie auch angebotsorientierte Wirtschaftspolitik. Daraus lassen sich Ideen für eine stärkere Deregulierung und Privatisierungen ableiten, da durch sie die Angebotsbedingungen in der Regel verbessert werden.

2.1.3.2 Keynesianismus

Durch die Erfahrung der Weltwirtschaftskrise war Keynes klar geworden, dass langfristige Ungleichgewichtssituationen existieren können und damit Instabilität auf Märkten gegeben ist. Aufbauend auf der makroökonomischen Theorie geht Keynes davon aus, dass das Say-sche Theorem und die klassische Geldlehre ungültig seien und auf dem Arbeitsmarkt ein Gleichgewicht auch bei Unterbeschäf-

110 Vgl. Rittenbruch (1990): S. 125-126.

111 Vgl. Steinacker/Westphal (1985): S. 304; sowie Rittenbruch (1990): S. 126-127. Der Versuch einer Umsetzung dieses Konzepts in die Praxis erfolgte durch Reagan in den USA und Thatcher in Großbritannien.

112 Vgl. Stoffaës (1986b): S. 45; sowie Rittenbruch (1990): S. 126.

tigung herrschen könne.[113] Das Volkseinkommen entspricht also nur einem Teil der Produktion, und das Sparvolumen ist größer als das Investitionsvolumen. Dadurch entsteht Arbeitslosigkeit. Dieser Zustand sei nur durch aktives Eingreifen des Staates mittels Geld- und Fiskalpolitik sowie expansive Staatsausgaben zur Erzeugung gesamtwirtschaftlicher Nachfrage zu ändern. Die Wirtschaft wird also als ein globales System von Variablen und Strömen angesehen, das zu optimieren sei.[114] Mit der ‚General Theory' lieferte Keynes somit die Grundlage zur Global- und Feinsteuerung, wonach durch technokratische Wirtschaftspolitik eine Steuerung der Volkswirtschaft möglich sei.[115] Nach zögerlicher Kenntnisnahme bei Erscheinen der ‚General Theory' wird Frankreich das Land, in dem seine Konzeption am stärksten Berücksichtigung findet, da diese dem traditionell starken Staat entgegenkommt. Es entwickelt sich eine Art wachstumsorientierter dirigistischer Keynesianismus.[116]

Zusammenfassend ist festzuhalten, dass die beste Wirtschaftspolitik aus Sicht der Keynesianer in einer antizyklischen Fiskalpolitik besteht. Hierbei kann über eine Variation der staatlichen Investitionstätigkeit, über Anpassungen von Transferzahlungen und Steuern sowie über Schulden- und Einlagenpolitik des Staates eine Umsetzung der gewünschten wirtschaftspolitischen Ziele erfolgen. Eine Thematisierung von Deregulierung und Privatisierungen erfolgt im Rahmen des keynesianischen Wirtschaftspolitik nicht. Öffentliche Unternehmen können jedoch zur Unterstützung staatlicher Eingriffe als maßgebliches Instrument der Wirtschaftspolitik, inspiriert durch Keynessches Gedankengut staatlicher Eingriffe, angesehen werden.[117] Probleme bei der Verfolgung keynesianischer Wirtschaftspolitik tauchen auf, wenn

- im Aufschwung eine getätigte Verschuldung nicht abgebaut wird, so dass der Handlungsspielraum des Staates eingeschränkt ist und private Investitionen zurückgedrängt werden (‚crowding out'),
- Politiker aus wahltaktischen Gründen abweichend vom Konzept die Verschuldung stärker erhöhen,

---

113 Vgl. Rittenbruch (1990): S. 122-123.

114 Vgl. Weber (1957): S. 67; sowie Rittenbruch (1990): S. 123-124; sowie Rosanvallon (1990): S. 251.

115 Vgl. Otte (1993): S. 26-27; (sowie die ‚General Theory' von Smith, Adam: Wohlstand der Nationen (Übersetzung), München 1974). Unter technokratischer Wirtschaftspolitik versteht man die Steuerung des Wirtschaftsprozesses anhand makroökonomischer Variablen.

116 Vgl. Rosanvallon (1987): S. 23 und 50-51; sowie Gourevitch (1982): S. 3.

117 Vgl. Voisin (1995): S. 56.

- einer aufgrund unzureichenden Strukturwandels nachlassenden Wachstumsdynamik mit globalen Rezepten nicht entgegengewirkt werden kann (‚Stagflation‘).[118]

2.2 Wirtschaftstheoretische Diskussion zur Privatisierung öffentlicher Unternehmen

Nach der Einführung in Fragen der Wirtschaftsordnung und grundlegender wirtschaftspolitischer Konzeptionen erfolgt jetzt die theoretische Diskussion zu den Aufgaben des Staates und zur Privatisierung öffentlicher Unternehmen. Bei diesen Fragen treffen unterschiedlichste wirtschaftspolitische Standpunkte und ideologisch geprägte Aussagen aufeinander, da zum einen zentrale Fragen der Wirtschaftstheorie, wie die Frage nach Eigentum, berührt werden und zum anderen sich Privatisierung als sehr komplexes Thema darstellt.[119] Wegen des normativen Charakters der Thematik fließen in den vertretenen Meinungen in verstärktem Maß Werturteile ein. Hier soll versucht werden, eine möglichst objektive Darstellung der Diskussionsbeiträge zu leisten. Auf die Werturteilsproblematik wird in der Arbeit nicht weiter eingegangen.[120]

Im direkten Vergleich der Theorie in Deutschland und Frankreich fällt auf, dass bei der zentralen Frage nach Staat oder Markt und der Rolle des Staates in der Wirtschaft unterschiedliche Perspektiven vorherrschen. In Deutschland liegt aus ordnungstheoretischer Sicht die Beweislast eher beim Staat, das heißt, der Staat muss eine dem Marktmechanismus überlegene Lösung begründen und nachweisen können (Beweislastthese). Die staatliche Konzentration von Vermögen und die öffentliche Produktionstätigkeit sind zu begründen, nicht aber die Privatisierung. Die traditionelle französische Sicht, die dem Staat eine aktive Rolle in der Wirtschaft zuweist, ist dem exakt entgegengesetzt. Das heißt, der Markt hat seine Überlegenheit zu beweisen.[121]

118 Vgl. Pätzold (1993): S. 195 ff.

119 Vgl. Chevallier (1995): S. 29; Gesellschaft für öffentliche Wirtschaft (1994): S. 196.

120 Vgl. Bartel (1990): S. 17-18; sowie Thiemeyer (1987): S. 95. Ausführlich zur Werturteilsproblematik siehe bspw. Peters (1995): S. 15 ff.

121 Vgl. Caire (1999): S. 177; sowie Hartwig (1993): S. 43; sowie Fels (1997): S. 45; sowie Cox (1984): S. 68.

2.2.1 *Die Rolle von Staat, Wirtschaft und Markt*

Unterteilt man die Entscheidungsträger einer Volkswirtschaft in Unternehmen, Haushalte und Staat, so ist der letztere im „öffentlichen Sektor [....] Entscheidungsorgan“[122]. Ferner werden zwei Bereiche staatlicher Aktivitäten unterschieden. Er agiert einerseits als privatwirtschaftlicher Unternehmer sowie andererseits als Haushalt zur Bewältigung öffentlicher Aufgaben. Eine Lenkung und Koordination des Wirtschaftsprozesses erfolgt in der Regel über den Markt durch das Zusammenspiel von Angebot und Nachfrage und den Preismechanismus. Versagt dieser Mechanismus, soll der Staat entsprechend den bisherigen Ausführungen für die Korrektur von Marktunvollkommenheiten sorgen. Er ist aber auch für das Angebot öffentlicher Güter verantwortlich.[123] Eine weitere grundsätzliche Aufgabe des Staates wird, wie bereits dargelegt, in der Festlegung der Ordnung und damit der Rahmenbedingungen der Wirtschaft gesehen. Abgesehen von diesen ökonomischen Zusammenhängen, können allerdings auch geschichtliche und politisch-ideologische Begründungen zur Rechtfertigung von Staatstätigkeit relevant sein. Grundsätzlich ist der Staat jedoch gleichzeitig Handelnder, Schiedsrichter und Verantwortlicher für Regeln und Gesetze.[124] Es wird vor diesem Hintergrund für Deutschland und Frankreich auch von Markt und Staat als zwei der essentiellen organisierenden Elementen der Wirtschaft gesprochen.

Zur grundsätzlichen Eingrenzung des Umfangs der Staatstätigkeit und seiner Auswirkungen auf die Wirtschaft eignen sich die Betrachtung der Staatsausgabenquote (Staatsquote) und der Steuerquote als grobe Indikatoren der gesamtwirtschaftlichen Aktivität. Sie errechnen sich aus dem Verhältnis von Bruttoinlandsprodukt zu den Staatsausgaben bzw. zu dem Anteil der Steuern.[125] Allerdings sind auch andere staatliche Aktivitäten in Deutschland und Frankreich zu berücksichtigen. Dabei handelt es sich um öffentliche Einnahmen und Ausgaben, Subventionen, Gebote, Verbote sowie Regulierungen. Diese Interventionen sind in der Arbeit als Randthemen behandelt, da sie als staatliche Eingriffe einen Einfluss auf die wirtschaftliche Sphäre haben. Der Einfluss des öffentlichen Sektors (zu verstehen als Sektor, in dem die öffentlichen Unternehmen tätig sind) auf die Volkswirtschaft kommt aus makroökonomischer Sicht hauptsächlich aus der Einwirkung auf das Preisniveau und aus den gesamtwirtschaftlichen Investitionen. Dabei soll er aus theoretischer Sicht selbständig im Sinne des Gemeinwohls

---

122 Woll (1990): S. 65.

123 Vgl. Woll (1990): S. 65-66; sowie Röpke (1979): S. 194-195; sowie Peffekoven (1992): S. 487-489.

124 Vgl. Lindblom (1980): S. 35; sowie Eucken (1990): S. 334-338; sowie Peffekoven (1992): S. 487; sowie Le Cacheux (1990): S. 13; sowie Wright (1997): S. 152.

125 Vgl. Peffekoven (1992): S. 483-484; sowie Hartwig (1998): S. 655.

arbeiten, ohne dass die Verbindung zum Staat den freien Wettbewerb am Markt stören könnte.[126]

Bei der Diskussion zu Staat, Wirtschaft und Markt werden in Ergänzung zu den bisherigen theoretischen Ausführungen grundsätzlich die Themen Marktversagen und Staatsversagen untersucht. Eine allgemeinere Kritik an der Marktsteuerung übt Nienhaus, indem er auf die Mängel und Vorteile von Marktpreisen und sowohl interne als auch externe Effekte eingeht. In ähnlicher Weise argumentiert Besters, der Fehlentwicklungen der Marktwirtschaft hauptsächlich in Stabilitätsproblemen, Strukturproblemen und Verteilungsproblemen sieht. Schlecht wiederum geht auf die Unvereinbarkeit von Planung und Wettbewerb ein. Dies begründet er mit negativen ökonomischen Resultaten und den komplexen Interdependenzen einer modernen Wirtschaft, die sich einer Steuerung durch Planung entziehen muss. Zudem werden Gedanken an den Markt als Ordnungsprinzip bis zum Beginn der achtziger Jahre in Frankreich immer durch politisches Denken überlagert (s.o.).[127]

Im Gegensatz dazu wird am Staat kritisiert, dass bei wirtschaftspolitischen Entscheidungen kein idealer Staat handelt, sondern Politiker und Interessenverbände, die zusätzlich in einer schwerfälligen Bürokratie zusammenwirken müssen. Dies bewirkt auch eine Tendenz zur Überregulierung durch eine gewisse Verselbständigung der Regulierungen, da einmal erreichte Vorteile bestimmter Interessengruppen kaum wieder preisgegeben werden.[128] Diese letzten Überlegungen werden auch unter dem bereits erwähnten Begriff Staatsversagen zusammengefasst und in den Wirtschaftswissenschaften unter dem Schlagwort ‚Politökonomie' diskutiert.

Anders dreht sich die aktuelle französische Diskussion eher prinzipiell nicht um die Frage nach Markt oder Staat als Ordnungsprinzip, sondern um die Rolle eines effizienteren Staates in der Wirtschaft (moins d'État, c'est mieux d'État (weniger Staat bedeutet besserer Staat)).[129] Die maßgebliche Rolle des Staates wird also nicht in Frage gestellt. In Deutschland dagegen wird die Grenzziehung zwischen Staat und Markt durch die Analyse von Markt- und Staatsversagen erörtert. Ein definierter Katalog an Aufgaben, die mittels staatlicher Intervention durchgeführt werden, ist gesucht. Als Argumente werden hier das seltene Auftreten faktischen Marktversagens, die Gegenüberstellung von Nutzen und Kosten staatlicher Eingriffe und die reine Bereitstellung, nicht also die Herstellung staat-

---

126 Vgl. Pébereau (1987): S. 20-21; sowie Fournier (1992): S. 227 und 240.

127 Vgl. Nienhaus (1984): S. 102-124; sowie Besters (1982): S. 94-105; sowie Schlecht (1990): S. 193-194; sowie Kowalsky (1987): S. 110.

128 Vgl. Ewers/Wein (1990): S. 325-326.

129 Vgl. Moatti/Gibier (1994): S. 50; sowie Colletis (1999): S. 254.

licher Leistungen durch den Staat, diskutiert.[130] In diesen verschiedenen Diskussionsansätzen spiegeln sich Nuancen eines unterschiedlich geprägten Staatsverständnisses in Deutschland und Frankreich.

2.2.1.1 Deregulierung, Privatisierung und Wettbewerb

Als erste Definition geht es bei Deregulierung generell um ein Zurückdrängen staatlicher, wettbewerbsbeschränkender Regulierungen[131] und bei Privatisierungen allgemein um den „Verkauf staatlichen Eigentums an Produktionsmitteln"[132]. Es handelt sich bei Deregulierung und Privatisierung um ein weltweites und komplexes Phänomen, das sich generell durch ein verändertes Bild der Rolle des Staates in der Wirtschaft konkretisiert. 1999 belaufen sich die weltweiten Privatisierungsaktivitäten auf 145 Mrd. US-Dollar, wovon ca. zwei Drittel die OECD-Länder betreffen.[133] Aufgrund von angenommenem staatlichem Versagen entsteht die Vorstellung, es sei besser, dem Staat nur noch jene Aufgaben zu übertragen, die nicht im privaten Sektor bewältigt werden können. Für diese Wandlung sind vor allem eine hohe Verschuldung der Staaten, Internationalisierungstendenzen, eine Hinwendung zur angebotsorientierten Wirtschaftspolitik und schließlich die massive Ausbreitung staatlicher Tätigkeit im 20. Jahrhundert verantwortlich.[134]

Seit Mitte der siebziger Jahre wird die Ausdehnung der staatlichen Eingriffe in die Wirtschaft wieder verstärkt diskutiert. Unter Beachtung der oben aufgeführten wirtschaftspolitischen Ziele ist die Schaffung eines funktionierenden Wettbewerbs ein Mittel zur Herbeiführung eines Strukturwandels. Dieser Wettbewerb, der in einer offenen Volkswirtschaft am größten ist, kann durch Deregulierung und Privatisierung als mögliche Strukturpolitik forciert werden.[135] Die genannten Feststellungen sind gleichermaßen für Deutschland und Frankreich relevant.

Die Beziehung zwischen Privatisierung und Deregulierung wird durch das zentrale Hauptziel, nämlich der Intensivierung des Wettbewerbs, hergestellt. Grundsätzlich geht es darum, durch Marktöffnung für mehr Flexibilisierung der

130 Vgl. Hartwig (1998): S. 659.

131 Vgl. Ewers/Wein (1990): S. 320.

132 Bauer (1987): S. 7. Weitere Definitionen folgen später.

133 Vgl. Guski (1988): S. 6; sowie Yergin/Stanislaw (1999): S. 14; sowie OECD (2000): S. 43 und 45.

134 Vgl. Tanzi (2000): S. 28; sowie Guski (1988): S. 5-6 und 55; sowie De Jong (1989): S. 188.

135 Vgl. Willms (1992): S. 373 ff. Ein Strukturwandel wird durch Veränderungen auf der Angebots- oder Nachfrageseite hervorgerufen.

Wirtschaft zu sorgen. So wird aus ordnungspolitischer Perspektive Deregulierung als zentrales Element einer marktwirtschaftlichen, wachstumsorientierten Wirtschaftspolitik angesehen. „Deregulierung der Wirtschaft zielt auf mehr wirtschaftliche Freiheit, mehr Markt, mehr Wettbewerb, mehr Wohlstand“[136] und wird in diesem Sinne immer wieder, auch für den Bereich der öffentlichen Unternehmen, diskutiert.[137] Die ursprünglichen Ziele einer Deregulierung liegen in Frankreich dagegen hauptsächlich in einem Übergang zu einem freien Preissystem, der besseren Vorbereitung auf die internationale Konkurrenz und der Entlastung des Staatshaushalts. Deregulierung ist also insgesamt in einem globaleren Rahmen als Privatisierung zu sehen. Aktueller wird unter dem Begriff ‚déréglementation‘ (‚Deregulierung‘) in Frankreich vor allem die Entmonopolisierung natürlicher Monopole diskutiert.[138]

Weiterhin ist als Pendant zur Deregulierung die sogenannte Regulierung zu erläutern. Durch die zahlreichen Privatisierungen seit den achtziger Jahren und die Fokussierung auf den ‚service public‘ (öffentlicher Dienstleistungsbetrieb; freie Übersetzung, Anmerkung des Autors; Braunberger bezeichnet als service public „öffentliche Monopolunternehmen im Verkehrswesen, in der Kommunikation und der Energieversorgung, deren vom Staat großzügig unterstützte Entwicklung die Rahmenbedingungen für einen Wirtschaftsaufschwung schaffen sollte“[139]) sowie die Infrastrukturunternehmen in jüngster Zeit werden wegen vermehrter Kontroll- und Überwachungsmaßnahmen des Staates auch die Diskussionen um eine optimale Regulierung verstärkt geführt. Ferner wird befürchtet, dass einerseits die dadurch entstehenden Kosten einer wachsenden Bürokratie die Effizienzgewinne aufzehren könnten und/oder andererseits der Austausch von öffentlicher Regulierung durch private teurer wird. In diesem Sinn werden unter Regulierung im weiteren Sinne diejenigen Tätigkeiten zusammengefasst, die einen Wirtschaftsbereich abweichend von der Norm speziell regeln. Diese Ausführungen werden auch unter dem Begriff Regulierungstheorie, verstanden als ein neuerer Zweig der ökonomischen Theorie, zusammengefasst.[140]

---

136 Deregulierungskommission (1991): S. 15.

137 Vgl. Guski (1988): S. 7-8; sowie Thiemeyer (1987): S. 95; sowie König/Benz (1997): S. 25.

138 Vgl. Bauer (1987): S. 15; sowie Thiemeyer (1987): S. 102-104. Auf die Sonderprobleme der Deregulierung wie die inverse Regulierung, das Grenzkostenprinzip und die interne Subventionierung kann hier nicht eingegangen werden. Vgl. Cohen (1996): S. 173.

139 Braunberger (2000b): S. 13.

140 Vgl. Knoepfel (2000): S. 63; sowie Peters (1995): S. 216; sowie Fély (1999): S. 46; sowie Cartelier (1995): S. 77-78.

2.2.1.2 Öffentliche Unternehmen in der Theorie

Die zugrundeliegende Problematik, die eine Charakterisierung öffentlicher Unternehmen darstellt, wird mit dem Zitat „Il est à peine plus difficile [....] de déterminer le sexe des anges que la véritable nature d'un établissement public"[141] eingeführt. Dieser Kommentar lässt sich auch auf deutsche Verhältnisse übertragen. Es existieren zahlreiche, unterschiedliche Definitionen und Verständnisse zu Unternehmen des öffentlichen Sektors. In einem Ländervergleich wird diese Problematik noch verstärkt.[142] Die Ausführungen zu öffentlichen Unternehmen erfolgen aber in der Literatur und gemäß der bisherigen Ausführungen in Deutschland im Hinblick auf die soziale Marktwirtschaft und in Frankreich vor dem Hintergrund des skizzierten französischen Modells.

Grundsätzlich werden in dieser Arbeit unter Unternehmen des öffentlichen Sektors Unternehmen verstanden, die direkt oder indirekt vom Staat abhängig sind.[143] Mit dieser Definition ist zwar keine klare Systematisierung verbunden, allerdings sollen als zentrales Thema die weitreichenden, maßgeblichen Einflussnahmen des Staates untersucht werden. Dafür ist die Definition durchaus geeignet. Dabei ist die Rechtsform des Unternehmens erst einmal von untergeordneter Bedeutung. Die gewählte Definition ist auch konform mit einer EU-Direktive nach der eine „entreprise publique: toute entreprise sur laquelle les pouvoirs publics peuvent exercer, directement ou indirectement, une influence dominante, du fait de la participation financière ou les règles qui la régissent"[144] ist. Unter ‚pouvoir public' fallen zum einen der Staat in Frankreich, zum anderen aber auch der Staat, Länder und Gemeinden (Gebietskörperschaften) in Deutschland. Unter ‚influence dominante' schließlich lassen sich die Unternehmen subsumieren, deren staatliche Anteile sich auf mindestens 50 Prozent oder eine Minorität der Anteile, zur Einflussnahme auf maßgebliche Entscheidungen des Unternehmens, belaufen.[145]

---

141 Bizaguet (1998): S. 38. Übersetzung: ....Es ist kaum schwieriger das Geschlecht von Engeln zu bestimmen als die wahre Natur eines öffentlichen Unternehmens.

142 Vgl. Picq (1999): S. 49; sowie Hartwig (1998): S. 652-653; sowie Durrieu (1998): S. 4; sowie Dubois (1999): S. 81; sowie Seidel (1993): S. 345; sowie OECD (1997): S. 3.

143 Vgl. Pébereau (1987): S. 18 und 20 (z.B. SNCF oder PTT). Allgemein wird unterschieden zwischen Monopolisten und Unternehmen des Wettbewerbssektors.

144 Bizaguet (1998): S. 38. Übersetzung: ....ein öffentliches Unternehmen [ist] jedes Unternehmen, auf das die öffentliche Hand aufgrund Eigentums, finanzieller Beteiligung, Satzung oder sonstiger Bestimmungen, die die Tätigkeit des Unternehmens regeln, unmittelbar oder mittelbar einen beherrschenden Einfluss ausüben kann.

145 Vgl. Bizaguet (1998): S. 38-39.

Aus ordnungstheoretischer Sicht ist erstens festzuhalten, dass „Formal [....] nichts gegen die Tätigkeit von öffentlichen Unternehmen selbst im weitesten Sinne [spricht], denn Wohlfahrtssteigerungen sind a priori dadurch nicht auszuschließen"[146]. Allerdings ist diese Aussage nur gültig, wenn private und öffentliche Unternehmen unter gleichen Markt- und Wettbewerbsbedingungen operieren.

Zweitens haben Unternehmen des öffentlichen Sektors generell eine Existenzberechtigung, wenn sie öffentliche Aufgaben, die heute unterteilt werden in hoheitliche Aufgaben (steuerfinanziert) und die Daseinsvorsorge (entgeltfinanziert), erfüllen.[147] Es wird darauf hingewiesen, dass sie einer doppelten Zielsetzung folgen. Grundsätzlich wird einerseits als Formalziel die Wirtschaftlichkeit genannt, das allerdings andererseits vom Sachziel dominiert wird. Dieses Sachziel konkretisiert sich als Erfüllung des öffentlichen Auftrags. Diesem Sachziel wiederum werden übergeordnet als Formalziele das Gemeinwohl oder das öffentliche Interesse vorangestellt. Diese Ziele sind indessen kaum operationalisierbar. Drittens werden die öffentlichen Unternehmen als Instrument der Wirtschaftspolitik zur Erfüllung staatlicher Ziele eingesetzt. Hier ist besonders auf die Marktverhältnisse zu achten, unter denen das Unternehmen tätig wird.[148]

In der theoretischen Diskussion wird seit jüngster Zeit vermehrt unter dem Begriff ‚Public Private Partnership' (‚Öffentlich-private Partnerschaft') eine Kooperation von Privatunternehmen und öffentlicher Hand thematisiert. Zur gemeinsamen Zielerreichung wird dabei eine vertragsgebundene Zusammenarbeit (über strategische Allianzen oder als Konzessionsmodell) oder ein gemischtwirtschaftliches Unternehmen (über ein Gemeinschaftsunternehmen) angestrebt. Ein Vorgehen dieser Art wird auch als Vorbereitung einer möglichen Privatisierung interpretiert.[149]

In Frankreich wird ebenfalls mit dem öffentlichen Interesse oder Gemeinwohl argumentiert, auch wenn der Erklärungsansatz ein anderer ist. Die Verbindung

---

146 Hartwig (1998): S. 653.

147 Vgl. Eichhorn (1996): S. 7. Im weiteren wird hier ergänzend zu der öffentlichen Aufgabe als Argument für eine Existenzberechtigung öffentlicher Unternehmen angeführt, dass sie durch die Schaffung der Infrastruktur ein Gedeihen der Privatwirtschaft erst ermöglichen. Dem ist entgegenzuhalten, dass damit eine Unantastbarkeit aller genannten Infrastrukturbereiche a priori angenommen wird. Bei Einzelfallprüfungen lassen sich jedoch sehr wahrscheinlich auch gute Gründe für Privatisierungen finden. Sowie Eichhorn (2001a): S. 89. Hier wird eine weitere Unterteilung der öffentlichen Aufgaben nach den Kriterien Sektoren, Eigenschaften, Umfang, Prinzipien, Träger und Tendenzen vorgenommen.

148 Vgl. Budäus (1999): S. 56-57; sowie Eichhorn (1983): S. 8-9 und 11; sowie Zinn (1984): S. 66; sowie Gottschalk (1999): S. 167.

149 Vgl. Eichhorn (1995): S. 174-175 und 184; sowie OECD (2000): S. 57; sowie Hoffmann-Martinot/Uterwedde (1995): S. 122.

der beiden Prinzipien Souveränität und Marktwirtschaft habe zur Einrichtung eines besonderen Systems der ‚gestion déléguée' (‚übertragene Geschäftsführung') oder zur Konzession geführt. Es handelt es sich um ein System mit Hilfe dessen die öffentliche Hand einem öffentlichen (oder privaten!) Unternehmen die Aufgaben der Produktion und Versorgung mit lokalen, öffentlichen Leistungen überträgt. Nach französischem Verständnis werden nur die großen Unternehmen des Verkehrs-, Nachrichten-, und Energiesektors als ‚service public' (öffentlicher Dienstleistungsbetrieb) bezeichnet, obwohl es auf kommunaler Ebene auch das Konzessionsmodell gibt.[150]

Der öffentliche Sektor erhält seine Existenzberechtigung aber nicht nur durch normative Theorie, sondern dadurch, dass wesentliche Aufgaben im Auftrag des Staates erfüllt werden. Dazu zählen die Aufgaben als öffentlicher Dienstleister, die Bereitstellung von Infrastruktur und Energie und schließlich die Aufgaben im Zusammenhang mit der Industriepolitik.[151] Aus theoretischer Sicht werden zudem drei Gruppen im öffentlichen Sektor unterschieden. Zum einen sind das Firmen, die als öffentliche Auftraggeber der Industrie auftreten und zum anderen Unternehmen, die Produkte der öffentlichen Nachfrage herstellen. Schließlich verbleiben die Unternehmen des sogenannten privatwirtschaftlichen Wettbewerbssektors. Die Verbindung zur Planification wird hergestellt, indem versucht wird, über die öffentlichen Unternehmen auf die vorgegebenen Ziele einzuwirken. Eine Abstimmung soll in den sogenannten contrats de plan (Planungsverträge) erfolgen.[152] Zur Theorie öffentlicher Unternehmen in Frankreich ist außerdem der sogenannte ‚rapport Nora' (Bericht Nora) zu erwähnen. Dieser beschäftigt sich in den sechziger Jahren mit der Beziehung des Staates und den öffentlichen Unternehmen unter dem Einfluss weltweiter Konkurrenz. So wird bereits damals ein ausgeglichenes Jahresergebnis und eine betriebswirtschaftliche Ge-

150 Vgl. Rachline (1996): S. 13-14. Der Autor weist bereits darauf hin, dass es kein striktes Äquivalent dazu in Deutschland gibt. Der Begriff ‚gestion déléguée' ist auch nicht schlüssig übersetzbar. Die Ausführungen beziehen sich insbesondere auf den sogenannten ‚service public' also bspw. die Bahn. Vgl. Fély (1999): S. 38-39; sowie Stoffaës (1995): S. 53; sowie Uterwedde (1999a): S. 219. Nach Guillaume ist es für nichtfrankophone Ausländer generell nicht möglich den Begriff ‚service public' zu verstehen. Er nennt als wesentliche ökonomische Merkmale des ‚service public' die Eigenschaft des natürlichen Monopols und die Aufgaben im Rahmen der sozialen Ordnung. Vgl. dazu Guillaume (2000): S. 313-314.

151 Vgl. Fournier (1992): S. 222-223; sowie Redor (1992): S. 155.

152 Vgl. Colletis/Levet (1994): S. 95; sowie Menyesch/Uterwedde (1982): S. 57; sowie Chaloupek/Teufelsbauer (1987): S. 43; sowie Fournier (1992): S. 228; sowie CEEP (2000): S. 27.

schäftsführung unter Beachtung der Gewinnmaximierung für den öffentlichen Sektor gefordert.[153]

Bei den Erklärungsansätzen zu öffentlichen Unternehmen tauchen verstärkt Gemeinsamkeiten in beiden Ländern auf. Die Feststellung, dass öffentliche Unternehmen „wahrscheinlich das älteste wirtschaftspolitische Instrument überhaupt"[154] darstellen, ist sowohl für Deutschland als auch für Frankreich zutreffend. Gegenwärtig steht nicht mehr der staatliche Anteil zur Definition eines öffentlichen Unternehmens im Vordergrund, sondern man spricht in Europa von ‚service d'intérêt économique général' (Dienstleistung im allgemeinen wirtschaftlichen Interesse).[155]

2.2.2 Privatisierung öffentlicher Unternehmen in der Theorie

2.2.2.1 Definition, Formen und Ziele der Privatisierung

Eine exakte Definition des Begriffs Privatisierung ist, ähnlich wie bei den bisher diskutierten Begriffen ‚Deregulierung' oder ‚öffentliche Unternehmen', wegen seiner Vielschichtigkeit schwierig. Landesspezifische Vorstellungen und historische Entwicklungen prägen ein unterschiedliches Verständnis. In der internationalen Diskussion ergeben sich denn auch über den Begriff Privatisierung hinausgehend eine Vielzahl von Interpretationen, was darunter eigentlich zu verstehen sei.[156] Zudem unterliegt die Privatisierungsdiskussion insbesondere seit den achtziger Jahren einem steten Wandel. Nachdem man sich in Deutschland auf die kommunalen Unternehmen sowie in Frankreich auf die Privatisierung nationalisierter Unternehmen konzentriert hat, steht in den neunziger Jahren die Diskussion um eine Privatisierung von Infrastrukturunternehmen und öffentlicher Monopole im Vordergrund.

Vor diesem Hintergrund, und in Anlehnung an die für die Arbeit gewählte Definition öffentlicher Unternehmen, wird Privatisierung im weitesten Sinne als ein maßgeblicher, faktischer Wandel definiert, durch den die Tätigkeit und/oder der Einflussbereich eines Unternehmens des öffentlichen Sektors verringert wird. Diese Verringerung kann rechtlicher oder wirtschaftlicher Natur sein und erhöht

---

153 Vgl. Rousselot (1992): S. 217; sowie Bauby (1998): S. 21.

154 Eichhorn/Von Loesch (1988): S. 316.

155 Vgl. Cox (1999): S. 270-272; sowie CEEP (2000): S. 2. Vgl. CEEP (2000): S. 5-6 für einen Überblick über die chronologische Entwicklung der Berichte vom ‚service public à la française' zum heutigen Verständnis.

156 Vgl. Thiemeyer (1986): S. 143-146. Er listet insgesamt 15 (!) unterschiedliche Bedeutungen von Privatisierung auf; sowie Budäus (1998): S. 14.

die unternehmerische Handlungsfreiheit. Zum besseren Verständnis der Definition, die sich für den Ländervergleich damit am kleinsten gemeinsamen Nenner orientiert, werden die unterschiedlichen theoretischen Perspektiven im Folgenden weiter differenziert.

In Deutschland wird aus theoretischer Sicht als Privatisierung im strengen Sinne einerseits die Veräußerung von öffentlichen Unternehmen an Private und andererseits die Reduktion des Leistungsangebots des öffentlichen Sektors angesehen. Beim ersten Vorgang werden als Privatisierung:

- eine Reduktion eventuell existierender Vergünstigungen oder öffentlicher Bindungen (letztere sind nur relevant wenn sie eine Privatisierung verhindern),
- eine Kommerzialisierung öffentlicher Unternehmen, verstanden als Abbau bedarfswirtschaftlicher Ziele,
- eine Veränderung der Rechtsform (wird auch bezeichnet als ‚unechte' oder formelle Privatisierung)[157] sowie
- eine Änderung der Eigentumsverhältnisse, verstanden als Übertragung staatlichen Eigentums an Private, erörtert. Dies wird auch als ‚echte' oder materielle Privatisierung bezeichnet.

Beim zweiten Vorgang werden hauptsächlich Entstaatlichung als Wegfallen staatlicher Aufgaben oder Übernahme dieser Leistungen durch Private, Entbürokratisierung als Verringerung überhand nehmender Regulierungen und schließlich Entflechtung als Dekonzentration und Delegation von Aufgaben diskutiert.[158]

Aus historisch-theoretischer Perspektive wird in Frankreich dagegen Privatisierung im strengen Sinn angesehen als eine Transformation des Unternehmensziels des betroffenen Unternehmens hin zu einer gewinnorientierten, erwerbswirtschaftlichen Verhaltensweise. Dieses Verständnis von Privatisierung widerspricht der strengen Privatisierungsdefinition aus deutscher Sicht. An dieser Stelle ist der bereits erwähnte rapport Nora (Bericht Nora) zu nennen, der in den sechziger Jahren eine Hinwendung zu privatwirtschaftlicher Verhaltensweise in öffentlichen Unternehmen vorschlägt. Weiterhin geht es bei der theoretischen Diskussion in Frankreich hauptsächlich um das Problem der Bildung von Tochtergesellschaften, mit oder ohne privatem Kapital, durch Staatsunternehmen, also einer

157 Dieser Punkt ist durchaus umstritten. Eichhorn weist darauf hin, dass eine Änderung der Rechtsform bereits ebenso wirksam sein kann wie eine Privatisierung. Dies wird mit einer Wandlung der Verhaltensweisen des Managements und der Mitarbeiter begründet. Vgl. Eichhorn (1989): Sp. 1307.

158 Vgl. Eichhorn (1989): Sp. 1303-1308; sowie Kronberger Kreis (1993): S. 25 ff.

Tendenz zur sogenannten ‚Filialisation' (Bildung von Tochtergesellschaften). Neben dem wirtschaftswissenschaftlichen Interesse wird aus politikwissenschaftlicher Sicht die Diskussion um eine optimale Steuerung der Tochterunternehmen und damit des Managements geführt. Dieser letztgenannte Aspekt wird in Deutschland nicht ausführlich erwogen.[159]

Aber auch andere Formen der Privatisierung, die dem Verständnis aus deutscher Sicht entsprechen, wie ein Transfer des Eigentums von Unternehmen des privaten Sektors, oder die Veränderung der Rechtsform oder betriebswirtschaftlichere Organisation, spielen eine Rolle. Privatisierung zielt dabei auf eine gerechtere Vermögensverteilung, auf eine Umverteilung von Kapital und die Beschneidung politischer Macht.[160] Schließlich ist zu erwähnen, dass aufgrund der verschiedenen Nationalisierungswellen seit Ende des 2. Weltkriegs die Privatisierungen in Frankreich als Rücknahme, also als De- oder Entnationalisierung, der vorher durchgeführten staatlichen Übernahmen zu verstehen sind. Ferner wird im Wesentlichen eine Veränderung der Eigentumsverhältnisse in Richtung private Eigentümer angestrebt. In diesem Sinne kann also auch in Frankreich aus theoretischer Sicht von ‚echter' Privatisierung gesprochen werden.

Weiterhin werden in der Theorie, in Ergänzung zu den bisherigen Definitionen, zur Systematisierung und Kategorisierung mögliche Vorgehensweisen und Privatisierungsformen, bei denen es auch zu Privatisierungsmischformen kommt, unterschieden. Diesen Formen werden unterschiedliche Zwecke zugedacht. Grundsätzlich wird die Art und Weise der Privatisierung, nicht aber eine Entscheidung für oder gegen Privatisierung, untersucht. Im Wesentlichen handelt es sich um die bereits erwähnte formelle (Ziel ist vor allem eine erhöhte Flexibilität durch kleinere Leistungseinheiten und eine Verlagerung der finanziellen Lasten in den Privatsektor) und die materielle (Ziel ist die vollständige Übernahme aller Rechte und Pflichten durch Private) Privatisierung sowie das Contracting out. Die formelle Privatisierung wird auch als Aufgabenprivatisierung und die materielle als Organisationsprivatisierung bezeichnet.[161]

Unter Organisationsprivatisierung wird die Übergabe und Ausführung einer gleichgebliebenen öffentlichen Aufgabe an selbständige Private verstanden (Ziel ist die Verlagerung der Aufgabe und Finanzlast an Private unter Wahrung einer Kontrollmöglichkeit). Es werden grundsätzlich vier Formen unterschieden. Erstens der Ersatz von staatlicher Produktion durch Fremdbezug, zweitens eine private Leistungserbringung für eine Gebietskörperschaft für Entgelt (Submission),

159 Vgl. Thiemeyer (1986): S. 142, 146 und (1987) S. 99.

160 Vgl. Bauer (1987): S. 7-8; sowie Yarrow (1986): S. 363; sowie Mentré (1992-93): S. 865; sowie Bizaguet (1988): S. 65.

161 Vgl. König/Benz (1997): S. 29; sowie Hartwig (1993): S. 42-43: sowie Möschel (1997): S. 19.

drittens eine private Leistungserbringung direkt an einen Bürger für Entgelt (Konzession) und viertens ein Gutschein-System, bei dem die öffentliche Hand steuerfinanzierte Gutscheine vergibt, die für die Inanspruchnahme einer öffentlichen Leistung eingetauscht werden müssen.[162]

Durch die Kategorisierung treten auch die genannten Probleme einer allgemeingültigen, klar abgegrenzten und länderübergreifenden Definition in den Hintergrund, da eine Klassifikation von Privatisierungen unter den Gesichtspunkten formell und/oder materiell und/oder Contracting out möglich ist. Diese Art der Einteilung von Privatisierungen ist in Frankreich eher unüblich. Die genannten Punkte zu Privatisierungsformen sind in einer Tabelle zusammengefasst:

Privatisierungsform Charakteristika	**Formell**	**Materiell**	**Contracting out**
Haftung	Öffentlich	Privat	Privat/Öffentlich
Aufgabe	Öffentlich	Privat	Öffentlich
Wirtschaftliche Verantwortung	Öffentlich	Privat	Privat/Öffentlich
Rechtliche Verantwortung	Privat/Öffentlich	Privat	Privat/Öffentlich
Kontrolle	Öffentlich	Privat	Öffentlich

Tabelle 1: Privatisierungsformen[163]

Aus Sicht der Privatisierungsbefürworter ist gemäß der Tabelle also die materielle Privatisierung vor dem Contracting out und der formellen Privatisierung zu favorisieren, da der Privatisierungsgrad insgesamt höher ausfällt. Es ist zu betonen, dass mit der hier aufgestellten Tabelle eine starke Vereinfachung und Verallgemeinerung komplexer Fragen zur Privatisierung in Theorie und Praxis vorgenommen wird. Eine spezielle Gewichtung der verschiedenen Formen der Privatisierungen und ihrer Charakteristika ist kaum zu leisten, besonders nicht in einem länderübergreifenden Vergleich. Gleichwohl erleichtert die Darstellung eine theoretische Einordnung der Privatisierungsmaßnahmen in Deutschland und Frankreich.

2.2.2.1.1 Ober- und Unterziele der Privatisierungen

Die Umsetzung wirtschaftspolitischer Ziele soll der Förderung des wirtschaftlichen Wohlstands dienen. In der Theorie der Wirtschaftspolitik können Aussagen zu den Zielen der praktischen Wirtschaftspolitik gemacht werden. Erstens können tatsächlich verfolgte Ziele beschrieben, zweitens vage Ziele näher bestimmt, drit-

162 Vgl. Kronberger Kreis (1993): S. 28-29.
163 Vgl. Völmicke (1996): S. 57 für eine weitere Detaillierung.

tens Zielbeziehungen aufgezeigt und viertens Aussagen über Mittel und Wege zur Zielerreichung getroffen werden. Die letzte Frage zur Beurteilung optimaler Ziel-Mittel-Kombinationen ist essentiell zur Bewertung der Erreichung eines bestimmten wirtschaftspolitischen Ziels. Dieses Ziel kann durch Politiker vorgegeben werden. Bei der Beurteilung vermischen sich in der Regel Annahmen über eine Sachfrage (Mitteleinsatz) mit grundlegenden Evaluierungen der Instrumente der Wirtschaftspolitik. Dies gilt auch für eine Privatisierungspolitik.

Das Ziel der Erhöhung des Wettbewerbs mittels einer Privatisierung öffentlicher Unternehmen etwa wäre nicht nur von der zu klärenden Sachfrage nach wettbewerbsfördernden Effekten abhängig, sondern auch von der Beurteilung einer Privatisierungspolitik an sich. Zwei Wissenschaftler, die grundsätzlich Privatisierung als Mittel wettbewerbsbeeinflussender Maßnahmen qualifizieren, können zu unterschiedlichen Bewertungen bzgl. der Verwendung des Mittels zu einem bestimmten Zweck kommen. Ein Anhänger der Ordnungspolitik würde die Überführung in privates Eigentum wahrscheinlich als ordnungs- und marktkonform ansehen und deshalb den vorgeschlagenen Weg unterstützen. Ein nicht ordnungspolitisch festgelegter Wissenschaftler dagegen würde eine Privatisierungspolitik als einziges Mittel zur Wettbewerbssteigerung tendenziell in Frage stellen, da öffentliche Unternehmen wie private am Wettbewerb teilnehmen können und derartige Maßnahmen nicht stärker zur Zielerreichung beitragen müssten. Die Frage, ob Privatisierungen im Rahmen einer gemischten Wirtschaftsordnung, wie bisher in der Arbeit definiert, positiv zu beurteilen sind, ist also nicht generell zu beantworten. Einerseits scheinen aus historischer Perspektive gemischte Wirtschaftsordnungen, auch mit marktwirtschaftlicher Orientierung, einen gewissen Grad an staatlicher Wirtschaftstätigkeit inklusive öffentlichen Unternehmen ‚ertragen' zu können (Unterstützung des Strukturwandels durch Sparkassen)[164], andererseits verweisen Effizienzverluste durch staatliche Aktivität und/oder öffentliche Unternehmen auf gesamtwirtschaftliche Wohlfahrtsverluste.[165]

Vor diesem Hintergrund werden die seit Beginn der achtziger Jahre durch Politiker geäußerten oder sonstwie verfolgten Ziele der Privatisierungspolitik und Deregulierung gesammelt, systematisiert und auf Widerspruchsfreiheit und Zielkonflikte überprüft. Daneben ist auch die Vereinbarkeit der wirtschaftspolitischen Ziele (Unterziele) mit übergeordneten gesellschaftspolitischen Zielen (Oberziele) zu beachten. Grundsätzlich können die Privatisierungs- und Deregulierungsziele dabei einerseits als Zwischenziele und andererseits als Mittel zum Zweck auftreten. Wird das wirtschaftspolitische Ziel der Deregulierung – verstanden als Ab-

164 Vgl. Eichhorn (1999a): S. 18.

165 Vgl. Peters (1995): S. 18. Die Ausführungen erfolgen in Anlehnung an die Erläuterungen von Peters.

bau staatlicher Regulierungen – verfolgt, so wird damit auch eine Erhöhung des Gestaltungsspielraums der Wirtschaftssubjekte und damit das Oberziel Freiheit angestrebt.[166]

Die Ober- und Unterziele, die durch eine Privatisierung verfolgt werden, können komplex und interdependent sein. Grundlegend lassen sich gesamtwirtschaftliche (Erhöhung des Wettbewerbs) und einzelwirtschaftliche (Existenzsicherung des zu privatisierenden Unternehmens) unterscheiden. Im Folgenden werden die im Wesentlichen von der Politik geäußerten Ziele, deren Zielerreichung durch Privatisierungen erhofft wird, zusammengetragen, systematisiert und in einer Tabelle dargestellt.

Zu Beginn der achtziger Jahre werden in Deutschland als Ziele der Privatisierungen im Wesentlichen weniger Staatstätigkeit, eine Erhöhung der persönlichen Freiheit, eine Entlastung der staatlichen Haushalte, eine Flexibilisierung der Wirtschaft und eine Neugestaltung der Beteiligungspolitik genannt. Privatisierung wird verstanden als ein Beitrag zu Erneuerung der sozialen Marktwirtschaft.

In jüngerer Zeit wird aus deutscher Sicht ein Mischung von Zielen für die Privatisierung von Bundesbeteiligungen vorgegeben. Dazu gehören die Förderung der wirtschaftlichen Dynamik, die Erschließung von Wachstums- und Beschäftigungspotenzialen, die Existenzsicherung der zu privatisierenden Unternehmen und ihrer Beschäftigten, die Stärkung der Wirtschaft, Impulse für den Finanzplatz Deutschland, die Konsolidierung der Staatsfinanzen sowie die Effizienzerhöhung in der öffentlichen Verwaltung.[167]

Im Wesentlichen sind die offiziellen Zielsetzungen der ersten Privatisierungsphase in Frankreich dagegen folgende: Die breite Streuung von Aktieneigentum (Demokratisierung der Wirtschaft), die Beschränkung der Rolle des Staates und die Ablösung des Finanzministeriums durch die Börse als wahres Zentrum wirtschaftlicher Aktivität. Es gibt dazu ergänzend vier Hauptziele des zweiten Privatisierungsprogramms. Erstens erwartet man eine erhöhte Effizienz der betroffenen Unternehmen, zweitens eine Erleichterung für den öffentlichen Haushalt, drittens eine Umverteilung der Eigentumsverhältnisse der großen Unternehmen und viertens mehr Möglichkeiten der Mitbestimmung der Beschäftigten. Balladur betont außerdem als Ziele die gesteigerte ökonomische Effizienz und die Entlastung der öffentlichen Haushalte. Außerdem wird die Effizienzsteigerung in

166 Vgl. Peters (1995): S. 19.

167 Vgl. Bundesministerium der Finanzen (1999a): S. III; sowie Stoltenberg (1984): S. 59 und 62; sowie o.V. (2000a): S. 15; sowie Rexrodt (1997): S. 53; sowie Knauss (1993): S. 159.

Frankreich mit der erhofften Steigerung der internationalen Wettbewerbsfähigkeit gleichgesetzt.[168]

Politisch definierte Privatisierungsziele	**Deutschland**	**Frankreich**
Erhöhung der Freiheit	X	
Stärkung des Wettbewerbs	X	
Fiskaleffizienz	X	X
Förderung der Beschäftigung	X	X
Förderung des Wirtschaftswachstums	X	X
Produktionseffizienz	X	X
Förderung des Kapitalmarkts	X	X
Einschränkung staatlicher Tätigkeit	X	X
Sicherung des Standorts	X	X
Streuung des Aktienbesitzes	X	X
Finanzierung von Pensionsverpflichtungen privatisierter Unternehmen	X	
Förderung der Mitbestimmung in den privatisierten Unternehmen		X
Veränderung der Eigentumsverhältnisse der privatisierten Unternehmen		X
Erleichterung strategischer Partnerschaften der privatisierten Unternehmen		X

Tabelle 2: Politisch definierte Privatisierungsziele in Deutschland und Frankreich
Quelle: Eigene Zusammenstellung.

Als Ober- und Unterziele lassen sich grob drei Arten der genannten Ziele aus der letzten Tabelle ableiten. Zu der obersten Art gehören Freiheit und Wettbewerb, zu der mittleren Vollbeschäftigung, Wirtschaftswachstum, Fiskaleffizienz, Produktionseffizienz, der Standortschutz, die Förderung des Kapitalmarktes und der Kleinaktionäre sowie der Abbau staatlicher Regulierung. Zur unteren Art schließlich gehören die Sicherung von Pensionsverpflichtungen, die Stärkung der Mitbestimmung, Streuung der Eigentumsverhältnisse und die Erleichterung strategischer Partnerschaften. Die drei Arten lassen sich von oben nach unten als gesellschaftspolitisch, volkswirtschaftlich und betriebswirtschaftlich qualifizieren.

---

168 Vgl. Fels (1987): S. 78; sowie Belot (1993): S. 21 und 24; sowie Bauer (1988): S. 49; sowie Balladur (1987): S. 71-72; sowie Yarrow (1986): S. 363; sowie o.V. (1999b): S. 21; sowie Letier (2000): S. 2.

Die Tabelle lässt erkennen, dass es bei den politisch vorgegebenen Zielen, die mit einer Privatisierung verbunden sind, Parallelen gibt. Die aufgeführten Ziele können überwiegend der qualitativen Wirtschaftspolitik zugerechnet werden. Allerdings treten auch bei der Zielformulierung typische Argumentationsmuster auf. Die Betonung von Freiheit und Wettbewerb aus deutscher Sicht erfolgt im Hinblick auf die Konzeption der sozialen Marktwirtschaft. In Frankreich dagegen wird pragmatisch auch direkt auf einzelwirtschaftliche Ziele für die zu privatisierenden Unternehmen eingegangen. Dieses Vorgehen ist wahrscheinlich auch mit der Fokussierung auf große Unternehmen, was in Deutschland eher als Bundesbeteiligung verstanden würde (obwohl es auch auf Landes- und Gemeindeebene große öffentliche Unternehmen gibt) und mit einem jeweiligen Börsengang und der entsprechenden Publizität erklärbar. Auch die Politiker bleiben also bei ihrer Argumentation im großen und ganzen den skizzierten landesspezifischen Wirtschaftsordnungen und -modellen treu. Die entwickelte Tabelle macht allerdings noch keine Aussagen zu den Fragen, wie und ob die Zielereichung überhaupt messbar ist und welche Beziehungen die Ziele zueinander haben. Diese Fragen werden im folgenden Kapitel untersucht.

2.2.2.1.2 Operationalisierung und Zielbeziehungen

Um Aussagen über die Ziele und ihre Auswirkungen, also wirtschaftspolitische Handlungsmöglichkeiten, machen zu können, sind einerseits eine Bestimmtheit (Operationalisierbarkeit) der Ziele und andererseits Informationen über die Ausgangssituation, weitere Entwicklung und die Wirkung von Handlungen notwendig. Für Lösungsversuche und Erfolgskontrollen wird also eine Messbarkeit und Aggregationsfähigkeit vorausgesetzt.[169] Zur Konkretisierung wirtschaftspolitischer Ziele sind drei chronologische Detaillierungsschritte erforderlich. Erstens die qualitative Operationalisierung – verstanden als Zuordnung von Indikatoren zu den Zielbegriffen, zweitens die quantitative Operationalisierung – verstanden als Zuordnung von Bestwerten zu den Indikatoren und drittens eine zeitliche Operationalisierung zur Festlegung des Zeitraums der zur Zielerreichung erwartet wird.[170] Bei dieser Vorgehensweise ist der nächste Schritt erst durchführbar, wenn der vorhergehende ausreichend umgesetzt ist. Die vorgeschlagenen Schritte sollen nun für die im vorherigen Kapitel tabellarisch erfassten Ziele der Privatisierungen ohne eine länderspezifische Unterteilung versucht werden.

169 Vgl. Streit (1991): S. 237-238; sowie Berg/Cassel (1992): S. 214.
170 Vgl. Pätzold (1993): S. 30.

Politisch definierte Privatisierungsziele	**Qualitative Operationalisierung**	**Quantitative Operation-alisierung**	**Zeitliche Operation-alisierung**
Erhöhung der Freiheit	?		
Stärkung des Wettbewerbs	Anzahl der Marktteilnehmer/Entwicklung der Preise	?	
Fiskaleffizienz	Haushaltsentlastung	?	
Förderung der Beschäftigung	Registrierte Arbeitslosenrate	Maximal 2-3 %	?
Förderung des Wirtschaftswachstums	BIP	?	
Produktionseffizienz	Gewinn/Rentabilität/ Leistung des öffentlichen Auftrags	?	
Förderung des Kapitalmarkts	Börsenkapitalisierung	?	
Einschränkung staatlicher Tätigkeit	?		
Sicherung des Standorts	?		
Finanzierung von Pensionsverpflichtungen priv. Unternehmen	Einzustellender Betrag	?	
Förderung der Mitbestimmung in den priv. Unternehmen	?		
Veränderung der Eigentumsverhältnisse der priv. Unternehmen	Eigentumsverhältnis	?	
Streuung des Aktienbesitzes	Anzahl der Einzelaktionäre	?	
Erleichterung strategischer Partnerschaften der priv. Unternehmen	?		

Tabelle 3: Privatisierungsziele und ihre Operationalisierbarkeit
Quelle: Eigene Zusammenstellung („?“ = unklar; „ „ = keine Aussage möglich).

Die Inhalte der Tabelle verdeutlichen verschiedene Problembereiche bei der Operationalisierung von Privatisierungszielen. Erstens ist es problematisch, für überwiegend qualitative, vage formulierte Ziele überhaupt annehmbare Indikatoren zu erschließen. Dabei sind selbst die klassischen Indikatoren, wie die Arbeitslosenrate und das Bruttoinlandsprodukt, bereits problembehaftet.[171] Zweitens wäre selbst bei einer Festlegung eines Indikators eine direkte Wirkung durch eine Privatisierung aufgrund fehlender Informationen nicht empirisch direkt nachweisbar. Drittens wären für eine Festlegung der ersten beiden Schritte wiederum Wertentscheidungen notwendig, da sowohl die Indikatoren interpretationsfähig als auch die festzulegenden Bestwerte quasi unbekannt sind. Schließlich ist eine Quantifizierbarkeit, was überhaupt erreichbar ist bzw. sein soll, weitgehend unklar. Viertens würde eine Einbeziehung der Untersuchungen von Beziehungen zwischen den Zielen die geschilderten Probleme noch verschärfen.

Zusammenfassend ist festzuhalten, dass eine Operationalisierung der Privatisierungsziele entsprechend der vorgeschlagenen Vorgehensweise kaum zu leisten ist. Das ist wahrscheinlich auch der Grund, warum bei der Privatisierungsthematik in starkem Maße Werturteile in die Diskussion einfließen und eine objektive Auseinandersetzung mit dem Thema erschwert wird. Eine unpräzise Formulierung mag in der politischen Diskussion ausreichend sein, aus Sicht wirtschaftspolitischer Theorie ist sie es nicht. Die Nichtquantifizierbarkeit könnte politischen Akteuren auch entgegenkommen, da dadurch eine Kontrolle und Prüfung möglicher Zielvorgaben entfallen muss. Somit wäre Privatisierungspolitik als ein für die Politik stets vorteilhaftes, nicht landesspezifisches oder parteiabhängiges Betätigungsfeld qualifizierbar.

Bei den Zielbeziehungen schließlich werden aus wirtschaftstheoretischer Sicht grundsätzlich die drei Bereiche Zielneutralität, Zielharmonie und Zielkonflikte oder -konkurrenz unterschieden. Bei der ersten Beziehung haben die Ziele keinen Einfluss aufeinander, bei der zweiten fördert ein Ziel ein anderes und bei der letzten ist die Verfolgung eines Ziels Ursache für die Verletzung eines anderen. Eine Untersuchung der Beziehungen wird in der Regel notwendig, da in der praktischen Wirtschaftspolitik meist parallel mehrere Ziele verfolgt werden und ihre gegenseitige Beeinflussung zusammengefasst zu beurteilen ist.[172] Wie auch in anderen Bereichen der wirtschaftspolitischen Diskussion sind bei Privatisierungen vor allem die Ziele zu untersuchen, die sich tendenziell negativ gegenseitig beeinflussen, die also Zielkonflikte oder Zielkonkurrenz hervorrufen. Als Beispiel werden hier die Beziehungen der Ziele Produktionseffizienz und hoher Be-

---

171 Vgl. Pätzold (1993): S. 31 ff.
172 Vgl. Berg/Cassel (1992): S. 199-200.

schäftigungsstand sowie fiskalische Effizienz und Finanzierung von übernommenen Pensionsverpflichtungen dargestellt.

Zu privatisierende Unternehmen sollen nach einer Privatisierung einerseits effizienter, das heißt wirtschaftlicher, arbeiten und andererseits zuerst einmal bestehende Arbeitsplätze sichern und die Anzahl der Arbeitsplätze ausbauen. Da die erhoffte Effizienz aber in der Regel zunächst durch Einsparung von Kosten erreicht werden muss, ist regelmäßig der Abbau von Arbeitsplätzen mit einer Privatisierung verbunden. Zumindest kurzfristig tritt damit ein Zielkonflikt auf, der nur über eine normative Priorisierung eines der Ziele gelöst werden kann.

Die Einnahmen aus Privatisierungserlösen stehen normalerweise nur einmal zur Verfügung, auch wenn die Privatisierung durch eine Platzierung an Börse über mehrere Zeiträume verteilt wird. Folglich ist eigentlich eine Entscheidung zu treffen, ob die Einnahmen entweder zur Haushaltsentlastung oder für Pensionszahlungen verwendet werden sollen. Zwar wäre auch eine Aufteilung auf beide Ziele möglich, allerdings wäre dann die Zielerreichung für ein Ziel oder beide Ziele wegen geringerer Mittel tendenziell gefährdet. Kurzfristig konkurrieren die beiden Ziele also miteinander.

Als Lösung der aufgezeigten Problematik von Privatisierungsentscheidungen ist eine Einzelfallprüfung von Privatisierungen und ihrer Mittel und Wege zur Zielerreichung denkbar. Dabei sollte die Beachtung der im nächsten Kapitel diskutierten Argumente für und wider Privatisierungen hilfreich sein, auch wenn mehr als eine Beschreibung mit Fokus auf Landesspezifika nicht durchführbar ist. Eine vollständige Analyse und Systematisierung der Ziele und ihrer Beziehungen ist im Rahmen des vorliegenden Themas nicht möglich.[173]

2.2.2.2 Gründe für und Vorbehalte gegen Privatisierung

Für und wider Privatisierungen werden in der wirtschaftswissenschaftlichen Diskussion verschiedene Argumente angeführt, die sich teilweise mit den Privatisierungszielen vermischen. Zuerst einmal baue sie aus volkswirtschaftlicher Sicht die durch Staatseingriffe hervorgerufenen Wettbewerbsverzerrungen ab, führe zu einer Senkung der Arbeitslosigkeit und helfe, die Staatsverschuldung einzudämmen.[174] Außerdem wird immer wieder auf die Effizienzprobleme im öffentlichen Bereich hingewiesen. Dies äußert sich durch effektivere Kontrollmechanismen, Verfolgung betriebswirtschaftlicher Ziele und geringeren gewerkschaftlichen

173 Vgl. Bartel (1990): S. 22 ff. Hier erfolgt der Versuch einer Darstellung der Beziehungen und Probleme zwischen Zielen, Methoden und Bewertungskriterien staatlicher Aktivität.

174 Vgl. Guski (1988): S. 9-12.

Einfluss im privaten Bereich. Zusätzlich wird die gesteigerte Allokationseffizienz angesprochen, die sich durch ein Wegfallen der Ausnahmestellung öffentlicher Unternehmen bei der Finanzierung und in der Wirtschaftspolitik ergibt. Hier sei an transparentere Subventionsentscheidungen und Umverteilungsmechanismen gedacht.[175] Weiterhin spielt wiederum die Theorie des Marktversagens eine Rolle. Ferner werden vor allem erhöhter Wettbewerb und mehr Flexibilität als Gründe für Privatisierung genannt. Außerdem wird betont, dass es sich bei der Privatisierungsdiskussion auch allgemeiner um die Frage der Wirtschaftsordnung dreht.[176]

Hauptsächlich wird gegen die Privatisierungen eingewendet, [177] man habe nicht nur die Produktionseffizienz, sondern auch andere Aspekte wie die Allokationseffizienz und die fiskalische Effizienz zu beachten. Dabei wird argumentiert, dass der Aktienmarkt als Körperschaftskontrolle versagen kann und dass auch bei einem geringeren Principal-Agent-Problem[178] privater Unternehmen Gewinnmaximierung nicht unbedingt Effizienz bedeuten muss. Die Gefahr der Allokationsineffizienz bestehe durch mögliche Monopolbildungen, sobald Unternehmen in regulierten Marktbereichen privatisiert würden. Außerdem hätten Regierungen im öffentlichen Bereich bessere Möglichkeiten zur Internalisierung sozialer Kosten und der Bereitstellung sozialen Nutzens. Schließlich würde der öffentliche Haushalt nur entlastet, wenn die Privatisierung tatsächlich zu Effizienzsteigerungen führt und die Transaktionskosten gering gehalten werden. Es seien also hauptsächlich die Wettbewerbsbedingungen und die Marktverhältnisse und nicht die Rechtsstellung eines Unternehmens, die Veränderungen jeglicher Effizienzkriterien herbeiführen.[179] Zu einem ähnlichen Ergebnis kommen auch Redor und Yarrow, die die ökonomischen Rahmenbedingungen als zentrales Element für die Leistung jedes Unternehmens, unabhängig vom Status, hervorheben. [180] Auch De Jong folgert, dass die Analyse der politisch-ökonomischen Organisation eher weiterhilft als diejenige der Theorie statischen Marktversagens.[181]

---

175 Vgl. Bartel (1990): S. 30-36.

176 Vgl. De Jong (1989): S. 189-190.

177 Vgl. Bartel (1990): S. 36 ff. Einen Einblick in die französischen Argumente gegen Privatisierung erhält man durch Jacquillat (1985): S. 118 ff.

178 Es geht grundsätzlich um die unterschiedlichen Ziele und Interessen, die Eigner und Manager in einem Unternehmen verfolgen.

179 Vgl. Bartel (1990): S. 36-45. Thiemeyer widerspricht jedoch diesem Fazit. Vgl. Thiemeyer (1987): S. 99.

180 Vgl. Yarrow (1986): S. 364; sowie Redor (1992): S. 163. Er beruft sich dabei auf die Theorie ökonomischen Wandels von Nelson und Winter (vgl. dazu Nelson/Winter: An evolutionary theory of the firm, Cambridge 1982).

181 Vgl. De Jong (1989): S. 190-191.

Eine differenziertere Betrachtung der angesprochenen Argumente für und wider Privatisierungen erfolgt in den nächsten Kapiteln. Als die beiden Hauptrichtungen der Theorie lassen sich einerseits die Diskussion zur Effizienz und Marktversagen sowie andererseits die Theorie zur neuen politischen Ökonomie, die sich unter anderem mit den Unvollkommenheiten des Staates und seiner Aktivitäten beschäftigt, unterscheiden.[182]

2.2.2.2.1 Produktionseffizienz

Als Standardargument wird in der Diskussion um die Privatisierung öffentlicher Unternehmen die Produktionseffizienz angeführt, die in privaten Unternehmen im Vergleich mit nicht-privaten eben höher sei. Diese betriebswirtschaftliche These ist indessen nicht unbedingt haltbar und soll hier differenziert diskutiert werden.

Zuerst einmal ist festzulegen, was eigentlich unter Produktionseffizienz zu verstehen ist und ob sie die gleiche Bedeutung für öffentliche und private Unternehmen hat. Produktionseffizienz kann aus betriebswirtschaftlicher Sicht definiert werden als Wirtschaftlichkeit, wie in Kapitel 2.2.1.2 geschehen. Diese kann operationalisiert werden durch Kosten-, Gewinn- oder Rentabilitätsgrößen. Hinsichtlich des Wirtschaftlichkeitsprinzips verhält sich ein Unternehmen effizient, wenn bei konstantem Output Ressourcen gespart (Minimalprinzip) oder bei konstantem Ressourcenverbrauch der Output maximiert (Maximumprinzip) wird.[183]

Grundsätzlich ist Produktionseffizienz für alle Unternehmen von Bedeutung, da nicht-wirtschaftlich arbeitende Unternehmen am Markt in der Regel nicht überleben können. Allerdings dürfte sie in privaten Unternehmen als Ziel dominieren, auch wenn nichts dagegen spricht, zusätzlich weiter Ziele zu verfolgen. In öffentlichen Unternehmen dagegen wird die Wirtschaftlichkeit immer begleitet von Aufgaben, die als öffentlicher Auftrag für das Unternehmen festgelegt sind (s.o.). Das eigentliche Wesen und die Ziele der unternehmerischen Tätigkeit ist also bei privaten und öffentlichen Unternehmen ungleich. Bei einem Vergleich der Produktionseffizienz ist diesem Umstand ausreichend Rechnung zu tragen. Dies scheint nicht immer der Fall zu sein, da regelmäßig allein auf privatwirtschaftliche Kenngrößen abgestellt wird.[184] Darüber hinausgehend ist eine Konzentration auf die Produktionseffizienz als Kriterium damit wenig hilfreich, da ein Maßstab angesetzt wird, der für das öffentliche Unternehmen eine unterge-

182 Vgl. Voisin (1995): S. 56.
183 Vgl. Schmalen (1992): S. 42.
184 Vgl. Eichhorn/Von Loesch (1988): S. 317; sowie Gesellschaft für öffentliche Wirtschaft (1994): S. 205.

ordnete Rolle spielt. Nichtsdestoweniger werden empirische Untersuchungen durchgeführt, worauf aus Gründen der vollständigen Darstellung auch eingegangen wird.

Aus empirischer Sicht wird in der Literatur zu mikroökonomischen Effizienzvergleichen festgestellt, dass bereits kleine Privatisierungsschritte zu Effizienzverbesserungen führen und das Wettbewerbsumfeld für die tätigen Unternehmen von entscheidender Bedeutung ist. Dabei

- produzieren öffentliche Unternehmen ohne Wettbewerb oft mit geringerer Effizienz,
- fördert die Umwandlung staatlicher in private Monopole eine Bereitschaft zur Entflechtung des Monopols,
- erreichen private und öffentliche Unternehmen in einem regulierten Wettbewerbsumfeld ähnliche Effizienzergebnisse,
- fördert bereits eine formale Privatisierung Effizienzerhöhungen,
- weisen öffentliche Unternehmen in einem nicht-regulierten Wettbewerbsumfeld Effizienznachteile auf.[185]

In der Privatisierungsliteratur Frankreichs wird festgestellt, dass weder die Verteilungswirkungen noch die Effizienzsteigerungen betroffener Unternehmen empirisch nachgewiesen werden können und somit Privatisierungen keine eindeutige Lösung der Probleme öffentlicher Unternehmen liefern.[186] Dem widersprechen allerdings Jacquillat durch einen Vergleich der Ergebnisse öffentlicher und privater Unternehmen in Frankreich von 1980-1984 und Fels für die erste Privatisierungswelle.[187] So kommt Bauer auch zu dem Ergebnis, dass empirisch nur schwer etwas zu beweisen sei, da jeweils besondere Umstände in Betracht gezogen werden müssten. So sind in Frankreich von 1986-1988 nur Unternehmen des Wettbewerbssektors privatisiert worden.[188] Für diese öffentlichen Unternehmen haben also schon im Vorfeld Wettbewerbsbedingen geherrscht, und insofern waren durch Privatisierungen keine starken Verbesserungen bzgl. der Effizienz zu erwarten. Dadurch wird auch die Rolle der Marktverhältnisse, unter denen ein Unternehmen tätig ist, neben der eigentlichen Privatisierung betont.

---

185 Vgl. Hartwig (1998): S. 654.

186 Vgl. Bauer (1987): S. 16-17; sowie Kraft/Obermann (1990): S. 82.

187 Vgl. Jacquillat (1985): S. 328-329. Gleichzeitig weist er aber auf S. 55 auch auf methodologische Probleme eines solchen Vergleiches hin; sowie Fels (1987): S. 78. Auch er betont generelle Schwierigkeiten einer Messung der Wirkungen; sowie Jetter (1994b): S. 16.

188 Vgl. Bauer (1987): S. 16.

Aus Sicht der Produktionseffizienz ist die Entscheidung für und wider Privatisierung also nicht klar zu beantworten. Wenn Ineffizienzen in Unternehmen des öffentlichen Sektors verstärkt auftauchen, könnten diese aus Sicht der Theorie auch über die Einführung privatwirtschaftlicher Managementtechniken und nicht nur zwingend über eine formelle oder materielle Privatisierung erreicht werden.

2.2.2.2.2 Allokationseffizienz

Grundlage dieses Kapitels sind die bisherigen Ausführungen zur Allokation aus Kapitel 2.1.1.1, wo der Begriff Allokationseffizienz definiert wurde. Grundsätzlich wird staatliches Eingreifen notwendig, um Marktversagen oder Marktmängel zu beseitigen. Hier wird wiederum auf die Punkte öffentliche Güter, externe Effekte und natürliche Monopole eingegangen. Diese werden in direkten Zusammenhang zur Privatisierungsdiskussion gebracht.

Alle öffentlichen Güter, die Eigenschaften privater Güter besitzen, die also teilbar und individuell zuteilbar sind, sind im Wesentlichen privatisierungsfähig. Über den Preis-Marktmechanismus ist generell ein Ausschluss von Freifahrern möglich. Versagt dieser Mechanismus jedoch, das heißt, ein Ausschluss über Preis ist nicht möglich, muss der Staat zumindest für die Bereitstellung dieser Güter sorgen. Wenn ein Gut durch den Staat bereitgestellt wird, heißt das aber nicht, dass er dieses Gut auch selbst herstellen muss. Die Herstellung und Bereitstellung öffentlicher Güter sind also klar zu trennen. Es ist in diesem Zusammenhang damit grundsätzlich ausreichend, wenn von staatlicher Seite die Herstellung organisiert und kontrolliert wird.[189] Damit ist lediglich eine materielle Privatisierung solcher Leistungen unterbunden.

Staatliche Herstellung ist entsprechend der bisherigen Ausführungen dann weiterhin notwendig, wenn die Ausschlusskosten bei einer Privatisierung zu hoch sind, so dass dadurch externe Effekte entstehen. Sie entstehen infolge der Privatisierung, da die Eigentumsrechte quasi unvollständig werden und damit von anderen mitgenutzt werden können. Daraus entstehender Kontrollbedarf externer Effekte ist also als eine Art Privatisierungshemmer zu verstehen. Solange diese Kontrolle von staatlicher Seite dann möglichst effektiv gewährleistet werden kann, spricht grundsätzlich nichts gegen eine Privatisierung. Weiterhin ist zum natürlichen Monopol festzustellen, dass es nur wenige unstrittige Fälle in der Praxis gibt, bei denen tatsächlich ein solches vorliegt. Selbst wenn Wettbewerb in einem Markt ausscheidet, kann trotzdem ein Wettbewerb um diesen Markt statt-

189 Vgl. Hartwig (1998): S. 661; sowie Cox (1984): S. 71; sowie Völmicke (1996): S. 113-114.

finden. Eine mögliche Lösung sind hier zeitlich befristete Konzessionen.[190] Eine Privatisierung natürlicher Monopole kann dann als formale Privatisierung durchgeführt werden. Denn dadurch ist ein Eingreifen bei Ausnutzung der Marktmacht möglich. Vertraglich kann festgelegt werden, dass die bisher erbrachten Leistungen nach einer Privatisierung qualitativ, quantitativ und kostenmäßig zumindest zu den gleichen Bedingungen wie vorher angeboten werden.[191] Diese Privatisierungsform ist dann allerdings durch entsprechende Regulierungsmaßnahmen zu ergänzen. Eine materielle Privatisierung ist nicht von Vorteil, da die mangelnde Konkurrenz in dem bestimmten Markt wahrscheinlich überhöhte Preise zur Folge hätte. Eine Lösung dieses Problems kann also grundsätzlich durch den Aufbau einer staatlichen Regulierung der Anbieter erfolgen. Eine Privatisierung wird dann über den Preis einer weitreichenden Regulierung erkauft.

Es ist festzuhalten, dass Beschränkungen für die Privatisierung öffentlicher Güter oder Leistungen auftreten, wenn Nichtausschließbarkeit vorherrscht. Bei reinen öffentlichen Gütern versagt der Markt-Preismechanismus völlig und der Staat muss tätig werden. Bei externen Effekten und natürlichen Monopolen sind Privatisierungslösungen möglich, die aber in geeigneter Form einer Regulierung und Kontrolle unterworfen werden müssen. Durch die technologischen Entwicklungen ‚verschwinden‘ die natürlichen Monopole immer mehr (bei der Bahn ist eine Trennung des Bahnnetzes und dessen Nutzung möglich).[192]

2.2.2.2.3 Fiskalische Effizienz

Bei der fiskalischen Effizienz wird angenommen, dass die Einnahmen aus Privatisierungen zur Verbesserung der fiskalischen Situation eines Landes beitragen können. Dies werde ermöglicht durch Senkung der Haushaltsdefizite und damit Konsolidierung des staatlichen Budgets. Zusätzlich könnten neue Staatsausgaben ohne weitere Steuern oder Kreditaufnahmen finanziert werden. Der Abbau von Haushaltsdefiziten hat wahrscheinlich auch die Privatisierungen als Maßnahmen zur Erreichung der Maastrichtkriterien gefördert. Auch diese Annahmen sind differenziert zu betrachten.

Die Kreditaufnahme kann zwar in Höhe der Privatisierungserlöse kurzfristig gesenkt und damit Zinsaufwendungen gespart werden, aber damit entfallen auch mittel- bis langfristig Dividendenzahlungen der privatisierten Unternehmen.[193] Außerdem fallen durch die Privatisierung profitabler öffentlicher Unternehmen

190 Vgl. Möschel (1997): S. 27-28.
191 Vgl. Cox (1984): S. 70-71.
192 Vgl. Experteninterview Schlecht im Anhang S. XVI; sowie Bureau (1997): S. 76.
193 Vgl. Thiel (1984) S. 2.

mögliche finanzielle Mittel aus, die ansonsten zur Subventionierung verlustmachender Unternehmen im öffentlichen Sektor verwendet werden. Diese Mittel sind dann vom Steuerzahler aufzubringen. Weiterhin ist das Ausmaß der öffentlichen Verschuldung quantitativ sehr hoch, so dass durch Privatisierungseinnahmen, die im Vergleich zur öffentlichen Verschuldung relativ gering sind, ein geringer Einfluss auf die finanzielle Lage der Gebietskörperschaften zu erwarten ist.[194] Je höher das Privatisierungspotenzial, desto höher ist auch der zu erwartende Abbau der Verschuldung der Gebietskörperschaften.

Mit der erwünschten Senkung der Staatsschulden wird der fiskalische Einfluss einer Privatisierung offensichtlich. Langfristig ist jedoch zu beachten, dass das Vermögen der öffentlichen Unternehmen und des Staates immer weiter abnimmt und somit mögliche zukünftige Einnahmen entfallen. Dieser Einschätzung wird mit einer Gegenüberstellung möglicher Dividendenausfälle und Zinserträge (Zinsersparnisse) durch Anlegen von zu erwartenden Haushaltsüberschüssen (Erlöse aus Schuldentilgungen) widersprochen.[195] Die zugrundeliegende Annahme entsprechender Verhaltensweisen der verantwortlichen Akteure ist in der Praxis indessen kaum zu beobachten.

Eine eindeutige Begründung für oder gegen formelle oder materielle Privatisierung ist demnach nicht von vorne herein möglich. Nichtsdestoweniger taucht das fiskalische Argument als eines der Hauptziele einer Privatisierungspolitik auf. Hier dürfte die kurzfristige Entlastung eines Haushalts und die damit einhergehende Ausweitung der Handlungsspielräume der involvierten Akteure eine essentielle Rolle spielen. Eine Privatisierung ist dann wahrscheinlich politisch einfacher zu verkaufen und umzusetzen als Steuererhöhungen oder ein haushaltspolitischer Sparkurs.[196]

2.2.2.2.4 Wettbewerbstheorie und Effizienz

In den bisherigen Ausführungen wurde regelmäßig auf die Bedeutung der Markt- und Wettbewerbsverhältnisse, unter denen Unternehmen tätig sind, hingewiesen. Denn Wettbewerb gilt als zentrales Element einer marktwirtschaftlich ausgerichteten Wirtschaftsordnung und wird als Charakteristikum für dessen Überlegenheit angeführt. Ein unter Wettbewerb stehender Markt mit freiem Marktzutritt garantiert eine wirtschaftliche Produktion und fördert die Entwicklung von Produkt- oder Produktionsinnovationen zur Erhaltung oder Erzielung von Wettbewerbs-

194 Vgl. Guillaume (2000): S. 122; sowie Eichhorn (1989): Sp. 1308-1309; sowie Steiner (1994): S. 22; sowie Gesellschaft für öffentliche Wirtschaft (1994): S. 209.
195 Vgl. Bauer (1987): S. 15; sowie Knauss (1993): S. 166.
196 Vgl. Cox (1999): S. 272.

vorteilen. Über das Zusammenspiel von Angebot und Nachfrage führt Wettbewerb zu sinkenden Herstellkosten und Verbraucherpreisen. Als essentielle Wettbewerbsmotive gelten einerseits das Gewinnerreichungsziel und die Wirtschaftlichkeit sowie andererseits die Existenzbedrohung.[197]

Da die Leistungserstellung in öffentlichen Unternehmen an weiteren, fest vorgegebenen Zielen, wie die Bedarfsdeckung eines bestimmten Gutes, ausgerichtet ist, ist eine ineffizientere Leistungserstellung durch öffentliche Unternehmen zu erwarten. Die Auftragserfüllung steht im Vordergrund. Private und öffentliche Marktteilnehmer können nur gleichberechtigt in einem Markt konkurrieren, wenn die öffentlichen Unternehmen ohne besonderen staatlichen Schutz (Subventionierung) auskommen und sich vollständig den Kontroll- und Sanktionsmechanismen des Wettbewerbs stellen.[198] Wenn öffentliche Unternehmen privatisiert werden, ist also auch eine Beachtung der Wettbewerbs- und Marktstrukturen notwendig. Da durch eine formale Privatisierung keine größere Handlungsfähigkeit und auch kein stärkeres Existenzrisiko verbunden ist, sind bei der materiellen Privatisierung höhere Effizienzgewinne zu erwarten.

Zusätzlich stellt sich die Frage, ob private und öffentliche Unternehmen überhaupt unter denselben Wettbewerbs- und Marktbedingungen agieren. Unter rechtlichen Gesichtspunkten unterliegen auch öffentliche Unternehmen dem Wettbewerb. Auf der einen Seite nehmen sie in vielen Marktbereichen am Wettbewerb teil und sind in dieser Hinsicht nicht wettbewerbshemmend. Auf der anderen Seite werden öffentlichen Unternehmen Vorteile eingeräumt in Form von Subventionen oder Marktzugangsbeschränkungen für private Unternehmen.[199]

Die besonderen Leistungen sind wiederum begründbar mit zusätzlichen Aufgaben der öffentlichen Unternehmen. Infolgedessen ist eine klare Grenzziehung zwischen den Bedingungen, unter denen öffentliche und private Unternehmen in einem Markt konkurrieren, problematisch. Aus Sicht der Privaten sollten öffentliche Unternehmen unter den exakt gleichen Bedingungen am Markt teilnehmen, was einer materiellen Privatisierung gleichkäme. Aus Sicht der Öffentlichen dagegen würden unter solchen Wettbewerbsbedingungen bestimmte Aufgaben des öffentlichen Auftrags eventuell entfallen, was eine Verschlechterung der Befriedigung der Konsumenten und letztendlich eine Nichterfüllung der staatlichen Aufgabe bedeuten kann.

Wenn die öffentlichen Kreditinstitute Aufgaben übernehmen, die in keinerlei Beziehung mehr zum öffentlichen Auftrag stehen, können besondere staatliche

197 Vgl. Berg (1992): S. S. 241-242.

198 Vgl. Cox (1984): S. 69.

199 Vgl. Gesellschaft für öffentliche Wirtschaft (1994): S. 203; sowie Hartwig (1998): S. 655.

Zuwendungen in Frage gestellt werden. Dies ist eines der Kernprobleme, welche die laufende Diskussion um die Privatisierung von Sparkassen und Landesbanken in Deutschland so schwierig machen. Die durch eine Privatisierung hervorgerufene Homogenisierung der Bankenlandschaft könnte sich auch negativ auf die Wettbewerbsverhältnisse und auf die angebotenen Dienstleistungen der Banken auswirken.[200]

Zusammenfassend ist festzustellen, dass neben der eigentlichen Privatisierung vor allem den Markt- und Wettbewerbsverhältnissen eine wichtige Rolle bei der Entscheidung für und wider Privatisierungen zukommt. Dabei ist diese Entscheidung auch aus wettbewerbstheoretischer Sicht nicht a priori zu beantworten. Falls privatisiert werden soll, ist die materielle Privatisierung vorzuziehen, da hier die Wettbewerbsbedingen voll zum Tragen kommen. Durch die Öffnung der Märkte in Europa und durch die Einführung einer gemeinsamen Währung wird der Wettbewerbsdruck für öffentliche und private Unternehmen zusätzlich erhöht.

2.2.2.2.5 Eigentumsrechtstheorie

Die Theorie der Eigentumsrechte beschäftigt sich neben den diskutierten externen Effekten vor allem mit dem mikroökonomischen Bereich der ‚Firma'. Die Theorie untersucht die Effekte unterschiedlicher Verteilung von Verfügungs- und Eigentumsrechten auf die Verhaltensweisen der betroffenen Individuen (Eigentümer und Manager). Zentraler Ansatz zur Beurteilung der Verfügungsrechtsstruktur sind die Transaktionskosten. Sie umfassen zur Übertragung von Nutzungs- und Verfügungsrechten Kosten der Vertragsabschlüsse, Vertragsrealisierung sowie der Vertragserfüllung. Zusätzlich werden die Probleme der Beziehungen zwischen Eigentümern und Funktionsträgern untersucht. Durch eine Informationsasymmetrie entsteht, bezogen auf die Entscheidungsstruktur, das Principal-Agent-Problem zwischen Eigentümern und Managern.[201]

Unter Bezugnahme auf Verfügungs- und Eigentumsrechte werden Ineffizienzen im öffentlichen Sektor entsprechend der Eigentumsrechtstheorie mit einem Auseinanderfallen dieser Rechte erklärt. Je eindeutiger und umfassender die Verfügungsrechte abgegrenzt und im Eigentum der Besitzer sind, desto stärker ist der Anreiz für eine kostengünstige Produktion. Dieses Anreizsystem ist bei öffentlichen Unternehmen quasi nicht existent, da einerseits das Eigentum gestreut ist und andererseits die Verfügung beim Staat liegt. Unterstellt wird ferner, dass Eigentümer und Besitzer der Verfügungsrechte andere Ziele verfolgen. Die Eigentümer wollen das Management kontrollieren und damit den Unternehmenser-

---

200 Vgl. Kloepfer (2000): S. 17; sowie Cox (1998): S. 18.
201 Vgl. Cartelier (1995): S. 76.

folg und die Ausschüttungen maximieren. Die Manager dagegen möchten ihren Informationsvorsprung ausbauen, um ihre Handlungsfreiheit zu behalten oder zu erhöhen. Da eine vollständige Kontrolle und Information unter diesen Umständen nicht möglich ist, kommt es zu geringerer Produktionseffizienz. Durch eine Privatisierung wird dieses Problem auf den Eigenkapitalmarkt übertragen und somit verringert.[202] Aus Effizienzsicht ist also relevant, wie die Verfügungsrechte und das Eigentum an öffentlichen Unternehmen verteilt sind. Es ist zu vermuten, dass Privatisierungen eine prinzipielle Änderung der Eigentums- und Verfügungsrechte bewirken müssen, um entsprechende Effizienzgewinne zu erreichen.

Bei einer formellen Privatisierung erfolgt die Leistungserstellung nur in anderer Rechtsform. Eine Veränderung der Eigentumsrechte findet nicht statt. Ein Effizienzgewinn ist vor diesem Hintergrund zu erwarten, wenn durch die Veränderung der Rechtsform die Transaktionskosten zur Kontrolle des Managements sinken. Bei der materiellen Privatisierung dagegen sind verstärkt Effizienzgewinne zu erwarten, da sich sowohl die Eigentumsstruktur als auch die Verfügungsrechte verändern. Allerdings werden diese Erwartungen auch durch die Wettbewerbsverhältnisse und die Struktur vorhandener Markteintrittsbarrieren des Marktes, in dem das Unternehmen tätig ist, mitbestimmt. Das Auftreten von Effizienzgewinnen hängt also zum einen vom Privatisierungsgrad und zum anderen von den Marktverhältnissen ab.

Unter Bezugnahme auf die Transaktionskosten kann man außerdem globaler nach der Rolle des Staates fragen, wenn Transaktionskosten bei der Erfüllung staatlicher Aufgaben existieren. Zum einen soll der Staat sich darum kümmern, dass derjenige die Rechte bekommt, der der beste Wirt für sie ist. Das heißt, dass entweder bei einem Übergang der Rechte die Transaktionskosten minimiert werden oder überhaupt keine Transaktion notwendig ist. Zum anderen soll der Staat dort eingreifen, wo Transaktionskosten durch staatliche Eingriffe wahrscheinlich verringert werden können. Mit einer Qualifizierung dieser Eingriffe als Regulierung wird durch den Transaktionskostenansatz eine theoretische Fundierung der bereits erwähnten Regulierungstheorie geliefert.[203] Interessant ist der Ansatz auch, wenn nach einer Privatisierung die Regulierung eines Marktes von staatlicher Seite übernommen werden muss. Über die Transaktionskosten könnte man dann das Ausmaß der Regulierung vor und nach einer Privatisierung beurteilen. Schließlich würde zumindest die staatliche Bürokratie bereits durch die quantitative Aufgabenerweiterung vermehrt.

Der Transaktionskostenansatz kann zusätzlich auch übertragen werden auf eine gesamtwirtschaftliche Sicht als Neue Institutionenökonomik. Danach soll als

---

202 Vgl. Bartel (1990): S. 32-33.
203 Vgl. Von Weizsäcker (1988): S. 14-15.

Wirtschaftspolitik die Transaktionskostenstruktur so gestaltet werden, dass erwünschte Prozesse mit niedrigen und unerwünschte Prozesse mit hohen Transaktionskosten verbunden sind. Damit kann geprüft werden, zu welchen wirtschaftspolitischen Fehlentscheidungen die handelnden Institutionen – verstanden als politisch-administrative Akteure – tendieren. Dieser Aspekt wird im folgenden Kapitel diskutiert.[204]

2.2.2.2.6 Theorie der Bürokratie

In Deutschland und Frankreich pendelt die Staatsquote in den achtziger und neunziger Jahren um die 50 Prozent. Schon 1861, als die Staatsquote noch wesentlich niedriger war, wird die These aufgestellt, es existiere ein ökonomisches Gesetz wachsender Staatstätigkeit (Gesetz von Wagner). Diese Behauptung hat sich empirisch tendenziell bestätigt (s.o.). Die Theorie der Bürokratie beschäftigt sich vor diesem Hintergrund mit der Rolle der staatlichen Bürokratie und ihrer Akteure bei der Wahrnehmung ihrer wirtschaftspolitischen Aufgaben. Diese konkurrieren regelmäßig mit eigenen Interessen der Bürokratie.[205]

Der Theorie zufolge gibt es eine Anzahl systembedingter Effizienznachteile der öffentlichen Unternehmen, die die Diskussion um die Theorie der Eigentumsrechte – aus Sicht des Principal-Agent-Problems – einerseits und die Produktionseffizienz andererseits ergänzen. Es wird angenommen, handeln sei in Bürokratien maßgeblich von Individualinteressen der Akteure, wie ein Ausbau der Machtposition oder Prestige, geprägt. Als Ursachen werden im Wesentlichen der niedrige Rentabilitätsdruck, das Fehlen von Sanktionen für ineffizientes Verhalten und ein mangelnder Anreiz für Effizienz aufgeführt. Die Bürokraten streben nach einer möglichst umfangreichen Ausstattung ihrer Ämter, da ihre Ziele positiv mit der Anzahl untergebener Mitarbeiter und dem unterstellten Finanzvolumen korrelieren. Der zusätzlich vorhandene Informationsvorsprung vor Politikern und Wählern erlaubt ihnen eine höhere Veranschlagung des Budgets als es eine kostenoptimale Produktion erfordern würde. Das Ziel der Wirtschaftlichkeit wird also vom Ziel der Budgetmaximierung dominiert, wenn ein Bürokrat seine eigenen ökonomischen Ziele verfolgt. Dadurch werden mehr öffentliche Leistungen als optimal produziert (allokative Ineffizienz), und die Kosten der Leistungsproduktion sind höher als notwendig (Produktionsineffizienz).[206]

---

204 Vgl. Grossekettler (1999): S. 69.

205 Vgl. Peters (1995): S. 137; sowie Tanzi (2000): S. 28; sowie Institut der deutschen Wirtschaft (1999): S. 150; sowie De Jong (1989): S. 173.

206 Vgl. Bartel (1990): S. 33-34; sowie Peters (1995): S. 141-142.

Privatisierungen sind durch die Theorie der Bürokratie also begründbar, da der Einfluss der Bürokraten verringert wird (obwohl es auch in großen Privatunternehmen eine starke Bürokratie geben kann) und die Anreizmechanismen im privaten Sektor eine höhere Effizienz erwarten lassen. Da mit zunehmendem Privatisierungsgrad steigende Effizienzverbesserungen zu erwarten sind, ist die materielle Privatisierung stärker als die formelle zu befürworten. Im strengen Sinn entspricht diese Annahme allerdings nur der ursprünglichen Definition von Privatisierungen in Frankreich und nicht in Deutschland. Die Einführung und der Ausbau betriebswirtschaftlicher Kenntnisse im öffentlichen Sektor wird zwar auch betrieben, hat indessen entsprechend der deutschen Definition nichts direkt mit Privatisierung zu tun. Weiterhin ist zu vermuten, dass die skizzierten Verhaltensweisen auch in privaten Unternehmen vorkommen können, und zwar umso stärker, je größer ein Unternehmen ist.[207]

Die Theorie der Bürokratie ergänzend wird außerdem argumentiert, dass zumindest in Deutschland die politische Kraft fehle, Privatisierungen gegen den Widerstand der Interessen von Kunden, Gewerkschaften und Managern der öffentlichen Unternehmen durchzusetzen. Regelmäßig komme es zu einer Ressourcenverschwendung durch staatliche Monopole, weil Ineffizienzen im Wettbewerb nicht bestraft und durch die Eigentümer sanktioniert werden. Wenn man den starken gewerkschaftlichen Einfluss in den verbliebenen Unternehmen des ‚service public' (öffentliche Dienstleistungsunternehmen) in Frankreich betrachtet, kommt man auf Basis der Theorie der Bürokratie zu parallelen Schlussfolgerungen.[208]

2.3 Zusammenfassung

Auch wenn bisher in Frankreich von Ordnungspolitik nicht konkret gesprochen wird, weist die theoretische Wirtschaftspolitik Ansätze ordnungspolitischer Grundzüge auf. Als Gegensatz zum ‚angelsächsischen Kapitalismus' ist der gemischten Wirtschaftsordnung grundsätzlich die aktive Rolle des Staates in der Wirtschaft inhärent. Trotz der unterschiedlichen Ideen zur Wirtschaftsordnung haben die Konzeptionen in beiden Ländern also eine aktive Rolle des Staates in der Wirtschaft und ihre Offenheit für laufende Entwicklungen als gemeinsames Merkmal.

Die Betonung des pragmatischen Ansatzes der Planification ergibt sich durch die durchgängige, regelmäßige Erstellung von Plänen durch das Planungskom-

---

207 Vgl. Von Loesch (1997): S. 223; sowie Cartelier (1995): S. 78.
208 Vgl. Hamm (1992): S. 150-151.

missariat nach dem 2. Weltkrieg und aus der gemischten Zusammensetzung der involvierten Plankommission. Die direkte praktische Relevanz der Planification für die Wirtschaftspolitik und die wirtschaftspolitischen Träger in der Praxis war quasi institutionalisiert und stellt damit einen großen Unterschied zur sozialen Marktwirtschaft dar. Da sich eine Privatisierungspolitik direkt aus der Konzeption der sozialen Marktwirtschaft begründen lässt, sind aus theoretischer Sicht Ansätze für eine Privatisierungspolitik eher in Deutschland zu erwarten. Eine gewisse Konstanz der Privatisierungstätigkeiten und eine Konzeption von Privatisierungen lässt sich wegen der zentraler gesteuerten Wirtschaftsordnung aber eher in Frankreich vermuten.

Im Vergleich der beiden Länder lässt sich zudem feststellen, dass beide makroökonomischen, wirtschaftspolitischen Konzepte (‚Angebotspolitik und/oder Keynes') eine wichtige Rolle spielen. Die aktuelle Dominanz des einen oder anderen Konzepts und die einzusetzenden wirtschaftpolitischen Instrumente sind generell abhängig von der (wirtschafts-)politischen Grundhaltung des jeweiligen Autors, der gesamtwirtschaftlichen (inter)nationalen Lage, den wirtschaftswissenschaftlichen Trends und der vorliegenden wirtschaftlichen Fragestellung. Die wirtschaftswissenschaftliche Diskussion der vergangenen beiden Jahrzehnte wird in Deutschland und Frankreich von der Angebotstheorie dominiert.

Aus theoretischer Sicht lassen sich zahlreiche Argumente diskutieren, die für und gegen Privatisierungen sprechen. Allerdings erlauben weder die Diskussion der Ziele von Privatisierungen noch die wirtschaftswissenschaftlichen Argumente zu Privatisierungen eine klare Entscheidung für und gegen Privatisierungen. Die Diskussion der Effizienzverbesserungen stellt formelle und materielle Privatisierungen in Frage, wohingegen die Theorie der neuen politischen Ökonomie diese Privatisierungsformen unterstützt. Falls zu privatisierende Unternehmen in einem Wettbewerbsumfeld tätig sind und/oder dieses Umfeld effizient gestaltet und kontrolliert werden kann, ist eine materielle Privatisierung nahezulegen, wenn der Grundsatz des Vorrangs der privaten Initiative vor staatlicher Tätigkeit in einer maßgeblich marktwirtschaftlichen Ordnung glaubhaft bleiben soll. Diese Entscheidung für Markt oder Staat basiert damit auf einem Werturteil. Weitreichende Effekte von Privatisierungen sind für öffentliche Unternehmen, die bereits in Wettbewerbsmärkten tätig waren, nicht unbedingt zu erwarten.

Weiterhin sollten solche Güter und Dienstleistungen privat angeboten werden, die über den Markt in gleicher Qualität und Menge auf Dauer kostengünstiger hergestellt werden können. Dabei tritt bei der Bereitstellung von Gütern die Frage nach einer effizient zu organisierenden und zu kontrollierenden Herstellung in den Vordergrund. Beim sogenannten ‚service public' (öffentlicher Dienstleistungsbetrieb), den Infrastrukturunternehmen und/oder öffentlichen Monopolen, ist die Diskussion um Privatisierungen sowohl von politischer als auch von wirtschaftstheoretischer und empirischer Seite umstritten.

Diese ersten Schlussfolgerungen aus theoretischer Sicht legen eine wirtschaftspolitische Einzelfallprüfung und eine gewissenhafte ökonomische Abwägung der verschiedenen Privatisierungsfälle nahe, denn Privatisierungen sind keine Glaubensentscheidung, sondern hängen von der spezifischen Situation der anstehenden Privatisierung und funktionalen Erfordernissen ab. Für Privatisierungen sind als wichtigste Untersuchungskriterien erstens die Frage nach Marktversagen und zweitens die Frage, ob der erwartete Privatisierungsnutzen die Privatisierungskosten übertreffen, zu analysieren und zu beantworten. Neben diesen direkten Privatisierungsfragen sind vor allem die Marktverhältnisse zu untersuchen. Aus Sicht der Privatisierungskandidaten lautet einerseits die zentrale Frage, inwieweit und wann das Unternehmen unternehmerische Handlungsmacht tatsächlich erreicht. Aus Sicht der Konsumenten andererseits sind die betriebs- und volkswirtschaftlichen Diskussionen von untergeordneter Bedeutung. Sie benötigen staatliche Leistungen schnell, zum richtigen Zeitpunkt, einwandfrei und günstig erbracht – egal ob die Bereitstellung durch private oder öffentliche Dienstleister erfolgt.[209] Es werden also pragmatische Lösungen präferiert. „Wenn eine Privatisierung politisch beschlossen [....] ist, dann ist davon auszugehen, dass hierfür offenbar Gründe maßgebend sind, die sich weder durch die ökonomischen normativen Theorien noch durch ein in irgendeiner Form operationalisiertes öffentliches Interesse rechtfertigen lassen“[210]. Für eine wirtschaftspolitisch fundierte Abwägung eines Privatisierungsschritts ist es dann zu spät.

209 Vgl. Von Loesch (1997): S. 225; sowie Fels (1997): S. 37.
210 Budäus (1998): S. 31.

3 Praktische Grundlagen zur Privatisierung öffentlicher Unternehmen

In diesem Teil der Arbeit werden zuerst typische Merkmale und grundlegende Entwicklungen der deutschen und französischen Wirtschaftspolitik dargestellt, um das jeweils praktizierte Modell abzugrenzen.[211] Anschließend folgt die Beschreibung der tatsächlichen Rolle und der wirtschaftlichen Bedeutung der öffentlichen Unternehmen. Im nächsten Schritt werden einerseits relevante gesetzliche Tatbestände und andererseits Vorgehensweisen sowie die Privatisierungen beeinflussende Rahmenbedingungen erörtert. Das Kapitel schließt mit einer kurzen Zusammenfassung.

Insgesamt soll die Einordnung der Privatisierungen in die wirtschaftlichen Grundlagen Frankreichs und Deutschlands das Verständnis erleichtern und gleichzeitig die Umstände und Voraussetzungen der Privatisierungspolitik in beiden Ländern erklären. Die Analysen können nur einen kleinen Ausschnitt der unterschiedlichen Normen, Werthaltungen und Einstellungen im Zusammenhang mit den Privatisierungen aufzeigen.[212] Diese stellen einen in beiden Ländern auftretenden Bestandteil der Wirtschaftspolitik dar, in dessen landesspezifischer Umsetzungen sich typische deutsche und französische Verhaltensweisen spiegeln. Alfred Grosser konstatiert, dass die unterschiedlichen Überlegungen zur Wirtschafts- und Sozialpolitik in Deutschland und Frankreich möglicherweise in

---

211 Vgl. Herrmann (1996): S. 396-397: Dort wird das Modell Deutschland als Karikatur aus französischer Sicht auf folgende Formel gebracht: Unter Führung des großen Bundeskanzlers ist Deutschland ein Land der vorbildlichen Krisenbewältigung. Das Zusammenspiel der politischen Kräfte und Institutionen ist durch Konsens, Bereitschaft zum Kompromiß, Pragmatismus und Solidarität charakterisiert. Man füge noch Claudia Schiffer hinzu, und schon werden die angenehmen Formen Deutschlands auch plastisch. Vgl. De Foucauld (1988): S. 23 für eine prägnante Beschreibung des französischen Modells: C'est un modèle lourd, tout d'un bloc, fortement marqué de volontarisme et d'idéologie, qui considère l'économie comme un grand arsenal. Modèle qui cherche à s'imposer à la réalité plutôt qu'à s'y adapter: efficace incontestablement s'il arrive à le plier à ses desseins, mais facilement pris à contre-pied lorsque la réalité change ou se dérobe. Modèle fortement étatique et politique, sorti tout droit du mouvement planiste de l'entre-deux-guerres et de la Résistance: c'est à l'évidence une résurgence de la tradition colbertiste.

212 Vgl. dazu ausführlicher Neumann/Uterwedde (1986): S. 88-89. Im Rahmen der Arbeit kann nur eine einfache Charakterisierung der Rahmenbedingungen der Privatisierungen vorgenommen werden.

kulturellen Differenzen zu suchen seien.[213] Es wird darauf hingewiesen, dass es im folgenden in der Gegenüberstellung von Deutschland und Frankreich durch die Zusammenfassung der Rahmenbedingungen teilweise zu einer Simplifizierung von Sachverhalten kommt. Als Grundmuster der politischen und administrativen Systeme wird bspw. regelmäßig vom Föderalismus (Deutschland) und Zentralismus (Frankreich) gesprochen. Diese Kontrastierung ist aber zu relativieren (bspw. Deutschland: Praxis des „kooperativen Föderalismus"; Frankreich: Praxis des „pouvoir périphérique").[214]

3.1 Grundlagen zur Wirtschaft(spolitik) und Staatsaktivität

Durch die Wirtschaftsordnungen und -modelle lassen sich nicht alle Phänomene der wirtschaftlichen Entwicklung wie das deutsche ‚Wirtschaftswunder' und/oder die ‚dreißig glorreichen Jahre' in Frankreich erklären. Denn trotz der unterschiedlichen Ordnungen hat sich das Wirtschaftswachstum in Frankreich und Deutschland vor und auch nach dem 2. Weltkrieg parallel entwickelt und lag sogar über längere Phasen in Frankreich über dem deutschen.[215] Dieser Trend hat sich seit Mitte der neunziger Jahre bestätigt, obwohl man in Deutschland oft von einer (vermeintlichen) Überlegenheit der deutschen Wirtschaftsordnung und des deutschen Wirtschaftsmodells gegenüber den französischen Pendants ausgeht. Als Erklärungsmuster können daher die Wirtschaftsordnungen wahrscheinlich nur bedingt herhalten. Entweder die Ordnungen sind doch in ihrer praktischen Umsetzung und ihren Ergebnissen in der Realität ähnlicher als eigentlich theoretisch vorgegeben, oder die soziale Marktwirtschaft leidet, falls sie konzeptionell tatsächlich überlegen ist, an einer Umsetzungs- und Implementierungsschwäche. Als Erklärungsansatz für das Wirtschaftswachstum wird denn auch eher der Ausgleich des technisch-ökonomischen Rückstands im Vergleich zur USA als die

---

213 Vgl. Grosser (1998): S. 208-209.

214 Kooperativer Föderalismus bezeichnet den Umstand, dass eigentlich autonome Entscheidungseinheiten diejenigen Aufgaben zusammen angehen, die eine einheitliche und abgestimmte Zusammenarbeit aller Ebenen und Träger der öffentlichen Verwaltung erfordern. Durch die Koordination kommt es zu einer gewissen Verschränkung dieser Einheiten. Vgl. dazu Münch/Meerwaldt (2002): S. 30ff. Unter dem Titel „Le pouvoir périphérique" ist 1976 eine detaillierte Studie entstanden, die sich mit den auf den ersten Blick unvereinbaren Gegensätzen von ‚le pouvoir central' und ‚les pouvoirs locaux' in Frankreich auseinandersetzt. S. Pierre Grémion, Le pouvoir périphérique, Paris 1976.

215 Vgl. Hentschel (1999): S. 31-32. Eine parallele Entwicklung ist auch für die Indikatoren durchschnittliches Pro-Kopf-Einkommen, Produktivitätsniveau und Staatsquote zu verzeichnen.

strikte Verfolgung einer bestimmten Wirtschaftsordnung gesehen. Dies scheint für beide Länder unabhängig von der Wirtschaftsordnung gleichermaßen gültig. Allerdings ist das Wachstum der deutschen Wirtschaft in diesem Zeitraum hauptsächlich durch den Export getragen, wohingegen das Wachstum der französischen Wirtschaft maßgeblich in der Binnenwirtschaft erreicht wird.[216]

Deutschland und Frankreich waren und sind für das jeweils andere Land der wichtigste Handelspartner. Trotzdem scheinen beide Länder in vielen Bereichen der Gesellschaft und Wirtschaft unterschiedlich. Dies betrifft auch die ökonomischen Grundvorstellungen über die Rolle des Staates, die Wirtschaftsordnung oder über die Strukturgestaltung der Wirtschaft beider Länder. In der Literatur über Frankreichs Wirtschaft und Wirtschaftspolitik lauten, von der Planification einmal abgesehen, regelmäßig wiederkehrende Adjektive aus deutscher Sicht folgendermaßen: Paradox, einzigartig und widersprüchlich.[217] Dieses Bild unterliegt in letzter Zeit mehr und mehr einem Wandel, und die französische Wirtschaftspolitik wird mittlerweile sogar – unter Betonung der Gemeinsamkeiten in der Wirtschafts- und Sozialpolitik samt laufender Herausforderungen – zu verschiedenen wirtschaftspolitischen Themen als Modell für Deutschland diskutiert und vorgeschlagen.[218]

In Deutschland wird im Gegensatz zu Frankreich regelmäßig auf die Bedeutung der Ordnungspolitik hingewiesen. Nichtsdestoweniger kommt es in der praktischen Wirtschaftspolitik in Deutschland zu diskretionären Eingriffen in die Wirtschaftspolitik, die früher eher Frankreich zugetraut worden wären (z.B. Eingriff des Bundeskanzlers Schröder zur ‚Rettung' der Holzmann AG in Deutschland). Solche Eingriffe, die aus französischer Sicht als ‚dirigistisch-etatistisch' qualifiziert werden können, sind auch ordnungspolitisch in Frage zu stellen, da sie Marktentwicklungen aushebeln.[219] Im Vergleich dazu stellt(e) Frankreich aus deutscher Sicht bezüglich der Wirtschaftsordnung oder der verfolgten Privatisierungspolitik einen Sonderfall dar. Hier ist an die aufeinanderfolgenden Wechsel zwischen Nationalisierungen und Privatisierungen oder an die vorgestellte indi-

---

216 Vgl. Hentschel (1999): S. 31-32; sowie Kläsgen (2000): S. 19; sowie Colletis (1999): S. 252. Vgl. Grossekettler (1999) für eine ausführliche Diskussion der konzeptionellen Schwächen oder Implementierungsfehler der sozialen Marktwirtschaft. Da dies Überlegungen zu weit über das Thema der Arbeit hinausführen, werden sie detailliert nicht weiter verfolgt.

217 Vgl. Monnier/Bance (1986): S. 183; sowie Redor (1992): S. 163; sowie Lauber (1987): S. 93; sowie Stoffaës (1989): S. 133-137; sowie Ammon (1989): S. 234; sowie FAZ/Moog (1995): S. 15-16.

218 Vgl. Hornig (1999): S. 98-100; sowie Kläsgen (2000): S. 19; sowie Uterwedde (1998c): S. 449-450.

219 Vgl. Härtel (1999): S. 696.

kative Planung zu denken. Diese spielt eine tragende Rolle im System der gemischten Wirtschaft.[220]

In der Analyse beider Ländern ist der unterschiedliche staatliche Aufbau, der in Deutschland eher föderalistisch und in Frankreich zentralistisch ist, zu berücksichtigen.[221] Denn einerseits sind die maßgeblichen wirtschaftspolitischen Träger nicht gleichermaßen organisiert und andererseits ist durch den Föderalismus mehr Autonomie der Akteure auf regionaler Ebene zu erwarten. Die Gebietskörperschaften sind in Frankreich stark fragmentiert und deswegen lassen sich die Regionen in Frankreich mit den deutschen Bundesländern in ihrem Einfluss auf die praktische Wirtschaftspolitik nicht direkt vergleichen. Der Staat wirkt in Deutschland und Frankreich in der praktischen Wirtschaftspolitik auf vielfältige Weise auf die Wirtschaft ein und hat seine Aufgaben im letzten Jahrhundert stark ausgeweitet. Daneben spielen als Möglichkeiten staatlicher Tätigkeit im Wesentlichen die Unternehmen des öffentlichen Sektors, staatliche Ausgaben und Einnahmen, aber auch staatliche Ge- und Verbote eine Rolle (s.o.).[222]

3.1.1 Wirtschaftspolitische Praxis und Tendenzen seit 1945

In Deutschland soll als Leitbild der staatlichen Wirtschaftspolitik hauptsächlich dem Markt die Steuerung wirtschaftlicher Prozesse überlassen und die Ordnungsformen der Wirtschaft durch den Staat gestaltet werden. Eine rahmenorientierte, globale Wachstums- und Strukturpolitik wird, flankiert durch das Gesetz gegen Wettbewerbsbeschränkungen (GWB) von 1957, nach Ende des 2. Weltkriegs erfolgreich praktiziert.[223] Seit dem 2. Weltkrieg lassen sich grob die Phasen des Ordoliberalismus von 1945-1966/67 (Wiederaufbau), der Konjunkturpolitik und des Ausbaus des Wohlfahrtstaats von 1966/67 bis Ende der siebziger Jahre (keynesianischer Einfluss) und der Wiederentdeckung der Ordnungspolitik sowie der Angebotspolitik seit Anfang der achtziger Jahre unterscheiden. Ferner spielt seit den achtziger Jahren die Stabilitätspolitik eine dominierende Rolle in Deutsch-

---

220 Vgl. Cohen (1986): S. 14 ff; sowie Guski (1988): S. 26-27; sowie Nienhaus (1984): S. 32-34; sowie Massé (1977): S. 6; sowie Lutz (1977): S. 16.

221 Wenn in der Arbeit von Staat gesprochen wird, sind dafür aus deutscher Sicht vereinfachend die Gebietskörperschaften – aufgeteilt in Bund, Bundesländer (Länder) und Gemeinden – und aus französischer Sicht der ‚Staat selbst' gemeint. Falls diese Annahme für Deutschland nicht zutrifft, wird dies im Text deutlich gemacht, da dann von Bund und/oder Bundesländern und/oder Gemeinden getrennt gesprochen wird.

222 Vgl. Colletis (1996): S. 374; sowie Thiel (1984): S. 2; sowie Tanzi (2000): S. 28.

223 Vgl. Wetter (1995): S. 83.

land. Die gesammelten Erfahrungen seit Ende des 2. Weltkriegs resümierend, wird als Vorgabe für die praktische Wirtschaftpolitik auch eine angemessene Kombination der bekannten Instrumente in einem sogenannten Policy-mix gefordert, wobei die globale Steuerung und sozialpolitische Elemente der Marktwirtschaft von maßgeblicher Bedeutung sind.[224]

Für die ersten fünfzehn Jahre wird dem Anspruch der sozialen Marktwirtschaft großenteils entsprochen. Dies lässt sich an den getroffenen wirtschaftspolitischen Maßnahmen (GWB von 1957 und Außenwirtschaftsgesetz von 1961) und den erzielten positiven, gesamtwirtschaftlichen Resultaten festmachen, wenn diese auch von anderen positiven externen Faktoren (günstiger Dollarkurs, niedrige Ölpreise, festes Wechselkurssystem) begleitet werden. Schließlich werden durch den Markt gesteuerte Prozesse und der Primat privater Initiative maßgeblich unterstützt. Mit dem Aufkommen keynesianischen Gedankenguts (und seiner politischen Umsetzung) und dem Abweichen des theoretischen Modells von der Realität, vor allem bei der Allokation und der Distribution, werden prozesspolitische Eingriffe zur globalen Steuerung der gesamtwirtschaftlichen Entwicklung populär. Es folgt eine Distanzierung von der ursprünglichen Programmatik der sozialen Marktwirtschaft.[225] Diese Entwicklung erfolgt parallel zur Herausbildung und Etablierung der verschiedenen gesellschaftlichen und wirtschaftlichen Interessengruppen.

Der Einfluss der sozialen Marktwirtschaft auf die gesamtwirtschaftlichen Resultate ist methodisch und empirisch nicht direkt feststellbar, und die Ordnungspolitik als wirtschaftspolitisches Leitbild unterliegt andauernden Veränderungen. Allerdings wird sie als einer der Gründe für den wirtschaftlichen Aufschwung Deutschlands und der Stabilität der Demokratie genannt. Nachdem sie in den sechziger Jahren mehr ins Abseits geraten ist, wird sie seit den achtziger Jahren wegen der Belebung marktwirtschaftlicher Ideen und in jüngerer Zeit aus Anlass des 50-jährigen Jubiläums der Wirtschafts- und Währungsunion in Westdeutschland 1998 wieder stärker diskutiert.[226]

Mit der sozialen Marktwirtschaft wird indessen nicht allein ein liberaler, auf ordnungspolitischen Ideen basierender Kurs unterstützt. Denn es finden in der praktischen Wirtschaftspolitik diskretionäre Interventionen als horizontale Maßnahmen statt, welche die Rahmenbedingungen des wirtschaftlichen Handelns beeinflussen. In Bezugnahme auf die Industriepolitik in beiden Ländern wird hier auch von impliziter Vorgehensweise im Gegensatz zur expliziten französischen

224 Vgl. Pätzold (1993): S. 71-72; sowie Uterwedde (1998c): S. 449; sowie Schlecht (1990): S. 102.
225 Vgl. Herrhausen (1990): S. 207-209.
226 Vgl. Hampe/Weber (1999): S. 9.

gesprochen. Bei letzterer werden direkte, sektorspezifische Eingriffe vorgenommen.[227]

Andererseits ist der Aufbau der deutschen Wirtschaft in der Realität durch gewisse Besonderheiten geprägt, die die Ansprüche des Ordnungsmodells soziale Marktwirtschaft in der praktischen Umsetzung überlagern. Erstens gibt es eine starke Verflechtung der Beteiligungen zwischen Finanzinstituten und Großunternehmen, die in Frankreich mit dem Schlagwort ‚banque-industrie' (Banken-Industrie) bezeichnet wird. Zweitens existiert eine lange Tradition der Abstimmung und des Ausgleichs von verschiedenen wirtschaftspolitischen Interessen von Politikern, Unternehmern und Gewerkschaften etc., die teilweise institutionalisiert sind (Tarifautonomie) oder auch von der Politik gefördert werden. Drittens zeichnet sich die praktische Wirtschaftspolitik durch ein Nebeneinander staatlicher Eingriffe auf Bundesebene, verstärkt durch Einflussnahme der verschiedenen Ministerien, sowie Landes- und Gemeindeebene aus. Viertens offenbart sich das Wort ‚sozial' in der deutschen Konzeption in der Praxis vor allem durch die praktizierte gesamtwirtschaftliche Umverteilung, die sich in einem ausgebauten Wohlfahrtsstaat manifestiert.[228]

Ohne eine Unterscheidung nach (wirtschafts-)politischen Einstellungen der Träger und Akteure zu machen, kann man die Wirtschafts- und Sozialpolitik Frankreichs seit Ende des 2. Weltkriegs bis Mitte der achtziger Jahre durch die Hauptanliegen „Sozio-ökonomische Modernisierung und industrielle Entwicklung"[229] beschreiben. Diese haben entscheidende Auswirkung auf die Zielauswahl, die ‚pragmatische Ordnungspolitik' und die eingesetzten Mittel der Wirtschaftspolitik. Ein anderes grundsätzliches Merkmal seit 1945 sind die allumfassende Präsenz und die ständigen Eingriffe des Staates.[230] Zusammengefasst handelt es sich in Frankreich – auch im Vergleich mit Deutschland – zumindest bis zu Beginn der achtziger Jahre um ein interventionistisches, voluntaristisches Wachstumsmodell, welches durch Zentralisierung, Institutionalisierung und einen allgemeinen Konsens zwischen Staat, Gewerkschaften und Unternehmen begünstigt wird. Als wichtigste Etappen nach Ende des 2. Weltkriegs kann man den Wiederaufbau von 1945-1958, die Öffnung nach außen von 1958-1973 und die Phase zwischen 1973 (Ölkrise) und 1983 sowie den Wechsel in der Wirtschafts-

---

227 Vgl. Neumann/Uterwedde (1986): S. 25.

228 Vgl. Yergin/Stanislaw (1999): S. 47 und 494-495; sowie Delmas (2000): S. 121; sowie König/Benz (1997): S. 47-48 und 51; sowie Herrhausen (1990): S. 362; sowie Bancel (1996): S. 29.

229 Uterwedde (1987a): S. 57. Vgl. auch Rosanvallon (1990): S. 256.

230 Vgl. Uterwedde (1987a): S. 57-58. Cohen (1982b) drückt das so aus: „When the going gets rough, the state takes over", S. 29.

politik seit 1983 mit Hinwendung zu stärker marktwirtschaftlichem oder angebotsorientiertem Gedankengut und einer Stabilitätspolitik unterscheiden.[231]

In der aktuelleren Diskussion in Frankreich steht das sogenannte Einheitsdenken (Stichwort: Pensée unique) im Vordergrund. Es kritisiert die generelle, eindimensionale Hinwendung zu einer neoliberalen Wirtschaftspolitik und wird u.a. von den Anhängern des Politikers Philippe Séguin kreiert. Anhänger und Gegner einer liberal-marktwirtschaftlich ausgerichteten Wirtschaft stehen sich gegenüber. Bei der Kritik des Neoliberalismus wird oftmals die ökonomische Argumentationsbasis verlassen, um den Euroliberalismus und eine Orientierung an ökonomischen Fakten zu kritisieren. Schlagwörter wie ‚Anti-Humanismus', ‚Uniformität' und ‚darwinistische Höllenmaschine' bilden die Grundlage für die Forderung der Rehabilitierung republikanischer Werte in der französischen Gesellschaft. Teilweise werden durch die Diskussion auch eine Ablehnung nichtfranzösischer Wirtschaftsmodelle als Vorbild für die Wirtschaftspolitik Frankreichs und eine Wiederbelebung des traditionellen Mythos, nach dem die Wirtschaft im Dienst der Politik stünde, artikuliert.[232]

Die Planification unterliegt seit 1945 einem ständigen Wandel. Eine wirkliche Steuerung einiger Branchen der Wirtschaft hat nur der 1. Plan beinhaltet, hervorgerufen durch anstehende Probleme des Wiederaufbaus und der organisierten Durchführung des Marshall-Plans. Der Plan war Symbol einer neuen Wirtschaftspolitik der sogenannten ‚économie concertée' (aufeinander abgestimmte Wirtschaft) und diente als Instrument der Koordination, der Vorhersage, des Brainstorming und zum Informationsaustausch. Durch die spätere Einbindung der französischen Wirtschaft in die Weltwirtschaft war jedoch offensichtlich geworden, dass die Festlegung auf nationale Wirtschaftsdaten nicht haltbar war. Außerdem hat die Planung nie eine wichtige Rolle in der französischen Verwaltung gespielt und die Hauptziele richten sich nach den Zielen der Wirtschaftspolitik.[233]

Der Einfluss der indikativen Planung auf die ökonomischen Resultate lässt sich ebenso wie bei der sozialen Marktwirtschaft kaum feststellen. Schließlich existiert kein vergleichbares Modell oder eine Möglichkeit exakter Messung. Nachdem die Planung unter sozialistischer Herrschaft immer mehr ins Abseits

231 Vgl. Boyer (1987): S. 50; sowie Hough (1982): S. 12; sowie Menyesch/Uterwedde (1982): S. 23-26 und Uterwedde (1998a): S. 42-43; eine genauere Darstellung mit ähnliche Gliederung erfolgt bei Steinacker/Westphal (1985): S. 42-58; sowie Wetter (1995): S. 67.

232 Vgl. Beilecke (1999): S. 100-101, 107 und 109; Uterwedde (1995): S. 190.

233 Vgl. Quinet (1990): S. 43; sowie 1. Gesprächsprotokoll Uterwedde im Anhang S. VII; sowie Kuisel (1984): S. 249 und 260; sowie Pébereau (1987): S. 103; sowie Lauber (1987): S. 60.

geraten ist, erlebt sie später eine Renaissance. Sie erfüllt ihre Aufgabe durchaus, auch wenn sie den Ansprüchen der Theorie nicht gerecht werden kann. Einer ihrer Hauptvertreter hat sich dahingehend geäußert, dass das Zustandekommen eines Plans wichtiger sei als der Plan selbst.[234] Man kann außerdem davon ausgehen, dass die französische Wirtschaftspolitik sich ohne die Planung nicht wesentlich anders dargestellt hätte.[235] Ein direkter Einfluss der indikativen Planung auf die Privatisierungswellen in den achtziger und neunziger Jahren ist nicht erkennbar. Eine Übersicht über die 11 bisher existierenden Pläne und ihrer wichtigsten Ziele findet sich im Anhang.

Die Struktur der französischen Wirtschaft ist in der praktischen Umsetzung im Vergleich zur deutschen ebenfalls durch gewisse Besonderheiten charakterisierbar. Erstens gibt es seit den achtziger Jahren eine starke Verflechtung zwischen Finanzinstituten und Großunternehmen, die für Frankreich eher mit dem Schlagwort ‚assurance-industrie' (Versicherung-Industrie) und/oder Überkreuzbeteiligungen von Großunternehmen bezeichnet werden kann. Zweitens hat sich als Akteur des Staates vor allem die sogenannte Verwaltungselite hervorgetan. Sie besteht im Wesentlichen aus Absolventen der französischen Grandes écoles (französische Elitehochschulen) und hat einen maßgeblichen Einfluss auf die Wirtschaft, da sie sowohl als Politiker, Verwaltungsbeamte und Unternehmer in den höchsten Positionen tätig ist. Dabei spielen auch die Privatisierungen eine große Rolle, da die Unternehmensbeteiligungen durch die Privatisierungen mitbeeinflusst werden und als Privatisierungsakteur im Wesentlichen die Verwaltungselite tätig ist. Auf diese wird später noch ausführlicher eingegangen. Drittens zeichnet sich auch die Wirtschaftspolitik und ihre Umsetzung durch den zentral gesteuerten Aufbau aus (man kann auch für Frankreich von Tarifautonomie sprechen, allerdings ist in Frankreich eine staatliche Zwangsschlichtung für Tarifverträge möglich, und die Gewerkschaften akzeptieren die gleichberechtigte Stellung der Unternehmer in den Verhandlungen kaum). Viertens spielt in der Debatte um wirtschaftliche Fragen traditionell das Politische eine insgesamt stärkere Rolle als es in Deutschland der Fall ist.[236]

Die französische Form von Liberalismus und die Idee eines neuen Staats- und Gesellschaftsmodells wird mit dem Wahlsieg der Rechtsparteien im Jahr 1986 ‚hoffähig'. Grundsätzlich geht es um einen Abbau jeder Form von Staatsinterven-

---

234 Vgl. Hough (1982): S. 123; sowie Kuisel (1990): S. 118 und 122-124; sowie Schmidt et al. (1983): S. 185.

235 Vgl. 1. Gesprächsprotokoll Uterwedde im Anhang S. VII.

236 Vgl. Morin (1998): S. 24; sowie Uterwedde (1997b): S. 131; sowie Fischer (1996): S. 134-135; sowie Menyesch (1994): S. 29 und 31. Die institutionellen Großinvestoren (Banken, Versicherungen) werden in Frankreich auch als „zinzin" bezeichnet.

tionismus und korporatistischer Tendenzen in Politik und Wirtschaft.[237] In diesen Zeitraum fällt auch die erste große Phase der Privatisierungen in Frankreich, die parallel zur Wiederaufnahme der Privatisierung von Bundesbeteiligungen in Deutschland verläuft. Man kann insbesondere seit den achtziger Jahren einschneidende Veränderungen für die französische Wirtschaft feststellen. Dazu gehören Veränderungen des französischen Kapitalmarkts. Hier sei an die Öffnung der MATIF (Terminbörse) gedacht, an die Freigabe der Wechselkurse und freie Kapitalbewegungen zwischen Frankreich und dem Ausland. Außerdem war seit 1993 die Banque de France unabhängig und hauptverantwortlich für die Geldpolitik.[238] Wichtig ist auch die 1978 eingeleitete Freigabe der Preise. Preiskontrollen sind seit Ende des 2. Weltkriegs immer Instrumente französischer Wirtschaftspolitik gewesen.[239] In diesen Kontext fällt auch das französische Wettbewerbsgesetz von 1985. Dazu gehört schließlich auch eine Erweiterung der Aufgaben und Kompetenzen des Conseil de la concurrence (französisches Kartellamt).[240] Die Grundlagen für eine Wettbewerbspolitik im Rahmen einer ‚Ordnungspolitik' sind schon Ende der siebziger Jahre gelegt worden. Schließlich schwindet seit Mitte der achtziger Jahre auch der Einfluss des sogenannten Trésor, dem französischen Schatzamt, das als der Mittelpunkt des französischen Staatskapitalismus bezeichnet wird. In diesen Bereichen hat Frankreich also im Vergleich zu Deutschland seit Mitte der achtziger Jahre stark aufgeholt. Die Privatisierungen werden in ihrer frühen Phase von eher liberal orientierten, wirtschaftspolitischen Maßnahmen begleitet. Dennoch ist in den Wirtschaftswissenschaften eine neu-keynesianische Konzeption eines möglichen optimalen Policymix zur Konjunktursteuerung auch derzeit noch weit verbreitet.[241] Im Anhang sind tabellarische Übersichten der wichtigsten wirtschaftspolitischen Ereignisse

---

237 Vgl. Berger (1987): S. 84. Grundsätze des Parteiprogramms finden sich bei Balladur: Vers la liberté, Paris 1987. Einen Überblick über die verschiedenen Standpunkte des Liberalismus im Jahr 1986 findet sich bei Rozenblum (1986): S. 271-274; sowie Berger (1987): S. 88 und 95.

238 Vgl. Pébereau (1987): S. 379 und Cerny (1989): S. 153; sowie Siegele (1994): S. 37.

239 Vgl. Lauber (1987): S. 96; sowie Pébereau (1987): S. 378; sowie Gélédan (1993): S. 98. Einen Überblick über die Thematik findet sich im Supplément aux cahiers français N° 228, 1986, Notice 8. Vgl. o.V. (1986): S. 1-3.

240 Vgl. Charras (1986): S. 3; sowie Balladur (1987): S. 44-45. Dessen Hauptaufgabe besteht in einer Durchsetzung des Wettbewerbsgesetzes unabhängig von der Regierung. Eine theoretische Auseinandersetzung mit Wettbewerbspolitik aus französischer Sicht findet sich bei Lepage (1986): S. 1-2.

241 Vgl. Neumann/Uterwedde (1986): S. 115; sowie Siegele (1994): S. 37; sowie Bilger (2000): S. 140.

seit Ende der 50er Jahre bis zum Jahr 2000 in Deutschland und Frankreich zu finden.

3.1.2 Gesamtwirtschaftliche Entwicklung

Die gesamtwirtschaftliche Lage wird seit einem Jahrzehnt in Deutschland und Frankreich gleichermaßen durch folgende Entwicklungen geprägt: Liberalisierung der Faktor- und Produktmärkte, Anwachsen des Wettbewerbsdrucks, Entwicklung von Informations- und Kommunikationstechnologie, Existenzgründungen, Fusions- und Konzentrationswellen in der ‚old economy', wachsende internationale Verflechtung durch Handel und Privatisierungen.[242] Zur detaillierteren Diskussion der gesamtwirtschaftlichen Entwicklung wird zunächst kurz auf die Wirtschaftssektoren und den Strukturwandel, anschließend ausführlicher auf die Hauptziele des magischen Vierecks sowie die Entwicklung der Staatsquoten in Deutschland und Frankreich eingegangen.

Als Wirtschaftssektoren lassen sich aus entwicklungstheoretischer Sicht die drei Bereiche Landwirtschaft (primärer Sektor), Industrie (sekundärer Sektor) und Dienstleistung (tertiärer Sektor) unterscheiden. Beim Vergleich der Wirtschaftssektoren Deutschlands und Frankreichs stellt man fest, dass die Landwirtschaft in beiden Ländern langfristig sehr abgenommen hat, ihr aber in Frankreich eine größere Bedeutung als in Deutschland zukommt. Die Industrie spielt eine deutlich geringere Rolle in Frankreich, und der Dienstleistungssektor ist bereits länger als in Deutschland der größte und bedeutendste Wirtschaftssektor. Allerdings ist die Binnenstruktur des tertiären Sektors in Frankreich traditionell anders zusammengesetzt. Alles in allem entwickeln sich die Sektoren in Deutschland und Frankreich ähnlich. Die relative Position der Sektoren hat sich bis heute stark zum tertiären Sektor verschoben, da der Strukturwandel sich vor allem durch die steigende Bedeutung der Dienstleistungen charakterisiert.[243]

Insgesamt beläuft sich 1998 die Größe der Volkswirtschaft in Deutschland auf 3630 Mrd. DM. Demgegenüber hat Frankreich eine Größe von 2450 Mrd. DM. Sie liegen damit im weltweiten Größenvergleich an dritter und vierter Stelle hinter den USA und Japan und vor Großbritannien. Unter Berücksichtigung der Bevölkerungszahlen (1997 82 Mio. Einwohner in Deutschland und 59 Mio. in Frankreich) und/oder der Erwerbstätigen (1997 35 Mio. Erwerbstätige in Deutschland und 23 Mio. in Frankreich) ergibt sich ein grobes Größenverhältnis

242 Vgl. Eichhorn (2001b): S. 1-2.

243 Vgl. Hough (1982): S. 23; sowie Menyesch/Uterwedde (1982): S. 27 und 43; sowie Mentré (1994): S. 6; sowie Siebert (2000): S. 202; sowie Spiegel (1999): S. 212.

der Volkswirtschaft, Bevölkerung sowie Erwerbstätigen von 3:2 von Deutschland zu Frankreich.[244] Die Größe der Volkswirtschaft und die Bevölkerungszahlen verlaufen also ‚parallel' und damit stehen Deutschland und Frankreich in einem fast identischen Verhältnis.

Die dargestellten Daten dienen der Erklärung des Hintergrunds der gesamtwirtschaftlichen Entwicklung in Deutschland und Frankreich seit Beginn der achtziger Jahre (für die Staatsquote ein Jahrzehnt früher). Als Hauptindikatoren zur Entwicklung der Ziele des im theoretischen Teil der Arbeit erläuterten magischen Vierecks werden die Wachstumsrate des Bruttoinlandsprodukts in Prozent im Vergleich zum Vorjahr, die Inflationsrate, die Arbeitslosenrate sowie der Außenhandel (Handelsbilanz) und als globaler Indikator des Ausmaßes der staatlichen Betätigung in der Gesamtwirtschaft die Staatsquote betrachtet. Das Ziel der Senkung der Staatsquote ist seit Beginn der achtziger Jahre vor allem von verschiedenen konservativen Regierungen unter Helmut Kohl vorgegeben worden. Dieses wirtschaftspolitische Ziel ist in Frankreich als öffentliche Vorgabe von Politikern eher unbekannt, was durch die traditionell akzeptierte starke Rolle des Staates begründet ist. Die erstgenannten Indikatoren werden in der Regel zur Begutachtung der gesamtwirtschaftlichen Entwicklung herangezogen und geben sozusagen die Zielerreichung der durch das magische Viereck verfolgten wirtschaftspolitischen Ziele vor.

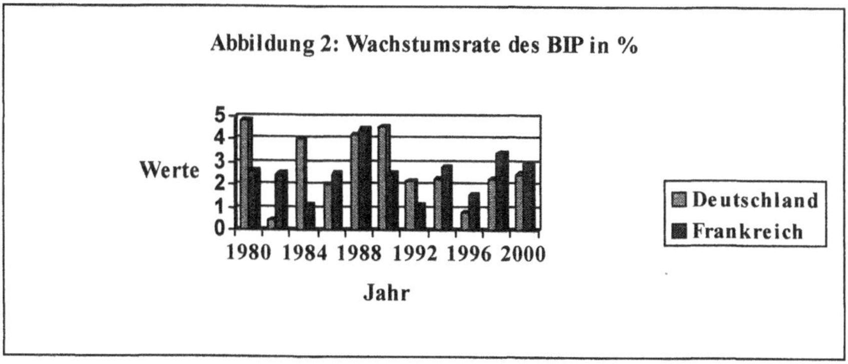

Abbildung 2: Wachstumsrate des BIP in %
Quelle: OCDE (1993); Institut der deutschen Wirtschaft (1999); International Monetary Fund (1999); Goldman Sachs (2000).

244 Vgl. Ederer/Schuller (1999): S. 252; sowie Institut der deutschen Wirtschaft (1999): S. 144-145. Aus den Zahlen ergibt sich ein leicht höheres Bruttoinlandsprodukt pro Kopf in Deutschland im Vergleich zu Frankreich. Vgl. Siebert (2000): S. 413.

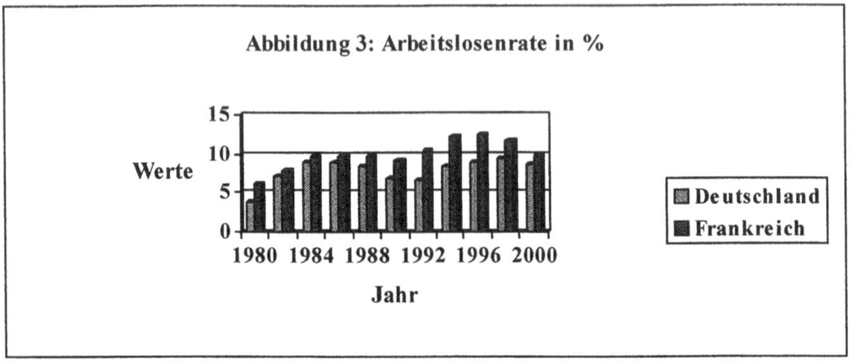

Abbildung 3: Arbeitslosenrate in %
Quelle: OCDE (1993); Institut der deutschen Wirtschaft (1999); International Monetary Fund (1999); Pätzold (1993).

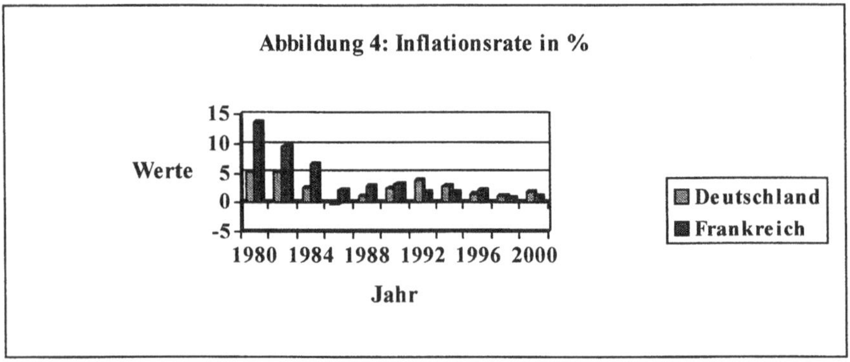

Abbildung 4: Inflationsrate in %
Quelle: OCDE (1993); Institut der deutschen Wirtschaft (1999); Pätzold (1993); Schnitzler (2000).

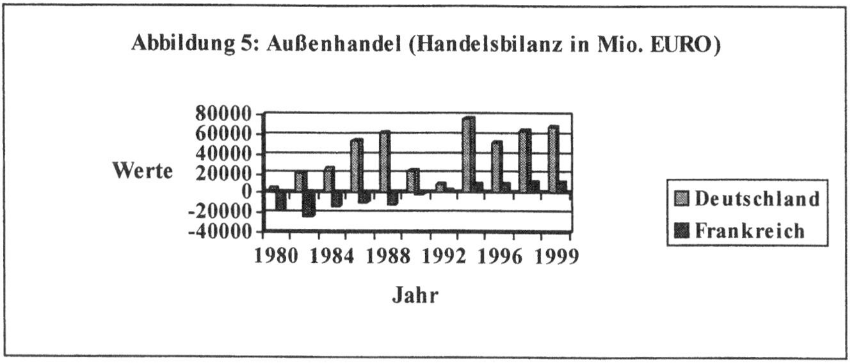

Abbildung 5: Außenhandel (Handelsbilanz in Mio. EURO)
Quelle: International Monetary Fund (1999); Eurostat (2000).

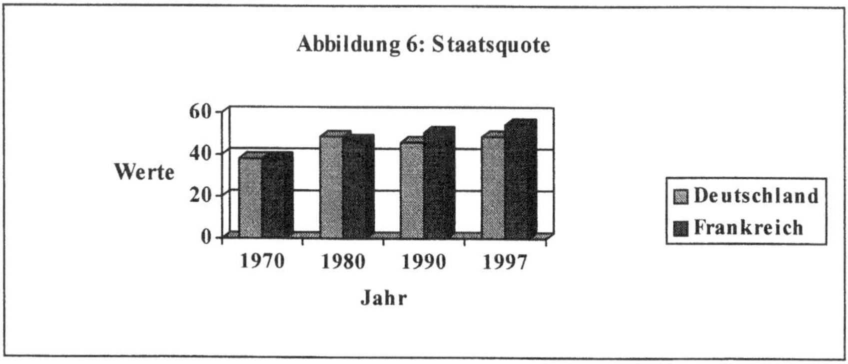

Abbildung 6: Staatsquote
Quelle: Institut der deutschen Wirtschaft (1999).

Ohne auf Details einzugehen, lassen sich aus den dargestellten Diagrammen mit den gesamtwirtschaftlichen Zahlen folgende Schlüsse über die volkswirtschaftliche Entwicklung in Deutschland und Frankreich ziehen:

- Erstens ist das Wirtschaftswachstum in den achtziger Jahren starken Schwankungen unterlegen, liegt aber im Schnitt in Deutschland und Frankreich ungefähr gleich. Durch die Wiedervereinigung beschleunigt sich das Wirtschaftswachstum in Deutschland zu Beginn der neunziger Jahre. Seit Mitte der neunziger Jahre liegt das Wirtschaftswachstum in Frankreich regelmäßig über dem deutschen.

- Zweitens liegt die Arbeitslosenrate in Frankreich im Vergleich zu Deutschland über die achtziger und neunziger Jahre hinweg teilweise erheblich über der deutschen. Dieser Trend hat sich in den neunziger Jahren noch verstärkt. Für beide Länder ist über diesen Zeitraum hinweg die persistent hohe Arbeitslosigkeit als das zentrale, ungelöste wirtschaftspolitische Problem anzusehen.
- Drittens ist festzustellen, dass die Inflation zu Beginn der achtziger Jahre in Frankreich relativ hoch ist, dann stetig verringert wird und sich seit Mitte der neunziger Jahre teilweise unterhalb der deutschen Inflationsrate bewegt. Das aus wirtschaftspolitischer Sicht größte Problem der französischen Wirtschaft bis in die achtziger Jahre hinein, die hohe Inflation, scheint durch den stabilitätsorientierten Kurs der Banque de France erfolgreich bekämpft worden zu sein. Für beide Länder ist gegenwärtig von einem stabilen Geldwert auszugehen.[245]
- Viertens schwankt der Außenhandel über den betrachteten Zeitraum in beiden Ländern. In Deutschland ist er über den ganzen Zeitraum hinweg positiv, in Frankreich in den achtziger Jahren durchweg negativ und in den neunziger Jahren durchweg positiv. Die Betrachtung des Außenhandels verliert für europäische Fragen an Bedeutung, da ca. zwei Drittel innerhalb der EU abgewickelt werden und damit eigentlich nicht mehr als Export zu qualifizieren sind.[246] Der Binnenmarkt ist der Heimatmarkt.
- Fünftens ist die Staatsquote in beiden Ländern seit Mitte der siebziger Jahre stark angestiegen und pendelt seit Anfang der achtziger Jahre bis heute um die 50 Prozent. Sie liegt in den neunziger Jahren in Frankreich immer leicht über der deutschen. Das zumindest in Deutschland verfolgte Ziel der Reduzierung der Staatsquote wird also nicht erreicht.

Insgesamt ist aufgrund der gesamtwirtschaftlichen Indikatoren darauf zu schließen, dass sich die wirtschaftliche Entwicklung tendenziell immer stärker angleicht. Die Arbeitslosigkeit als größtes Problem kann in beiden Ländern (noch) nicht gelöst werden. Die Staatsquote ist im Wesentlichen unverändert bei ca. 50 Prozent. Zur Beschreibung dieses Zustands existiert in Deutschland der Begriff ‚Superfiskalismus', der auch auf Frankreich übertragen werden kann. Bei Betrachtung des Wirtschaftswachstums und der Inflationsrate ist seit Mitte der neunziger Jahre eher ein Blick nach Frankreich zu empfehlen, da Frankreich mittlerweile einen höheren Zielerreichungsgrad vorweisen kann als Deutschland. Die Rolle als Konjunkturlokomotive wird in Europa im Sommer des Jahres 2000 und

245 Vgl. Menyesch/Uterwedde (1982): S. 25; sowie Bloch-Lainé/Moschetto (1981): S. 17 ff.

246 Vgl. Grosser (1998): S. 216.

wahrscheinlich in 2001 denn auch von Frankreich und nicht von Deutschland übernommen.

Die Konvergenzannahme der Volkswirtschaften Deutschlands und Frankreichs wird auch durch Vergleiche von Wachstumsraten und Bruttoinlandsprodukt pro Kopf bestätigt. Nach der Barro-Regel ist das Wachstum umso geringer, je höher das Bruttoinlandsprodukt pro Kopf ausfällt.[247] Diese Beobachtung trifft auch für die beiden Länder im Vergleich zu. Sie ist damit zu erklären, „dass ein geringeres Bruttoinlandsprodukt pro Kopf mit einem kleineren Kapitalstock einhergeht, dessen Grenzproduktivität hoch ist. Mit der Akkumulation des Kapitals nimmt die Grenzproduktivität des Kapitals ab. Die Volkswirtschaft bewegt sich entlang der Grenzproduktivitätskurve des Kapitals nach unten. Damit geht auch die Wachstumsrate zurück."[248] Es kommt also zu einem Prozess des Aufholens und schließlich zur Konvergenz der Volkswirtschaften in der gesamtwirtschaftlichen Entwicklung. Frankreichs günstige(re) wirtschaftliche Entwicklung wird von der OECD unter anderem mit den durchgeführten Privatisierungen und einer Zunahme des Wettbewerbs im Transportwesen oder in der Telekommunikation begründet.[249]

3.1.3 Ausmaß staatlicher Tätigkeit

Beim Versuch, sich einen aktuellen Überblick über das Ausmaß aller staatlichen Beteiligungen und die staatlichen Aktivitäten zu machen, stößt man auf weitreichende Schwierigkeiten, denn in Deutschland und Frankreich existiert keine umfassende Berichterstattung über die wirtschaftlichen Aktivitäten des Staates. Der Umfang der staatlichen Aktivitäten und ihr Einfluss auf die Gesamtwirtschaft lässt sich aber alternativ an anderen Zahlen und Vergleichen als den staatlichen Beteiligungen festmachen. Auf die letztgenannten wird im folgenden Kapitel noch ausführlicher eingegangen.

Als wichtige Indikatoren staatlicher wirtschaftlicher Betätigung werden für die Arbeit der Anteil der öffentlichen Unternehmen an den Volkswirtschaften der Europäischen Union (als erster Einstieg zum öffentlichen Sektor), die öffentliche Verschuldung, der prozentuale Anteil der Beschäftigten im öffentlichen und im privaten Sektor, die Subventionen als Ausmaß öffentlicher Beihilfen, die gesamtwirtschaftliche Steuer- und Abgabenquote sowie Regulierungskennzahlen ausgewählt.

---

247 Vgl. Siebert (2000): S. 413.

248 Siebert (2000): S. 413.

249 Vgl. o.V. (2000c): S. 14; sowie Papier (1999): S. 100.

Die Entwicklung des Anteils der öffentlichen Unternehmen an der Gesamtwirtschaft in der Europäischen Union wird durch das CEEP regelmäßig erfasst bzgl. der Kennziffern Beschäftigte, Bruttowertschöpfung (Produktion in Tabelle) und Bruttoanlageinvestitionen (Investition in Tabelle), wobei der Sektor Landwirtschaft unberücksichtigt bleibt. Betroffen sind nur Unternehmen, an denen der Staat, bezogen auf die Eigentumsverhältnisse, Stimmrechte oder durch die Geschäftsführung, eine Mehrheit hält. Für den Zeitraum zwischen 1973 und 1998 ergeben sich folgende Zahlen:[250]

Jahr	**1973 in %**	**1979 in %**	**1982 in %**	**1985 in %**	**1988 in %**	**1992 in %**	**1996 in %**	**1998 in %**
Beschäftigte	8,3	11,9	12,8	11,5	10,6	8,9	8	7,6
Produktion	11	13,2	14,1	13,4	12	10,9	9,7	9,2
Investitionen	22	22,5	22,9	21	17,3	15,6	13,3	12,5
Durchschnitt*	13,8	15,8	16,6	15,3	13,3	11,8	10,4	9,7

Tabelle 4: Entwicklung Anteil öffentlicher Unternehmen an der Gesamtwirtschaft in der EU 1982-1998
Quelle: s. Fußnote oben.
**arithmetisches Mittel*

Die Tabelle lässt erkennen, dass der öffentliche Sektor über den Betrachtungszeitraum durchgehend eine wichtige Rolle spielt. Seit Beginn der achtziger Jahre hat der Anteil des öffentlichen Sektors stetig abgenommen. In der Höchstphase zu Beginn der achtziger Jahre macht der öffentliche Sektor fast ein sechstel der Gesamtwirtschaft aus. Die Abnahme hängt wahrscheinlich auch mit der eingeleiteten Privatisierungs- und Deregulierungspolitik in Deutschland und Frankreich (und in anderen europäischen Ländern, vor allem in Großbritannien), die sich zum Ende der neunziger Jahre hin verstärkt, zusammen. Das Ansteigen bis zu Beginn der achtziger Jahre deutet auf die Blütezeit der Globalsteuerung hin, wobei auch öffentliche Unternehmen für konjunkturpolitische Ziele instrumentalisiert werden.

Ende der neunziger Jahre beläuft sich die Schuldenstandsquote, berechnet aus dem Verhältnis von öffentlichen Gesamtschulden zum Bruttoinlandsprodukt, in Deutschland auf ca. 60 Prozent und in Frankreich auf ca. 58 Prozent. In den neunziger Jahren hat sich die öffentliche Verschuldung in Deutschland im Verhältnis zu Frankreich weniger stark entwickelt. Das Wachstum der Verschuldung und der öffentlichen Leistungen war im Verhältnis zum Wachstum des Bruttosozialprodukts in Frankreich 3,2 mal so hoch und in Deutschland 2,1 mal so hoch.

250 Vgl. Bizaguet (1998): S. 39.

Der Durchschnitt in der EURO-Zone liegt hier insgesamt bei 1,7. Die öffentliche Haushaltslage hat sich also in beiden Ländern verschlechtert, aber in Frankreich ist dieser Trend stärker als in Deutschland, obwohl Deutschland die Belastung durch die Wiedervereinigung zu bewältigen hat. Insgesamt ist das Ausmaß der öffentlichen Verschuldung in beiden Ländern sehr hoch. Die Anzahl der öffentlich Angestellten auf 100 Einwohner beläuft sich 1997 in Deutschland auf 6,4 und in Frankreich auf 9,5. Der Durchschnitt in der EURO-Zone liegt hier insgesamt bei 6,2, ist also in Frankreich 50 Prozent höher als im europäischen Durchschnitt. Die Beschäftigungsquote ‚Staat' (‚Privat') liegt Ende der neunziger Jahre in Deutschland bei 8 (51) Prozent und in Frankreich bei 15 (44) Prozent. Diese Beschäftigungsquote im öffentlichen Sektor ist also in Frankreich fast doppelt so hoch wie in Deutschland.[251]

Die Steuer- und Abgabenlast in Prozent des Bruttosozialprodukts beläuft sich für den gleichen Zeitpunkt für Deutschland auf knapp 38 und für Frankreich auf 46 Prozent. Die Steuer- und Abgabenlast ist also insgesamt in Frankreich höher als in Deutschland. Dabei ist beiden Ländern gemeinsam, dass ein Ansteigen dieser Gesamtabgabenquote seit den siebziger Jahren im Wesentlichen durch die Erhöhung der Sozialabgaben und nicht durch Erhöhung der Steuern verursacht wird. Vor diesem Hintergrund sind die Diskussionen um Steuersenkungen der Einkommens- und Körperschaftssteuer und die geplanten Steuerreformen in Deutschland und Frankreich nicht ursachengerecht. Beide Länder sind zudem beim Steueraufkommen dieser Steuern als Niedrigsteuerländer anzusehen.[252]

In Bezug auf Subventionen gibt es bis zu Beginn der achtziger Jahre in beiden Ländern ein ähnliches Volumen. In Deutschland belaufen sie sich 1981 auf ca. 19 Mrd. DM und in Frankreich auf ca. 50 Mrd. Francs. Außerdem ist beiden Ländern gemeinsam, dass die Subventionen im Wesentlichen zur Erhaltung und Unterstützung der vom Strukturwandel bedrohten Branchen (Schiffsbau, Bergbau, Stahlindustrie) verwendet werden. Weiterhin werden fast alle Wirtschaftsbereiche und/oder Regionen durch Subventionen gefördert. In Deutschland ist über die frühen neunziger Jahre hinweg die Höhe der Subventionen, ausgedrückt in einem Prozentsatz zum Bruttosozialprodukt, rund doppelt so hoch wie in Frankreich. Allerdings betrifft ein beträchtlicher Teil davon Unterstützungsleistungen für die neuen Bundesländer. Im Jahr 1995 hat Deutschland bei der Europäischen Kommission 209 Anträge zur Genehmigung von Subventionen vorgelegt, verglichen mit 51 aus Frankreich.[253]

---

251 Vgl. o.V. (1999a): S. 46 und 48; sowie Scharpf (2000): S. 27; sowie Von Weizsäcker (2000): S. 15.

252 Vgl. Scharpf (2000): S. 26-27.

253 Vgl. Neumann/Uterwedde (1986): S. 120-121; sowie o.V. (1998): S. 40; sowie Delmas (2000): S. 110.

Als Indikatoren für die Regulierung können zu bewältigende Hindernisse vor der Aufnahme einer unternehmerischen Tätigkeit und die verwaltungstechnische Regulierung angenommen werden. Zur Gründung einer Gesellschaft sind in Frankreich maximal 21 verwaltungsrelevante Schritte und in Deutschland maximal 8 zu bewältigen. In einem internationalen Vergleich der OECD schneiden Deutschland und Frankreich bei den Regulierungen durch die Regulierungsdichte schlecht ab. In Frankreich ist für beide genannten Indikatoren die Situation aber noch schlechter. Beim ersten liegt Frankreich an zweiter Stelle hinter Italien (Deutschland an sechster Stelle) und beim zweiten an erster Stelle (Deutschland an fünfter Stelle).[254]

3.2 Entstehung, Charakteristika und Bedeutung des öffentlichen Sektors

3.2.1 Der öffentliche Sektor in Deutschland

In Deutschland ist die Entwicklung öffentlicher oder gemischtwirtschaftlicher Unternehmen seit dem 18. Jahrhundert im Wesentlichen durch das Auftreten von wirtschaftlichen Krisen und deren Bewältigung und/oder wehrwirtschaftlichen, fiskalischen oder machtpolitischen Motiven begründet. So sind die Beteiligungen des Bundes hauptsächlich historisch als Erbe des Deutschen Reiches und des ehemaligen Landes Preußen sowie als Ergebnis von Neugründungen oder als Ergebnis der deutschen Wiedervereinigung (Nachfolgeorganisation der Treuhandanstalt) anzusehen. In Frankreich dagegen kommen zu ähnlichen historischen Entwicklungen und Motiven zusätzlich offiziell struktur- und industriepolitische Gründe hinzu. Bspw. waren öffentliche Unternehmen in der Wiederaufbauphase nach dem 2. Weltkrieg zur erfolgreichen Durchführung industrieller Großprojekte in den sechziger Jahren und zur Stärkung der französischen Wettbewerbsfähigkeit zu Beginn der achtziger Jahre als Instrumente der Wirtschaftspolitik instrumentalisiert. Aus diesem Grund hat es in Frankreich im Gegensatz zu Deutschland auch nach dem 2. Weltkrieg und zu Beginn der achtziger Jahre Nationalisierungen gegeben. Ein Ausbau der staatlichen Tätigkeit, der im Wesentlichen durch regional- und strukturpolitische Motive zu begründen ist, findet in Deutschland quasi inoffiziell auf Bundesländer- und Gemeindeebene statt. Unternehmen des öffentlichen Sektors sollten zur Erreichung beschäftigungs-, wachstums-, umwelt-, wettbewerbs-, und strukturpolitischer Ziele instrumentalisiert werden. Das föderale System in Deutschland erlaubt hier verschiedene sub-

254 Vgl. OCDE (2000): S. 95-96.

tile Einflussnahmen durch die verschiedenen Stakeholder der öffentlichen Unternehmen.[255]

Die staatlichen Beteiligungen werden in Deutschland auf Bundesebene regelmäßig im Bundesbeteiligungsbericht und in Frankreich über das INSEE veröffentlicht. Da in Deutschland aber bzgl. der Beteiligungen auf Bundesländer- und Gemeindeebene die Informationen über Beteiligungen und ihre finanziellen Auswirkungen lückenhaft und/oder eingeschränkt sind, kann für das vorliegende Thema kein umfassender Überblick über den öffentlichen Sektor gegeben werden. Trotz des maßgeblichen Einflusses des öffentlichen Sektors auf die deutsche Wirtschaft (so wird den Gemeinden rund ein Siebtel der Staatsquote zugeschrieben) ist also das tatsächliche Ausmaß des staatlichen Engagements und dessen Auswirkungen weitgehend unklar. Zur Besserung dieser Situation werden für Bundesländer- und Gemeindeebene bereits eine gesetzliche Berichtspflicht sowie eine Standardisierung und Detaillierung der Berichte gefordert. Diesen Vorschlägen wird bisher nicht entsprochen.[256] Der Privatisierungsdiskussion wird also auf Länder- und Gemeindeebene schon die Grundlage entzogen, da regelmäßig keine detaillierten Informationen zur Vermögens-, Finanz- und Ertragslage der öffentlichen Unternehmen bekannt oder nur sehr aufwendig zu beschaffen sind. Anfang der neunziger Jahre wird die Anzahl der dem Staat zuzurechnender Liegenschaften und Unternehmen nur in den alten Bundesländern auf mehr als 100.000 geschätzt, wobei es sich bei der Mehrzahl um Unternehmen der kommunalen Ebene handelt.[257]

Der Bundesbeteiligungsbericht im Jahr 1999 verzeichnet insgesamt 361 Beteiligungen mit einem Nennkapital von mindestens 100.000 DM, an denen der Bund eine Mindestbeteiligung von 25 Prozent besitzt. Das Nennkapital insgesamt beläuft sich Ende 1998 auf knapp 30 Mrd. DM. Dabei liegt der Hauptteil der Beteiligungen bei den Postnachfolgeunternehmen, den Nachfolgeorganisationen der Treuhandanstalt, bei Banken, im Verkehrswesen, der Wohnungswirtschaft und bei Unternehmen der Forschungs- und Entwicklungspolitik. Über die Ertragslage der Unternehmen und mögliche Auswirkungen auf den Bundeshaushalt wird keine Aussage gemacht. Nicht erfasst sind zudem Unternehmen, bei denen der Bund

---

255 Vgl. Eichhorn (1969): S. 348; sowie Yergin/Stanislaw (1999): S. 34-35; sowie Neumann/Uterwedde (1986): S. 117; König/Benz (1997): S. 51-52; sowie Hartwig (1993): S. 50.

256 Vgl. Bundesministerium der Finanzen (1999a): S. 1-3; sowie CEEP (2000): S. 37, die Erarbeitung erfolgt über das RECME; sowie Werner (1990): S. 65 ff; sowie Lennings/Späth (1997): S. 8. Bspw. werden öffentliche Unternehmen in der amtlichen Statistik auch nicht dem Sektor Staat zugeordnet. Dadurch erscheint das Ausmaß staatlicher Tätigkeit geringer als es vermutlich ist.

257 Vgl. Kronberger Kreis (1993): S. 9.

einerseits keinen mehrheitlichen Anteil hält und andererseits keine aktienrechtliche Abhängigkeit vom Bund besteht. Über die Anzahl dieser Beteiligungen und ihre Größe wird nicht berichtet.[258]

Auf Länderebene sind vor allem die Beteiligungen an den Landesbanken, in einzelnen Fällen an Stromversorgungsunternehmen oder einzelne landesspezifische Beteiligungen, wie die des Landes Niedersachsen an der Volkswagen AG, von Bedeutung. Seit Beginn der achtziger Jahre waren verschiedene Bundesländer auch aus regional-, industrie- oder strukturpolitischen Gründen über ihre Beteiligungen an der Expansion staatlicher Tätigkeiten beteiligt. Auf Gemeindeebene betreffen die Beteiligungen von der Größe her im Wesentlichen die kommunalen Sparkassen, Wohnungen und Energieversorgungsunternehmen. Die Sparkassenorganisation kommt kumuliert auf eine Bilanzsumme von 2.725 Mrd. DM und ist damit doppelt so groß wie die größte Privatbank der Welt (Bank of Tokyo-Mitsubishi). Der Wohnungsbestand der öffentlichen Hand beläuft sich auf ca. 2,7 Mill. Wohnungen mit einem Vermögenswert im hohen zweistelligen Milliardenbereich. Sonstige Beteiligungen werden gehalten an verschiedensten möglichen, heterogenen Leistungsbereichen, angefangen mit Gebäudereinigung über Schwimmbäder und Straßenreinigung bis hin zur Müllabfuhr etc..[259]

Das Verhältnis zwischen Staat und öffentlichem Sektor in Deutschland weist folgende Merkmale auf:

- Erstens werden die leitenden Angestellten der öffentlichen Unternehmen oft durch die jeweils verantwortlichen Politiker mitbestimmt (bei öffentlich-rechtlichen Unternehmen) oder Politiker sitzen selbst in wichtigen Kontrollorganen (bei privatrechtlichen Unternehmen),
- zweitens sind die durch öffentliche Unternehmen zu erfüllenden Aufgaben im öffentlichen Interesse oder für das Gemeinwohl durch Gesetze festgelegt,
- drittens werden zwischen den öffentlichen Unternehmen über Kapitalzuführungen oder einen steuerlichen Querverbund Verluste durch Gewinne der profitablen Unternehmen oder Sparten ausgeglichen,
- viertens besteht vor allem auf Länder- und Gemeindeebene regelmäßig wenig Interesse an Privatisierungen, da von Politikern der Verlust von Einfluss und Einwirkung auf die Geschäftsführung befürchtet wird.[260]

---

258 Vgl. Bundesministerium der Finanzen (1999a): S. 1-3.

259 Vgl. Kronberger Kreis (1993): S. 11 ff; sowie Ederer/Schuller (1999): S. 213; o.V. (1999c): S. 53.

260 Vgl. Hartwig (1993): S. 51; sowie Wetter (1995): S. 193; sowie Schwenn (2000): S. 17; sowie Wermuth (1995): S. 124.

Für Deutschland ist außerdem festzuhalten, dass staatliche Ausgaben und Einnahmen auch über Nebenhaushalte laufen, die nicht publiziert werden. So werden auch Privatisierungen großer deutscher Infrastrukturunternehmen mit der Übernahme der Pensionsverpflichtungen der ehemaligen Beamten dieser Unternehmen durch den Bund ermöglicht. Diese Verpflichtungen tauchen in keinem offiziellen Haushalt auf und belaufen sich bis im Jahr 2045 allein für die Postnachfolgeunternehmen und die Bahn auf ca. 1440 Mrd. DM. Weiterhin ist auf Landes- und kommunaler Ebene zu beobachten, dass durch kommunale Unternehmen zusätzliche Geschäftsfelder aufgebaut und dadurch die staatlichen Engagements ausgebaut werden. Dies geschieht auch in Konkurrenz zu Privaten.[261]

3.2.2 Der öffentliche Sektor in Frankreich

Aus historischer Sicht ist die Entwicklung der öffentlichen Unternehmen in Frankreich hauptsächlich mit staatlichen, industrie- und wehrwirtschaftlichen sowie sozialpolitischen Gründen erklärbar. Öffentliche Unternehmen werden aber im Gegensatz zu Deutschland immer auch ‚offiziell' als Instrument der Wirtschaftspolitik angesehen. Der öffentliche Sektor Frankreichs betrifft vor allem die Wirtschaftsbereiche Energie, Banken und Versicherungen, Nachrichtenwesen, Industrie und Verkehr. Die Einflussnahme des Staates äußert sich durch unterschiedliche Rechtsformen vom 100 Prozent staatlichen Unternehmen bis zum privatrechtlichen Status und verschiedenen Aufgabenstellungen. Zu Beginn der achtziger Jahre ist nach den Nationalisierungen die wirtschaftliche Bedeutung des öffentlichen Sektors im Vergleich zum Industriesektor erheblich. Er umfasst 31 Prozent der Umsätze, 23 Prozent der Belegschaft, 28 Prozent der Produktion, 30 Prozent der Exporte und 49 Prozent der Investitionen. 1983 kontrolliert der Staat ca. 3000 Unternehmen mit ca. 1,9 Mio. Beschäftigten. Ende 1991 kontrolliert der Staat mehr als 2600 Unternehmen mit ca. 1,7 Mio. Beschäftigten. Ende 1997 kontrolliert der Staat noch ca. 2500 Unternehmen mit ca. 1,27 Mio. Beschäftigten. Ende 1998 kontrolliert der Staat noch ca. 1800 Unternehmen mit ca. 1,19 Mio. Beschäftigten. Der Schwerpunkt der staatlichen Beteiligungen liegt in jüngerer Zeit im Energie- und Transportsektor sowie in der Telekommunikation. Die bekanntesten französischen Unternehmen, an denen der Staat im Jahr 1997 (noch) die Mehrheit hält, sind EDF, France Télécom, La Poste, SNCF, Crédit

261 Vgl. Lennings/Späth (1997): S. 8-9; sowie Schwenn (2000): S. 17; sowie o.V. (2000d): S. 5; sowie Wagener/Flintz/Freudenthaler (1999): S. 5. Der Bund selbst schätzt die Pensionsverpflichtungen für Post und Telekom diskontiert auf ca. 200 Mrd. DM, die gegen die Aktienpakete von Post und Telekom gegenzurechnen seien. Vgl. o.V. (2001c): S. 11.

Lyonnais, Aérospatiale, GDF und Air France, also hauptsächlich die sogenannten Unternehmen des ‚service public' (öffentliche Dienstleistungsbetriebe). Das System des öffentlichen Sektors wird neben den großen Unternehmen auf kommunaler Ebene eher privatwirtschaftlich orientiert durch Konzessionen mitgesteuert.[262]

Zusätzlich zu den bekannten Beteiligungen an öffentlichen Unternehmen ist der Staat, ähnlich wie in Deutschland, an einer heterogenen Ansammlung verschiedenster (quasi-)öffentlicher Betriebe beteiligt. Ende 1994 sind es 7951 lokale, öffentliche Bildungseinrichtungen, 12 Neben- und Spezialhaushalte des Trésor und 742 öffentliche Einrichtungen. Deren finanzielle Situation ist weitgehend unklar. Auch die Kontrolle der öffentlichen Unternehmen ist lückenhaft und wird nicht durchgehend für alle Unternehmen gleich verfolgt. Im Jahr 1982 wird für die nationalisierten Unternehmen etwa die staatliche Kontrolle erleichtert. Die Caisse des dépôts ist in der Statistik öffentlicher Unternehmen nicht erfasst, da sie direkt dem französischen Parlament und nicht dem Staat unterstellt sei. Für Frankreich gilt ebenso wie für Deutschland, dass staatliche Ausgaben und Einnahmen auch über Nebenhaushalte laufen, die nicht publiziert werden. So werden auch (Teil-)Privatisierungen großer französischer Unternehmen mit der Übernahme der Pensionsverpflichtungen ermöglicht. Die Höhe aller Pensionsverpflichtungen wird vom IWF auf ca. 9000 Mrd. FF geschätzt. Sie tauchen in keinem offiziellen Haushalt auf. Ähnlich wie in Deutschland – wenn auch etwas abgeschwächter – wird die Unübersichtlichkeit durch die Dezentralisierung und Aufteilung der Haushalte nach Regionen und Departements verstärkt.[263]

In Frankreich ist die besondere Verflechtung des Staates mit den Unternehmen des öffentlichen Sektors zu betrachten. Die Unternehmensziele sind in Frankreich eher politisch-strategisch, da die Unternehmen sich als Instrument der Wirtschaftspolitik verstehen und die Führungskräfte der Wirtschaft sich aus der Staats- und Verwaltungselite rekrutieren.[264] Der staatliche Interventionismus spiegelt sich durch verschiedene Interventionsmöglichkeiten und -praktiken im öffentlichen Sektor wider, die unabhängig von der Organisationsform der Unternehmen ist:

---

262 Vgl. Refait (1997): S. 53; sowie Uterwedde (1999a): S. 219; sowie Bancel (1995): S. 26; sowie Ferret/Portejoie (1998): S. 5 und 10; sowie Fournier (1992): S. 221. Er stellt fest, dass der öffentliche Sektor in Frankreich 1991 im europäischen Vergleich die größte Rolle spielt; sowie Menyesch/Uterwedde (1982): S. 55-57; sowie Redor (1992): S. 158. Für eine ausführliche Beschreibung der historischen Entwicklung staatlicher Unternehmen in Frankreich S. Refait (1997): S. 9 ff; sowie CEEP (2000): S. 37.

263 Vgl. Refait (1997): S. 71 und 90-93; sowie Arthuis/Belot/Marini (1993-1994): S. 8-10; sowie CEEP (2000): S. 38.

264 Vgl. Schmid (1992): S. 72-73.

- Erstens werden die leitenden Angestellten der öffentlichen Unternehmen oftmals durch den ‚Conseil des ministres' (Ministerrat) bestimmt,
- zweitens werden sogenannte Pflichtenhefte und Aufgaben im öffentlichen Interesse durch den Staat – teilweise auch in speziellen Gesetzen – festgelegt,
- drittens werden den öffentlichen Unternehmen Kapitalhilfen vom Staat zugeteilt,
- viertens hat der Staat ein Mitbestimmungsrecht bei Preisfestsetzungen der öffentlich hergestellten Güter oder Leistungen und
- fünftens werden durch mittelfristige, vertragliche Regelungen die strategischen Vorgaben der Unternehmen festgelegt. Das operative Geschäft soll davon nicht direkt berührt sein.[265]

In besonderem Maße äußert sich die Verbindung des Staates mit dem öffentlichen Sektor in einer Vermischung mit der französischen Industrie- und Strukturpolitik. So gehen achtzig bis neunzig Prozent der direkten französischen Wirtschaftshilfen für die Industrie über dreißig Jahre an dieselben fünfzehn Unternehmen.[266] Es lassen sich zudem Charakteristika der Industriepolitik feststellen, die sich trotz häufiger Veränderungen der Intentionen seit dem 2. Weltkrieg ergeben. Zuerst einmal wird voluntaristisches, staatliches Eingreifen durchaus begrüßt. Außerdem hat die Industrie in der Gesellschaft kaum eine Priorität, dafür genießen bestimmte sektorale Industrieprojekte eine besondere Aufmerksamkeit. Weiterhin haben in Frankreich das Freihandelsprinzip und freie Konkurrenz nicht viele Anhänger. In diesem Kontext werden die im Theorieteil dargestellten Ziele der französischen Wirtschaftspolitik abgeschwächt. Dann treten durch die Industriepolitik Ziele wie wirtschaftliche Autonomie oder eine Vorreiterstellung in strategisch wichtigen Bereichen (z.B. Telekommunikation, Nuklearenergie, Rüstungsindustrie) in den Vordergrund. Auch in jüngster Zeit werden für die Beteiligungen des Staates ein kohärentes Vorgehen, die Professionalisierung der Auswahl der Verantwortlichen der öffentlichen Unternehmen und ein strukturiertes Controlling der staatlichen Beteiligungen gefordert.[267]

---

265 Vgl. Percebois (1998): S. 6.

266 Vgl. Esambert (1992): S. 251.

267 Vgl. Neumann/Uterwedde (1986): S. 90-91; sowie Schmid (1994b): S. 35. Diese Ziele verfolgt man in Frankreich auch im Rahmen der weiteren europäischen Integration. Sowie Cohen (1982b): S. 30 ff; sowie Arthuis, Belot, Marini (1993-1994): S. 32 ff.

3.3 Rechtliche Einflussfaktoren der Privatisierungen und weitere Privatisierungscharakteristika

Neben den in den vorigen Kapiteln dargelegten Entwicklungen staatlicher Tätigkeit werden die Privatisierungen und der Strukturwandel im öffentlichen Sektor in Deutschland und Frankreich von weiteren Faktoren beeinflusst. Zum einen sind das die rechtlichen Rahmenbedingungen für die öffentlichen Unternehmen und ihre Privatisierungen, zum anderen die landestypischen Umstände bei der Umsetzung von Privatisierungen. Wie diese Tendenzen jeweils auf die Privatisierungen mit einwirken, wird in den folgenden Kapiteln dargestellt.

3.3.1 Rechtliche Rahmenbedingungen der Privatisierungen (und des öffentlichen Sektors)

Relevant für die Arbeit sind die gesetzlichen Regelungen zum Eigentum, zum öffentlichen Sektor und zu den Privatisierungen. Wenn man eine Umsetzung wirtschaftspolitischer Konzepte in die Praxis verfolgt, werden festzulegende Regelungen, Ge- und Verbote regelmäßig in Gesetzesentwürfen vorgeschlagen, diskutiert und schließlich als Gesetze festgeschrieben. In diesem Sinne ist praktische Wirtschaftspolitik als Gesetzgebung definierbar.

In Deutschland und Frankreich wird der öffentliche Sektor und seine Kontrolle durch Gesetzgebung geregelt. In Frankreich gibt es im Gegensatz zu Deutschland eine spezielle Gesetzgebung für bestimmte Unternehmen und/oder Sektoren auf einer ad-hoc Basis; dies gilt für die ‚régies autonomes', deren Geschäftstätigkeit durch einen direkten Vertrag zwischen Staat und Unternehmen geregelt ist. Weiterhin gibt es in Frankreich, im Gegensatz zu Deutschland, spezielle Gesetze, die die Privatisierungen der öffentlichen Unternehmen regeln.[268]

3.3.1.1 Nationale rechtliche Rahmenbedingungen

Die Frage des Verhältnisses zwischen dem privaten und öffentlichen Sektor wird juristisch zuerst einmal durch die landesspezifischen gesetzlichen Regelungen zum Eigentum geregelt. Für Deutschland wird im Art. 14 Abs. 1 des Grundgesetzes das Recht auf Eigentum an Sachen sichergestellt. Juristische Personen (auch der Staat) und Privatpersonen haben das Recht auf Eigentumserwerb und eine beliebige Verfügung über dieses Eigentum. Diese Gewährleistung wird ergänzt durch die Sozialpflichtigkeit des Eigentums, das heißt, die beliebige Verwendung

268 Vgl. OECD (1997): S. 3.

des Eigentums wird durch die Berücksichtigung des Gemeinwohls limitiert.[269] In der Einleitung zur französischen Verfassung vom 4. Oktober 1958 wird neben dem Recht jedes Einzelnen ‚de faire respecter sa propriété' (sein Eigentum zu bewahren) festgelegt, dass „tout bien, toute entreprise, dont l'exploitation a ou acquiert les caractères d'un service public national ou d'un monopole de fait, doit devenir la propriété de la collectivité"[270]. In beiden Ländern wird also die Eigentumsfrage festgelegt. Allerdings lässt der Gesetzgeber ausreichend Interpretationsspielraum des Ausmaßes der staatlichen Tätigkeit. In Frankreich handelt es sich um eine Muss-Regelung staatlicher Verantwortung für den öffentlichen Sektor, wenn auch seine Charakteristika nicht weiter spezifiziert werden.

Öffentliche Unternehmen werden gesetzlich in beiden Ländern unterschiedlich definiert. In Deutschland werden die Voraussetzungen für staatliches Tätigwerden umrissen, während in Frankreich eine Kategorisierung des öffentlichen Sektors geregelt wird. Als Bedingung für die Errichtung eines öffentlichen Unternehmens in Deutschland wird im Gesetz das Bestehen eines ‚öffentlichen Interesses' gefordert. Der Bund soll nach der Bundeshaushaltsordnung nur dann Kapitalanteile übernehmen, „wenn ein wichtiges Bundesinteresse vorliegt und sich der vom Bund angestrebte Zweck nicht besser und wirtschaftlicher auf andere Weise erreichen lässt"[271]. In Frankreich dagegen werden laut Gesetz zwei Kategorien von öffentlichen Unternehmen unterschieden. Zur ersten Kategorie gehören privatrechtliche öffentliche Unternehmen oder öffentliche Unternehmen, an denen der Staat die Mehrheit hält und deren Beschäftigte in der Mehrheit dem Privatgesetz unterliegen. Zur zweiten Kategorie gehören Branchen oder Tochtergesellschaften der letzteren sowie Unternehmen, bei denen die Mehrheit gemeinsam von einer Anzahl der öffentlichen Unternehmen der ersten Kategorie gehalten wird. Außerdem ist für den kommunalen Bereich das Gesetz von Le Chapelier von 1791 zu nennen, welches den öffentlichen Gebietskörperschaften die Aufnahme wirtschaftlicher Tätigkeiten verbietet. Daher wird auch die frühe Entwicklung von Konzessionsmodellen verständlich.[272] In Deutschland wird also im

---

269 Vgl. Lampert (1992): S. 105-106.

270 Refait (1997): S. 55. Übersetzung: ....jedes Gut, jedes Unternehmen, deren Nutzung die Charakteristika eines nationalen öffentlichen Dienstleistungsbetriebs oder eines faktischen Monopols aufweisen oder erwerben, muss das Eigentum der Gemeinschaft werden.

271 Cox (1984): S. 70.

272 Vgl. OECD (1997): S. 7; sowie Percebois (1998): S. 5; sowie Werner (1990): S. 13-14. Für Bund und Länder wird für staatliche, unternehmerische Betätigung in den Haushaltsordnungen festgelegt, dass eine Beteiligung an einem öffentlichen Unternehmen nur vorkommen soll, wenn ein wichtiges Interesse vorliegt, der angestrebte Zweck sich nicht besser und wirtschaftlicher auf andere Weise erreichen lässt, die Einzahlungsverpflichtung der öffentlichen Hand auf einen bestimmten Betrag be-

Unterschied zu Frankreich die Existenzberechtigung öffentlicher Unternehmen im Gesetz festgelegt. Diese Festlegung ist in Frankreich nicht notwendig, da das Betreiben von öffentlichen Unternehmen durch den Staat zum Staatskapitalismus gehört.

Speziell zu Privatisierungen gibt es in Deutschland keine generelle gesetzliche Grundlage. In manchen Privatisierungsfällen werden Gesetze erlassen, die den Privatisierungsvorgang lancieren (für die Privatisierung der Lufthansa). In Frankreich dagegen sind spezielle Gesetze erlassen worden (in 1986 und mit Anpassungen und Verbesserungen in 1993 sowie 1996), welche die Privatisierungen im öffentlichen Sektor insgesamt behandeln. In diesen Gesetzen wird, neben den grundlegenden Prinzipien und Zielen der Privatisierungen, ein Regelwerk für die Regierung festgelegt, das vor allem die Bedingungen des Verkaufs regelt. Im Gesetz von 1986 werden insbesondere ein Verfahren zur Sicherstellung einer fairen Bewertung, die Regelungen für die Veröffentlichung der privaten Platzierungen, die Vorzugsbedingungen für private Investoren sowie spezielle Konditionen für die Beschäftigten geregelt. 1993 werden auch die Privatisierungskommission und ihre Ziele gesetzlich geregelt.[273]

In Deutschland wird nur im Luftfahrtssektor der mögliche Anteil, den ausländische Investoren übernehmen können, eingeschränkt. In Frankreich dagegen wird gemäß dem Gesetz von 1986 der Anteil von Nicht-EU-Investoren an privatisierten Unternehmen auf 20 Prozent limitiert. Mit dem Gesetz von 1996 wird diese Bestimmung wieder aufgehoben.[274]

In Frankreich werden im Gegensatz zu Deutschland spezielle Arrangements in Form von sogenannten ‚goldenen Aktien' ermöglicht. Diese nehmen laut Gesetz bezug auf drei Rechte. Zum einen hängt ein möglicher Aktienbesitz über einem Gesamtumfang individueller Besitzer nach der Privatisierung von der Zustimmung des Wirtschaftsministeriums ab. Zum anderen werden für die Geschäftsführung eine Anzahl von Staatsvertretern nominiert. Schließlich kann gegen den Transfer bestimmter Anteile Einspruch erhoben werden. Damit stehen also verschiedene Instrumente zur Einflussnahme auf die Geschäftstätigkeit des

---

grenzt ist und ein angemessener Einfluss im Aufsichtsrat oder einem entsprechenden Überwachungsorgan gewährleistet ist. Für die Kommunen wird in den Gemeindeordnungen festgelegt, dass für die Errichtung, Übernahme oder wesentliche Erweiterung von wirtschaftlichen Unternehmen ein öffentlicher Zweck existieren müsse. Dieser Zweck sollte in den meisten Bundesländern u.a. die Bedingung enthalten, dass der Zweck nicht besser oder wirtschaftlicher auf andere Weise erfüllbar ist. Für Beteiligungen gelten ähnliche Voraussetzungen.

273 Vgl. Völmicke (1996): S. 108-109; sowie OECD (1997): S. 3 und 10; sowie CEEP (2000): S. 8.

274 Vgl. OECD (1997): S. 20.

privatisierten Unternehmens zur Verfügung. Solche gesetzlichen Regelungen sind im Zusammenhang mit Privatisierungen in Deutschland unbekannt.[275]

3.3.1.2 Europäische rechtliche Rahmenbedingungen

In der Eigentumsfrage ist das europäische Recht grundsätzlich neutral und beeinflusst damit die Eigentumsordnungen in Deutschland und Frankreich nicht. Durch den Art. 222 EGV (Europäischer Gemeinschaftsvertrag) wird, bindend für alle EU-Staaten, die Deregulierung und Wettbewerbsstärkung durch eine Entmonopolisierung und durch den Abbau von Wettbewerbsausnahmebereichen verlangt, nicht aber die Privatisierung von Unternehmen des öffentlichen Sektors. Die Privatisierung ist also aus dieser Sicht eine Aufgabe der einzelnen Mitgliedsstaaten und ihrer Gebietskörperschaften. Dennoch werden Privatisierungen indirekt gefördert, da öffentliche und private Unternehmen rechtlich gleichgestellt sind und damit eine Sonderbehandlung der Erfüllung eines öffentlichen Auftrags ausgeschlossen wird. Art. 86, Abs. 2 EGV, der die Befreiung von Wettbewerbsregeln bei Erfüllung eines öffentlichen Auftrags behandelt, wird bisher eher als Ausnahmeregelung angesehen und stark eingeschränkt angewendet. Art. 86 ist ein besonderes Zugeständnis an die öffentlichen Unternehmen in Deutschland, die eine Daseinsvorsorge sichern sollen, und an den ‚service public' (öffentlicher Dienstleistungsbetrieb) in Frankreich. Weiterhin werden Privatisierungen durch das Universaldienstleistungskonzept (via Gesetz oder Vertrag) und den Universaldienstleistungsfonds (via Richtlinien) begünstigt, wobei eine ebenso funktionierende Erfüllung einer Universaldienstleistung durch Private wie durch Öffentliche angenommen wird. Bei ersterem können Privatunternehmen, unter finanzieller Unterstützung für nicht kostendeckende Leistungen, zur Erbringung einer Universaldienstleistung verpflichtet werden. Unter Universaldiensten wird eine Mindestversorgung einer öffentlichen Dienstleistung verstanden, die in entsprechender Qualität, Quantität und zu angemessenen Preisen zur Verfügung gestellt wird. Beim zweiten wird für bestimmte Sektoren (Telekommunikation oder Post) ein Finanzausgleich ermöglicht und Privaten – unter Aufgabenregulierung – eine flächendeckende Versorgung von Infrastrukturleistungen bei entsprechender Qualität, Quantität und zu angemessenen Preisen übertragen.[276]

Seit Beginn der achtziger Jahre werden die nationale Gesetzgebung und Regelungen des öffentlichen Sektors durch verschiedene europäische Direktiven und Richtlinien beeinflusst und vorangetrieben. Die Richtlinien regeln verbind-

---

275 Vgl. OECD (1997): S. 21-22; sowie De Vauplane (1995): S. 59.

276 Vgl. Cox (1999): S. 271-273; sowie Eichhorn (1999b): S. 8; sowie Caire (1999): S. 178; sowie Cohen (1996): S. 286; sowie Schwenn (2000): S. 17.

lich ex ante bestimmte Mindeststandards (für die verschiedenen Branchen), lassen unter Beachtung der Zielvorgaben nationale Gestaltungsspielräume und sind innerhalb eines vorgegebenen zeitlichen Rahmens in nationale Gesetze umzusetzen. Hauptziel der europäischen Initiative ist eine weitere Liberalisierung und eine Harmonisierung der Wettbewerbsbedingungen in Europa.

Die Richtlinie 80/723/EWG vom 25. Juni 1980 über die Transparenz der finanziellen Beziehungen zwischen dem Staat und den Unternehmen des öffentlichen Sektors macht hier den Anfang. In Frankreich wird sie zu Beginn aus formellen Gründen und wegen Diskriminierung öffentlicher Unternehmen angefochten. Auch aus deutscher Sicht wird die Richtlinie wegen Nichtberücksichtigung der Besonderheiten der öffentlichen Unternehmen und der ausufernden Regulierung kritisiert.[277]

Die wichtigsten Richtlinien zu den verschiedenen Branchen im öffentlichen Sektor betreffen:[278]

- Elektrizität: Richtlinie Nummer 96/92/EG vom 19. Dezember 1996 zur gemeinschaftlichen Regelung der internen Elektrizitätsmärkte (die Umsetzung sollte vor dem 19. Februar 1999 erfolgen).
- Gasversorgung: Vorschlag einer Richtlinie zur gemeinschaftlichen Regelung der internen Gasmärkte
- Telekommunikation: Richtlinie Nummer 96/19/EU vom 13. März 1996 zur vollständigen Öffnung des Sektors (die Umsetzung sollte bis Januar 1998 erfolgen).
- Bahn: Richtlinie Nummer 91/440/EU vom 29. Juli 1997 zur Entwicklung der Bahn in der Gemeinschaft
- Post: Richtlinie Nummer 97/67/EU vom 15. Dezember 1997 über gemeinsame Vorschriften für die Entwicklung des Binnenmarkts der Postdienste der Gemeinschaft und die Verbesserung der Dienstequalität

Aktuell wird die Erweiterung der Transparenzrichtlinie von 1980 erwogen (darin soll eine getrennte Buchführung für Unternehmen vorgeschrieben werden, die sowohl privat als auch öffentlich tätig sind und mehr als 40 Mio. Euro Umsatz erzielen).

Dadurch, dass durch die Richtlinien im Wesentlichen Mindeststandards zur Umsetzung bis zu einem bestimmten Zeitpunkt vorgegeben werden, bleibt den

---

277 Vgl. Europäisches Parlament (1999): S. 15; sowie Caire (1999): S. 178; sowie Eichhorn (1981): S. 3 und 5; sowie OECD (2000): S. 43.

278 Vgl. Monopolkommission (2000): S. 58; sowie o.V. (2000f): S. 28; sowie Saussois (1997): S. 62 ff; sowie Schwenn (2000): S. 17; sowie Cohen/Henry (1997): S. 94-96.

betroffenen Ländern und Unternehmen bei der Umsetzung ein ausreichender Spielraum. Dies gilt hinsichtlich der tatsächlichen Ausprägung der nationalen Gesetzgebung, die die vorgegebenen Standards auch übertreffen können, als auch des exakten Zeitpunkts der Umsetzung. Oft vergeht zwischen der Veröffentlichung einer Richtlinie und deren Umsetzungsprozess ein Zeitraum von mehreren Jahren (10 Jahre für die Liberalisierung des Luftverkehrs, 8 Jahre für die Liberalisierung des Telekommunikationsmarktes, etc.), weil durch die Liberalisierung komplexe Fragen hinsichtlich Regulierung und Wettbewerb in den betroffenen Märkten gestellt werden. Deutschland ist bei der Umsetzung von Richtlinien generell schneller, antizipiert die Anpassungen früher und geht bei den Umsetzungen weiter als Frankreich. Dies gilt bis Mitte der neunziger Jahre insbesondere für die öffentlichen Dienstleister in den Bereichen Post, Telekommunikation und Bahn. Verzögerung bei der Umsetzung von Richtlinien und unterschiedliche Auslegungen sind auch als Ausdruck unterschiedlicher ordnungspolitischer Konzeptionen zu verstehen.[279]

3.3.2 Privatisierungsmethoden und -prozesse

In den OECD-Ländern hat sich als dominierende Privatisierungsmethode das Angebot von Aktien an den Börsen etabliert. Diese Vorgehensweise gilt als transparent, setzt indessen gut entwickelte Kapitalmärkte und eine funktionierende juristische Infrastruktur voraus. Diese Bedingungen sind in Deutschland und Frankreich großenteils gegeben.[280]

In Deutschland und Frankreich werden die Privatisierungen grundsätzlich durch die Regierungen und/oder Parlamente auf Staatsebene geregelt. Auf Bundesebene ist das Bundesministerium für Finanzen (auf Landesebene das Landesministerium und auf kommunaler Ebene die entsprechende Gemeinde) und in Frankreich das Wirtschaftsministerium für die Privatisierungen verantwortlich. In Frankreich gibt es zusätzlich eine sogenannte Privatisierungskommission.[281]

Der Privatisierungsprozess von öffentlichen Unternehmen verläuft in beiden Ländern grob in folgenden Schritten:[282]

- Politische Entscheidung und Auswahl des zu privatisierenden Unternehmens,
- Bewertung des Unternehmens und insbesondere des staatlichen Anteils,

279 Vgl. Rakovsky (1995): S. 65; sowie Scherpenberg (1992): S. 50.
280 Vgl. OECD (2000): S. 58.
281 Vgl. OECD (1997): S. 4.
282 Vgl. OECD (1997): S. 4.

- Durchführung einer Studie zur Empfehlung der Privatisierungsmethode (in Frankreich wird zusätzlich ein zu erzielender Mindestpreis festgelegt) und
- Transfer des staatlichen Eigentums.

3.3.2.1 Privatisierungsprozess

In der Regel können nur diejenigen Unternehmen privatisiert werden, deren Vermögens-, Finanz- und Ertragslage eine Privatisierung zulassen. Ansonsten wären mögliche Investoren nur unter Zugabe von Kaufanreizen zur Übernahme eines Anteils zu bewegen. Aus diesem Grund haben verschiedene Restrukturierungen vor Privatisierungen stattgefunden. In Deutschland gibt es nur wenige Fälle, die sich im Wesentlichen auf eine finanzielle Restrukturierung sowie Veränderungen im Management beschränkten. In Frankreich dagegen werden Privatisierungen auch als Restrukturierungsanlass und Problemlösung für Unternehmen in finanziellen Schwierigkeiten gesehen. Von Fall zu Fall kann im besonderen bei großen Privatisierungskandidaten eine finanzielle, operative und/oder strategische Privatisierungsvorbereitung durchgeführt werden. Verschiedene öffentliche Einrichtungen werden einer rechtlichen Restrukturierung unterzogen und in Aktiengesellschaften umgewandelt. Finanzielle Restrukturierungen finden bisher nur eingeschränkt statt.[283]

In Deutschland läuft der Privatisierungsprozess normalerweise in fünf Schritten ab: Zuerst wird das zu privatisierende Unternehmen ausgewählt, zweitens wird das gewählte Unternehmen bewertet, drittens werden alternative Privatisierungsmethoden für das ausgewählte Unternehmen erarbeitet, viertens eine Privatisierungsmethode bestimmt und abschließend der Anteil am Unternehmen transferiert.[284] Nach einer Privatisierung werden in Deutschland in Wirtschaftsbereichen, in denen man keinen ausreichenden Wettbewerb vermutet, Regulierungen eingerichtet. Dies ist in der Telekommunikation der Fall. Die Regulierungen werden von speziellen Einrichtungen, den Regulierungsbehörden, wahrgenommen und unterliegen ansonsten den existierenden Wettbewerbsgesetzen. Diese Vorgehensweise wird in Frankreich in ähnlicher Weise praktiziert, allerdings haben dort die Regulierungsbehörden und die Wettbewerbsaufsicht aufgrund geringerer Einflussmöglichkeiten eine schwächere Position.[285]

Anders als in Deutschland verlaufen die Privatisierungsschritte in Frankreich eingebunden in einen gesetzlichen Rahmen. Nach dem Gesetz ist das Wirtschaftsministerium für die Durchführung von Privatisierungen verantwortlich.

---

283 Vgl. OECD (1997): S. 23.
284 Vgl. OECD (1997): S. 13.
285 Vgl. OCDE (2000): S. 103; sowie OECD (1997): S. 17.

Die Vorbereitung und Koordination der Transaktionen wird an das Trésor delegiert, das auch als Aktionär öffentlicher Unternehmen fungiert. Die Transaktionen finden in enger Kooperation mit den zu privatisierenden Unternehmen und ihrem Management statt. Dazu werden Rechts- und Finanzberater für den Privatisierungsprozess hinzugezogen.

Da Privatisierungen schwierige ökonomische Fragen aufwerfen können, wie Fragen einer Unternehmensbewertung, wird eine Privatisierungskommission eingerichtet. Diese ist verantwortlich für die Evaluierung des Privatisierungskandidaten und der Käuferauswahl, falls es sich um eine Transaktion ohne Markt handelt. Die Entscheidungen der Privatisierungskommission sind bindend für das Wirtschaftsministerium. Zusätzlich werden alle Privatisierungstransaktionen durch Verwaltungs- und/oder Justizausschüsse überprüft. Die ‚Cour de Comptes' (französischer Rechnungshof) kann gegebenenfalls die korrekte Einhaltung der Privatisierungsprozedur und die Sicherstellung des staatlichen Interesses verifizieren.[286]

Der Privatisierungsprozess durch öffentliche Ausschreibung umfasst vier Vorbereitungsschritte: Erstens wird ein Privatisierungskandidat ausgewählt, zweitens werden auf Weisung des Wirtschaftsministeriums die Aktien des Kandidaten aus dem Börsenhandel genommen, drittens gibt die Privatisierungskommission einen Vorschlag zum Mindestwert des Unternehmens ab und viertens werden per Dekret die Privatisierungsmodalitäten der öffentlichen Ausschreibung festgelegt.

Die weiteren Schritte umfassen die Reservierung eines Anteils für die Beschäftigten des Unternehmens, für garantierte Platzierungen und einen Verkauf an spezielle Investoren nach Vereinbarung, die Durchführung der öffentlichen Ausschreibung, die Entscheidung über die Zuteilung von Aktien für alle Kategorien von Investoren gemäß der nachgefragten Anzahl. Der tatsächliche Transfer an die Investoren beginnt mit der Bekanntmachung der Zuteilungsergebnisse an die Finanzintermediäre, die als Agenten des Verkäufers (Staat) tätig sind.[287]

Direkte Handelsverkaufstransaktionen verlaufen anders als oben skizziert. Die Privatisierungskommission verfügt hier über eine umfangreiche Machtposition, da die Verkaufsbedingungen, der Preis und die Auswahl der Käufer in ihrem Ermessen liegt. Schließlich wird das Wirtschaftsministerium nur eine Entscheidung treffen, die konform ist mit dem Standpunkt der Privatisierungskommission.[288]

---

286 Vgl. OECD (1997): S. 13.
287 Vgl. OECD (1997): S. 13.
288 Vgl. OECD (1997): S. 13.

Im Gegensatz zu Deutschland werden in Frankreich sogenannte ‚stabile Kerne' von Aktienbesitzern eingerichtet. Insbesondere die Verpflichtung des Haltens dieser Anteile über einen festgelegten Zeitraum hinweg ist für die Regierung wichtig. Eine solche Vorgehensweise wird in Deutschland nicht praktiziert. Allerdings wird der Staat nach einer Privatisierung von den Konsortialbanken zu einer Privatisierungspause verpflichtet (aktuell bei der Privatisierung der Post). Während dieses Zeitraums dürfen ohne vorherige Zustimmung keine weiteren Aktien verkauft werden. In beiden Ländern ist also festzustellen, dass nach einer Privatisierung die unternehmerische Handlungsmacht zumindest eingeschränkt ist. In Deutschland wird das eher durch die Verfügung der bisherigen Anteilseigner über ihre Anteile und in Frankreich durch die gesetzlich institutionalisierten Arrangements geregelt. Der Zeitpunkt, wann die faktische unternehmerische Handlungsfreiheit eintritt, ist also zu Beginn und im Laufe des Privatisierungsprozesses unklar, wenn der Staat, aus welchen Gründen auch immer, an einem bestimmten Anteil am Unternehmen festhält. Auf diese Vorgehensweise wird später in der Arbeit noch ausführlich eingegangen, da er einen der Hauptkritikpunkte an den Privatisierungen in Frankreich darstellt.[289]

3.3.2.2 Formelle, materielle Privatisierung und Mischformen

Neben der Privatisierung öffentlicher Unternehmen gibt es eine Reihe von Privatisierungsvorgängen, die sie als weitere Deregulierungen begleiten. Dazu gehören in Deutschland das Hinzuziehen von Privaten oder eine Übergabe von Teilaufgaben an Private zur Erfüllung einer staatlichen Aufgabe. Dies kann die Finanzierung, die Erstellung oder den Betrieb einer solchen Aufgabe betreffen. Hier ist an alle möglichen Formen der ‚Public Private Partnership' (‚Öffentlich-private Partnerschaft') (s. Kapitel 2.2.1.2) zu denken. Im Gegensatz zu der öffentlich-privaten Zusammenarbeit treten sogenannte ‚Scheinprivatisierungen' auf. Von diesen wird gesprochen, wenn innerhalb des öffentlichen Sektors, unabhängig vom öffentlich-rechtlichen Charakter, durch organisatorische oder abrechnungstechnische Veränderungen mit der Einführung betriebswirtschaftlicher Instrumente Fortschritte erzielt werden. Diese Vorgehensweisen sind nach der Privatisierungsdefinition der Arbeit nicht mit Privatisierung gleichzusetzen.[290]

Bei der Privatisierung großer öffentlicher Unternehmen in Deutschland wird regelmäßig in einem ersten frühen Schritt die Rechtsform geändert (formelle Privatisierung) und später, über mehrere Tranchen verteilt, die staatlichen Beteili-

---

289 Vgl. De Vauplane (1995): S. 64; sowie OECD (1997): S. 24; sowie o.V. (2000g): S. 31.

290 Vgl. König/Benz (1997): S. 19-20; sowie Hamer/Gebhardt (1992): S. 74.

gungen nach und nach verkauft (materielle Privatisierung). Allerdings behält der Staat über einen längeren Zeitraum weiterhin einen maßgeblichen Einfluss auf das Produktivvermögen der Unternehmen. Dies ist der Fall bei der Telekom. Der Staatsanteil liegt nach drei großen Platzierungen an der Börse heute (Stand 2000) noch bei über 50 Prozent.[291] Bei der Post wird ein erster Anteil im November 2000 an die Börse gebracht. Diese Vorgehensweise ist begründbar mit einer gewissen Übergangsphase, die ein Unternehmen durch eine Privatisierung benötigt. Zusätzlich spielt die Aufnahmefähigkeit des Kapitalmarkts eine große Rolle, da die Anteile regelmäßig einen hohen Marktwert haben.

Bei der angesprochenen Änderung der Rechtsform ist umstritten, inwieweit sie mit einer Privatisierung gleichzusetzen ist. Einerseits wird argumentiert, diese Privatisierungsform sei lediglich als Entlassung aus dem öffentlichen Recht zu sehen. Unter Monopolbedingungen werde der Wettbewerb durch diesen Schritt weiter beeinträchtigt. Andererseits wird die formelle Privatisierung verteidigt, da eine rechtliche Umwandlung ebenso wirksam sein könne wie eine Privatisierung. Bei der Rechtsformwahl stünden die Fragen der Zweckmäßigkeit und direkte Verhaltensveränderungen des Managements und der Mitarbeiter im Vordergrund.[292] Es wird also zum einen eher ordnungspolitisch und zum anderen eher betriebswirtschaftlich argumentiert. Entscheidend ist wohl nicht die Rechtsform des Unternehmens, sondern die Frage, inwieweit ein maßgeblicher Einfluss auf das Unternehmen ausgeübt werden kann. Die Rechtsform wird unbedeutender, wenn man bedenkt, dass auch im freieren privaten Recht ein Großaktionär einen maßgeblichen Einfluss durch die Verfügung über eine Sperrminorität aufbauen und einsetzen kann. Bei der Unterstellung eines worst-case-Szenarios wäre also von einer formellen Privatisierung abzuraten.

Auch in Frankreich gibt es verschiedene Phänomene, welche die Privatisierungen der Unternehmen des öffentlichen Sektors begleiten. Ein Wechsel der Rechtsform spielt in Frankreich bei den Privatisierungen keine große Rolle, weil dort auch nach einem ersten Privatisierungsschritte noch maßgebliche Anteile in der Hand des Staates bleiben. Wegen einer oft zu niedrigen Eigenkapitaldecke und einem knappen Staatsbudget muss dem öffentlichen Sektor ab 1988 die Möglichkeit der Aufnahme fremden Kapitals gegeben werden.[293] Dieser Vorgang

291 Vgl. Enzelmüller (2000): S. 18.

292 Vgl. Kronberger Kreis (1993): S. 25-26; sowie Eichhorn (1989): S. 1307.

293 Vgl. Uterwedde (1990): S. 391. Ein Überblick über die einzelnen Schritte und Gesetze zwischen 1988 und 1993 findet sich bei ihm (1994): S. 101-102. Schlagwörter lauten bspw. ‚respiration du secteur public‘ und ‚dénoyautage‘. Vgl. dazu Belot (1993): S. 8-9. Insgesamt wurden die Gesetzte von 1986 durch drei Texte ergänzt; sowie o.V. (1999b): S. 21.

wird als „schleichende Privatisierung“[294] bezeichnet. Durch Dekretsbeschluss werden ab 1991 sogar die Übernahme von privaten Minderheitsbeteiligungen (auch aus dem Ausland) im öffentlichen Sektor unter ganz bestimmten Bedingungen erlaubt.[295] Alles in allem hat die Abtretung von Anteilen dem Staat in diesem Zeitraum 15 Mrd. FF an finanziellen Einkünften gebracht. Trotz der Vermischung öffentlichen und privaten Kapitals wird der öffentliche Sektor substantiell aber nicht bedroht.[296]

Eine weitere Erscheinung ist die Bildung von Tochterunternehmen im öffentlichen Sektor, insbesondere seit Mitte der sechziger Jahre. Dies trägt zu einer Verstärkung der komplexen Strukturen öffentlicher Unternehmen bei. Diese Vorgehensweise dient als Hauptinstrument zur Umgruppierung öffentlichen Vermögens. Diese sogenannte Filialisierung bringt auch die Privatisierungsambitionen voran, da der Staat auch hier privates Kapital zur Risikominderung zulässt, während die Manager der betroffenen Unternehmen nach mehr Entscheidungsfreiheit streben.[297]

Weiterhin sind andere privatisierungsunterstützende Entwicklungen in Frankreich zu erwähnen. Bereits vor der ersten Privatisierungswelle und von 1988 bis 1993, also auch unter sozialistischen Premierministern, hat es Formen von Teilprivatisierung in Frankreich gegeben. So haben seit 1984 der staatliche An- und Verkauf von Beteiligungen an Unternehmen Verschiebungen vom öffentlichen zum privaten Sektor bewirkt.[298] Weiterhin floss den Staatsunternehmen bis 1987 privates Kapital durch die Ausgabe von sogenannten certificat d'investissement (Schuldverschreibungen) von ca. 50 Mrd. FF zu.[299]

Die Diskussion um die Rechtsform ist in Frankreich eher unbekannt. Die oben skizzierten, gesetzlich festgelegten Instrumente der Einflussnahme nach einer Privatisierung (Stichwort ‚goldene Aktien‘) verdeutlichen, dass eine Steuerung der Akteure, die maßgeblichen Einfluss halten sollen, zumindest theoretisch aktiv betrieben werden kann. Die Frage der Rechtsform wird aus dieser Sicht ebenfalls

294 Uterwedde (1990): S. 392.

295 Vgl. Bizaguet (1988): S. 104-105. Der Staat muß weiterhin mindestens 50 Prozent des Kapitals halten; sowie Cartelier (1994): S. 7.

296 Vgl. Belot (1993): S. 14.; sowie Uterwedde (1994): S. 102. Von privater Seite gab es nur Minderheitsbeteiligungen.

297 Vgl. Monnier/Bance (1986): S. 191, 192 und 197. Der Staat übernahm meist nur 51 Prozent des Kapitals der gebildeten Töchter. Vgl. Bernhardt (1988): S. 5; sowie Bauer (1987): S. 11.

298 Vgl. Bauer (1988): S. 50 für die Phase vor 1986; sowie Kraft/Obermann (1990): S. 80; sowie Thiemeyer (1987): S. 99.

299 Vgl. Bernhardt (1988): S. 4; sowie Bauer (1988): S. 51; sowie Jones (1999): S. 82. Die certificat d'investissement sind Aktien ähnlich, da Dividenden gezahlt werden. Allerdings sind die Anteile ohne Stimmrechte.

dominiert von der Frage des tatsächlichen Einflusses. Allerdings werden, im Gegensatz zu Deutschland, Mittel und Wege zu dessen Kontrolle eingeräumt. Wie und ob diese Mittel in Frankreich eingesetzt werden, wird in Kapitel 4.2 weiter diskutiert.

3.4 Europäische Integration und Internationalisierung

Das Fortschreiten der europäischen Integration und die Globalisierung haben einen bedeutenden Einfluss auf die Entwicklung der öffentlichen Wirtschaft in Europa.[300] Ab Mitte der neunziger Jahre haben sie in Deutschland und Frankreich teilweise zu heftigen Diskussionen zur Globalisierung innerhalb der Länder, aber auch untereinander zur Wirtschafts- und Währungsunion geführt. Die Perzeption identischer anstehender wirtschaftspolitischer Probleme ist regelmäßig sehr unterschiedlich. Bei der Diskussion um die Währungsunion werden in Deutschland vor allem die Stabilität der zukünftigen europäischen Währung im Vergleich zur bisherigen (vermeintlichen) Stabilität der DM und in Frankreich Fragen der sozialen Kohäsion und einer mögliche Deflation vorgetragen. Die Wirtschafts- und Währungsunion bringt auch die jeweils vorherrschenden Verständnisse praktischer Wirtschaftspolitik (z.B. bzgl. der Geldpolitik und der Rolle der europäischen Zentralbank: Ordnungspolitik und Inflationsbekämpfung in Deutschland, Interventions- und Nachfragepolitik durch den Staat in Frankreich) und die teilweise unterschiedliche wirtschaftliche Ausgangssituation hervor. Bei der Globalisierung dagegen wird in Deutschland hauptsächlich eine Standortdebatte (Stärken und Schwächen des Standorts Deutschland) mit Hinweis auf einen Reformstau, gebündelt mit allgemeiner, gesellschaftlicher Lähmung, geführt. In Frankreich stehen hier die Diskussion um die Arbeitslosigkeit und die Angst vor dem internationalen Wettbewerb im Vordergrund.[301]

3.4.1 Europäische Integration

Der EWG-Vertrag von 1957 legt die europäische Wirtschaft auf eine marktwirtschaftliche Ordnung fest. Der Vertrag gilt als Kern der europäischen Einigung und als einer der bedeutendsten aller europäischen Verträge. Die grundlegende Ausrichtung der Wirtschaftsordnung wird praktisch fortgeführt durch die Vollendung des Binnenmarktes seit Mitte der achtziger Jahre und durch den Beschluss

300 Vgl. CEEP (2000): S. 1.
301 Vgl. Uterwedde (1998b): S. 16 und 22-23; sowie Guérot (1996): S. 450-451.

zur Wirtschafts- und Währungsunion in den neunziger Jahren. Der EWG-Vertrag wird novelliert durch die Einheitliche Europäische Akte von 1986 und den Vertrag über die Europäische Union von 1992. Die allgemeine Verwirklichung des Binnenmarkts hat die Mehrung des wirtschaftlichen Wohlstands in den Mitgliedsstaaten zum Ziel. Ferner soll ein Raum ohne Binnengrenzen geschaffen werden, in dem der freie Verkehr von Waren, Personen, Dienstleistungen und Kapital gewährleistet ist.[302]

Die europäische Liberalisierung, in der logischen Entwicklung vom Freihandel über die Zollunion und den gemeinsamen Binnenmarkt hin zur Wirtschafts- und Währungsunion, treibt auch die wirtschaftliche Entwicklung voran. Ziel der Entwicklung ist die höchstmögliche Integrationsstufe. Dies äußert sich in dem Versuch, eine gemeinsam Wirtschaftspolitik zu konstituieren und zu etablieren. Die Europäische Union setzt derzeit die praktische Realisierung der Wirtschafts- und Währungsunion um. Nach Art. 4 EGV in der Fassung des Vertrags von Amsterdam verpflichtet sich die EU zu einer Wirtschaftspolitik nach dem Grundsatz einer offenen Marktwirtschaft mit freiem Wettbewerb. Dieses Bekenntnis ist als aktuellste Antwort auf die Frage nach der Rolle des Staates interpretierbar. Dadurch werden die soziale Marktwirtschaft in Deutschland und die Planification in Frankreich ordnungspolitisch ergänzt. Auf europäischer Ebene sind die öffentlichen Unternehmen damit durch das Binnenmarktkonzept (Abschaffung der Binnengrenzen) und die Abschaffung von Wettbewerbsausnahmebereichen praktisch voll integriert und nehmen keine Sonderstellung im Vergleich zu Privaten ein. Das heißt, es kommt zu einer Annäherung der Wettbewerbsbedingungen für private und öffentliche Unternehmen. Durch diese Hinwendung zum Markt wird der öffentliche Sektor erhöhtem Druck ausgesetzt, und die Berücksichtigung und praktische Anwendung betriebswirtschaftlichen Know-hows gewinnt weiter an Bedeutung. Bei erhöhtem Wettbewerb ist es möglich, dass Leistungen, die im öffentlichen Auftrag erfüllt werden, stärker auf ihre Ergebniswirkung überprüft und gegebenenfalls abgebaut werden. Wenn der Markt eines Staatsmonopols liberalisiert wird, sind verstärkt Anstrengungen der Wettbewerbspolitik notwendig. Eine Privatisierung ist in diesem Fall nicht zwangsläufig, aber wahrscheinlich.[303]

Die europäische Integration hat verschiedene Auswirkung auf die Wirtschaft. Besonders durch die Wirtschafts- und Währungsunion und damit wegen der Erreichung der fiskalischen Ziele der Währungsunion kommt es europaweit zu einem Wettbewerb bzgl. der Erreichung makroökonomischer Parameter. Auch

302 Vgl. Asselain (1991): S. 59; sowie Weidenfeld/Wessels (1995): S. 178 und 368; sowie Hartwig (1998): S. 671; sowie Europäisches Parlament (1999): S. 73.

303 Vgl. Eichhorn (1999b): S. 8; sowie Cox (1999): S. 269-270; sowie Van Miert (1999): S. 6.

wenn die Festlegung, die Art und Höhe der Parameter (Konvergenzkriterien) diskutiert werden kann, so hat doch dieser Wettbewerb ein gesamtwirtschaftliches ländervergleichendes Benchmarking in Europa gefördert. Wegen des Wettbewerbs um die Zielerreichung der Parameter ist eine gesteigerte gesamtwirtschaftliche Stabilität zu erwarten (niedrige Inflationsraten). Diese Entwicklung führt außerdem zu einem verstärkten Standortwettbewerb. Dieser betrifft auch den öffentlichen Sektor und seine Unternehmen.

Gegenwärtig wirkt die EU insbesondere durch die EU-Kommission, durch verschiedene Richtlinien und durch die Binnenmarktgesetze auf die Staatsbetriebe. Dabei stellt der äußere Einfluss für Deutschland und Frankreich sowohl eine Chance als auch einen gewissen Zwang dar. Er wird in Frankreich oft in stärkerem Maße als Bedrohung empfunden als in Deutschland und dort auch als ‚contrainte extérieure' (äußerer Zwang) bezeichnet.[304] Dies hängt wahrscheinlich mit der stärkeren Exportorientierung und der dadurch notwendigeren Öffnung der deutschen Wirtschaft nach außen zusammen.

Die Ausführungen zeigen, dass durch die EU-Integration die nationalen, wirtschaftspolitischen Spielräume eingeschränkt werden. Dies gilt für Deutschland und Frankreich gleichermaßen. In diesem Sinne kann man auch sagen, dass die Wege der Wirtschaftspolitik durch EU-Vorgaben vorgezeichnet sind. Dies wird am Beispiel der Privatisierungen deutlich, da die EU insgesamt ein günstiges Umfeld für Privatisierungen schafft. Wichtige privatisierungsbegleitende Bekenntnisse zu freiem Wettbewerb, Marktwirtschaft und Liberalisierung fördern diese Entwicklung und sind grundlegende Elemente und Themen europäischer Wirtschaftspolitik. Damit werden nationale Denkmuster unbedeutender, und die wirtschaftspolitische Gestaltung in einem Staat ist immer stärker von den Veränderungen in anderen Staaten abhängig und damit interdependent. Die öffentlichen Unternehmen werden also durch stärkeren Wettbewerb und höhere Transparenz einem steigenden Druck ausgesetzt, was sich privatisierungsfördernd auswirkt. Daneben unterstützt die europäische, marktwirtschaftliche Ausrichtung die Privatisierungen. Gegen diesen Trend läuft höchstens der Abbau der öffentlichen Verschuldung als Wegfallen eines Privatisierungsarguments. Insgesamt dominieren privatisierungsfreundliche Tendenzen in Europa, es wird aber kein direkter Privatisierungszwang ausgeübt.

---

304 Vgl. Schmid (1992): S. 69; sowie Lévy-Leboyer/Casanova (1991): S. 506; sowie Schmid (1994a): S. 48; sowie De Boissieu (1992): S. 263; sowie Frémeaux (1993): S. 25; sowie Ammon (1989): S. 227; Uterwedde (1988b): S. 36.

3.4.2 Globalisierung

Ähnlich wie die europäische Integration einen Einfluss auf die Faktoren Waren, Personen, Dienstleistungen und Kapital fördert, treibt die steigende Verflechtung der Weltwirtschaft, in Deutschland bezeichnet als Globalisierung und in Frankreich bezeichnet als ‚Mondialisation', den internationalen Austausch von Waren und Dienstleitungen, von Direktinvestitionen, von Kapital und Technologie sowie von Arbeitskräften voran. Der Globalisierungsprozess dauert bereits länger als die europäische Integration an. Aktuell wird die Globalisierung durch Verbesserung der Informations- und Kommunikationstechnologie, durch sinkende Transportkosten und durch den Abbau von Handelsbarrieren weiter begünstigt. Diese Entwicklung hat zur Folge, dass einerseits die Konkurrenz auf den Güter- und Arbeitsmärkten zunimmt, andererseits die Mobilität von Kapital und Wissen steigt, Dienstleitungen verstärkt von der internationalen Arbeitsteilung betroffen sind und schließlich die Unternehmen insgesamt multinationaler werden. Mit der Globalisierung sind für Deutschland und Frankreich Chancen und Risiken verbunden. Dies gilt für beide Länder als Wirtschaftsstandorte ebenso wie für alle Unternehmen, die in Wettbewerbsmärkten tätig sind.[305]

Die skizzierten Trends deuten an, dass zu dem existierenden nationalen Wettbewerb, dem natürlichen Strukturwandel und den Herausforderungen der EU-Integration der internationale Wettbewerbsdruck hinzukommt. Das betrifft alle Unternehmen, die in offenen Märkten tätig sind, kann also auch öffentlichen Unternehmen gelten. Für staatliche Tätigkeitsbereiche, die bisher dem Wettbewerb entzogen sind und deren Märkte in den vergangenen Jahren geöffnet werden, ist diese Entwicklung noch stärker, da die Unternehmen bis zur Marktöffnung kaum Wettbewerbserfahrungen sammeln können. Für diejenigen öffentlichen Unternehmen, die seit Beginn der achtziger Jahre privatisiert werden, ist der Wettbewerbsdruck also besonders hoch wegen der fortschreitenden EU-Integration und der Globalisierung. Über den öffentlichen Sektor hinausgehend, müssen sich auch die übrigen staatlichen Engagements dem internationalen Wettbewerbsdruck stellen. Dies hängt damit zusammen, dass der Staat übergreifend für eine Standortpolitik zuständig ist und die genannten Faktoren (derzeit vor allem Kapital, hochqualifizierte Arbeitskräfte und technisches Wissen) dorthin gehen, wo sie günstige Bedingungen vorfinden. Dieser gemischt ökonomisch-politische Wettbewerb zwischen Wirtschaftssystemen wird auch als institutioneller oder Systemwettbewerb bezeichnet.[306]

---

305 Vgl. Monopolkommission (1998): S. 7; sowie Picq (1999): S. 51.
306 Vgl. Monopolkommission (1998): S. 8.

Wie sich die Globalisierung und die Privatisierungen wechselseitig beeinflussen, ist am Beispiel der Kapitalmärkte zu sehen. Seit Beginn der achtziger Jahre haben sich die Finanz- und Kapitalmärkte durch Deregulierung und technischen Fortschritt stark verändert. Der Kapitalmarkt wird als Quelle der Unternehmensfinanzierung wichtiger. Dieses Anwachsen der Finanzmärkte wird durch das Problem der Altersvorsorge, also der Entwicklung der Pensionsfonds, den steigenden Gewinnen der Unternehmen sowie dem Wirtschaftswachstum weiter gefördert. Dies führte zu einer hohen Marktkapitalisierung in den OECD Staaten seit 1990. Auch die Privatisierungen haben zu dieser Entwicklung beigetragen, da die privatisierten Firmen in Deutschland und Frankreich oft zu den größten Börsenteilnehmern gehören und durch ihre unternehmerische Entwicklung auch einen erheblichen Einfluss auf die Kapitalmärkte haben. Die privatisierten Unternehmen haben einen hohen Anteil an der (steigenden) Börsenkapitalisierung.[307] Mit dieser Entwicklung der Kapitalmärkte, die auch von der gestiegenen Anzahl der an den Börsen notierten Unternehmen positiv beeinflusst werden, werden wiederum die Voraussetzungen für weitere Privatisierungen geschaffen, da mit einem Wachstum der Märkte auch deren Aufnahmefähigkeit für weitere Börsenkandidaten zunimmt. Außerdem werden durch die großen Privatisierungen weitere Kreise der Bevölkerung als mögliche zukünftige Aktionäre gewonnen (Stichwort Volksaktie). Hier beeinflussen sich also Kapitalmarkt sowie Börsenkapitalisierung und Privatisierungen wechselseitig.

Deutschland und Frankreich sind von den Fragestellungen und Herausforderungen der Globalisierung ebenso wie von der EU-Integration gleichermaßen betroffen. Da durch den Systemwettbewerb die Rolle des Staates in der Wirtschaft hinterfragt wird, werden durch die Globalisierung auch Privatisierungen berührt. Eine Untersuchung der Weltbank zur Bedeutung der Privatisierungen zwischen 1984 und 1988, in völlig unterschiedlichen Ländern und Sektoren weltweit, führte zu dem Ergebnis, dass die vorgenommenen Deregulierungen fast ausschließlich positive Wirkung haben. Dies äußert sich in steigenden Gewinnen, Umsätzen oder auch Produktivitätssteigerungen. Im Jahr 1991 belaufen sich die Privatisierungserlöse global auf ca. 50 Mrd. US-Dollar und in England, dem Mutterland der Privatisierungen, bis 1991 kumuliert auf ca. 300 Mrd. FF. Sie betreffen dort 66 Konzerne und mehr als eine Millionen Beschäftigte. Die Besonderheit des britischen Programms liegt in seiner Erstmaligkeit und dem Umfang der betroffenen Wirtschaftsbereiche, da praktisch kein Bereich bei den Privatisierungen außen vorgelassen wird.[308]

---

307 Vgl. OECD (2000): S. 63.

308 Vgl. Mentré (1992-93): S. 861, 864 und 866; sowie Bizaguet (1988): S. 107-108.

3.5 Zusammenfassung

Im Hinblick auf das wirtschaftliche Modell wären eher in Deutschland als in Frankreich Privatisierungen zu erwarten. Es kommt erst zu Beginn der achtziger Jahre zu einer verstärkten Rezeption der sozialen Marktwirtschaft und trotz anderslautender Rhetorik sind Privatisierungen kein dominierendes, aber ein stets wiederkehrendes, wirtschaftspolitisches Thema. Im Gegensatz dazu sind Privatisierungen kein Bestandteil des französischen Modells, spielen aber in der praktizierten, französischen Wirtschaftspolitik seit Mitte der achtziger Jahre immer wieder eine beträchtliche Rolle.

In der praktischen Wirtschaftspolitik insgesamt wird über den Zeitraum seit Beginn der achtziger Jahre bis heute eine Mischung wirtschaftspolitischer Instrumente eingesetzt (Policy-mix). Aus deutscher Sicht hat Frankreich durch die wirtschaftspolitische Wende seit 1983 mit der Hinwendung zu einem stärker stabilitätsorientierten Kurs ordnungspolitisch weitreichende Fortschritte gemacht. Dies spiegelt sich in den Privatisierungen als Gegensatz zu der vorher praktizierten Verstaatlichungspolitik wider. In Deutschland hat es seit 1945 im Gegensatz zu Frankreich keine Nationalisierungen gegeben. Insofern gab es nicht diese Fülle großer Privatisierungskandidaten wie in Frankreich. Auf Bundesebene scheinen die Privatisierungen relativ weit fortgeschritten. Es ist allerdings weder für den öffentlichen Sektor noch für Privatisierungen ein Konzept oder eine Strategie der staatlichen Aktivität erkennbar. Die Kommunen tragen immer noch den Hauptanteil am öffentlichen Sektor, und die Privatisierungen kommen hier kaum voran. In Frankreich gibt es seit Mitte der achtziger Jahre zahlreiche Privatisierungen von ehemals nationalisierten Unternehmen. Privatisierung ist seitdem ein Dauerthema französischer Wirtschaftspolitik. Die Anzahl und die Größe der Privatisierungskandidaten lässt einen stärkeren Einfluss der Privatisierungsaktionen auf die Gesamtwirtschaft in Frankreich vermuten. Auf kommunaler Ebene gibt es in Frankreich in der Wasserversorgung schon früh moderne Privatisierungsansätze (Konzessionsmodell).

Als Hauptprivatisierungsmotive zeichnen sich in beiden Ländern einerseits externer Zwang und andererseits die hohe Verschuldung der öffentlichen Haushalte ab. Die wirtschaftwissenschaftlichen Argumente pro und contra Privatisierung verblassen vor diesen Handlungszwängen. Aktuell stehen die Privatisierungen der öffentlichen Dienstleistungsunternehmen an. Hier schreitet Deutschland im Vergleich zu Frankreich schneller und konsequenter voran. In Frankreich sind im europäischen Vergleich (noch) verhältnismäßig viele Angestellte im öffentlichen Dienst tätig. Für Deutschland und Frankreich kann man insgesamt eine Angleichung der gesamtwirtschaftlichen Entwicklung beobachten. Dies ist in zunehmendem Maß auch das Ergebnis der sich seit Beginn der achtziger Jahren verstärkenden wirtschaftspolitischen Zusammenarbeit und Abstimmung. Als Hauptprobleme verbleiben im Wesentlichen die hohe Arbeitslosenrate und die öffentliche Verschuldung. Beiden Ländern ist außerdem gemeinsam, dass es keine umfassenden und/oder vergleichenden Informationen zur staatlichen Wirtschaftstätigkeit und dem öffentlichen Sektor gibt. Dies ist umso bemerkenswerter, als der Staat weite Teilbereiche der wirtschaftlichen Tätigkeit mitbestimmt und diese Informationen als Grundlage aller Beurteilungen der staatlichen Engagements zur Verfügung stehen müssten. Deswegen lassen sich zu diesen Feststellungen nur grobe Schlüsse ziehen.

Obwohl die Privatisierungen eher ein Bestandteil des deutschen denn des französischen Modells sind, werden in Frankreich die Privatisierungen quasi gesetzlich institutionalisiert (durch umfassende Privatisierungsgesetzte inklusive der Vorgehensweisen und einer Liste der jeweiligen Privatisierungskandidaten) und eine Privatisierungskommission zur Begleitung der Privatisierungen eingerichtet. Eine solche unabhängige Institution, die zusätzlich zu den übrigen Akteuren tätig wird, wäre der Programmatik entsprechend eher in Deutschland zu erwarten gewesen. Man könnte in Anlehnung an das Kartellamt an ein ‚Privatisierungsamt'[309] denken, das als unabhängige Instanz mögliche Privatisierungen begleitet. Deutschland könnte hier von den in Frankreich gesammelten Erfahrungen der Privatisierungskommission profitieren. Der Ansatz wäre zunächst allerdings mit zusätzlichen Kosten verbunden. Frankreich scheint also auch aus ordnungspolitischer Sicht fortschrittlicher als Deutschland und die Privatisierungen werden durch diese Regelungen begleitet und vorangetrieben. Analog zur Qualifizierung der Industriepolitik im deutsch-französischen Vergleich von Neumann und Uterwedde,[310] kann bei der Privatisierungsvorgehensweise ebenfalls für Deutschland von impliziter und für Frankreich von expliziter Methode gesprochen werden. In diesem Sinne bleiben sich die Länder also auch bei den Privatisierungen in ihren landesspezifischen Vorgehensweisen treu.

In Deutschland und Frankreich gleichermaßen sind die Entscheidungen zur Wirtschaftspolitik und vor allem zu den öffentlichen Unternehmen bereits durch EU-Vorgaben vorgezeichnet. Dies wird am Beispiel der Privatisierungen deutlich, da die EU insgesamt ein günstiges Umfeld für Privatisierungen schafft. Diese Entwicklung wird unterstützt durch privatisierungsbegleitende Bekenntnisse zu freiem Wettbewerb, Marktwirtschaft und Liberalisierung. Die öffentlichen Unternehmen werden durch stärkeren Wettbewerb einem steigenden Anpassungsdruck ausgesetzt, was sich privatisierungsfördernd auswirkt. Auf europäi-

309 Vgl. Hartwig (1998): S. 672. Hier wird von einem unabhängigen Sachverständigenrat und einer ständigen Privatisierungs- und Deregulierungskommission gesprochen.

310 Vgl. Neumann/Uterwedde (1986): S. 25.

scher Ebene dominieren privatisierungsfreundliche Tendenzen und Impulse für Deutschland und Frankreich, es wird aber kein direkter Privatisierungszwang ausgeübt. Auch von den Fragestellungen und Herausforderungen der Globalisierung sind beide Länder gleichermaßen betroffen. Durch den Systemwettbewerb wird die Rolle des Staates in der Wirtschaft und die jeweilige Standortpolitik hinterfragt. Damit werden durch die Globalisierung auch Privatisierungen gefördert. In Frankreich wird für den öffentlichen Sektor mit Hinweis auf die Beschleunigung der europäischen Integration, die Privatisierungen, die Veränderungen der Informationstechnologie und der Globalisierung auch von ‚la fin de l'exception française' (Ende der französischen Sonderrolle) gesprochen.[311]

311 Vgl. Picq (1999): S. 50; sowie Nonnenmacher (2000): S. 1.

4 Privatisierungen in Deutschland und Frankreich: Verlauf und Ergebnis

In diesem Hauptteil der Arbeit werden die für das Thema relevanten Aspekte zu den umgesetzten Privatisierungen in beiden Ländern für eine Bestandsaufnahme erarbeitet. Nachdem im zweiten Kapitel die theoretischen Grundlagen und im dritten Kapitel die realen Grundlagen für ein Verständnis der Privatisierungen im gesamtwirtschaftlichen und (wirtschafts)politischen Rahmen Deutschlands und Frankreichs gelegt wurden, werden im dritten Hauptteil detailliert die deutsche und französische Art und Weise der Privatisierungsprojekte und -umsetzungen und ihre Resultate aufgezeigt und untersucht.

Die Privatisierungsdiskussion (sowie die Nationalisierungs- oder Verstaatlichungsdiskussion als Gegenstück) im Sinne des heutigen Privatisierungsverständnisses ist bekannt seit der vorigen Jahrhundertwende. Sie existiert damit also genauso lange wie es die Entwicklung der Differenz zwischen öffentlicher und privater wirtschaftlicher Tätigkeit gibt. Seit Ende der siebziger Jahre werden die Privatisierungsideen wieder stärker belebt. Rund neunzig Jahre nach den ersten Privatisierungsdiskussionen, im Jahr 1997, hat die weltweite Privatisierungswelle dann – kurz vor dem 100-jährigen ‚Jubiläum' der Privatisierungsdiskussion – mit einem Erlös von ca. 155 Mrd. US-Dollar ihren bisherigen Höhepunkt erreicht. In 1998 belaufen sich die Erlöse weltweit auf 130 Mrd. US-Dollar und in 1999 auf 145 Mrd. US-Dollar. Die weltweiten Privatisierungen werden wie folgt begründet: das Anhalten des weltweiten Trends einer Verringerung der staatlichen Einflussnahme auf die Wirtschaft, Budgetzwänge der öffentlichen Haushalte, der Zwang, die Attraktivität des Landes für (ausländische) finanzielle Investitionen zu erhöhen, sowie eine Kombination aus technologischem Fortschritt, Liberalisierung und Globalisierung. Zwischen 1982 und 1990 belaufen sich die Privatisierungserlöse des Bundes in Deutschland auf ca. 10,5 Mrd. DM und in Frankreich auf ca. 71 Mrd. FF. Zwischen 1990 und 1999 fallen für die Gebietskörperschaften summiert in Deutschland ca. 22,4 Mrd. US-Dollar und in Frankreich ca. 57,5 Mrd. US-Dollar an Privatisierungserlösen an.[312]

In den achtziger Jahren beginnt, ausgehend vom Beispiel und Vorbild Großbritannien, die Blütezeit weltweiter Privatisierungen, die bis heute andauert. Von dieser stetig in ihrer Stärke anwachsenden Privatisierungswelle sind neben zahl-

312 Vgl. Eichhorn (1989): Sp. 1302; sowie OECD (2000): S. 43-44 und 46; sowie Uhlmann (1995): S. 6; sowie Juvin (1995): S. 89.

reichen anderen Ländern auch Deutschland und Frankreich in gleichem Maß betroffen. Auch aus diesem Grund wurden die zurückliegenden zwanzig Jahre untersucht.

4.1 Privatisierung öffentlicher Unternehmen in Deutschland

4.1.1 Grundlagen und Historie

Der Ursprung der öffentlichen Unternehmen geht zurück auf die Zeit vor der Industrialisierung, da der Staat in dieser Zeit quasi alle wirtschaftlichen Aktivitäten besetzte (Kameralismus). Mit dem Voranschreiten der Industrialisierung werden von der privaten Wirtschaft immer mehr Bereiche der Industrie übernommen. Im gleichen Maß expandieren die staatlichen Unternehmen, vor allem auf kommunaler Ebene.[313] Die Privatisierungen selbst spielen Anfang der sechziger und dann wieder ab den achtziger Jahren eine gewichtige Rolle. Mit dem Verkauf von Beteiligungen des Bundes an Industrieunternehmen wird der Anfang gemacht. Der größte Beteiligungsbesitz in Deutschland wird zu Beginn der achtziger Jahre vom Bund gehalten.[314]

In Deutschland hat es nach Ende des 2. Weltkriegs auf Bundesebene im Wesentlichen zwei Privatisierungsphasen gegeben. Zum einen werden in der ersten Privatisierungsphase zwischen 1959 und 1965 auf Bundesebene drei (Teil-) Privatisierungen durchgeführt und zum anderen werden in der zweiten Privatisierungsphase die Privatisierungen dann ab Mitte der achtziger Jahre wieder aufgenommen. In dem Zeitraum dazwischen, der durch die wirtschaftspolitischen Ideen von Keynes und eine fortlaufende Ausdehnung des Staates geprägt ist, werden keine bedeutenden Privatisierungen umgesetzt. Zu den ersten Privatisierungen zählen die Teilprivatisierungen von:

Unternehmen	Jahr	Nennkapital in Mio. DM	Anzahl der Aktienkäufer
Preussag	1959	81	216.000
VW	1960	360	1.547.000
Veba	1960	528	2.600.000

Tabelle 5: Die ersten Privatisierungen des Bundes 1959-1965
Quelle: s. Fußnote unten (Sortierung chronologisch).

313 Vgl. Ederer/Schuller (1999): S. 203.
314 Vgl. Knauss (1993): S. 71.

Diese Privatisierungen werden vor allem vermögenspolitisch begründet (Ausgabe von Volksaktien). Diese ersten Privatisierungsschritte – verstanden als Abbau von Industriebundesbeteiligungen – werden nach dem Regierungswechsel von 1969 unterbrochen. Damals wird als Modell zur Verwaltung der Beteiligungen auch eine Bundesholding diskutiert. Dieses Konzept wird jedoch verworfen.[315]

Die erste Phase der Privatisierungspolitik ist also noch mit einer frühen Phase der sozialen Marktwirtschaft in Verbindung zu bringen und Privatisierungen finden bereits statt in Deutschland, während in Frankreich bis zu Beginn der achtziger Jahre noch Unternehmen nationalisiert werden. Deutschland kann hier also erheblich früher Erfahrungen sammeln, auch wenn die Privatisierungspolitik nicht ununterbrochen weitergeführt wird. Die zweite Phase dagegen fällt in den Zeitraum der Wiederentdeckung und Renaissance der Ordnungspolitik. Privatisierungsziele wie Effizienzgewinn, Rückführung des Staatsanteils sowie Kapitalknappheit dominieren und ergänzen die bisherigen vermögenspolitische Ziele. Beide Phasen fallen also in einen Zeitraum, in dem eine ordnungspolitische Orientierung ‚populär' ist. Im Gegensatz zu Frankreich hat es nach 1945 keine umfassenden Nationalisierungen von Unternehmen oder ganzen Branchen in Deutschland gegeben, sondern es kommt durch die marktwirtschaftliche Ausrichtung zu einer privatwirtschaftlich orientierten Beteiligungspolitik und zu einer Diskussion über den heterogenen, staatlichen Besitz.[316] Wegen des bewussten Verzichts auf Verstaatlichungen ist der Umfang des Privatisierungspotenzials bedeutender Bundesbeteiligungen insgesamt in Deutschland niedriger gewesen als in Frankreich.

Auf Länderebene werden Privatisierungen vor allem ab Mitte der achtziger Jahre, also parallel zu den Bundesprivatisierungen, durchgeführt. Im kommunalen Bereich dagegen werden Privatisierungen bis 1980 am stärksten diskutiert und teilweise auch praktiziert. Sie betreffen vor allem öffentliche Leistungen aus dem Bereich der Daseinsvorsorge. Allerdings verbleiben die wesentlichen Beteiligungen an den kommunalen Sparkassen und an den kommunalen Energieversorgungsunternehmen. Sie machen das Gros der kommunalen Beteiligungen aus. Die Beteiligungen der Länder und Gemeinden insgesamt repräsentieren also gegenwärtig den Hauptteil des öffentlichen Sektors.[317]

---

315 Vgl. Hartwig (1993): S. 51; sowie Ederer/Schuller (1999): S. 203; sowie Knauss (1993): S. 142; sowie Stoltenberg (1984): S. 61.

316 Vgl. Knauss (1993): S. 139; sowie Beck (2000): S. 17.

317 Vgl. Weber (2001): S. 1; sowie König/Benz (1997): S. 17; sowie Kronberger Kreis (1993): S. 14.

4.1.2 Privatisierungen seit 1980

4.1.2.1 Privatisierungsprogramm

Ab Mitte der achtziger Jahre wird mit dem ‚Gesamtkonzept für die Privatisierungs- und Beteiligungspolitik des Bundes‘ von 1985 auf Bundesebene die Privatisierungsinitiative wiederbelebt. Dieses Konzept wird Anfang der neunziger Jahre durch das ‚Gesamtkonzept 1990 für die Privatisierungs- und Beteiligungspolitik des Bundes‘ ersetzt. Es kommt zumindest auf Bundesebene zu einer konsequenten Umsetzung, allerdings ist das Privatisierungspotenzial aller Gebietskörperschaften weiterhin erheblich. Dies gilt vor allem für die Bundesländer und die Kommunen. Ein durchgehendes Privatisierungsprogramm oder –konzept ist für die letztgenannten Gebietskörperschaften nicht bekannt. Weiterhin gibt es immer noch Bereiche, in dem die öffentlichen Unternehmen sich auch wieder verstärkt betätigen oder neue Aufgabenbereiche für öffentliche Unternehmen erschlossen werden. Zudem sollen zur weiteren Rückführung staatlicher Tätigkeit auch die Bereiche Entbürokratisierung, Abbau der Staatsquote und der öffentlichen Haushaltsdefizite vorangetrieben werden.[318]

Im nächsten Kapitel werden zuerst die Privatisierungen auf Bundesebene, dann einige typische Privatisierungsbeispiele auf Landesebene und schließlich die Privatisierungspolitik auf kommunaler Ebene diskutiert. Es wird also eine Partialanalyse nach Trägern der Wirtschaftspolitik vorgenommen.

4.1.2.2 Vorgehensweise

a) Bundesebene

In der folgenden Tabelle werden die wesentlichen Privatisierungen des Bundes dargestellt. Es werden auch Unternehmen berücksichtigt, an denen der Staat indirekt beteiligt war. Insgesamt sind aber nicht alle Privatisierungen aufgeführt, sondern nur diejenigen Privatisierungen von Unternehmen, an denen der Staat eine maßgebliche Beteiligung hielt. Für den Zeitraum zwischen 1990 und 1995 sind die Privatisierungserlöse und damit die Bedeutung der Privatisierungsschritte auf Bundesebene eher unbedeutend, da in diesen Jahren im Schnitt unter 1 Mrd. DM Einnahmen durch den Bund erzielt werden.[319] Diese zurückhaltenden Privatisierungsschritte werden vermutlich durch die Konzentration auf die deut-

318 Vgl. Hartwig (1993): S. 51; sowie Völmicke (1996): S. 20 und 22.
319 Vgl. Bundesministerium der Finanzen (1999b): S. 74.

sche Wiedervereinigung und für die Privatisierungen insbesondere durch den Fokus auf die Arbeit der Treuhandanstalt hervorgerufen.

Unternehmen	**Ab Jahr 1984**	**Aktion**
Veba	1984	Verringerung der Beteiligung von 43,75 auf 29,98 %
Veba	1985/86	Verringerung der Beteiligung von 29,98 auf 25,49 %
Viag	1986	Teilprivatisierung von 40 % der Beteiligung
VW	1986	Nichtbeteiligung an Kapitalerhöhung (Anteil fällt auf 16 %)
Industrieverwaltungsgesellschaft	1986	Teilprivatisierung von 45 % der Beteiligung

Unternehmen	**Jahr 1987**	**Aktion**
Veba	1987	Vollprivatisierung von 25,49 % der Beteiligung
Treuarbeit	1987	Nicht signifikant
Lufthansa	1987	Kapitalerhöhung: Rückführung der Beteiligung von 79,91 auf 69,21 % des Kapitals

Unternehmen	**Jahr 1988**	**Aktion**
VW	1988	Vollprivatisierung von 16 % der Bundesbeteiligung
Viag	1988	Vollprivatisierung von 60 % der Beteiligung
Deutsche Verkehrs-Kredit-Bank	1988	Teilprivatisierung von 24,9 % der Beteiligung

Unternehmen	Jahr 1989	Aktion
Treuarbeit	1989	Verringerung der Beteiligung von 30,5 auf 25,5 %
DSL-Bank	1989	Teilprivatisierung von 48 % der Beteiligung
Salzgitter	1989	Veräußerung an Preussag
Schenker	1989	Teilprivatisierung von 22,5 % der Beteiligung
Lufthansa	1989	Kapitalerhöhung: Rückführung der Beteiligung von 69,21 auf 54,93 % des Kapitals
DIAG	1989	Veräußerung an MAN

Unternehmen	ab Jahr 1990	Aktion
Salzgitter	1990	Vollprivatisierung
Prakla-Seyyismos	1991	Nicht signifikant
Depfa-Bank	1991	Nicht signifikant

Unternehmen	Jahr 1993	Aktion
Baurevision	1993	Nicht signifikant
Prakla-Seismos	1993	Nicht signifikant
Aachener Bergmannssiedlungsg.	1993	Nicht signifikant
C&L Treuarbeit	1993	Nicht signifikant

Unternehmen	Jahr 1994	Aktion
IVG	1994	Nicht signifikant
Bayrischer Lloyd	1994	Nicht signifikant
Lufthansa	1994	Verringerung der Beteiligung von 54,93 auf 35,68 %

Unternehmen	Jahr 1995	Aktion
Rhein-Main-Donau	1995	Nicht signifikant
Außenhandelsbank	1995	Nicht signifikant
Vertriebsgesellsch. für Filme	1995	Nicht signifikant
Heimbetriebsges.	1995	Nicht signifikant

Unternehmen	ab Jahr 1996	Aktion
Telekom	1996	Verringerung der Beteiligung von 100 auf 74 %
Lufthansa	1996/97	KfW-Platzhalterlösung, Vollprivatisierung von 35,68 % der Beteiligung in 1997
Wohnungsbauges.	1997	Vollprivatisierung von 58,34 % der Beteiligung
Lufthansa	1997	Vollprivatisierung
Telekom	1997	Verringerung der Beteiligung von 74 auf 60,5 %
Stadtentwicklungsges.	1997	Vollprivatisierung von 57,76 % der Beteiligung
GBB Genossenschaftsholding	1997	Vollprivatisierung von 100 % der Beteiligung

Unternehmen	Jahr 1998	Aktion
Tank&Rast	1998	Vollprivatisierung von 100 % der Beteiligung
Bundesanzeiger	1998	Verringerung der Beteiligung von 70 auf 35,1 %
Saarbergwerke	1998	Vollprivatisierung von 74 % der Beteiligung
Landeswohnungs- und Städtebauges. Bayern	1998	Vollprivatisierung von 25,08 % der Beteiligung
Lagereibetriebe	1998	Vollprivatisierung von 100 % der Beteiligung
Heimstätte Rheinland Pfalz	1998	Vollprivatisierung von 25,81 % der Beteiligung
Telekom	1998	KfW-Platzhalterlösung, Verringerung der Beteiligung von 60,5 auf 49,4 %

Unternehmen	ab Jahr 1999	Aktion
Telekom	Januar 1999	KfW-Platzhalterlösung, Verringerung der Beteiligung von 49,4 auf 48,1 %
Telekom	Juni 1999	Kapitalerhöhung: Rückführung der Beteiligung von 48,1 auf 43,6 % des Kapitals
Post	November 2000	Teilprivatisierung

Tabelle 6: Übersicht der Privatisierungsobjekte des Bundes von 1983-2000[320]
Quelle: s. Fußnote (Sortierung chronologisch).

Aus der Tabelle ist erkennbar, dass für die Privatisierung maßgeblicher Anteile in der Regel nach dem gleichen Prinzip vorgegangen wird. Und zwar werden nach Umwandlung der betroffenen Unternehmen in eine Aktiengesellschaft (AG) vom ersten Privatisierungsschritt an sukzessive über einen Zeitraum von mehreren Jahren die Beteiligungen über Teilprivatisierungen (bis zur Vollprivatisierung) an der Börse platziert. Regelmäßig findet also zuerst eine formelle Privatisierung und anschließend eine materielle Privatisierung in mehreren Teilschritten statt.[321] Für die seit kurzer Zeit liberalisierten Märkte werden regelmäßig Regulierungen erlassen. In vereinzelten Fällen werden die Anteile vor der Platzierung an der Börse bei der KfW ‚geparkt' oder der Bund nimmt nicht an einer durchgeführten Kapitalerhöhung teil. Die zwischenzeitliche Übernahme durch die KfW bietet sich an, wenn das Börsenklima wenig vorteilhaft ist, so dass Probleme entstehen, einen günstigen Aktienkurs zu erreichen, oder mögliche Privatisierungshürden den Prozess verzögern. Allerdings wird dann nicht privatisiert, sondern die Anteile wandern von einer staatlichen Hand in die andere.

Alles in allem ist festzuhalten, dass der Bund seit den achtziger Jahren kontinuierlich eine Privatisierungspolitik betrieben hat. Die Privatisierungen laufen relativ langsam an, werden dann ab Mitte der achtziger Jahre verstärkt, bevor sie durch die Wiedervereinigung an Bedeutung verlieren. Ende der neunziger Jahre werden die Privatisierungen dann erneut forciert (vor allem das Privatisierungsvolumen durch die größte Privatisierungsaktion: Telekom). Die sozialdemokratische Regierung führt nach dem Regierungswechsel Ende der neunziger Jahre die Privatisierungen weiter. Über den Betrachtungszeitraum hinweg ist die Privatisie-

320 Vgl. Knauss (1993): S. 155-156; sowie Bundesministerium der Finanzen (1999a): S. 5-7; sowie Uhlmann (1995): S. 6; sowie Wermuth (1995): S. 128-131; sowie Bridier/Ellyas (2001): S. 1.

321 Vgl. Beck (2000): S. 17; sowie Gottschalk (1999): S. 168.

rungsbilanz des Bundes, bei Betrachtung der langfristigen und damit konsequenten Durchführung, positiv.

b) Bundesländerebene

Auf Länder- und Gemeindeebene gibt es immer wieder (Teil-)Privatisierungen, allerdings bleiben die Privatisierungen oft hinter dem Privatisierungspotenzial zurück. Zu den Privatisierungen auf Landesebene ist im Frühjahr 1995 im Handelsblatt eine Serie ‚Privatisierung in Deutschland' erschienen. Aus dieser Serie werden einige der alten Bundesländer als Beispiele für die Arbeit ausgewählt, um ein möglichst umfassendes Bild der praktizierten Privatisierungen (Stand 1995) zu bekommen. Die Reihenfolge der Ausführungen zu den Bundesländern richtet sich geographisch von Nord nach Süd.

- In der Hansestadt Hamburg hat es seit 1988 sechs Privatisierungen gegeben. Dazu gehören:
  - 1988: Verkauf von 89,9 % Hamburger Gaswerke GmbH (Erlös 622,2 Mio. DM)
  - 1989: Verkauf Hamburger Außenwerbung GmbH (Erlös 3,5 Mio. DM)
  - 1989: Verkauf von 50 % der Betriebs-GmbH des Museumsschiffs ‚Cap San Diego' (Erlös 50000 DM)
  - 1990: Verkauf Hamburger Mobiliar Feuerkasse (Erlös 20 Mio. DM)
  - 1992: Privatisierung Vieh- und Fleischzentrale (Vermietung jährlich 2,8 Mio. DM)
  - 1994: Verkauf Hamburger Feuerkasse (Erlös 198 Mio. DM)

  Das besondere an diesen Privatisierungen ist, dass es sich nur in den wenigsten Fällen um echte Privatisierungen dreht, da regelmäßig der Verkauf an andere staatliche Eigentümer erfolgt. Außer der Hamburger Hafen- und Lagerhaus AG werden die öffentlichen Unternehmen in Hamburg durch die Hamburger Gesellschaft für Beteiligungsverwaltung mbH verwaltet. Diese Konstellation erlaubt die direkte Verrechnung von Gewinnen und Verlusten. Da die Verluste überwiegen, hat die Stadt Hamburg regelmäßig jährlich eine Deckungslücke im dreistelligen Millionenbereich zu decken. Insgesamt verhält sich Hamburg in Bezug auf Privatisierungen eher zögerlich. Die Privatisierungserlöse dienen primär dem Ausgleich von Haushaltsdefiziten.[322]

- In Bremen sind die Privatisierungen bisher kaum vorangeschritten. Als bisherige Privatisierungen sind der Verkauf der Beamten-Baugesellschaft Bremen

322 Vgl. Beukert (1995): S. 5.

GmbH (Erlös 142 Mio. DM) und der Verkauf des Anteils von 14 Prozent an der Bremischen Bau- und Siedlungsgesellschaft mbH an die Sparkasse Bremen sowie die Landesbank Bremen. Gestritten wird über die (Teil-)Privatisierung der Bremer Stadtwerke, zur Disposition stünde auch die Bremer Landesbank. Die Privatisierungseinnahmen sind notwendig, da bereits die Sanierung anderer öffentlicher Unternehmen über Kreditaufnahmen zwischenfinanziert wird. Privatisierungen werden als schwierig angesehen, da durch sie Steuer- und Kontrollmöglichkeiten verloren gehen, und die Beteiligungen auch als Faustpfand im Kampf für die Selbständigkeit des Bundeslandes Bremen angesehen werden.[323]

- In Schleswig-Holstein werden seit 1988 acht von 33 Beteiligungen verkauft. Die größten Privatisierungen davon betreffen den Teilverkauf der Landesbank Schleswig-Holstein sowie den Verkauf der Howaldtswerke Deutsche Werft AG. Die Privatisierungserlöse belaufen sich bis 1995 auf insgesamt 378 Mio. DM. Die Erlöse werden zur Schuldensenkung und vor allem zum Aufbau von Fonds und Stiftungen zur Wirtschaftsförderung verwendet. Insgesamt folgt die Landesregierung mit den Privatisierungen auf der einen Seite einer ordnungspolitischen Zielsetzung. Auf der anderen Seite sind die Privatisierungen in der Praxis zum Stopfen der Haushaltslöcher notwendig.[324]

- In Nordrhein-Westfalen spielen die Privatisierungen eine relativ untergeordnete Rolle, da das Land im Vergleich zu den anderen Bundesländern über verhältnismäßig wenige bedeutende Beteiligungen verfügt. Trotzdem werden Konzepte für die Privatisierung wichtiger Beteiligungen (MediaPark Entwicklungsgesellschaft mbH, Lufthansa AG, Flughäfen Düsseldorf und Köln/Bonn, etc.) erarbeitet, gleichzeitig wird aber für die wichtigste Beteiligung (43,16 Prozent an der WestLB) aus strukturpolitischen Gründen von einer Privatisierung abgesehen.[325]

- Im Bundesland Hessen werden seit 1987 Privatisierungserlöse von 750 Mio. DM erzielt. Zu den wichtigsten Verkäufen zählt die Maingas AG, die Deutsche Klinik für Diagnostik, Anteile an der Veba, am RWE und an der Hessischen Landesbank. Von politischer Seite wird im Wahlkampf hauptsächlich darüber gestritten, ob die Privatisierungseinnahmen nicht zu niedrig waren und damit Landesvermögen verschwendet werden. Als bedeutende Beteili-

323 Vgl. Krawinkel (1995): S. 5.
324 Vgl. Hassenstein (1995): S. 8.
325 Vgl. Tartler (1995): S. 5.

gungen verbleiben 1995 die Flughafen AG (45 Prozent), die Messe Frankfurt GmbH (40 Prozent) und die Wohnungsbaugesellschaften.[326] Die Privatisierung der Flughafen AG wird derzeit vorbereitet.

- In Rheinland-Pfalz gibt es seit Ende der siebziger Jahre Privatisierungen. Sie werden sowohl von liberal-konservativen als auch sozialdemokratischen Landesregierungen durchgeführt. Neben einigen kleineren Privatisierungen ist vor allem der Verkauf des Anteils von 50 Prozent der Landesbank an die WestLB und an die SüdwestLB zu erwähnen, der Erlöse von 750 Mio. DM einbrachte. Die erzielten Einnahmen werden zur Innovationsförderung verwendet, aber auch über die Dotierung eines Beamten-Pensionsfonds wird nachgedacht. Insofern ist Rheinland-Pfalz nicht nur bei den Privatisierungen im Vergleich zu den anderen Ländern Vorreiter, sondern auch bei den Konzepten zur möglichen Verwendung der erzielten Privatisierungserlöse.[327]

- In Baden-Württemberg kommen die Privatisierungen nur schwer voran. Bei der Diskussion um die Privatisierung der Landesgirokasse und der Baden-Württembergischen Bank ist die Vorgehensweise unklar, da keine klaren Privatisierungsziele existieren und das Land eigene strategische Ziele verfolgt. Außer der Landesgirokasse werden die meisten bedeutenden Beteiligungen durch die landeseigene Landesbeteiligungen Baden-Württemberg GmbH verwaltet, die die Anteilübernahme öffentlicher Beteiligungen durch Kredite finanziert hat.[328]

- Im Bundesland Bayern wird hauptsächlich ab 1993 ein Privatisierungskurs eingeschlagen, der dem Land Einnahmen im Milliardenbereich gebracht hat. Dazu gehören bspw.:
  - 1991: Verkauf 100 % BHS Bayerische Berg-, Hütten- und Salzwerke AG
  - 1992: Verkauf 20 % Ferngas Nordbayern GmbH
  - 1994: Verkauf 58,26 % Bayernwerk (Erlös 2,3 Mrd. DM und 25,35 % Anteil an Viag)
  - 1994: Verkauf 8,58 % Deutsche Aerospace (Erlös 424 Mio. DM)
  - 1994: Weitere kleine Privatisierungen

Die Privatisierungen betreffen Energie- und Industrieunternehmen. Bei den Infrastrukturbeteiligungen, bei den Bankenbeteiligungen wird eine Privatisierung

326 Vgl. Kral (1995): S. 5.
327 Vgl. Noll (1995): S. 7.
328 Vgl. Reinhardt (1995): S. 6.

als schwierig eingestuft und die Liste der verbleibenden kleineren Beteiligungen ist weiter umfangreich. Die Privatisierungserlöse werden in Forschung und Technologie, für Unternehmensgründungen, den Mittelstand, Ausbildungsmaßnahmen etc. investiert. Es dreht sich aus wirtschaftspolitischer Sicht um eine Mischung aus industrie- und sozialpolitischen Maßnahmen.[329]

Für die Privatisierungen in den Bundesländern ist mithin kein genereller Trend festzustellen, da die Privatisierungspolitik sehr heterogen ist. Auf der einen Seite treiben einige Kandidaten die Privatisierungen unter Hinweis auf ordnungspolitische Ziele eher voran (Bayern und Schleswig-Holstein). Auf der anderen Seite gibt es Bundesländer, die sich eher zögerlich verhalten (Baden-Württemberg und Hamburg). Ferner scheint es bei dem Vorantreiben oder Nichtvorantreiben eine untergeordnete Rolle zu spielen, ob die Länder über den Untersuchungszeitraum hinweg eher konservativ (Bayern und Baden-Württemberg) oder eher sozialdemokratisch (Schleswig-Holstein und Hamburg) regiert werden. Ein stark auftretendes Merkmal bei der Diskussion für und wider Privatisierungen ist die politökonomische Verknüpfung der Argumentation. Falls keine Privatisierungen gewünscht werden, wird auf den Verlust von möglicher Einflussnahme verwiesen. Privatisierungserlöse dagegen werden regelmäßig zur Zurückführung von Haushaltsdefiziten angekündigt und in der Regel auch dafür verwendet. Die Steuerung wirtschaftlicher Interessen über verbleibende Überschüsse aus Privatisierungen trägt dabei industriepolitische Züge.

Die Privatisierungsbilanz auf Landesebene fällt damit gemischt aus. Vor allem das Verbleiben bedeutender Beteiligungen in Händen verschiedener Länder, das Auftreten von Scheinprivatisierungen als Tausch von einem staatlichen Eigentümer zum anderen sowie die Expansion bestimmter öffentlicher Unternehmen trüben das Privatisierungsbild.

c) Gemeindeebene

Für die kommunale Ebene ist eine umfassende Darstellung aller Privatisierungen im Rahmen der Arbeit nicht zu leisten. Deswegen wird hier im besonderen auf Sekundärliteratur zurückgegriffen. Wichtige Trends und/oder einzelne Beispiele werden jedoch aufgeführt.

Bereits zu Beginn der Wiederaufnahme der Privatisierungen aus Bundessicht in den frühen achtziger Jahren wird vor allem für die Kommunen die weitere Privatisierung öffentlicher Dienstleistungen gefordert.[330] Allerdings scheint weiterhin das Privatisierungspotenzial im kommunalen Bereich am größten, denn es e-

329 Vgl. Maurer (1995): S. 6.
330 Vgl. Stoltenberg (1984): S. 61.

xistieren immer noch umfangreiche Beteiligungen (insbesondere Sparkassen und Energieversorgungsunternehmen). Häufig sind die kommunalen Unternehmen in lokalen Monopolmärkten tätig, was eine Privatisierung erschwert, denn es kann nicht das Ziel sein, ein öffentliches Monopol durch ein privates zu ersetzen. Der Bürger wird in den Gemeinden zudem quasi von der ‚Wiege bis zur Bahre' von öffentlichen Einrichtungen begleitet, und zahlreiche Bürgermeister sind bei der Bewältigung öffentlicher Aufgaben durch kommunale Unternehmen bei der Aufgabenfindung sehr kreativ. Auf der einen Seite gibt es massive Privatisierungsanstrengungen einzelner Städte (Stadt Offenbach), die sehr pragmatisch nach der Richtschnur ‚value for money' (Leistung gegen Geld) privatisieren.[331] Daneben werden für die Kommunen regelmäßig Privatisierungen in der Form des Contracting out durchgeführt. Vor allem die kommunale Verschuldung bewirkt einen Privatisierungszwang (in 1995 wird die Gesamtverschuldung der Gemeinden in den alten Bundesländern auf 175 Mrd. DM geschätzt, was einem Anstieg von 50 Prozent im Vergleich zum Jahr 1990 bedeutet). Auf der anderen Seite gibt es zahlreiche Beispiele für eine Ausdehnung der öffentlichen Unternehmen in den Kommunen (bspw. Net Cologne GmbH, eine Tochter der Stadtsparkasse Köln und der Gas- und Elektrizitätswerke Köln, die im Telekommunikationsmarkt durch gewerbliche Tätigkeit Einkünfte erzielen soll) in direkter Konkurrenz zu privaten Anbietern. Insgesamt verfolgen nur wenige Gemeinden eine systematische Privatisierungspolitik.[332] Die Privatisierungsbilanz muss also ebenso wie auf Landesebene gemischt ausfallen.

4.1.2.3 Ergebnis und Ausblick

Die Ausführungen in den vorangehenden Kapiteln verdeutlichen, dass Privatisierungen in Deutschland ein umfangreiches und komplexes Phänomen darstellen. Die bisherigen Erfahrungen über die drei Gebietskörperschaften hinweg deuten

331 Die Perspektive dieser Vorgehensweise ist etwas verengt, aber die Ergebnisse der pragmatischen Privatisierungen scheinen positiv zu sein. Die Privatisierungen in Offenbach werden begleitet von folgenden Stichwörtern: Einzelfallprüfung, Konsumentensicht, betriebswirtschaftliches Rechnungswesen, Privatisierung als Bestandteil eines Maßnahmenbündels, Kosten und Nutzen. Der Oberbürgermeister der Stadt Offenbach bringt die Vorgehensweise auf den Punkt: „Meiner Auffassung nach ist es dem Bürger völlig gleichgültig, von wem er eine Leistung erhält, ob von einem Amt, einem Eigenbetrieb, einer Eigengesellschaft oder von einem Privatunternehmen. Er will die Leistung schnell, rechtzeitig, korrekt und preiswert. [....] Deswegen haben wir all die Dinge, die wir [....] selbst auf keinen Fall günstiger anbieten können, gleich voll privatisiert."; vgl. Fels (1997): S. 33 ff.

332 Vgl. Lennings/Späth (1997): S. 7-8; sowie Möschel (1997): S. 24-25; sowie Wermuth (1995): S. 134.

auf einen enormen Erfahrungsschatz und umfangreiches Know-how Deutschlands in Bezug auf das Thema Privatisierung hin. In ihren Auswirkungen auf die Gesamtwirtschaft sind die Privatisierungen nicht direkt messbar.[333] Trotzdem lassen die genannten Fälle einen Einfluss auf die wirtschaftliche Entwicklung Deutschlands vermuten. Denn es gibt praktisch keine Gebietskörperschaft (bis auf einzelne Kommunen) und keine Wirtschaftsbranche oder einen Wirtschaftsbereich, die nicht in den vergangenen zwanzig Jahren in irgendeiner Form von Privatisierungen betroffen gewesen wären. Dies gilt umsomehr für die neuen Bundesländer.

Insgesamt wird in Deutschland bei Privatisierungen eigentlich nicht eine Privatisierung öffentlicher Aufgaben durchgeführt, sondern die private oder privatrechtliche Aufgabenerfüllung.[334] Das heißt, eine Aufgabe wird durch Private erledigt, aber sie wird weiterhin als staatliche Aufgabe angesehen (und damit kommt es in bestimmten Märkten zwingend zu Regulierungen). Auf Bundesebene werden diese Privatisierungen trotz verschiedener Verzögerungen relativ kontinuierlich durchgeführt, auch wenn man kaum von einem durchgehenden Privatisierungskonzept sprechen kann. Für die Länder und Kommunen lassen sich die Privatisierungen auf keine einheitliche Linie bringen.

Trotz der zahlreichen durchgeführten Privatisierungen wird das mögliche Privatisierungspotenzial als teilweise sehr hoch eingeschätzt. Dieses gilt vor allem für die Länder und die Kommunen in Deutschland. In einer Studie der Deutschen Bank 1999 wird der Verkehrswert des öffentlichen Wohnungsbestands auf 121 Mrd. Euro und das Anlagevermögen der Verkehrsinfrastruktur des Bundes auf ca. 290 Mrd. Euro geschätzt; von Ewers wird 1997 das Potenzial der leistenden Verwaltung aller drei Gebietskörperschaften auf jährlich 582 Mrd. DM geschätzt; Wermuth schätzt 1995 das Potenzial für den öffentlichen Sektor insgesamt je nach Evaluierungsmethode auf einen Betrag zwischen 360 Mrd. DM und 600 Mrd. DM. Der Kronberger Kreis schließlich schlägt 1993 auf Bundes- und Länderebene die Privatisierung bestimmter Beteiligungen an großen Unternehmen (Beteiligung des Landes Niedersachsen an der Volkswagen AG), die Privatisierung im allgemeinen Versicherungs- und Bankgeschäft (100 Mrd. DM werden geschätzt als fiskalischer Ertrag der Gesamtheit der öffentlichen Kreditinsti-

333 Von Morgan Stanley wurde 1993 der Einfluss der Privatisierungen in Deutschland für die folgenden 5 Jahre geschätzt auf: 8 Mrd. US-Dollar Privatisierungsvolumen und damit auf 0,5 % des BIP, auf 1,1 % der Bruttoverschuldung und auf 5,9 % des Budgetdefizits von 1993. Vgl. Kessedjian/Dion (1995): S. 12.

334 Vgl. Eichhorn (2001b): S. 10.

tute), Privatisierungen von Unternehmen des Verkehrsbereichs, der Stromversorgung, der Rundfunkanstalten sowie des öffentlichen Grundvermögens vor.[335]

Auch wenn diese Zahlen hier nicht detailliert belegt werden oder womöglich teilweise übertrieben sind (je nach verwendeter Methode zur Feststellung des möglichen Potenzials), ist für das deutsche Wirtschaftsmodell wegen seiner ordnungspolitischen Verankerung festzuhalten, dass die Entstaatlichungspolitik als eine wirtschaftspolitische Daueraufgabe angesehen werden kann. Dies ist umso mehr der Fall, als die staatliche Tätigkeit zusammengefasst per Saldo trotz der Privatisierungen und der angestrebten Deregulierung zuzunehmen scheint. Knauss ist zuzustimmen, wenn er folgendes dazu feststellt: „Mag der Grad der Zielerreichung bei dem bisherigen Privatisierungsprogramm noch so hoch sein: Es erhebt sich die Frage, was in der Bundesrepublik Deutschland auf dem Gebiet der Privatisierungen zu tun bleibt und getan werden kann. Bei ihrer Beantwortung darf der Blick nicht auf den Träger Bund beschränkt bleiben. Er muss auch auf die Trägerebenen der Länder und Gemeinden gerichtet werden."[336]

Nach Abschluss der ersten Privatisierungstranche der Post im November 2000 sind kurzfristig keine größeren Privatisierungen geplant, allerdings gibt es mittelfristig Planungen für weitere Privatisierungen. Nach Veröffentlichung der hohen finanziellen Verluste ist eine mögliche Privatisierung der Deutschen Bahn auf einen unbestimmten Zeitpunkt verschoben worden. Bei der Diskussion um die Landesbanken und die Sparkassen kommt es zur Zeit zu einer Annäherung zwischen den Standpunkten der deutschen Vertreter und der EU-Kommission. Für die WestLB wird seit Ende 2000 ein ‚Mutter-Tocher-Modell' als Aufspaltung in eine öffentliche Förderbank und eine privatisierte kommerzielle Geschäftsbank diskutiert.[337]

Für die nähere Zukunft sind vom Bund als Privatisierungen die Flughafengesellschaften, der Bundesanzeiger, das Gästehaus Petersberg, die Siedlungs- und Rentenbank, die Baurevision, die Eisenbahnerwohnungen, die Frankfurter Siedlungsgesellschaft, die juris GmbH sowie weitere Teilprivatisierungen der Post und der Telekom im Gespräch. Es wird mit jährlichen Einnahmen im hohen einstelligen Milliardenbereich gerechnet, welche die Haushaltskonsolidierung unterstützen sollen. Eine Privatisierung des öffentlichen Grundvermögens wird ausgeschlossen. Auf Länder- und Gemeindeebene sollte es ebenfalls zu verschiedenen Privatisierungen kommen, nachdem die Länder zwischen 1995 und 1999 ca. 27 Mrd. DM an Privatisierungserlösen eingenommen haben.[338]

---

335 Vgl. o.V. (1999c): S. 53; sowie Fels (1997): S. 44; sowie Wermuth (1995): S. 124; sowie Kronberger Kreis (1993): S. 34 ff.

336 Knauss (1993): S. 124.

337 Vgl. o.V. (2001a): S. 24.

338 Vgl. Weber (2001): S. 1; sowie o.V. (2000h): S. 17 und 19.

4.2 Privatisierung öffentlicher Unternehmen in Frankreich

Nachdem in den vorigen Kapiteln die Privatisierungen in Deutschland dargestellt wurden, werden jetzt detailliert die französische Art und Weise der Privatisierungen aufgezeigt und die spezifischen Merkmale der Vorgehensweise und Durchführung in Frankreich analysiert.

Im Gegensatz zu Deutschland ist das Privatisierungspotenzial zu Beginn der achtziger Jahre in Frankreich insgesamt höher, da es Verstaatlichungswellen von Unternehmen oder sogar ganzen Branchen gegeben hat. Außerdem wurde der öffentliche Sektor stark ausgebaut. Eichhorn bezeichnet den Wechsel von Verstaatlichungen und Privatisierungen in Frankreich als Pendelpolitik.[339] Außerdem werden die Privatisierungen seit Mitte der achtziger Jahre von liberalen wirtschaftspolitischen Maßnahmen (Deregulierung des Kapitalmarkts) begleitet. Diese Verbindung von Änderungen der Wirtschaftspolitik bedeutet für Frankreich einen großen Wandel und hat die wirtschaftliche Entwicklung Frankreichs mitbeeinflusst. Der Unterschied zwischen Deutschland und Frankreich ist aber relativ hohe Anteil öffentlicher Unternehmen. In Deutschland kommt es wegen der Hinwendung zur sozialen Marktwirtschaft nicht zu Verstaatlichungen.

4.2.1 Grundlagen und Historie

Der Ursprung der öffentlichen Unternehmen geht auch in Frankreich zurück auf die Zeit vor der industriellen Entwicklung (Colbertismus), da der Staat quasi alle wirtschaftlichen Aktivitäten besetzte. Im Gegensatz zu Deutschland gibt es in Frankreich zwischen 1936 und 1982 zusätzlich verschiedene Nationalisierungen, aber keinerlei Privatisierungen durch den französischen Staat. Der Nationalisierungsprozess[340] innerhalb der französischen Wirtschaft findet in drei Phasen statt: Die erste im Jahr 1936, anschließend kam die Phase nach dem 2. Weltkrieg und schließlich das Jahr 1982. Seit 1945 gibt es damit in Frankreich einen umfangreichen öffentlichen Sektor, insbesondere in den Bereichen Banken und Versicherungen. Die Verstaatlichungen sind jeweils vor dem Hintergrund der spezifischen historischen und wirtschaftlichen Situation zu beurteilen. Zu Beginn der achtziger Jahre besteht die Motivation für Verstaatlichungen hauptsächlich in drei Gründen: Zuerst einmal soll durch die öffentlichen Unternehmen die soziale Regulie-

339 Vgl. Experteninterview Eichhorn im Anhang S. XIV.

340 Vgl. Rosanvallon (1990): S. 244-247. Hier findet man den französischen Standpunkt zu Nationalisierungen. So habe z.B. das Verb ‚nationaliser' seinen Ursprung in der französischen Revolution von 1789.

rung und das Angebot öffentlicher Güter gewährleistet werden. Zweitens soll die nationale Unabhängigkeit verteidigt und die technologische Unabhängigkeit sichergestellt werden. Schließlich sollen die Verluste der Unternehmen aufgefangen und der nationale Kapitalismus gestärkt werden.[341] Nach dem 2. Weltkrieg sollte insbesondere eine Wachstumspolitik und eine aktive Durchsetzung der Wirtschaftsplanung durch die Unternehmen unterstützt werden.

Die folgende Tabelle gibt einen Überblick über die öffentlichen Unternehmen, unterteilt nach ‚service public' (öffentliche Dienstleister) und Wettbewerbssektor, zu Beginn der achtziger Jahre.

Die Nationalisierungen nach 1981 betreffen fünf der größten französischen Konzerne, fast den vollständigen Bankensektor und die beiden wichtigsten Finanzunternehmen.[342] Sie kosten, ohne die laufende Kapitalzufuhren an öffentliche Unternehmen, insgesamt ca. 51 Mrd. FF. Schon Ende 1982 stellt sich jedoch heraus, dass fast alle Unternehmen mit Verlust arbeiten. Da die Unternehmen mit diesen laufend anfallenden Verlusten mittel- bis langfristig auch für den Staat nicht finanzierbar sind, wird die Vorgabe der Gewinnerzielung auch für den

Unternehmen des *Service public*	**mit Subventionen**		**ohne Subventionen**	
	1980	**1984**	**1980**	**1984**
EDF	84	-900	84	-900
GDF	49	-3.025	49	-3.025
CDF	59	0	-3.965	-14.025
SNCF	-674	-5.540	-13.801	-34.740
RATP	-24	0	-4.377	-8.000
Air France	10	530	-382	130
Air Inter	36	22	34	1
CGCT		-500		-500
CDF Chimie		-865		-2.415
CEA Industrie		50		50
CGM	-257	-500	-341	-1.000
DGT	8.190	-2.000	4.190	-2.000
SEITA	-148	-128	-148	-519
Summe	7.325	-13.378	-18.657	-66.944

341 Vgl. Guski (1988): S. 26; sowie Lauber (1987): S. 93; sowie Menyesch/Uterwedde (1982): S. 17; sowie Cohen (1996): S. 234f.

342 Vgl. Belot (1993): S. 7. Ein Überblick über die Sektoren und großen Unternehmen des öffentlichen Sektors nach 1982 findet sich bei Hamdouch (1989): S. 25.

Unternehmen des *Wettbewerbssektors*	**mit Subventionen**		**ohne Subventionen**	
	1980	**1984**	**1980**	**1984**
Bull	181	-498	Es ergeben sich die gleichen Ergebnisse, außer für Snecma und SNIAS.	
CGE	404	650		
EMC	10	300		
PUK	607	500		
Renault	1.547	-12.555		
Rhône-Poulenc	-1.947	1.989		
Sacilor*	-2.006	-8.100		
Saint-Gobain	832	500		
Snecma	57	40	57	
SNIAS	119	330	-588	
Thomson	502	-150		
Usinor*	-1.255	-7.300		
Summe	-949	-24.294	-1.480	-24.294

Tabelle 7: Öffentliche und nationalisierte Unternehmen und ihrer Nettoeinnahmen mit und ohne Subventionen in 1980 und 1984 in Mio. FF
Quelle: Jacquillat (1985): S. 328-329.
** fusionieren vor Privatisierung zu Usinor-Sacilor*

öffentlichen Sektor maßgeblich. Den finanziellen Verlusten von staatlichen Unternehmen stehen indessen technologisch erfolgreiche Projekte (Airbus, Trägerrakete Ariane, TGV) gegenüber. Ob diese mittels privater Durchführung auch ohne Verluste hätten entwickelt werden können, ist im nachhinein kaum zu beurteilen.[343]

Die Nationalisierungen spielen eine wichtige Rolle, da sie zum einen das hohe Privatisierungsvolumen ermöglichten und nach Cohen zum anderen paradoxerweise die Privatisierungen erst ermöglicht haben. Denn die Nationalisierungen von 1982 sind Ausgangsbedingung und Grund der folgenden Beschleunigung des Liberalisierungsprozesses und der Öffnung der französischen Industrie. Durch die Offenlegung von Schwächen des staatlichen Interventionismus wird einem Wechsel der Aufgaben des öffentlichen Sektors der Weg bereitet. Außerdem wurde durch die Rekapitalisierungsmaßnahmen der betroffenen Unternehmen deren finanzielle und wirtschaftliche Sanierung herbeigeführt, was wiederum eine

343 Vgl. Stoffaës (1986a): S. 202-203; sowie Gélédan (1993): S. 48 und 50; sowie Lauber (1987): S. 94; sowie Guski (1988): S. 28; sowie Knauss (1993): S. 134.

Privatisierung ermöglicht hat.[344] Zwischen 1981 und 1992 fließen den öffentlichen Unternehmen Kapitalzahlungen von insgesamt ca. 166 Mrd. FF zu. Infolgedessen haben die Nationalisierungen noch größere Verluste oder sogar den Zusammenbruch einiger Firmen vermieden, obwohl das nicht die ursprüngliche Intention der sozialistisch-kommunistischen Regierung von 1981 ist. Die vorrangige Behebung von finanziellen Schieflagen von Bundesunternehmen wird auch als Grund dafür angeführt, dass es in Deutschland nicht zu zügigen Privatisierungen kam.[345] Im Vergleich der beiden Länder werden zu Beginn der achtziger Jahre damit identische Probleme (Verschuldung der öffentlichen Unternehmen) auf unterschiedliche Art und Weise gelöst.

Erheblich ist die Klärung der Frage, wie es zu einem kurzfristigen wirtschaftpolitischen Kurswechsel kommt, der sich auch in einem Wechsel von Nationalisierungen 1982 zu Privatisierungen nur vier Jahre später manifestiert. Das Bewusstwerden der wirtschaftlichen Krisensituation insgesamt und der staatlichen Unternehmen insbesondere hat ein Überdenken der wirtschaftspolitischen Ziele und Mittel ausgelöst. In dem Maße, in dem mehr Markt, freies Unternehmertum und die Beschäftigung mit ökonomischen Fragestellungen in den Mittelpunkt gesellschaftlichen Interesses rückt, werden auch Privatisierungen politisch mehrheitsfähig. Weitere Gründe sind die EU-Integration, der politische Machtwechsel und die Liberalisierungstendenzen seit Ende der siebziger Jahre.[346] Das Zusammenwirken dieser Umstände in Frankreich selbst, die Hinwendung anderer westlicher Länder zu stabilitätsorientierter Wirtschaftspolitik (im Gegensatz zu einer nachfrageorientierten Konjunkturpolitik in Frankreich) sowie das vermehrte internationale Auftreten von Privatisierungstendenzen dürften für Frankreich Signalfunktion für die politisch Verantwortlichen gehabt haben. Es ist außerdem zu vermuten, dass vor allem ständig neu benötigtes Kapital, also haushaltspolitische Gründe, den Auslöser der Veränderungen im öffentlichen Sektor darstellt.

---

344 Vgl. Cohen (1986): S. 18; sowie Uterwedde (1994): S. 100; sowie Andreff (1992): S. 146.

345 Vgl. Belot (1993): S. 12, der Tabelle entnommen; sowie Smith (1990): S. 90; sowie Knauss (1993): S. 146.

346 Vgl. Kowalsky (1987): S. 106; sowie 1. Gesprächsprotokoll Uterwedde im Anhang S. VII; sowie Experteninterview Cohen im Anhang S. XVIII.

4.2.2 Privatisierungen seit 1980

4.2.2.1 Privatisierungsprogramme und -techniken

Über den Untersuchungszeitraum hinweg werden grob drei Privatisierungsprogramme aufgesetzt. Das erste Programm von 1986 ist das Schlüsselelement der wirtschaftspolitischen Konzeption der Regierung Chirac. Es ist insbesondere als politische Gegenreaktion zu den Verstaatlichungen zu Beginn der achtziger Jahre zu verstehen. Ebenso wie bei den Nationalisierungen gibt es ideologische Diskussionen um die Privatisierungen.[347] Außerdem sollen für die Wirtschaft völlig neue Rahmenbedingungen gesetzt werden. Wie im theoretischen Teil der Arbeit erwähnt, sind die Zielsetzungen folgende: Eine breite Streuung von Aktieneigentum, die Beschränkung der Rolle des Staates und die Ablösung des Finanzministeriums durch die Börse als wahres Zentrum wirtschaftlicher Aktivität. Obwohl die günstigen gesamtwirtschaftlichen Rahmendaten die Privatisierungsvorhaben unterstützen, ist man dem Gelingen gegenüber skeptisch. Ein Unsicherheitsfaktor ist die Aufnahmefähigkeit der Pariser Börse. 1987 beträgt deren Kapitalisierung gerade 16 Prozent des Bruttoinlandsprodukts.[348]

Die gesetzlichen Regelungen finden sich im Wesentlichen in den Gesetzen N° 86-793 vom 2. Juli und N° 86-912 vom 6. August 1986. Darin werden die Privatisierung von 65 Staatsunternehmen, weitere finanzielle Hilfen für den öffentlichen Sektor und die grundlegende Vorgehensweise beschlossen. Der gesamte Börsenwert der zu privatisierenden Unternehmen wird auf einen Betrag zwischen 200 und 300 Mrd. FF geschätzt. Die Privatisierungen sollen bis 1991 abgeschlossen sein.[349]

Eine Privatisierung erfolgt grundsätzlich nach folgenden Techniken:[350] Nachdem der Wirtschaftsminister für ein Privatisierungsvorhaben Berater für die Bereiche Finanzen, Rechnungsführung, Rechts- und Werbungsfragen ernannt hat, wird der Wert des Unternehmens durch eine Privatisierungskommission geschätzt. Anschließend setzt der Wirtschaftsminister unter Beachtung eines nicht zu unterschreitenden Minimums, bei dem er sich an einem von der Kommission erstellten Gutachten orientiert, den Verkaufspreis des Unternehmens fest.

Zusätzlich bestimmt der Minister die Art des Verkaufs und die Struktur der sogenannten harten Aktionärskerne (auch als ‚groupes d'actionnaires stables',

347 Vgl. Blandin (1987): S. 1; sowie Bernhardt (1988): S. 3; sowie Kraft/Obermann (1990): S. 80.

348 Vgl. Belot (1993): S. 21 und 24; sowie Bauer (1988): S. 49.

349 Vgl. Bizaguet (1988): S. 80-81; sowie Bernhardt (1988): S. 6.

350 Die Darstellung der Prinzipien erfolgt in Anlehnung an Bernhardt (1988): S. 11 ff. Vgl. aber auch Andreff (1992): S. 145.

‚noyaux durs' oder ‚hard core' bezeichnet). Dieser Kern von Großanlegern wird durch Ausschreibung vor der allgemeinen öffentlichen Ausschreibung gebildet. Der Ausgabekurs liegt für die harten Kerne grundsätzlich höher und es werden zwischen 20 und 30 Prozent des Kapitals zum Verkauf angeboten. Jedes Mitglied des Aktionärskerns muss sich verpflichten, 80 Prozent seiner Anteile wenigstens zwei Jahre lang zu halten. Diese Hauptaktionäre setzen sich aus Banken, Versicherungen, Industrieunternehmen und Finanzgesellschaften zusammen. Die Besetzung der Führungspositionen in den privatisierten Unternehmen bei der Wahl der stabilen Aktionärskerne unterliegt in letzter Entscheidung dem Wirtschaftsminister.[351] Normalerweise wird per Dekret nach Ernennung eines neuen Unternehmensleiters das Unternehmen denationalisiert (privatisiert), um es schließlich dem privaten Sektor zu übergeben.[352]

Weiterhin werden Kleinanlegern günstigere Kaufkurse und eine Gratisaktie unter bestimmten Bedingungen angeboten, und die Beschäftigten des jeweiligen Unternehmens haben unter Sonderkonditionen die Möglichkeit, 10 Prozent des Kapitals ihres Unternehmens vorzugsweise zu erwerben.[353] An Ausländer dürfen höchstens 20 Prozent des Kapitals eines Unternehmens veräußert werden, wobei es dem Wirtschaftsminister vorbehalten ist, diesen Prozentsatz noch weiter einzuschränken. Schließlich wird das Instrument der sogenannten goldenen Aktien (auch als ‚action spécifique' oder nach englischem Vorbild als ‚golden share' bezeichnet) eingeführt, die ein Veto gegenüber unerwünschten Beteiligungen von mehr als 10 Prozent des Kapitals ermöglichen. Die Bildung einer solchen Aktie erfolgt nicht grundsätzlich bei jedem Unternehmen, sondern wahlweise. Das Einspruchsrecht wird spätestens nach Ablauf von 5 Jahren wirkungslos.[354]

Die Liste der Unternehmen umfasst die wichtigsten Industriekonzerne, die ersten drei französischen Versicherungen und die wichtigsten französischen Banken.

Prinzipiell sollen nur Unternehmen des Wettbewerbssektors privatisiert werden und nicht diejenigen, die eine öffentliche Dienstleistung erbringen oder ein Monopol darstellen.[355] Die Einnahmen aus den Privatisierungen sollen als Kapitalzuschüsse für öffentliche Unternehmen und zur Entschuldung des Staates Verwendung finden. Außerdem soll die Transparenz der Privatisierungen für die

351 Vgl. Bauer (1988): S. 55; sowie Fels (1987): S. 76.
352 Vgl. o.V. (1993): S. 15.
353 Vgl. auch Cartelier (1994): S. 6. Im einzelnen: Bevorzugung von Kaufangeboten mit weniger als 11 Aktien, Beziehung einer Gratisaktie nach 18 Monaten und verschiedene steuerliche Anreize.
354 Vgl. Bernhardt (1988): S. 11-22.
355 Vgl. Balladur (1987): S. 72-73.

Branche Unternehmen	Staatsanteil		Beschäftigte
	in %	seit	
Banken & Finanzinstitute			
BNP	100	1945	60.014
Société Générale	100	1945	44.088
Crédit Lyonnais	100	1945	52.000
CCF	100	1982	8.174
CIC	61	1982	31.782
Crédit du Nord	50	1982	11.844
Paribas	100	1982	28.000
Suez	67	1982	10.951
Versicherung			
AGF	89	1946	14.800
UAP	88	1946	17.554
GAN	78	1946	8.360
Industrie			
CGE	100	1982	161.900
Saint-Gobain	100	1982	25.228
Thomson	100	1982	112.000
Bull	98	1982	26.435
Rhône-Poulenc	90,9	1982	79.230
Pechiney	81,7	1982	48.230
Elf Aquitaine	67	1976	73.800
Matra	51	1982	28.000
Avions Dassault	46	1982	16.196

Tabelle 8: Wichtigste Privatisierungsobjekte der Regierung Chirac von 1986
Quelle: Guski (1988): S. 30, nach „Chiracs Privatisierungsplan", SZ, 11.4.1986 (Sortierung der Tabelle nach der Höhe des Staatsanteils).

Kleinaktionäre gewährleistet und ein gewisses, für tolerierbar gehaltenes Maß an ausländischen Investitionen erlaubt werden.[356] Grundsätzlich sollen die Unternehmen dadurch privatisiert werden, dass sie zu 100 Prozent an der Börse eingeführt und somit in privaten Besitz überführt werden. Der ‚richtige' Preis soll durch Bildung einer Expertenkommission zur Unternehmensbewertung, einer

356 Vgl. Balladur (1987): S. 74-75; sowie Suleiman (1990): S. 124-125.

möglichst großen Anzahl an potentiellen Aktionären und möglichst niedrigen Transaktionskosten gewährleistet werden.[357]

Nach Abschluss der ersten Privatisierungswelle gibt Mitterrand 1988 als Präsidentschaftskandidat die berühmt gewordene und viel diskutierte Parole des ‚ni-ni' (‚weder-noch') in Bezug auf den öffentlichen Sektor aus. Zur Stabilisierung des Gleichgewichts von öffentlichem und privaten Sektor sollen weder Privatisierungen noch Nationalisierungen durchgeführt werden. Die Formel ist für Mitterrand wegen seiner Wiederwahl als Staatspräsident politisch ein Erfolg. Für die Unternehmen jedoch verursacht sie einen gewissen Unsicherheitszustand, da wirtschaftspolitisch keine exakte Richtung für den öffentlichen Sektor erkennbar ist.[358]

Seit 1993 wird eine Weiterführung des 1945 beginnenden Zyklus von Nationalisierungen und Privatisierungen in Frankreich eingeleitet.[359] Das zweite Privatisierungsprogramm wird unter anderen Voraussetzungen als das erste angegangen.

Trotz der bereits vollzogenen Privatisierungen ist der Staat 1993 in Frankreich weiterhin Eigentümer des zweitgrößten öffentlichen Sektors Europas.[360] Bei einem erwarteten Budgetdefizit des Staates von mehr als 3000 Mrd. FF für 1993 und Unsicherheit über die gesamtwirtschaftliche Entwicklung durch die Rezession und das Klima an der Börse, werden die geplanten Privatisierungen teilweise als problematisch angesehen.[361] Die Kapitalisierung der Pariser Börse beträgt 1993 29 Prozent des Bruttoinlandsprodukts, was im internationalen Vergleich immer noch relativ gering ist.[362]

Mit dem Gesetz N° 93-923 vom 19.7.1993 sollen die Privatisierungen wieder aufgenommen und fast alle Unternehmen des Wettbewerbssektors privatisiert werden. Damit wird eines der umfassendsten Privatisierungsprogramme geplant, das es in Europa jemals gab.[363] Die geschätzten Einnahmen aus dem Privatisierungsprogramm belaufen sich auch für diese Privatisierungsprojekte insgesamt

---

357 Vgl. Jacquillat (1985): S. 132-133; sowie Bauer (1988): S. 53. Der Grund warum man nicht gleichzeitig privates und öffentliches Kapital für ein Unternehmen zulassen wollte war ein politischer. Man wollte sich von den Sozialisten klar abgrenzen.

358 Vgl. Fournier (1992): S. 231; sowie Bizaguet (1988): S. 97; sowie Jones (1999): S. 85.

359 Vgl. Uterwedde (1994): S. 99.

360 Vgl. Rawsthorn (1993): S. III; sowie Belot (1993): S. 15.

361 Vgl. Rawsthorn (1993): S. III; sowie Belot (1993): S. 21-24.

362 Vgl. Belot (1993): S. 24. Die Kapitalisierung der englischen Börse betrug damals 97 Prozent des Bruttoinlandsprodukts.

363 Vgl. Durupty (1994): S. 8; sowie Rawsthorn (1993): S. III.

Branche **Unternehmen**	**Staatsanteil in %**	**Beschäftigte**
Banken & Finanzinstitute		
BNP	73	58.000
Crédit Lyonnais	54	70.000
CNP	42,5	2.000
Société marseillaise de crédit	100	2.370
Caisse centrale de réassurance	100	160
Banque Hervet	100	1.380
Versicherung		
AGF	64	22.000
UAP	55,7	40.000
GAN	79,5	49.000
Industrie		
Thomson	81,9	100.000
Bull	72	35.200
Rhône-Poulenc	90,9	83.300
Pechiney	55,8	61.000
Elf Aquitaine	51,4	87.000
Renault	79	146.600
Usinor-Sacilor	80	90.800
Air France	85	64.000
SNIAS Aérospatiale	80	45.000
Snecma	100	25.300
SEITA	100	5.500
CGM	99	2.500

Tabelle 9: Wichtigste Privatisierungsobjekte der Regierung Balladur von 1993
Quelle: Bancel (1995): S. 34; sowie Laskine et al. (1994): S. 42; sowie Uterwedde (1994): S. 105 (Sortierung nach übriggebliebenen Privatisierungsobjekten von 1986: kursiv).

auf eine Summe zwischen 200 und 300 Mrd. FF.[364] Zu den 12 während der ersten Privatisierungswelle nicht mehr durchgeführten Privatisierungsvorhaben sind 9 Unternehmen hinzugekommen (vgl. hierzu die kursiven erfassten Unternehmen Tabelle oben). Dazu gehören die international bekannten Unternehmen Renault oder Air France. Es geht in dem Programm nicht nur um die 1982 verstaatlichten Unternehmen. Darüber hinausgehend sollen auch bereits 1945 von de Gaulle nationalisierte Unternehmen privatisiert werden, so dass theoretisch nur die natürli-

364 Vgl. Uterwedde (1993a): S. 14; sowie Belot (1993): S. 37.

chen Monopole bzw. die Unternehmen des ‚service public' übriggeblieben wären.[365] Bei diesen soll aber im Rahmen europäischer Bestimmungen zumindest eine Öffnung des Kapitals stattfinden.[366]

In der Vorgehensweise haben sich Veränderungen ergeben; die essentiellen juristischen Regelungen von 1986 werden jedoch beibehalten.[367] Zwei neue Verfügungen erlauben einerseits den nacheinanderfolgenden Verkauf von Unternehmen in Abhängigkeit vom Börsenklima und andererseits die getrennte Privatisierung von Tochterunternehmen.[368] Weiterhin werden die Privatisierungstechniken teilweise abgeändert. Die Privatisierungskommission bewertet weiterhin die Unternehmen, soll aber zusätzlich bestimmender Faktor bei Verkäufen außerhalb des öffentlichen Marktes sein. Dies betrifft auch die stabilen Aktionärskerne. Das Limit von 20 Prozent für ausländische Anteilseigner wird aufgehoben, dafür jedoch das Instrument der goldenen Aktie zur Wahrung der nationalen Interessen ausgebaut. Die Aktie ist nicht mehr auf einen Zeitraum von fünf Jahren beschränkt, sondern unbegrenzt gültig. Die bevorzugte Behandlung der Kleinanleger und der Belegschaft der betroffenen Unternehmen wird beibehalten. Aktien können auch über drei Jahre hinweg durch Ratenkauf erworben werden.[369]

Die dritte Privatisierungswelle beginnt im Jahr 1997, obwohl Jospin nach seiner Wahl aus ideologischen Gründen analog zu Mitterrands ‚ni-ni' zuerst weitere Privatisierungen abgelehnt hat. Das Voranschreiten der Privatisierungen wird zum Zwang und zu den übriggebliebenen Kandidaten aus den ersten beiden Privatisierungswellen kommen weitere Privatisierungsobjekte hinzu. Erstens gibt es rechtlich erforderliche Privatisierungen, zweitens kommt es aus politischen und/oder wirtschaftlichen sowie finanziellen Gründen zu Privatisierungen und drittens macht ein Tauschhandel – Sanierung gegen Privatisierung – mit der EU-Kommission verschiedene Privatisierungen notwendig (z.B. Crédit Lyonnais, GAN und Air France).[370]

---

365 Vgl. Uterwedde (1994): S. 102-103; sowie Heidelberg (1993): S. 26; sowie Belot (1993): S. 26; sowie o.V. (1994a): S. 16.

366 Vgl. Heidelberg (1993): S. 26; sowie Uterwedde (1993a): S. 14.

367 Vgl. Durupty (1994): S. 10; sowie Belot (1993): S. 34.

368 Vgl. Durupty (1994): S. 11; sowie Rawsthorn (1993): S. III für den Verkauf der Tranchen bei ungünstigem Börsenklima.

369 Vgl. Durupty (1994): S. 13; sowie Belot (1993): S. 32; sowie o.V. (1993): S. 15; sowie Uterwedde (1993a): S. 15.

370 Vgl. o.V. (1999b): S. 21; sowie Uterwedde (1997a): S. 285; sowie Howarth (1998): S. 221.

4.2.2.2 Vorgehensweise

Während der ersten Privatisierungswelle werden insgesamt 14 Unternehmen des Wettbewerbsektors privatisiert. Die wichtigsten Kandidaten sind in der folgenden Tabelle zusammengefasst:

Unternehmen/ Zeitpunkt	**Umsatz 1986 in Mrd. FF**	**Ausgabe-preis Aktie in FF**	**Staatsein-nahmen in Mrd. FF**	**Beschäftig-te**
1986				
Saint-Gobain/Nov. 86	77,7	310	8,6	140.000
1987				
Paribas/Jan. 87	19,9	405	13,2	28.400
Sogénal/Jan. 87	1,5	125	0,85	3.000
BTP/Apr. 87	0,32	130	0,3	420
BIMP/Apr. 87	0,24	140	0,3	400
CCF/Apr. 87	6,5	107	4,1	12.500
CGE/Mai 87	80,9	290	11,5	240.000
CGCT*				
Havas/Mai 87	11	500	2,6	15.000
Société Générale/Juni 87	30	407	16	43.600
TF 1/Juni 87	2,6	165	3,2	1.500
Suez/Okt. 87	10,2	317	16	16.900
Mutuelle générale française accidents**				
Mutuelle générale française vie**				
1988				
Matra/Jan. 88	14,4	110	0,9	28000

Tabelle 10: Privatisierte Unternehmen in chronologischer Reihenfolge von 1986-1988
Quelle: Bizaguet (1988): S. 88; sowie Chabanas/Vergeau 1996: S. 2; sowie Juvin (1995): S. 115 (Sortierung chronologisch).
** außerbörslicher Verkauf*
*** fusioniert und privatisiert per Dekret*

Das Privatisierungsprogramm endet im Oktober 1987 mit der Krise der internationalen Finanzmärkte und dem Crash der Pariser Börse. Gelähmt durch die Unsicherheit der Börse und die bevorstehenden Präsidentschaftswahlen des Jahres 1988 wird das Programm erst einmal ausgesetzt.[371] Innerhalb von 14 Monaten werden insgesamt 1359 Staatsunternehmen und deren Töchter ‚entnationalisiert‘. Das ist bei Betrachtung des kurzen Zeitraums und der Privatisierungsfülle ein in der weltweiten Wirtschaftsgeschichte einmaliger Vorgang.[372] Bis Januar 1988 sind somit 14 Konzerne mit insgesamt etwas mehr 500000 Beschäftigten privatisiert. Die finanziellen Privatisierungserlöse belaufen sich auf ca. 71 Mrd. FF. Diese Einnahmen werden zum einen überwiegend zur Staatsentschuldung verwendet und zum anderen als Eigenkapitalaufbesserungen für den übriggebliebenen öffentlichen Sektor.[373]

Für den Staatshaushalt insgesamt wird in der Literatur widersprüchlich, unter Einbeziehung der Nationalisierungskosten von 1981, einerseits von einem ausgeglichenen Ergebnis, andererseits aber von Verlusten gesprochen. Bei Einbeziehung der hier verwendeten Zahlen ergibt sich gleichwohl eine Nettoeinnahme von 71 Mrd. abzüglich 50 Mrd. (s.o.), also 21 Mrd. FF.[374] Eine höhere Effizienz oder gesteigerte Wettbewerbsfähigkeit der betroffenen Unternehmen ist kaum messbar. Trotzdem haben die Privatisierungen tiefgreifende, langfristige Veränderungen durch die neugewonnenen Freiheiten der Unternehmensstrategie, an den Kapitalmärkten, der Manager oder in den Beziehungen zwischen Unternehmen und Aktionären bewirkt. Weiterhin haben die meisten Konzerne später Kapitalerhöhungen über den Markt durchgeführt und somit ihre finanzielle Situation verbessern können.[375]

Festzustellen ist außerdem, dass die Einnahmen die laufende Staatskasse zumindest kurzfristig stark entlastet haben.[376] Dadurch, dass der Verkaufspreis der Unternehmen nicht am Markt ermittelt wird und tendenziell niedrig ist, „ist anzunehmen, dass der Verkaufspreis in der Regel nicht dem Erwartungswert der abdiskontierten zukünftigen Erträge des Unternehmens entsprochen hat“[377]. Man hätte also mehr einnehmen können. Trotzdem ist dieses Vorgehen einer der Eckpfeiler des Erfolgs der Privatisierungen, da sich so ein breiteres Spektrum an Ak-

371 Vgl. Fels (1987): S. 81; Uterwedde (1988a): S. 18-19.

372 Vgl. Mentré (1992-93): S. 862; sowie Bauer (1988): S. 51; sowie Andreff (1992): S. 143.

373 Vgl. Uterwedde (1994): S. 101; die Angaben über die finanziellen und wirtschaftlichen Ergebnisse der Privatisierungen variieren stark. Vgl. als Gegenbeispiel Bizaguet (1988): S. 94-95, Bauer (1988): S. 49 oder Letier (2000): S. 2. Der Verfasser hält sich an die niedrigeren Zahlen.

374 Vgl. Bizaguet (1988): S. 95 und Schmid (1994a): S. 48. Vgl. auch Guski (1988): S. 36. Unter Einbeziehung der massiven Kapitalzufuhren an den öffentlich Sektor wird das Ergebnis jedoch negativ (s.o.).

375 Vgl. Leser/Monnot (1993): S. 32.

376 Vgl. Fels (1987): S. 78-79.

377 Fels (1987): S. 79.

tionären herausbildet. Als die beiden anderen Eckpfeiler kann man die durch die Sozialisten erreichte gesündere finanzielle Situation der betroffenen Unternehmen sowie die Mischung der Aktionäre nach den Privatisierungen sehen.[378]

Durch die starke Förderung der Kleinanleger und Belegschaftsmitglieder der privatisierten Unternehmen hat sich die Anzahl der Aktionäre kurzfristig von 1,5 Mio. Anfang 1986 auf ca. 6 Mio. 10 Monate später erhöht. Auf die langfristige Entwicklung des Aktionärsverhaltens wird später detaillierter eingegangen. Alle großen Privatisierungen ergeben ungefähr dieselbe Aktionärsstruktur, da letztendlich der Wirtschaftsminister diese vollständig bestimmt. Es ergeben sich ca. 10 Prozent für die Beschäftigten, 15 Prozent für ausländische Aktienerwerber, 50 Prozent für die Öffentlichkeit und 25 Prozent für die Aktionärskerne.[379]

Abschließend ist hinzuzufügen, dass der Privatisierungsprozess komplett von staatlicher Seite geleitet und kontrolliert wird.[380] Das Programm kann man infolgedessen nicht nur als Erfolg sehen. Alle wichtigen Entscheidungen gehen auf den Wirtschaftsminister zurück. Dieser bestimmt letztendlich die Festsetzung der Verkaufspreise der Aktien, die Aktionärsstruktur der Unternehmen und besetzt die Führungspositionen nach seinen Vorstellungen. Bauer kommt deswegen zu dem Ergebnis, die erste Privatisierungswelle sei kein Bruch mit der Vergangenheit, sondern illustriere und verstärke zusätzlich die interventionistische französische Tradition.[381] Er ist außerdem der Meinung, die Regierung wäre mit der ‚Nationalisierung von Verlusten' und der ‚Privatisierung von Gewinnen' vom liberalen Credo abgewichen. Schließlich hatte das Nationalisierungsprogramm der Sozialisten dieselben Vorgaben, wonach zum einen öffentliche Unternehmen wirtschaftlich überlebensfähig sein können und zum anderen private Unternehmen finanzielle Probleme nicht selbständig lösen würden.[382]

Seit Beginn der zweiten Privatisierungswelle, die für das vorliegende Thema die letzten beiden Privatisierungswellen zusammenfassend von 1992 bis 1996 andauert, werden insgesamt 10 Unternehmen privatisiert.

Zu Beginn des Programms werden bekannte Unternehmen wie BNP, Rhône-Poulenc und Elf Aquitaine privatisiert. Die nächsten anstehenden Kandidaten Bull, AGF und Renault sollen noch vor Ende 1994 privatisiert werden, aber das Programm wird wegen der Präsidentschaftswahlen im Mai 1995 verzögert. Besonders bei dem nationalen Symbol Frankreichs, dem Unternehmen Renault,

---

378 Vgl. Andreff (1992): S. 143 und 146; sowie Cartelier (1994): S. 1-4. Die Aktionärsstruktur wurde aber auch durch den Wirtschaftsminister bestimmt (s.u.).

379 Vgl. Bauer (1988): S. 53; sowie Fels (1987): S. 80.

380 Vgl. Suleiman (1990): S. 125.

381 Vgl. Bauer (1988): S. 57.

382 Vgl. Bauer (1988): S. 51.

wird das politische und soziale Risiko einer (Teil-)Privatisierung wegen des gewerkschaftlichen Einflusses sehr hoch eingeschätzt.[383]

Unternehmen/Zeitpunkt	Umsatz 1992 in Mrd. FF	Ausgabepreis Aktie in FF	Staatseinnahmen in Mrd. FF	Beschäftigte
1992				
Total*/Juni 92	-****	303	9	-****
1993				
CLF**/Juni 93	-****	386	3,9	-****
BNP/Okt. 93	39,9	240	28	58.000
Rhône-Poulenc/Nov. 93	81,7	135	13,6	83.300
1994				
Elf Aquitaine/Jan. 94	200,6	385	33,7	87.000
UAP/Apr. 94	126	152	18,7	40.000
Renault*/Nov. 94	179,4	165	8	146.600
1995				
SEITA/Feb. 95	13,4	129	5,5	5.500
Usinor-Sacilor/Juli 95	86,7	86	10,6	90.800
Bull*,***/Sept. 95	30,1	-****	-****	35.200
Pechiney/Dez. 95	65,3	187	3,8	61.000
1996				
BFCE***/Feb. 96	-****	-****	-****	-****
AGF/Mai 96	59,4	128	9,2	22.000
Renault*/Juli 96	179,4	139	2	146.600

Tabelle 11: Privatisierte Unternehmen in chronologischer Reihenfolge von 1992-1996
Quelle: Uterwedde (1994): S. 105 und Laskine et al. (1994): S. 42; sowie Juvin (1995): S. 115-116; sowie Uterwedde (1996a): S. 6 (Sortierung chronologisch).
** Teilprivatisierung*
*** Teilprivatisierung (1. Teilprivatisierung 1991)*
**** außerbörslicher Verkauf*
***** keine Informationen verfügbar*

Die Privatisierungseinnahmen belaufen sich zwischen 1993 und 1995 auf ca. 106 Mrd. FF und betreffen ca. 280000 Beschäftigte. Teilweise werden sie durch die Kapitalzufuhren an den öffentlichen Sektor aufgezehrt. So gehen 1993 18,8 Mrd. FF an die öffentlichen Unternehmen, und 1994 haben schon allein die Zuschüsse von 10 Mrd. FF an Air France das ursprünglich insgesamt zur Verfügung

383 Vgl. Noblecourt (1994): S. 15.

stehende Budget für den öffentlichen Sektor um das doppelte überschritten. In dem Budget für 1995 werden wiederum ca. 50 Mrd. FF für den Staat und der Rest der Erlöse für Rekapitalisierungsmaßnahmen des öffentlichen Sektors vorgesehen. Insgesamt haben die öffentlichen Unternehmen zwischen 1988 und 1995 78 Mrd. FF an finanziellen Unterstützungen erhalten.[384] Die Erlöse aus den Privatisierungen werden indessen teilweise auch zur Finanzierung laufender Haushaltslöcher und nicht nur, wie vor der Wahl 1993 versprochen, zur Senkung des Staatsdefizits verwendet. Die speziellen Techniken der Privatisierung haben auch 1993 dem Staat erlaubt, die Struktur und das Zustandekommen der großen Konzerne entscheidend zu beeinflussen. Es wird nämlich nach ähnlichen Mustern vorgegangen, und bei den wichtigen Privatisierungen liegt der Anteil der stabilen Aktionärskerne zwischen 20 (Elf) und 55 Prozent (Renault).[385]

Die Phase der großen ideologischen Auseinandersetzungen um Nationalisierung und Privatisierung wird in den frühen neunziger Jahren abgeschlossen, und deswegen wird nicht mehr der Status der Unternehmen, sondern ihre internationale Wettbewerbsfähigkeit und die dementsprechende Wirtschaftspolitik diskutiert.[386] Es wird vermutet, dass Frankreich, bezüglich seiner Art von Kapitalismus ein neues Kapitel aufschlage und von der gemischten Wirtschaft Abschied nehme.[387]

Als die wichtigsten Privatisierungsschritte der Regierung Jospin sind für die dritte Privatisierungswelle zu nennen.

Insgesamt bringt die dritte Welle Privatisierungserlöse von ca. 200 Mrd. FF. Die Höhe der Erlöse ist wahrscheinlich auch durch das insgesamt positive Börsenklima und eine entsprechende Höhe der Kaufangebote zu erklären. Unter Jospin wird damit – entgegen seinen ursprünglichen Äußerungen – das insgesamt umfangreichste Privatisierungsprogramm, ohne ein Wiederauftauchen ideologischer Diskussionen um die Privatisierungen umgesetzt.[388] Zum erstenmal sind Unternehmen betroffen, die nicht in den Gesetzen von 1986 und 1993 vorgesehen sind und auch nicht dem Wettbewerbssektor, sondern dem ‚service public', zugerechnet werden (France Télécom).

---

384 Vgl. Gay/Monnot (1994): S. 20; sowie Letier (2000): S. 2; sowie Uterwedde (1996b): S. 197; sowie Juvin (1995): S. 88.

385 Vgl. Uterwedde (1994): S. 103 und (1993c): S. 448; sowie Leser/Monnot (1994): S. IV.

386 Vgl. Uterwedde (1994): S. 105; sowie Belot (1993): S. 10-11.

387 Vgl. Siegele (1994): S. 37. Der Autor bezieht sich insbesondere auf die Privatisierung des ‚nationalen Heiligtums' Renault. Die vollständige Privatisierung wurde jedoch ausgesetzt; sowie Heidelberg (1993): S. 26.

388 Vgl. o.V. (1999b): S. 21; Malingre/Mauduit (2001): S. 1; sowie Uterwedde (2000a): S. B1.

Unternehmen/Zeitpunkt	Verbleibender Staatsanteil in %	Erwarteter Privatisierungserlös in Mrd. FF
France Télécom	62	113
SNIAS Aérospatiale	47*	12
Crédit Lyonnais	10	35
Air France	64	4
CNP	1	7
Thomson-CSF	44	-**
Thomson-Multimédia	70	2
GAN	0	17
Eramet	0	-**

Tabelle 12: Wichtigste Privatisierungsobjekte der Regierung Jospin seit 1997
Quelle: o.V. 1999b: S. 21; sowie Ferret/Portjoie (1998): S. 9.
** nach Fusion mit DASA*
*** keine Informationen verfügbar*

4.2.2.3 Ergebnis und Ausblick

Die Darstellungen in den vorangehenden Kapiteln verdeutlichen, dass Privatisierungen in Frankreich ein umfangreiches und vielschichtiges Phänomen darstellen. Die bisher durchgeführten Privatisierungen durch den französischen Staat deuten, ebenso wie in Deutschland, auf einen großen Erfahrungsschatz und erhebliches Know-how hin, denn weite Bereiche des sogenannten Wettbewerbssektors der öffentlichen Unternehmen sind mittlerweile privatisiert. Insgesamt wird in Frankreich bei Privatisierungen hauptsächlich die private oder privatrechtliche Aufgabenerfüllung einer staatlichen Aufgabe umgesetzt. In Frankreich wird das noch deutlicher, da der Staat offensichtlicher versucht, seine Einflussmöglichkeiten zu institutionalisieren.

In ihren Auswirkungen auf die Gesamtwirtschaft sind die Privatisierungen nicht direkt quantitativ messbar.[389] Trotzdem lassen die genannten Programme einen spürbaren Einfluss auf die gesamtwirtschaftliche Entwicklung Frankreichs vermuten (Staatsbudget, Börsenkapitalisierung bei 30 Prozent des Bruttoinlandprodukts, 18 Unternehmen des CAC40 werden seit 1986 privatisiert, Veränderung der Wirtschaftsstruktur z.B. Entwicklung des Finanzsektors).[390] Es gibt kei-

389 Von Morgan Stanley wurde 1993 der Einfluss der Privatisierungen in Frankreich für die folgenden 5 Jahre geschätzt auf: 30-40 Mrd. US-Dollar Privatisierungsvolumen und damit auf 2,7 % des PIB, auf 5,4 % der Bruttoverschuldung und auf 67,5 % des Budgetdefizits von 1993. Vgl. Kessedjian/Dion (1995): S. 12.

390 Vgl. Letier (2000): S. 3-4.

ne Wirtschaftsbranche oder einen Wirtschaftsbereich, die nicht in den vergangenen zwanzig Jahren von Privatisierungen betroffen gewesen wären. Zudem ist das Privatisierungsvolumen insgesamt im Vergleich zu Deutschland wesentlich höher, und die Privatisierungen werden ab Mitte der achtziger Jahre von tendenziell liberal orientierten, wirtschaftspolitischen Maßnahmen begleitet. Die folgende Tabelle gibt einen Überblick über alle nach den gesetzlichen Grundlagen von 1986 und 1993 vom Thema Privatisierung betroffenen Unternehmen:

Privatisierungen nach dem Gesetz von 1986		**Privatisierungen nach dem Gesetz von 1993**	
Privatisiert	Geplant, nicht privatisiert	Zu privatisieren von 1986	Neu zu privatisieren
Havas *Saint-Gobain* *CGE** *CGCT* *Matra* *Mutuelle générale française accidents* *Mutuelle générale française vie* *BTP* *BIMP* *Société Générale* *CCF* *Paribas* *Suez*	AGF GAN UAP Bull Thomson Banque Hervet Crédit Lyonnais BNP Pechiney Rhône Poulenc Elf Aquitaine Société marseillaise de crédit Banque de Bretagne** BUE*** CIC***	*AGF* GAN**** *UAP* *Bull* *Thomson* Banque Hervet *Crédit Lyonnais* *BNP* *Pechiney* *Rhône Poulenc* *Elf Aquitaine* Société marseillaise de crédit*****	*SNIAS Aérospatiale* *Air France* Caisse centrale de réassurance *CNP* CGM *Renault* *SEITA* Snecma *Usinor-Sacilor*

Tabelle 13: Vergleich aller Privatisierungen nach den Gesetzen von 1986 und 1993
Quelle: de Vauplane (1995): S. 51; sowie Les notes bleues de Bercy, No 16, 1.-15.6.1993, S. 1; sowie Cole (1999): S. 80 (die kursiv dargestellten Unternehmen werden bis 2000 (teil)privatisiert).
* heute Alcatel-Alsthom
** seit Dez. 1999 kontrolliert von BNP
*** Die CIC wird seit 1989 von der GAN kontrolliert, die BUE und die CIC wurden 1990 fusioniert. Verkauf der CIC an genossenschaftliche Gruppe Crédit mutuel
**** Verkauf an die genossenschaftliche Gruppe Groupama
***** Verkauf an eine Gesellschaft des CCF

Zusätzlich von Privatisierungen betroffen sind, unabhängig von der Tabelle oben, bisher die Unternehmen: Crédit Lyonnais, CDC, France Télécom, EADS (Fusion Aérospatiale-Matra, Casa und DASA), Eramet, Crédit foncier und DCN.[391]

Die Privatisierungen in Frankreich seit Mitte der achtziger Jahre zeigen typische Merkmale einer Vorgehensweise à la française. Die praktizierte Wirtschaftspolitik ist in weiten Teilen mittlerweile pragmatisch-liberal, das heißt, stabilitäts- und marktorientiert, was auch die Privatisierungen verdeutlichen. Die politischen Diskurse dagegen spiegeln bis heute diesen Sachverhalt regelmäßig nicht wider, und auch die Umsetzungen der Privatisierungen ist in sich wenig liberal, sondern gesteuert. Dennoch sind die Privatisierungen als das Signet der pragmatischen, französischen Wirtschaftspolitik in den achtziger und neunziger Jahren zu bezeichnen. Durch die wirtschaftspolitischen Veränderungen werden auch das französische Modell und/oder der Staatskapitalismus in Frage gestellt, da die Rolle des Staates einem Wandel unterliegt.

Besonders während der ersten beiden Privatisierungswellen spielt der Staat – umgesetzt durch die Verwaltungselite und die institutionalisierten Instrumente und Regelungen – seine dominante Rolle voll aus, da die Privatisierungsaktionen in den zentralen Fragen (Verteilung der Anteile, Bestimmung der Aktionäre) kontrolliert und auch im Sinne der nationalen Staatsinteressen manipuliert werden. Die beschriebenen Techniken (hard core, golden share) lassen sich durch zwei Grundmerkmale zusammenfassen: Entweder werden günstigere Kaufangebote gemacht oder eine Zuteilung der Aktien erfolgt außerhalb des normalen Marktes.[392] Über die drei Privatisierungswellen hinweg kommt es zu einer Ausweitung der möglichen Privatisierungskandidaten über den Kreis der ehemals nationalisierten Unternehmen hinaus. Dies dürfte mit den gesammelten, summarisch positiven Erfahrungen, der Benötigung weiterer finanzieller Mittel und den Entwicklungen durch die Liberalisierung der EU zusammenhängen. Hier zeigen sich die Privatisierungen als anpassungsfähig an die laufenden Bedingungen. Regelmäßig vor bedeutenden Wahlen geraten (aktuell: Präsidentschaftswahlen im Jahr 2002) weitere Privatisierungen und wirtschaftspolitische Entscheidungen ins Stocken.

Für folgende bekanntere Unternehmen steht weiterhin eine Privatisierung aus: CGM, Caisse nationale de réassurance, Snecma, SNCF, RATP, Aéroports de Paris, EDF, GDF, CEA, La Poste, Cogema, Framatome, GIAT, Banque Hervet. Als weiteres großes Privatisierungspotenzial verbleiben also im Wesentlichen die

391 Vgl. OCDE (2000): S. 104-105.
392 Vgl. Andreff (1992): S. 141-142.

Unternehmen des ‚service public‘ (öffentliche Dienstleister).[393] Die Diskussion um diese Privatisierungen ist nicht abgeschlossen. Die Frage ist, ob es nach den Präsidentschaftswahlen in 2002 eine politische Mehrheit geben wird, die für die Privatisierungen der Unternehmen des ‚service public‘ ist. Zu diesen Privatisierungsmöglichkeiten wird insbesondere die als notwendig erachtete Regulierung diskutiert. Als problematisch wird gesehen, dass der Staat bei der Regulierung mit sich selbst in Konflikt kommt, da er gleichzeitig Anteilseigner und Wettbewerbshüter ist.[394] Als öffentliche Unternehmen werden voraussichtlich nur solche Unternehmen ihr Statut bewahren, die zum ‚service public‘ (öffentliche Dienstleister) gehören und deren Aktivitäten vollständig oder teilweise weiterhin ein natürliches Monopol darstellen.

393 Vgl. Malingre/Mauduit (2001): S. 1; sowie OCDE (2000): S. 104.
394 Vgl. Deger (2001): S. 1.

5 Privatisierungen in Deutschland und Frankreich: Analyse, Vergleich und Bewertung

In diesem letzten Hauptteil der Arbeit werden die für das Thema wesentlichen Überlegungen zusammengefasst, analysiert und verglichen. Der Aufbau der folgenden Unterkapitel ergibt sich aus den bisher diskutierten Themen. Zunächst werden zur Einführung die Wirtschaftsordnungen und -systeme und die realen Ergebnisse der wirtschaftlichen Entwicklung in Deutschland und Frankreich miteinander verglichen. Anschließend werden der öffentliche Sektor in beiden Ländern aus eher gesamtwirtschaftlicher sowie einzelwirtschaftlicher Sicht hinsichtlich Kosten und Nutzen analysiert.

Des weiteren werden die Ergebnisse und Auswirkungen der Privatisierungen detailliert betrachtet. Dabei werden zuerst insbesondere einzelwirtschaftliche Auswirkungen der Privatisierungen anhand der Entwicklung der privatisierten Unternehmen (mit verschiedenen exemplarischen deutsch-französischen Fällen im Paarvergleich) untersucht. Bei der folgenden Untersuchung der französischen Besonderheiten bei den Privatisierungen wird auf französische ‚Spezialitäten' wie den ‚noyau dur' (harter Kern) der Aktionäre, die goldenen Aktien oder auch die führende Schicht des französischen Kapitalismus (Verwaltungselite) eingegangen. Dito erfolgen die Analysen der Besonderheiten der Privatisierungen in Deutschland, wobei aus deutscher Sicht im besonderen auf das politökonomische Verhalten, ordnungspolitische Überlegungen und Eigenheiten des politischen Systems eingegangen wird. Bevor die Zielerreichungsgrade der jeweiligen politisch selbstgesetzten Ziele untersucht werden, werden über die Privatisierungen hinausgehende Entwicklungen (Standort- und Beteiligungspolitik) in Deutschland und Frankreich verglichen. Abschließend erfolgt ein Ausblick auf gemeinsame Ansätze und Richtlinien für kommende Privatisierungsvorhaben, da weiterhin in beiden Ländern ein umfangreiches Privatisierungspotenzial besteht.

Dabei unterliegt die Analyse einigen Einschränkungen:

- In der jeweiligen landeseigenen, aber auch in der vergleichenden Diskussion um die Wirtschaftspolitik beider Länder, fallen Diskurs und Praxis auseinander. Der länderübergreifende Meinungsaustausch wirtschaftspolitischer Fragen ist stark durch die Politik geprägt.
- Vereinfacht wird in der Arbeit für Deutschland und Frankreich von Staat gesprochen. Der Verfasser ist sich darüber im klaren, dass dazu eine Simplifi-

zierung der jeweils existierenden Gesellschafts-, Rechts- und Wirtschaftsordnung notwendig ist.

- Bei der Beurteilung der komplexen Wirtschaftsordnungen ist eine empirische Prüfung der Resultate dieser Ordnungen aufgrund fehlender, unmittelbarer Untersuchungsmöglichkeiten nicht möglich. In der theoretischen Diskussion spielen Werturteile – gerade in der deutsch-französischen Diskussion – oft eine Rolle. Mehrere Kriterien zum Vergleich werden ausgewählt, um einen möglichst umfangreichen Vergleichstatbestand zu erzielen.
- Für den Vergleich des öffentlichen Sektors liegt zwar Zahlenmaterial vor. Allerdings ist dieses Material teilweise lückenhaft und nicht standardisiert. Einige Bereiche der öffentlichen Wirtschaft entziehen sich vollständig der Erfassung.
- Bei den Nutzen/Kostenuntersuchungen kommt es zu einer Mischung von mikro- und makro- ökonomischen Wirkungen, die sich nicht immer trennen lassen. Hier erfolgt deswegen eine wirtschaftstheoretische Diskussion. Die vollständige Prüfung aller Privatisierungen ist im Rahmen der Arbeit nicht möglich.
- Für die Diskussion der Zielerreichungsgrade und weiterer Effekte der Privatisierungen wird auf die vorhandenen, ökonomischen Kennzahlen zurückgegriffen. Diese entstehen aber methodisch nicht direkt oder nur wegen der Privatisierungen, sondern sind auch von der sonstigen Wirtschaftspolitik, anderen Umweltbedingungen und/oder Faktorausstattungen beeinflusst.

Durch die Breite der Analyse und die Untersuchung der verschiedenen oben genannten Gegebenheiten erfolgt eine weitere Annäherung an das Phänomen Privatisierung in Deutschland und Frankreich. Vor allem direkte Analogien und funktionale Äquivalente sollen herausgestellt werden.

5.1 Wirtschaftsmodelle, öffentlicher Sektor und Privatisierung

5.1.1 Konzeption und Realität der Wirtschaftssysteme

Die Privatisierungsmaßnahmen werden einerseits als erfolgreich kommentiert und beurteilt, andererseits haben die jeweiligen (landesspezifischen) Vorgehensweisen und Ergebnisse unterschiedliche Kritik hervorgerufen. Die Privatisierungen eignen sich dabei sehr als Untersuchungsobjekt der tatsächlich praktizierten Wirtschaftspolitik, da durch sie auch immer zentrale Fragen bzgl. der jeweils verfolgten Wirtschaftsordnungen, -konzeptionen und -modelle berührt werden.[395] Cohen bemerkt dazu: „L'histoire [des nationalisations et] des privatisations est inséparable de l'analyse du modèle français d'intervention économique.“[396] Dieser Gedanke ist für Deutschland ebenfalls gültig.

Die im einführenden theoretischen Teil (Kapitel 2.1.2 und Unterkapitel) erarbeiteten Unterschiede und Gemeinsamkeiten zwischen den Wirtschaftsmodellen in Deutschland (soziale Marktwirtschaft) und Frankreich (Planification/Colbertismus) werden anhand der Ausprägungen von Thalheim[397] sowie ergänzt um den Walras'schen Auktionator, den Konzeptionsansatz, die Begründbarkeit der Privatisierungen, der Rolle des Staates und der Offenheit zusammengefasst. Sie sind in der folgenden Tabelle als grobes Schema dargestellt:

Ausprägung/Land	**Soziale Marktwirtschaft in Deutschland**	**Planification in Frankreich**
Walras'sche Auktionator	Ja	Nein
Konzeptionsansatz	Normativ-theoretisch	Normativ-pragmatisch
Privatisierung aus Konzeption begründbar	Ja	Nein
Staatliche Eingriffe	Begleitend	Steuernd
Eigentumsordnung	Privateigentum	Staatseigentum
Lenkungssystem	Dezentral (Markt)	Zentral (Staat)
Ziele des Wirtschaftens	Freiheit, Sicherheit, Gerechtigkeit	Wirtschaftliche und soziale Entwicklung/ Souveränität
Wettbewerb	Funktionsfähig	-
Offenheit und situationsspezifische Anpassung	Ja	Ja

Tabelle 14: Vergleich der Konzeptionen der Wirtschaftsordnungen
Quelle: Eigene Zusammenstellung.

395 Für Deutschland bedeutet dies, dass anhand der Privatisierungen aufgezeigt wird wie stark die soziale Marktwirtschaft Berücksichtigung finden kann. Für Frankreich andererseits heißt das, dass sich über die Durchführung von Privatisierungen inklusive begleitender Maßnahmen ein verändertes französisches Wirtschaftsmodell herausbildet.

396 Cohen/Henry (1997): S. 63. Übersetzung: ....Die Geschichte [der Nationalisierungen und] Privatisierungen ist nicht trennbar von der Analyse des französischen Modells der wirtschaftlichen Eingriffe.

397 Vgl. Gutmann (1987): S. 27-28.

Die Tabelle macht deutlich, dass sich, aus theoretischer Sicht, eigentlich zwei sich gegenseitig ausschließende ordnungspolitische Konzeptionen gegenüberstehen, da fast alle Ausprägungen der Kriterien unterschiedlich sind.[398] Grundlegend wird eine dezentral über den Markt koordinierte Wirtschaftsordnung in Deutschland eher gutgeheißen. Demgegenüber wird der Markt in Frankreich kaum anerkannt, und deswegen wird eine zentrale Kontrolle und Steuerung für notwendig gehalten. Es kommt also zu einer unterschiedlichen Evaluierung der Marktprozesse.

Durch die konzeptionellen Unterschiede wird auch verständlich, dass mögliche Eindrücke über die Prägung der Wirtschaftsordnung der Europäischen Union in Deutschland und Frankreich divergieren. Denn jedes Land betrachtet die europäische Ordnungspolitik mit Blick auf seine Konzeption und seine eigene historische Entwicklung. Deswegen wird auch regelmäßig in Deutschland und Frankreich die Behauptung aufgestellt, die Wirtschaftsordnung der EU sei von dem jeweils anderen mehrheitlich geprägt. Diese Differenzen werden durch die nach dem 2. Weltkrieg vorherrschenden, unterschiedlichen wirtschaftlichen und staatlichen Strukturen sowie durch die daraus resultierenden, divergierenden Rezeptionen der wirtschaftshistorischen Entwicklungen noch verstärkt.

Im Hinblick auf die realen wirtschaftlichen Entwicklungen ergibt sich eine diesen Aussagen widersprechende Beurteilung. Denn bei Betrachtungen von ökonomischen Kennzahlen fallen viele deutsch-französische Parallelen auf. Dazu gehören die Entwicklungen der Staatsquote und des Wirtschaftswachstums ebenso wie die Entwicklung des Pro-Kopf-Einkommens, des Produktivitätsniveaus und des Beschäftigungswachstums.[399] Diese Ergebnisse werden zusätzlich durch die Konvergenzthese zur Wirtschaftsentwicklung in Deutschland und Frankreich gestützt. Trotz der unterschiedlichen Ansätze in der Theorie der Wirtschaftsordnungen kommt es also zu vergleichbaren Ergebnissen der realen wirtschaftlichen Entwicklung. Das heißt, es gibt verschiedene Möglichkeiten, zum gleichen Ziel zu kommen. Die für beide Konzeptionen identifizierte Offenheit und situationsspezifische Anpassung manifestiert sich damit durch eine pragmatisch ausgerichtete landeseigene Wirtschaftspolitik.

Bei den Privatisierungen öffentlicher Unternehmen wird der Eindruck des Auftauchens vergleichbarer Ergebnisse der praktischen Wirtschaftspolitik verstärkt. Insgesamt konvergieren nämlich einerseits die Kennzahlen zur öffentlichen Wirtschaft in Deutschland und Frankreich (s. vor allem folgendes Kapitel in der Zusammenfassung) trotz der unterschiedlichen Ausgangslagen zu Beginn der achtziger Jahre. Andererseits stehen aktuell als Privatisierungskandidaten vor al-

398 Vgl. Thiemeyer (1999): S. 38.
399 Vgl. Guillaume (2000): S. 14; sowie Thiemeyer (1999): S. 39.

lem die ehemaligen natürlichen Monopole auf der Agenda. In Deutschland wird trotz der Systemimmanenz der Privatisierungen relativ zurückhaltend privatisiert (vor allem auf Landes- und Gemeindeebene). In Frankreich wird dagegen in erheblichen Umfang privatisiert, obwohl Privatisierungen nicht direkt aus der französischen Wirtschaftskonzeption herzuleiten sind. Im Ergebnis werden möglicherweise auch die Privatisierungen mittel- bis langfristig zu parallelen Ergebnissen führen (in der Telekommunikation ist das der Fall). Dies ist umso wahrscheinlicher, als die maßgeblichen Hauptgründe für Privatisierungen identisch sind (EU-Integration, staatliche Budgetnöte und technologische Entwicklung) und die bestehenden Handlungsspielräume der Akteure in beiden Ländern kaum Alternativen oder nationale Alleingänge zulassen. Insgesamt zeigen die Privatisierungen typische Muster der landesspezifischen Vorgehensweisen in der Wirtschaftspolitik. Denn in Deutschland zeichnet sich über die Gebietskörperschaften hinweg ein heterogenes Bild mit unterschiedlichen Vorgehensweisen innerhalb der verschiedenen staatlichen Ebenen ab (begleitender Staat ohne direkten Einfluss auf Landes- und Gemeindeebene), wohingegen Frankreich die Privatisierungen in den wichtigsten Entscheidungen allein durch die staatlichen Akteure administriert (steuernder Staat).

Die Frage, ob die ordnungspolitische Ausrichtung der EU von Deutschland oder Frankreich dominiert wird, ist zu differenzieren. In Deutschland wird oft befürchtet, der Tugendpfad der sozialen Marktwirtschaft würde bei der weiteren Entwicklung der EU verlassen, in Frankreich dagegen sieht man die EU zu stark von marktwirtschaftlichen Ideen geprägt. Dabei bringen beide Länder ihre Vorstellungen erfolgreich ein. Denn bei den Verhandlungen zur wirtschaftlichen Konzeption der EU kommt es regelmäßig zu Kompromisslösungen und zu wechselseitigem, verhandlungsbedingtem Geben und Nehmen. In ihren Grundzügen hat die europäische Wirtschaftsordnung Merkmale im Sinne der sozialen Marktwirtschaft (Bekenntnis zur Marktwirtschaft, stabilitätsorientierte Geldpolitik, EU-Wettbewerbspolitik), mit denen auch Frankreich die vergangenen 15 Jahre insgesamt positive Erfahrungen gemacht hat (auch wenn das von politischer Seite in Frankreich gerne negiert wird). Diese Merkmale werden allerdings durch ‚französische Beiträge' wie eine flankierende Strukturpolitik, industriepolitische Ansätze und der Etablierung der Euro-Gruppe zur stärkeren Koordination und Steuerung der Wirtschaftspolitik ergänzt. Wenn beide Ansätze in der Vergangenheit so erfolgreich waren und in den Verhandlungslösungen das jeweils landesspezifisch Optimale erreicht und miteinander kombiniert wurde, ist für die Zukunft davon auszugehen, dass gemeinsam mindestens ebenso erfolgreich gehandelt werden kann.

5.1.2 Der öffentlichen Sektor im direkten Vergleich

Der öffentliche Sektor in Deutschland und Frankreich hat sich, wie vor allem in den Kapiteln 3.2.1 und 3.2.2 herausgearbeitet, in der historischen Entwicklung teilweise ähnlich (Merkantilismus in Deutschland als Kameralismus und in Frankreich als Colbertismus), teilweise unterschiedlich entwickelt. Neben den parallelen historischen Entwicklungen und den ähnlichen Modalitäten des staatlichen Eingreifens in den Betrieb öffentlicher Unternehmen, sind für Deutschland vor allem die Heterogenität des öffentlichen Sektors durch den föderalen Staatsaufbau und die Dezentralität, die Fragmentierung der öffentlichen Unternehmen auf kommunaler Ebene sowie die Dominanz weniger Unternehmen in bestimmten Branchen bestimmend.

In Frankreich dagegen spielen die öffentlichen Unternehmen eine offizielle Rolle als aktives Instrument der Wirtschaftspolitik, es gibt einen Wechsel zwischen Nationalisierungen sowie Privatisierungen, und schließlich teilen sich die öffentlichen Dienstleister in wenige Große und privatwirtschaftliche Lösungsansätze auf kommunaler Ebene. In diesem letztgenannten Punkt scheint Frankreich zumindest im Hinblick auf Privatisierungen auf kommunaler Ebene fortschrittlicher. Von der Gesamtgröße und Bedeutung innerhalb des jeweiligen öffentlichen Sektors sind in Deutschland vor allem die Sparkassenorganisation und in Frankreich die bekannten Großunternehmen auffallend. Insgesamt ist die Nichtquantifizierbarkeit der staatlichen Tätigkeit und die unabsichtliche Verschleierung der Informationen bzgl. der öffentlichen Haushalte und Beteiligungen in beiden Ländern identisch (siehe Kapitel 3.2 und Unterkapitel).

Die Tatsache, dass niemand Außenstehendes die Situation der öffentlichen Tätigkeit, inklusive der Beteiligungen der öffentlichen Hand und ihrer wirtschaftlichen Auswirkungen, erfassen kann, ist bemerkenswert. Eine auf europäischer Ebene vereinheitlichte Berichterstattung unter Führung des CEEP (Europäisches Zentrum für öffentliche Unternehmen) für alle Länder und die Auferlegung einer regelmäßigen Berichtspflicht wären hier hilfreich. Für die Arbeit wurde auf die existierende Sekundärliteratur zurückgegriffen. Grobe Tendenzen werden für die gesamtwirtschaftliche Bedeutung der öffentlichen Unternehmen (Kennzahlen Beschäftigte, Produktion und Investitionen) und die kommunale Versorgung herausgearbeitet.

Die Größe des öffentlichen Sektors beläuft sich für 1998 in Deutschland auf insgesamt 1944 Mrd. DM und für Frankreich auf 1320 Mrd. DM. Damit haben Deutschland und Frankreich weltweit nach Gesamtgröße den dritt- bzw. viertgrößten öffentlichen Sektor nach den USA und Japan und vor Italien.[400] Der An-

---

400 Vgl. Ederer/Schuller (1999): S. 252.

teil der öffentlichen Unternehmen mit mehrheitlicher staatlicher Beteiligung an der Gesamtwirtschaft in Deutschland und Frankreich umfasst bzgl. der Beschäftigten, der Bruttowertschöpfung (Produktion in Tabelle) und der Bruttoanlageinvestitionen (Investitionen in Tabelle), ohne Berücksichtigung der Landwirtschaft, für die Jahre 1988, 1993, 1996 und 1998:[401]

Land	**Durchschnitt* 1), 2), 3) 1988 in %**	**Durchschnitt* 1), 2), 3) 1993 in %**	**Durchschnitt* 1), 2), 3) 1996 in %**	**Durchschnitt* 1), 2), 3) 1998 in %**	**1) Beschäftigte 1998 in %**	**2) Produktion 1998 in %**	**3) Investitionen 1998 in %**
Deutschland	11,6	11,1	10,7	10,9	9	9,9	14
Frankreich	18,3	17,6	14,7	11,8	10,3	11,5	13,5
Europa	13,3	11,8	10,4	9	7,1	8,5	11

Tabelle 15: Anteil des öffentlichen Sektors an der Gesamtwirtschaft in Deutschland und Frankreich zwischen 1988 und 1996
Quelle: s. Fußnote oben.
** arithmetisches Mittel*

Aus der Tabelle ist erkennbar, dass sowohl in Deutschland als auch in Frankreich für den dargestellten Zeitraum die Beschäftigtenzahlen, der Produktionsanteil und der Investitionsanteil der öffentlichen Wirtschaft an der Gesamtwirtschaft abnimmt. Weiterhin ist festzustellen, dass sich, im Verhältnis zum europäischen Durchschnitt, die Zahlen aus deutscher Sicht stärker um den Durchschnitt bewegen, in Frankreich dagegen grundsätzlich weit über dem europäischen Durchschnitt liegen. Dieser Trend nimmt in 1998 indessen ab, und die gewählten Kennzahlen konvergieren leicht. Die Bedeutung der öffentlichen Unternehmen ist nach den Kennziffern in Frankreich also insgesamt höher als in Deutschland.

Frankreich scheint trotz der eingeleiteten Privatisierungspolitik seit Mitte der achtziger Jahre in diesen Bereichen (noch) stärkeren Nachholbedarf zu haben. Durch die seit Mitte der achtziger Jahre eingeleitete Deregulierungs- und Privatisierungspolitik in Deutschland und Frankreich würde man eventuell einen stärkeren Rückgang des Anteils der öffentlichen Unternehmen an der gesamtwirtschaftlichen Leistung erwarten. Es ist aber zu vermuten, dass öffentliche Unternehmen durch Privatisierungen nicht nur ‚statistisch verschwinden' oder Betätigungsbereiche aufgeben, sondern die öffentlichen Unternehmen sich auch wieder in neu-

401 Vgl. Bizaguet (1998): S. 40; sowie CEEP (2001): S. 13. Für 1998 werden exemplarisch die Zahlen für die Beschäftigten, die Produktion und die Investitionen abgebildet.

en Aufgabenbereichen engagieren oder bestehende Geschäftstätigkeiten ausbauen.[402] Zusätzlich wird an dieser Stelle ein aktueller Überblick über die Beschäftigtenzahlen gegeben.

Sektor **Land**	**Energie**	**Transport und Kommunikation**	**Post und Telekommunikation***	**Finanzdienstleitung**	**Industrie**	**Andere Dienstleistungen****	**Handel**	**Gesamt**	**% aller Beschäftigten**
Deutschland	257.900	857.700		390.000	131.300	327.200	8.400	1.972.500	9
Frankreich	176.200	348.500	430.700	68.600	106.600	186.000	11.800	1.328.400	10,3

Tabelle 16: Mitarbeiterzahlen der öffentlichen Unternehmen in den wichtigsten Sektoren Ende 1998[403]
Quelle: s. Fußnote.
**wurde zusammen mit dem Sektor Transport und Kommunikation erfasst*
*** zu dem Sektor gehört alles, was nicht den anderen Sektoren zuzuordnen war*

Die Tabelle gibt einen Überblick zu den Beschäftigtenzahlen in verschiedenen Sektoren im öffentlichen Bereich Ende 1998. Der relative Anteil an den Gesamtbeschäftigten ist in Frankreich höher. Allerdings gibt es in den Sektoren Finanzdienstleistung und andere Dienstleitungen mehr Beschäftigte in Deutschland.

Für die regional-kommunale Versorgung wird in Frankreich schon frühzeitig für bestimmte Aufgaben im öffentlichen Interesse ein Konzessionsmodell – als Erfüllung des öffentlichen Auftrags durch Private – unter staatlicher Überwachung praktiziert. Dies gilt auf kommunaler Ebene für die Wasser- und Stromversorgung. In dem französischen Modell der Regulierung der Wasserwirtschaft wird regelmäßig (ca. alle 20 Jahre) ein Ausschreibungswettbewerb durchgeführt. Die Wasserversorgung wird im 19. Jahrhundert liberalisiert. Gegenwärtig gibt es nur noch wenige Anbieter der kompletten Wasserversorgung in Frankreich, wohingegen der Markt in Deutschland sich in ca. 6000 Wasserversorger und ca. 7000 Wasserentsorger aufteilt. Zusätzlich wird in speziellen Bereichen, wie der Gefängnisverwaltung, in Frankreich schon viel früher über (Teil-)Privatisierungen nachgedacht und diese auch über Contracting out-Verfahren durchgeführt. Im Vergleich zu Deutschland scheinen auf lokaler Ebene die Verantwortlichen eher fähig zu sein, auf Veränderungen in der Führung von Unternehmen einzugehen und sich anzupassen. Die Konzessionslösungen beschränken sich in

402 Vgl. Experteninterview Eichhorn im Anhang S. XIV.
403 Vgl. CEEP (2001): S. 12.

Deutschland bisher hauptsächlich auf die kommunalen Verkehrsbetriebe.[404] Eine direkte Gegenüberstellung der kommunalen Versorgung in Deutschland und Frankreich ergibt folgende Tabelle:[405]

Kommunale Versorgung / Land	**Wasser-versorgung**	**Wasser-entsorgung**	**Gas**	**Elektrizität**
Deutschland	Kommunale Unter nehmen/ Eigenbetriebe (90 %), gemischte/ kommunale Betriebe (10 %)	Kommunale Unternehmen/Eigenbetriebe (90 %), private Unternehmen (1 %)	28 private Unternehmen, gemischte/ kommunale Betriebe (15 % des Umsatzes)	8 große Produzenten (40 %), 60 regionale (28 %), 900 kommunale Betriebe (12 %)
Frankreich	(Inter-)Kommunale Betriebe (23 %), private Konzessionsbetriebe (77 %)	Kommunale Unternehmen/ Eigenbetriebe (62 %), private Konzessionsbetriebe (38 %)	GDF (97,5 %), 22 komm. Eigenbetriebe/ gemischtwirtschaftliche Untern. (2,5 %)	EDF (95 %), 215 kleinere Konzessionsbetriebe (5 %)

Tabelle 17: Kommunale Dienstleistungsversorgung in Deutschland und Frankreich Quelle: s. Fußnote oben.

Die Tabelle zeigt, dass bei der Wasserver- und -entsorgung in Deutschland und Frankreich kommunale Unternehmen dominieren. In Deutschland sind im Wesentlichen Eigenbetriebe und in Frankreich Eigenbetriebe und private Konzessionsbetriebe tätig.[406] In den Gas- und Elektrizitätssektoren wird die Versorgung in Deutschland durch Regionalmonopole und in Frankreich durch Staatsmonopole gewährleistet. Da in den französischen Staatsmonopolen in diesen Bereichen der gewerkschaftliche Einfluss relativ hoch ist, kommt es auf europäischer Ebene zu Verzögerungen bzgl. der Terminierung der Marktöffnungen. Die französische Regierung versucht dadurch, potentielle Beeinflussungen der kommenden Wahlen auszuschließen.

Die zu privatisierenden Unternehmen in Frankreich haben teilweise eine starke internationale Ausrichtung. Ende 1992 erzielen die neuen größten öffentlichen Unternehmen mehr als 50 Prozent ihres Umsatzes außerhalb von Frankreich. Außerdem ist die Anzahl im Ausland Beschäftigter in einigen öffentlichen Unter-

404 Vgl. Lang (2001): S. 166; sowie Hartwig (1993): S. 52; sowie Cohen (1996): S. 186; sowie Doenecke (2000): S. 18; sowie Hoffmann-Martinot/Uterwedde (1995): S. 122 und 125.
405 Vgl. Uterwedde (1999a): S. 219.
406 Vgl. CEEP (2000): S. 39.

nehmen auch über 50 Prozent.[407] Da in Deutschland der größte Anteil der öffentlichen Unternehmen durch die Kommunen gehalten wird, ist hier eine geringere Internationalisierung zu vermuten. Allerdings sind die Landesbanken mit zahlreichen Tochtergesellschaften weltweit tätig. Es ist indessen nicht klar, wie eine weltweite Geschäftstätigkeit im nationalen öffentlichen Interesse oder aus Sicht des Gemeinwohls zu begründen ist.

Die derzeitige Diskussion zu den Unternehmen des öffentlichen Sektors dreht sich in Deutschland und Frankreich hauptsächlich (immer wieder) um den ‚service public' (öffentlicher Dienstleistungsbetrieb) und die Institutionen der Daseinsvorsorge sowie in Deutschland (wieder) um die Privatisierung der Sparkassen und Landesbanken. Die aktuellen Herausforderungen werden vom europäischen Zentralverband der öffentlichen Unternehmen in der Globalisierung, der Einführung des EURO und den Veränderungen der Informationstechnologie und Telekommunikation gesehen.[408]

5.1.3 Kosten/Nutzen-Analyse des öffentlichen Sektors und einer Privatisierung

Neben den in der Sekundärliteratur angeführten Resultaten der Kosten/Nutzen-Analyse von öffentlichen Unternehmen, die grundsätzlich auf Effizienzgesichtspunkte abstellen und im Detail für die Arbeit gar nicht selbständig geliefert werden könnten, soll an dieser Stelle zuerst eine analytische Gegenüberstellung der möglichen einzel- und gesamtwirtschaftlichen Kosten und Nutzen öffentlichen Unternehmen durchgeführt werden. Diese Kosten und Nutzen des öffentlichen Sektors sind im Zeitablauf Änderungen unterworfen, sind kaum voneinander abgrenzbar und beeinflussen sich wechselseitig. Eine genaue quantitative Erfassung und Bewertung der Kosten und Nutzen scheint methodisch unmöglich. Als Referenzrahmen wird diesen Ausführungen eine Situation zugrundegelegt, in der es keine öffentlichen Unternehmen gibt. Das heißt, Privatisierungen wären ohne die öffentlichen Unternehmen nicht existent und somit unmöglich. Die folgenden Feststellungen sollten im allgemeinen sowohl für Deutschland als auch für Frankreich Gültigkeit besitzen.

Als einzelwirtschaftliche Kosten lassen sich hauptsächlich Effizienzvergleiche mit privaten Unternehmen anführen, was verschiedentlich schon durchgeführt wurde (s. Kapitel 2.2.2.2.1) und nicht pauschal beantwortet werden konnte, auch wenn tendenziell von Effizienzvorteilen der privaten Wirtschaft ausgegangen

---

407 Vgl. Bancel (1995): S. 37.

408 Vgl. 2. Gesprächsprotokoll Uterwedde im Anhang S.IX; sowie CEEP (2001): S. 1-2.

wird. In Bezug auf Transaktionskosten (Informations-, Verhandlungskosten, etc.) sollen private und öffentliche Unternehmen in der Regel ähnlich abschneiden, da sie sich in einem Wettbewerbsmarkt unter gleichen Bedingungen grundsätzlich gleich verhalten müssten. Zusätzliche Kosten können entstehen, wenn durch die Aktivität öffentlicher Unternehmen die Wettbewerbsfähigkeit aufgrund möglicherweise existierender Subventionsmentalität beeinträchtigt wird. Diese Kosten stehen zwischen einzel- und gesamtwirtschaftlichen Kosten, da sich die Kosten einerseits selektiv auf besonders wettbewerbsfeindliche Unternehmen niederschlagen können. Andererseits werden schlechter organisierte Systeme der öffentlichen Wirtschaft die internationale Wettbewerbsfähigkeit eines Landes negativ beeinflussen. Schließlich entstehen einzelwirtschaftliche Kosten dann, wenn die öffentliche Trägerschaft einen Verlust an Selbstbestimmung mit sich bringt und die Eigeninitiative eingeschränkt wird.

Die gesamtwirtschaftlichen Kosten durch den öffentlichen Sektor entstehen durch die höheren Kostenbelastungen der öffentlichen Unternehmen durch Regulierungsdichte und Verwaltung insgesamt. Diese Kostenbelastung kann einerseits zu einer Senkung der staatlichen Investitionsquote führen, was sich negativ auf das gesamtwirtschaftliche Wirtschaftswachstum auswirkt. Andererseits kann sie eine Abnahme der Nachfrage nach Arbeit bewirken, was sich negativ auf das Beschäftigungsziel auswirkt. Die Kostenbelastung kann indessen auch zu einer Abnahme der öffentlichen Ersparnis führen. Dadurch wird der finanzielle Handlungsspielraum der öffentlichen Hand weiter eingeschränkt. Zur Finanzierung wird dann die Quote der Abgaben und/oder Steuern erhöht, was wiederum die gesamtwirtschaftliche Nachfrage schwächt. Des weiteren entsteht die Kostenbelastung indirekt durch die Quersubventionierung der öffentlichen Unternehmen, da sie hohe Kosten nicht direkt durch das Verhalten der Abnehmer (Bezug der Leistung von einem anderen Anbieter mit günstigeren Preisen) zu spüren bekommen. Dies hat wiederum eine Beeinträchtigung der Wettbewerbsverhältnisse zur Folge, da auch nicht marktmäßige Leistungen am Markt in Konkurrenz zu Privaten bestehen können. Zudem verstärken sich die gesamtwirtschaftlichen Kosten im öffentlichen Sektor, da durch die politökonomischen Verflechtungen regelmäßig Motiv- und Interessenkonflikte zwischen Eigentum und öffentlicher Hand dazu führen, so dass Effizienz- und Kostenaspekte bei der Geschäftstätigkeit eine untergeordnete Rolle spielen.

Der einzelwirtschaftliche Nutzen beruht zuerst einmal auf der Bereitstellung verschiedener Güter und Dienstleitungen zur Befriedigung von allgemeinen Grundbedürfnissen der Daseinsvorsorge (Wasser, Elektrizität, Müllentsorgung, etc.). Durch diese Versorgung wird quasi Versorgungssicherheit für die Bevölkerung produziert, wodurch die Leistungsfähigkeit des Arbeitspotenzials gefördert wird. Des weiteren werden durch das Angebot bestimmter öffentlicher Güter

(Landesverteidigung, Verkehrs- und Kommunikationsinfrastruktur, etc.) Sicherheit und sozialer Friede ermöglicht, was sowohl für den einzelnen Bürger und die Gesellschaft als auch für die private Wirtschaft nutzenstiftend ist. Denn dadurch wird eine privatwirtschaftliche Betätigung erst ermöglicht. Außerdem kann einzelwirtschaftlicher Nutzen entstehen, wenn öffentliche Unternehmen vorübergehend für wirtschaftspolitische Maßnahmen instrumentalisiert werden. Dies wird ja erst durch die öffentliche Trägerschaft ermöglicht. Man könnte über einen bestimmten Zeitraum hinweg auf regionaler Ebene eine hohe Arbeitslosenrate reduzieren, wenn in einem öffentlichen Unternehmen Arbeitsplätze angeboten werden. Dadurch können die individuellen und gesamtwirtschaftlichen Kosten der Anpassung an den Strukturwandel gemildert und der Angebotszwang eines Arbeitnehmers abgebaut werden. Die geschilderten Nutzen lassen sich also wiederum nicht eindeutig dem einzel- oder gesamtwirtschaftlichen Bereich zuordnen.

Die Existenz des öffentlichen Sektors hat unterschiedliche, gesamtwirtschaftliche Nutzeneffekte. Aus gesamtwirtschaftlicher Sicht nutzenstiftend ist zum einen die wachstumsfördernde Wirtschaftsgrundlagenpolitik, weil durch die Möglichkeit einer Grundversorgung der Gesellschaft auch die Produktivität und Leistungsfähigkeit des Humankapitals grundlegend ermöglicht wird. Zum anderen können die öffentlichen Unternehmen als systeminhärenter Konjunkturstabilisator gesehen werden, da die staatliche Nachfrage (und das staatliche Angebot) einen Anteil an der Gesamtwirtschaft haben und nicht nur von der Steuerung von Angebot und Nachfrage aus Marktsicht abhängig sind. Somit kommt es auch zu einer Stabilisierung der gesamtwirtschaftlichen Entwicklung, da ein privater Nachfrageausfall durch die staatliche Nachfrage abgemildert wird. Des weiteren wirken die öffentlichen Unternehmen insofern nutzenstiftend, als sie zur Versorgung strukturschwacher Gebiete beitragen (Telefon, Post, Banken, etc.). Damit wird eine gleichmäßige Versorgung der nicht in Ballungszentren lebenden Bevölkerung gewährleistet, und die ländlichen Gegenden verlieren gegenüber den Städten nicht weiter an Attraktivität. Auch für die gesellschaftspolitischen Oberziele wirken die öffentlichen Unternehmen nutzenstiftend, da durch ihre Existenz die Akzeptanz des Wirtschaftssystems gefördert wird (Erhaltung der Wirtschaftsgrundlagen, Einsatz zur Behebung wirtschaftspolitischer Verfehlungen, gesamtwirtschaftliche Stabilisierung, Pluralität der Akteure) und die Wirtschafts- und Gesellschaftsordnung insgesamt stabilisiert wird. Somit werden sozialer Frieden und Freiheit unterstützt.

Es ist festzustellen, dass die öffentlichen Unternehmen für Deutschland und Frankreich sehr wichtig sind, da ihre vollständige Abschaffung (was nicht einmal von Privatisierungsbefürwortern verlangt wird) zu einer Gefährdung der Wirtschaftsmodelle führen könnte. Mit dem öffentlichen Sektor manifestiert sich teilweise der Einfluss des Staates in einer gemischten Wirtschaftsordnung. Dies gilt für beide Länder gleichermaßen, und auch die Analysen dieses Kapitels sind für beide von Relevanz.

Dieses Kapitel resümierend wären zwei Hauptfragen für pragmatisch orientierte Einzelfallprüfungen von Privatisierungen zu klären:

- Inwieweit werden die einzel- und gesamtwirtschaftlichen Kosten durch Privatisierungen gesenkt?
- Inwieweit wird die einzel- und gesamtwirtschaftliche Nutzenstiftung durch Privatisierungen erhöht?

Die Diskussionen dieses Kapitels können durch Kosten/Nutzen-Analysen aus Sicht der betroffenen Unternehmen ergänzt werden.

Kosten/Nutzen einer Privatisierung	**Kosten/Nutzen Kriterien**
Kosten	- Transaktionskosten für Privatisierung (Umstellung der Rechtsform, Börsengang, Beratungskosten) - Aufwände für Pensionszahlungen und/oder Sozialpläne - Zahlungsverpflichtungen des öff. Unternehmens (Forderungen) - mögliche Subventionszahlungen und/oder Finanzhilfen - mögliche Restrukturierungskosten - Opportunitätskosten (alternative Investition statt Privatisierung) - Kosten zur Steigerung der externen Transparenz - Regulierungskosten
Nutzen	- Privatisierungserlös bei Börsengang - Effizienz (sinkende Kosten > steigende Wettbewerbsfähigkeit > sinkende Preise > steigende Investitionen) - Abbau Verschuldung - Wirtschaftsförderung (Förderung Strukturwandel) - Eigeninitiative/Selbstbestimmung durch Privateigentum

Tabelle 18: Kosten und Nutzen einer Privatisierung aus Sicht eines Privatisierungskandidaten
Quelle: Eigene Zusammenstellung.

An dieser Stelle soll für die erwähnten Einzelfallprüfungen ein Schema für eine Kosten- und Nutzenanalyse der einzelnen Privatisierungsfälle abgeleitet werden. Dieses Schema könnte zusätzlich zu den allgemeineren Überlegungen zu Kosten und Nutzen des öffentlichen Sektors herangezogen werden. Die Arbeit ist auf ein theoretisches Schema beschränkt, da Kosten und/oder Nutzen einerseits nicht im Detail veröffentlicht werden (Kosten für externe Beratungen) und andererseits methodisch nicht bewertet werden können (Verbesserung der Allokation). Bei diesen Überlegungen soll es um eine Zusammenstellung der Kosten und Nutzen aus Sicht eines privatisierten Unternehmens gehen. Grob würde sich dieses Schema folgendermaßen darstellen.

Für einzelne Privatisierungen ist davon auszugehen, dass die genannten Kosten und Nutzen teilweise stark variieren können. Es ist anzunehmen, dass die größten Kostenblöcke oft die laufenden oder zukünftigen Zahlungsverpflichtungen (Verbindlichkeiten, Pensionszahlungen) darstellen. Bei verschiedenen Privatisierungen hat erst die staatliche Übernahme eine Privatisierung ermöglicht. Das größte Nutzenpotenzial ergibt sich aus einem Privatisierungserlös und dem erweiterten Handlungsspielraum. Der Privatisierungserlös ist bei Börsengang in hohem Maße von dem aktuellen Börsenklima abhängig und die Effizienzvorteile werden meist erst nach einer längeren Transformationsphase des Unternehmens erzielt. Detaillierte, vollständige Informationen über alle genannten Kosten und Nutzen sind in der Regel nicht in Erfahrung zu bringen. Aus diesem Grund wird im folgenden Kapitel als Alternative auf andere Kennzahlen für die Entwicklung privatisierter Unternehmen zurückgegriffen.

5.2 Einzelwirtschaftliche Untersuchung von Privatisierungskandidaten

Wie im theoretischen Teil der Arbeit umrissen wurde, sind Einzelfallprüfungen zur Beurteilung von Privatisierungsfragen der Unternehmen des öffentlichen Sektors anwendbar. Diese Überlegung wird für die Arbeit retrospektiv – für sich durch den Deregulierungsdruck stehende Unternehmen oder bereits (teil-)privatisierte Unternehmen – übernommen, und landestypische Verhaltensweisen werden aufgezeigt. Dafür werden in diesem Kapitel zehn deutsche und französische Unternehmen, die aus den gleichen Branchen stammen und im Wesentlichen ähnliche Geschäftstätigkeiten und -ziele verfolgen, untersucht. Die Unternehmen wurden alle mit Privatisierungsfragen konfrontiert, sei es, dass sie verstaatlicht, (teil)privatisiert wurden oder zur Privatisierung/Deregulierung anstehen. Anhand der Beispiele sind typische Reaktionen und Verhaltensweisen der deutschen und französischen Unternehmen im Rahmen der allgemeinen Wirtschaftspolitik und des jeweiligen Wirtschaftsmodells analysierbar. Für die einzelwirtschaftlichen Untersuchungen werden, aufgrund der fehlenden Informationen, einfacher auszuwählende und zu bewertende Kennzahlen herangezogen als dies für eine detaillierte Kosten/Nutzen-Analyse notwendige wäre (s. vorheriges Kapitel).

Für den Vergleich der Unternehmen insgesamt werden drei Bereiche gewählt:

- Allgemeiner Vergleich und Einführung in die Branche

- Quervergleich der Kennzahlen Staatsanteil (Kapitalstruktur), Umsatz, Gewinn, Mitarbeiteranzahl, Umsatzrendite[409], Eigenkapitalquote[410] und Eigenkapitalrendite[411] für zehn Unternehmen in den Branchen Telekommunikation, Luftfahrt, öffentliche Banken, Energie und Automobil (soweit die Kennzahlen bekannt sind)
- Zeitvergleich der Aktienkursentwicklung der zehn Unternehmen jeweils in paarweiser Gegenüberstellung in EURO (ab Mitte der neunziger Jahre bis Ende 2000; nicht möglich für die WestLB, CDC und EDF, da die Unternehmen nicht börsennotiert sind)

Die Auswahl der Unternehmen für den Quervergleich erfolgt unter verschiedenen Gesichtspunkten. Erstens müssen die Unternehmen mit Nationalisierungen, Privatisierungsfragen und/oder (Teil)Privatisierungen Erfahrungen gesammelt haben oder sammeln. Zweitens sollen diejenigen Unternehmen verglichen werden, die in ihren Branchen eine beträchtliche Bedeutung in Deutschland und Frankreich besitzen.[412] Drittens sind die Unternehmen einem französischen Verständnis nach einerseits dem Wettbewerbssektor (Automobil, Telekommunikation und Luftfahrt) und andererseits dem ‚service public' (Energie und öffentliche Banken) zurechenbar.[413] Dafür haben sich die oben genannten Branchen im deutsch-französischen Vergleich im besonderen angeboten. Der Quervergleich erlaubt daneben Rückschlüsse auf die Unternehmensentwicklung und einen möglichen Einfluss der Privatisierungsaktivitäten auf das Unternehmen.

Bei dem Zeitvergleich wird auf die Aktienkursentwicklung der genannten Unternehmen eingegangen. Dieses Vorgehen bietet sich an, da die Aktienkursentwicklung für den ‚shareholder value' eine wichtige Rolle als ökonomische Kennziffer spielt. Außerdem werden alle Unternehmen, bis auf die öffentlichen Banken und EDF, durch einen Börsengang (teil)privatisiert und der Aktienkursentwicklung kommt aus dieser Sicht eine entsprechende Bedeutung zu.

---

409 Umsatzrendite = Gewinn/Umsatz

410 Eigenkapitalquote = Eigenkapital/Bilanzsumme

411 Eigenkapitalrendite = Gewinn/Eigenkapital

412 Vgl. Bonder/Student (1998): S. 18-21.

413 Die Gegenüberstellung Wettbewerbsektor versus ‚service public' ist an dieser Stelle vereinfacht. Zum einen haben sich die Branchen durch die europäischen Richtlinien seit Beginn der achtziger Jahre in Richtung Wettbewerbssektor entwickelt (Telekommunikation und Luftfahrt). Zum anderen sind es ja gerade die Beispiele des Wettbewerbssektors, die mitunter eben Schwierigkeiten bei der Privatisierung mitbringen, obwohl von Wettbewerbsmärkten ausgegangen wird (Automobil).

In dem darauffolgenden Kapitel 5.2.2 werden des weiteren verschiedene im direkten Vergleich nicht erwähnte (teil)privatisierte Unternehmen in Deutschland und Frankreich untersucht.

5.2.1 Zehn ausgewählte (teilprivatisierte) Unternehmen im Paarvergleich

a) Telekommunikation: Deutsche Telekom versus France Télécom[414]

Der Telekommunikationssektor ist einer der wichtigsten Sektoren, der in der EU in der vergangenen Zeit liberalisiert wird. Da man heute durch technologische Veränderungen eine Trennung des Netzes und der Nutzung erreicht, sind die Voraussetzungen eines natürlichen Monopols entfallen und eine Deregulierung des Sektors wird eingeleitet. Das heißt, die Märkte werden zum einen für neue Wettbewerber geöffnet, und die bisherigen Anbieter werden (teil)privatisiert. Es gibt mittlerweile in Europa kein staatliches Telekommunikationsunternehmen mehr, das nicht zumindest teilprivatisiert wird. Die Deutsche Telekom und France Télécom müssen sich nach der Marktliberalisierung den national regulierten Wettbewerbsmärkten stellen. Sie gehören zu den großen Telekommunikationsunternehmen in Europa. Beide sind der jeweils größte Anbieter in ihrem Heimatland und sind insofern vergleichbar, als der Umsatzanteil durch Telefondienstleistungen bei beiden bei ca. 70 Prozent liegt. Bereits vor den Teilprivatisierungen kommt es 1993 zunächst zu einer strategischen Annäherung (deswegen wurden Anteile von 2,5 Prozent des jeweils anderen Unternehmen übernommen). Diese Annäherung ist nach einem Strategiewechsel der Deutschen Telekom verworfen worden. Seitdem gehen beide Unternehmen getrennte Wege, verfolgen aber weiterhin teilweise ähnliche Wachstums- und Marktstrategien. In der folgenden Tabelle sind die Vergleichskennzahlen erfasst.

Der tabellarische Vergleich zeigt, dass beide Unternehmen etwa im gleichen Zeitraum durch einen ersten Anteilsverkauf teilprivatisiert werden. Dieser Zeitraum wird durch die Öffnung des Marktes durch die EU vorgegeben. Auch wenn seitdem weitere Teilprivatisierungsschritte durchgeführt werden, liegt der öffentliche Anteil bei beiden Unternehmen in 2001 bei über 50 Prozent, so dass man weiterhin von Staatsunternehmen sprechen muss. Die unternehmerische Handlungsfreiheit hat sich also erhöht, aber mit dieser Kapitalstruktur ist eine öffentliche Einflussnahme auf die Geschäftspolitik weiterhin möglich. Weitere Privati-

414 Vgl. Siebert (2000): S. 144-245; sowie Bonder/Student (1998): S. 114-117 und 139-141; sowie CEEP (2001): S. 6; sowie CEEP (2000): S. 25; sowie o.V. (2001b): S. 28; sowie Mentré (1994): S. 11.

sierungsschritte sind zwar langfristig zu erwarten, aber nicht terminlich angekündigt. Die Deutsche Telekom ist insgesamt etwas größer als France Télécom. Bei den Umsatzzahlen weist die France Télécom zwischen 1995 und 1999 ein starkes Wachstum auf, und auch die Mitarbeiterzahlen haben sich erhöht. Bei der Deutschen Telekom dagegen ist das Umsatzwachstum im Vergleich gering, und es kommt zu einem massiven Stellenabbau. Es ist schwierig, sich über die Ertragskraft der Deutschen Telekom ein Bild zum machen, da die einzelnen Sparten der Telekom nicht ausgewiesen werden. Die insgesamt positive Entwicklung der Zahlen hängt wahrscheinlich mit der immer noch herrschenden Monopolstellung (1996 werden 84 Prozent des deutschen Telekommunikationsmarktes abgedeckt) zusammen. Dies gilt ebenfalls für France Télécom. Im Zuge der Privatisierung wurden die Mitarbeiter von France Télécom über Anteilserwerb am Unternehmen beteiligt.

Ausprägung/ Unternehmen	**Deutsche Telekom**	**France Télécom**
Staatsanteil/Beteiligungsstruktur 2000	Bundesanstalt für Post und Telekommunikation Deutsche Bundespost 43,7 %/ Kreditanstalt für Wiederaufbau 21,6 %/France Télécom 2 %/Rest Streubesitz	Staat ca. 63 %/Beschäftigte 3,6 %/Rest Streubesitz und andere
Privatisierung seit	1996	1997
Umsatz 1995/1999	66,1/69,4 Mrd. DM	148/179 Mrd. FF
Gewinn 1995/1999	5,2/2,9 Mrd. DM	9,1/18,1 Mrd. FF
Mitarbeiteranzahl 1995/1999	220.000/172.000	167.660/174.000
Umsatzrendite in % 1995/1999	7,8/4,2	5/10
Eigenkapitalquote/-rendite in % 1995	15,4/23,9	48,5/6,8

Tabelle 19: Deutsche Telekom versus France Télécom
Quelle: Commerzbank (2000): S. 220; sowie o.V. (1999b): S. 21; sowie OCDE (2000): S. 104; sowie o.V. (2000i): S. U2; sowie Bonder/Student (1998): S. 117 und 141; sowie France Télécom (2000): S. 4, 34 und 64; sowie eigene Zusammenstellung/Berechnung.

In den vergangenen Monaten wird in Deutschland diskutiert, inwieweit der Wettbewerb im Telekommunikationsmarkt funktionsfähig sei, dementsprechend die Regulierung des Marktes angepasst werden könne und ob für die Schnittstelle zwischen Netz und Nutzung die ‚richtigen Preise‘ verlangt würden. Das funktionierende Wettbewerbsbedingungen sich nicht automatisch einstellen und die

Deutsche Telekom teilweise noch über Monopolmacht verfügt, ist eine Weiterarbeit der Regulierungsbehörde zu vermuten. Für die Verbraucher in Deutschland und Frankreich sind die Deregulierungsschritte der Telekommunikation bisher positiv, da die Telefongebühren teilweise erheblich gesenkt werden. Für die ehemaligen Monopolunternehmen bedeuten die Anpassungen an veränderte Wettbewerbs- und Marktbedingungen teilweise große Einschnitte.

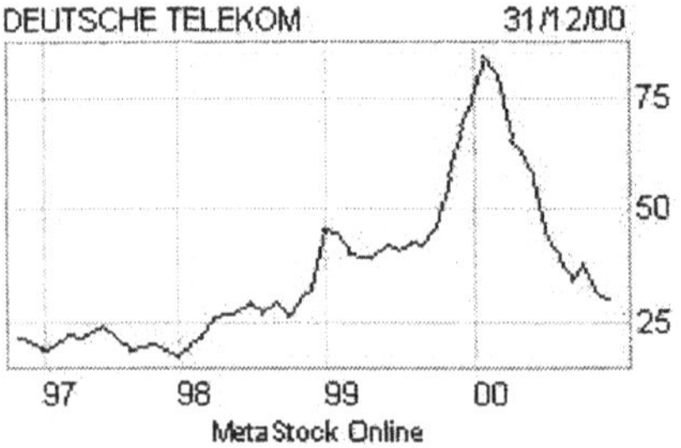

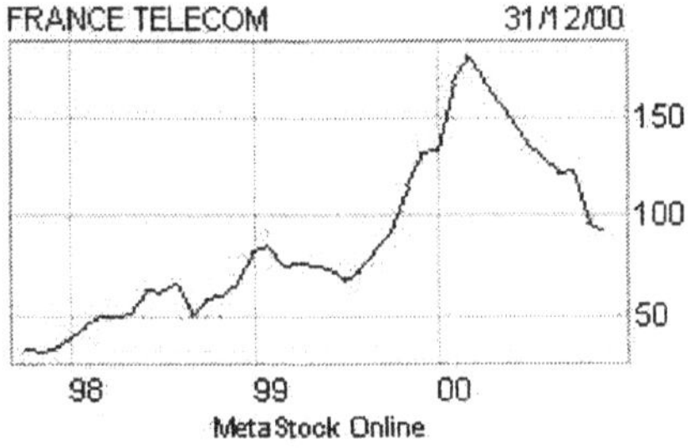

Quelle: www.reuters.de, 21.01.2001.

Bei den Aktienkursentwicklungen zeigt sich eine ungefähr parallele Entwicklung seit der Börseneinführung. Beide Unternehmen dürften von dem insgesamt sehr positiven Börsenklima bis Mitte des Jahres 2000 profitiert haben und waren an den jeweiligen Börsenindices in Frankfurt und Paris vom Börsenwert die größten Unternehmen (Deutsche Telekom ca. 180 Mrd. US-Dollar und France Télécom ca. 150 Mrd. US-Dollar). Im Frühjahr 2001 kommt es wegen der unsicheren Börsenentwicklung im Technologiesektor und unklaren Aussichten über die weitere Entwicklung der Unternehmen (Investitionen in UMTS, Verschuldung, Wachstums- und Fusionsstrategie, Internetstrategie und Probleme mit Tochterunternehmen) zu massiven Kurseinbrüchen beider Aktien. Die Entwicklungen zeigen, dass es sich auch bei sogenannten Volksaktien (nach deutschem Verständnis) um Risikopapiere handelt und eine langfristig steigende Aktienkursentwicklung vor allem mittel- bis langfristig nur durch eine kohärente Geschäftspolitik in einem Wettbewerbsumfeld zu erzielen ist. Die Kleinaktionäre, die durch besondere Kaufanreize und breit angelegte Marketingfeldzüge der Telekomunternehmen teilweise zum ersten Mal für eine Börsenteilnahme gewonnen wurden, werden diese Aktien vermutlich abstoßen.

b) Luftfahrt: Lufthansa versus Air France[415]

Die deutsche Lufthansa und die französische Air France gehören mit British Airways zu den drei großen Fluggesellschaften in Europa. Seit Ende der siebziger Jahre wird die Branche durch die Deregulierung des Luftverkehrs getroffen, was sich insbesondere in verschärften Wettbewerbsbedingungen manifestiert und für beide Turbulenzen mit sich bringt. Beide Gesellschaften haben bis in die neunziger Jahre hinein finanzielle Probleme unter ähnlichen Marktbedingungen (steigende Passagierzahlen, steigende Treibstoffpreise, steigende Preise für Landerechte). Deswegen gibt es mehrere Restrukturierungs- und Sanierungsprogramme in beiden Unternehmen. In den vergangenen Jahren haben sich internationale Allianzen und Kooperationen von verschiedenen Fluggesellschaften gebildet. Die Lufthansa ist hier mit der ‚Star Alliance' ein weltweiter Vorreiter. Air France gehört zur Allianz ‚Skyteam'. Der Transport von Passagieren stellt für beide Unternehmen das Kerngeschäft dar. In der folgenden Tabelle sind die Vergleichskennzahlen erfasst:

Ausprägung/ Unternehmen	**Lufthansa**	**Air France***
Staatsanteil/Beteiligungsstruktur 2000	MGL Münchener Gesellschaft für Luftfahrtwerte 10,05 %/Rest Streubesitz	Staat ca. 64 %/Beschäftigte 11 %/Rest Streubesitz
Privatisierung seit	1987	1999
Umsatz 1995/1999	19,9/25 Mrd. DM	43/67,7 Mrd. FF
Gewinn 1995/1999	0,8/1,4 Mrd. DM	-2,3/ca. 2 Mrd. FF
Mitarbeiteranzahl 1995/1999	57.586/66.200	45.084/48.000
Anzahl Fluggäste in Mio. 1995/2000	41/43,8	15**/39,8
Umsatzrendite in % 1995/1999	4/5,6	-/3
Eigenkapitalquote/-rendite in % 1995	26,8/13,2	11,4/negativ

Tabelle 20: Lufthansa versus Air France
Quelle: OCDE (2000): S. 104; sowie o.V. (2000i): S. U2; sowie Commerzbank (2000): S. 217; sowie Bonder/Student (1998): S. 32 und 190; Air France (2001): S. 1-3; sowie eigene Zusammenstellung/Berechnung.
** Zahlen für 1995/96 bzw. 1999/2000*
*** nur Muttergesellschaft*

415 Vgl. Bonder/Student (1998): S. 31-33 und 187-190; sowie o.V. (2000i): S. U2; sowie Bureau (1997): S. 57.

Die Tabelle zeigt, dass die Lufthansa wesentlich früher als die Air France teilprivatisiert wird und nur für die Air France wegen des verbleibenden staatlichen Anteils noch von einem Staatsunternehmen gesprochen werden kann. Die unternehmerische Handlungsfreiheit existiert also eher bei der Lufthansa. Die Lufthansa ist insgesamt etwas größer als Air France, arbeitet rentabel und weist seit Mitte der neunziger Jahre eine positive Geschäftsentwicklung auf. Bei der Air France sind die Kennzahlen nicht durchgängig positiv. Bis Mitte der neunziger Jahre müssen Milliarden-Verluste der Gesellschaft vom Staat aufgefangen werden. Insgesamt geht es der Lufthansa schon länger finanziell besser, und es wird bereits früher umstrukturiert. Im Zuge der Privatisierung werden die Mitarbeiter (vor allem die Piloten) der Air France über Anteilserwerb am Unternehmen beteiligt. Eine Reduktion der Flugpreise nach den Privatisierungen ist nicht festzustellen.

Die historische Entwicklung der Unternehmen läßt vermuten, dass gerade die ehemals staatlichen Fluggesellschaften auch unter öffentlichem Einfluss standen. Für die Lufthansa wird berichtet, dass ihre Privatisierung aus industriepolitischen Gründen verzögert worden sei.[416]

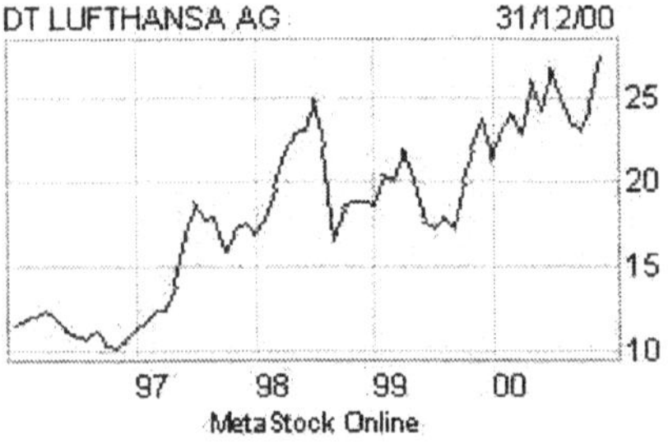

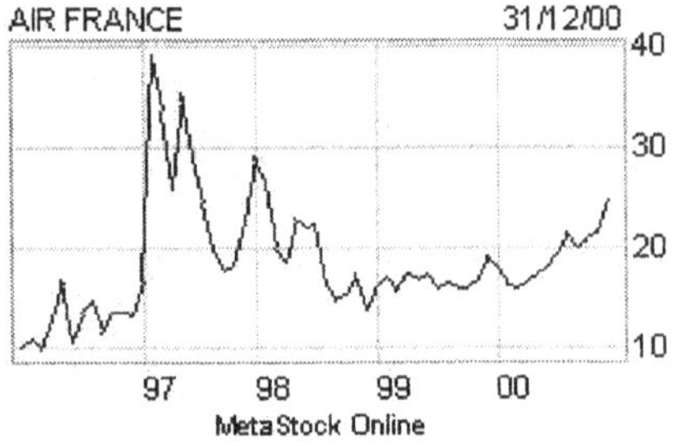

Quelle: www.reuters.de, 21.01.2001.

Bei der Aktienkursentwicklung zeigt sich keine parallele Entwicklung. Der Aktienkurs der Lufthansa geht unter stärkeren Schwankungen langfristig nach oben. Die Air France-Aktie dagegen steigt nach der Privatisierung stark an, bevor sie absackt und langsam wieder steigt. Beide Aktien sind in den wichtigsten nationalen Aktienindices DAX bzw. CAC40 vertreten.

416 Vgl. Experteninterview Schlecht im Anhang S. XVI.

c) Öffentlich-rechtliche Banken: WestLB versus CDC[417]

Die Banken in Deutschland und Frankreich können die vergangenen Jahre im allgemeinen auf ähnliche stabile Wachstumsphasen verweisen, und zur Sicherung der Wettbewerbsfähigkeit werden vor allem von den bekannten Großbanken dieselben Strategien gefahren (s. Fusionsgespräche zwischen Deutsche Bank und Dresdner Bank bzw. zwischen BNP, Paribas und Société Générale). Bei den öffentlich-rechtlichen Instituten in Europa wird für die kommenden Jahre eine Konsolidierung erwartet. In beiden Ländern existieren verschiedene Beispiele von Instituten, die für die jeweiligen landesspezifischen Verhaltensweisen in diesem Bereich typisch sind. Für die Arbeit wurden die deutsche Landesbank WestLB und die öffentlich-rechtliche Großbank CDC aus Frankreich wegen ihrer Beispielhaftigkeit gewählt. Denn bei beiden gibt es einen maßgeblichen staatlichen Anteil.

Die WestLB ist ein öffentlich-rechtliches Kreditinstitut und unterscheidet sich damit vor allem dadurch von Privatbanken in Deutschland, dass Anstaltslast (Gewährleistung einer funktionsfähigen Kreditanstalt durch die öffentliche Hand) und Gewährträgerhaftung als öffentliche Haftungsgarantien existieren. Solche Regelungen sind weltweit einmalig und haben sich historisch entwickelt. Das Institut ist international mit allen Bankgeschäften vertreten, und die besonderen staatlichen Garantien verhelfen ihm zu günstigen Refinanzierungskosten. Die WestLB steht als größte Landesbank besonders in der Öffentlichkeit. Da sie in erheblichem Umfang Geschäfte wie die Privatbanken abwickelt, sich aber im Wettbewerb durch die staatlichen Garantien Wettbewerbsvorteile verschafft, wird u.a. von der EU-Kommission ein Verzicht auf Anstaltslast und Gewährträgerhaftung gefordert. Das entspricht einer Quasi-Privatisierung. Die Entwicklung der WestLB hat eine Signalfunktion für alle anderen Landesbanken (und Sparkassen).

Die CDC ist ein direkt dem Staat unterstelltes Kreditinstitut, das verschiedene Aufgaben im staatlichen Auftrag und im allgemeinen Interesse wahrnimmt. Das Institut hält verschiedene indirekte Beteiligungen an anderen französischen Unternehmen (z.B. Accor, Canal+, Société Générale; s. dazu auch die Beteiligungsübersicht im Anhang) und eine Sperrminorität (35 Prozent) an der Caisse nationale des caisses d'épargne, dem Hauptunternehmen der französischen Sparkassenorganisation. Weitere direkte Beteiligungen besitzt die CDC an der CNP, der Dexia und der BDPME. Die Bank spielt die zentrale Rolle in der Gruppe der öf-

417 Vgl. Barmeyer (2000): S. 396f; sowie o.V. (2000i): S. U2; sowie o.V. (2001a): S. 24; sowie Kloepfer (2000): S. 17; sowie Weber (20001): S. 1; sowie CEEP (2000): S. 10, 13 und 61.

fentlichen Kreditinstitute. Zusammen mit den Sparkassen wird in 2001 ein Gemeinschaftsunternehmen gebildet werden, welches mit 48.000 Mitarbeitern eine Großbank darstellt. In der folgenden Tabelle sind die Vergleichskennzahlen erfasst:

Ausprägung/ Unternehmen	**WestLB**	**CDC**
Staatsanteil/Beteiligungsstruktur 2000	Land Nordrhein-Westfalen 43,2 %/Rheinischer Sparkassen- und Giroverband 16,7 %/Westfälisch-Lippischer Sparkassen- und Giroverband 16,7 %/Landschaftsverband Rheinland 11,7 %/Landschaftsverband Westfalen-Lippe 11,7 %	Staat 100 %
Privatisierung seit	-/Diskussion um Mutter-Tochter-Modell	Kommerzielle Tochtergesellschaft seit 1.01.01
Bilanzsumme 1999	770 Mrd. DM	177 Mrd. EURO
Gewinn 1999	0,9 Mrd. DM	1,9 Mrd. EURO
Mitarbeiteranzahl 1999	11.100	5.000

Tabelle 21: WestLB versus CDC
Quelle: Commerzbank (2000): S. 952; sowie o.V. (2000i): S. U2.

Wie aus der Tabelle zu erkennen ist, sind beide Institute als historisches Relikt vollständig in öffentlicher Hand. Die WestLB ist im Besitz des Landes Nordrhein-Westfalen sowie der genannten regionalen Verbände, und die CDC gehört zu 100 Prozent dem Staat. Eine unternehmerische Handlungsfreiheit besteht für beide damit nicht. Die WestLB ist insgesamt wesentlich größer als die CDC und kann zu den deutschen Großbanken gezählt werden. Echte Privatisierungen sind für beide Unternehmen nicht geplant, aber für beide steht aufgrund des EU-Einflusses eine Aufspaltung in öffentliches und kommerzielles Geschäft auf der Agenda. Für die CDC wird eine innovative Lösung gewählt, während die Weiterentwicklung der WestLB kaum vorankommt. Die CDC hat im Unterschied zur WestLB für Januar 2001 eine Lösung durch Teilung in CDC (öffentlich-rechtliche Aufgaben wie Finanzierung sozialer Wohnungsbau, Verwaltung staatlich garantierter Sparbriefe und Vermögensverwaltung öffentlicher Pensionsfonds) und CDC Ixis (100-Prozent Tochtergesellschaft für das kommerzielle Geschäft) gefunden. Für die WestLB werden unterschiedliche Modelle diskutiert und die Verhandlungen mit der EU-Kommission sind im Frühjahr 2001 noch nicht abgeschlossen. Die EU-Kommission wird vermutlich auf einem dem EU-

Wettbewerbsrecht konformen Modell bestehen. Es wird wohl zu einer Koexistenz aus staatlichen und privaten Anteilen kommen.

d) Energie: RWE versus EDF[418]

Der Energiesektor gehört wie die Telekommunikation zu den Branchen, die von der Deregulierung und Liberalisierung in der EU betroffen sind. Die Liberalisierung erfolgt in Deutschland so zügig und umfangreich wie in keinem anderen Land (vollständige Marktöffnung bisher ohne Regulierung). In Frankreich ist der Markt zu 30 Prozent offen und eine Regulierung ist installiert. In den vergangenen Jahrzehnten gibt es in Deutschland verschiedene Gebietsmonopole in der Energieversorgung (eins davon vom RWE) und in Frankreich dagegen ein Staatsmonopol (EDF). Die Märkte werden entsprechend der EU-Richtlinie für neue Wettbewerber geöffnet und die bisherigen Anbieter (teil)privatisiert. Dafür ist der Markt in Deutschland zu 100 Prozent offen, wird aber in Frankreich bisher nur nach Minimalvorgaben (30 Prozent) geöffnet. In Deutschland werden vom Bund frühzeitig die Beteiligungen an den Energieversorgungsunternehmen VEBA und Viag abgegeben.

Das RWE ist nach der EDF in Europa das zweitgrößte Stromversorgungsunternehmen. Das RWE ist als privates Unternehmen gegründet worden. Im Laufe der Zeit werden immer mehr Kommunen am RWE beteiligt, um sie als Kunden zu gewinnen, so dass die kommunalen Eigentümer via Mehrfachstimmrechten lange Zeit über die Mehrheit der Stimmrechte am RWE verfügen. Dieser kommunale Einfluss kann in den vergangenen Jahren wieder abgebaut werden, um zu einer zeitgemäßeren Organisation der Interessen der privaten und öffentlichen Anteilseigner zu kommen. Seit den siebziger Jahren wird die Vermischung von Eigentümer- und Kontrollinteressen in den kommunalen Energieunternehmen kritisiert. Das RWE, wegen seiner Größe auch als ‚Wattikan' bezeichnet, hat eine Reihe bedeutender Töchter und hält multinationale Beteiligungen.

Die EDF blickt nach ihrer Nationalisierung im Jahr 1946 ebenfalls auf ein Historie massiver öffentlicher Einflussnahme zurück, weswegen für das Unternehmen auch vom ‚Staat im Staate' gesprochen wird. Sie gilt als größter Betreiber von Atomkraftwerken in Europa sowie als führender westeuropäischer Stromexporteur. In den neunziger Jahren hat die EDF verschiedene weltweite Investitionen getätigt. Sie hat, im Gegensatz zu anderen öffentlichen Unternehmen in Frankreich, seit Anfang der achtziger Jahren keine staatlichen Kapitalhilfen

418 Vgl. Bonder/Student (1998): S. 121-123 und 274-277; sowie o.V. (2000i): S. U2; sowie Ederer/Schuller (1999): S. 199; sowie OCDE (2000): S. 99-100; sowie CEEP (2000): S. 24-25; sowie Schürmann (1995): S. 8; sowie o.V. (2000b): S. 1.

mehr erhalten, was auf eine erfolgreiche Geschäftstätigkeit schließen lässt (bei günstigen Strompreisen). Eine Privatisierung wird wegen des starken gewerkschaftlichen Einflusses im Unternehmen als problematisch angesehen. In der folgenden Tabelle sind die Vergleichskennzahlen erfasst:

Ausprägung/ Unternehmen	**RWE***	**EDF**
Staatsanteil/Beteiligungsstruktur 2000	Allianz 13,32 %/RW Holding 12,1 %/Stadt Essen 2,54 %/Rest Streubesitz	Staat 100 %
Privatisierung seit	-	-
Umsatz 1995/1999	65436/66267 Mio. DM	188553 Mio. FF/ 32042 Mio. EURO
Gewinn 1995/1999	1562/3021 Mio. DM	2731 Mio. FF/ 1179 Mio. EURO
Mitarbeiteranzahl 1995/1999	132.658/155.600	116.909/116.500
Umsatzrendite in % 1995/1999	2,4/4,5	1,4/3,6
Eigenkapitalquote/-rendite in % 1995	22,1/9,5	23,3/1,8

Tabelle 22: RWE versus EDF
Quelle: EDF (2001): S. 1; sowie OCDE (2000): S. 104; sowie o.V. (2000i): S. U2; sowie Bonder/Student (1998): S. 123 und 277; sowie Commerzbank (2000): S. 746; sowie Sinz (1999): S. 377; sowie eigene Zusammenstellung/Berechnung.
** Zahlen für 1995/96*

Die Tabelle zeigt, dass beide Unternehmen noch staatliche Anteile haben. Die EDF ist zu 100 Prozent ein öffentliches Unternehmen. Die unternehmerische Handlungsfreiheit ist beim RWE wesentlich höher. Beide Unternehmen zeigen eine positive geschäftliche Entwicklung. Das RWE ist von Umsatz- und Mitarbeiterzahlen her insgesamt größer, auch in anderen Bereichen als der Energieversorgung tätig und diversifiziert stärker. Die EDF konzentriert sich stattdessen auf die Elektrizitätsproduktion (Stromabsatz 1999 445 TWh im Vergleich zu 168 TWh vom RWE), versucht sich aber insbesondere auf dem deutschen Markt durch den Erwerb der EnBW zu etablieren. Da es zur Zeit wegen der Abschottung des Marktes für deutsche Energieversorger ungleich schwerer ist, sich in Frankreich zu etablieren, kommt es über die Marktöffnung zu deutsch-französischen Diskussionen. Allerdings wird von EU-Seite ein zunehmender Deregulierungsdruck ausgeübt.

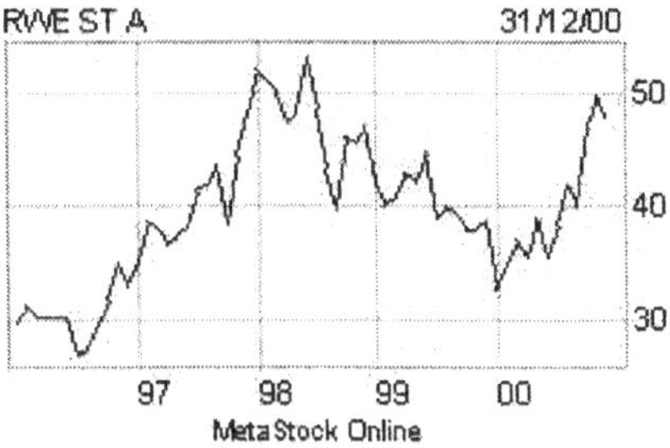

Quelle: www.reuters.de, 21.01.2001; sowie RWE (2001): S. 27.

Die Entwicklung Aktie des RWE erzielte über die neunziger Jahre hinweg eine durchschnittliche jährliche Rendite von 7,3 Prozent und ist somit langfristig positiv. Die Aktie ist einer der Standardwerte des DAX. Die EDF ist nicht börsennotiert.

e) Automobil: Volkswagen versus Renault[419]

Die Unternehmen Volkswagen und Renault gehören zu den großen europäischen Automobilherstellern und liegen im Massengeschäft in Europa mit an der Spitze (Volkswagen: Neuzulassungen 2000 1,61 Mio. Fahrzeuge, Marktanteil 11 Prozent und Renault: Neuzulassungen 2000 1,55 Mio. Fahrzeuge, Marktanteil 10,6 Prozent). Sie haben in den vergangenen Jahren Anteile verschiedener anderer Autohersteller übernommen (Volkswagen: Skoda und Bugatti; Renault: Nissan und Samsung). Beide Unternehmen gelten als nationale Symbole und verfolgern als große Volumenhersteller ähnliche Strategien. Sie weisen in der Geschäftspolitik indessen Charakteristika auf, die nicht unbedingt für weltweit erfolgreich agierende Unternehmen notwendig sind. Der von Volkswagen produzierte Käfer gilt als ein Symbol des wirtschaftlichen Aufstiegs Deutschlands nach Ende des 2. Weltkriegs. Volkswagen selbst gilt als ein Unternehmen, in dem der gewerkschaftliche Einfluss als hoch angenommen wird. Das Unternehmen wird regelmäßig zur Erreichung sozial- und strukturpolitischer Ziele (regionale Beschäftigungspolitik in Wolfsburg und Niedersachsen) instrumentalisiert. Obwohl es früh zu ersten Privatisierungsschritten kam (unter dem Stichwort: soziale Privatisierung), gibt es bis heute als historisches Relikt einen staatlichen Anteil von knapp

419 Vgl. Bonder/Student (1998): S. 255-259 und 345-349; sowie o.V. (2000i): S. U2; sowie Wellenstein (1992): S. 341; sowie Hartwig (1993): S. 50-51; sowie Edelmann (1999): S. 56; sowie CEEP (2000): S. 23-24; sowie Eichhorn (1983): S. 12; sowie Izraelewicz (1999): S. 97f.

20 Prozent. Dies wird von der Landespolitik u.a. damit begründet, dass es „schön sei, wenn man (vor Ort) im Aufsichtsrat sitzt“[420].

Im Dezember 1996 wird Renault von den Franzosen zur Marke des Jahrhunderts gewählt. Das Unternehmen Renault gilt als das nationale Heiligtum schlechthin. Es ist bis zur Nationalisierung 1946 in Familienbesitz und hat seinen Sitz in Billancourt, in der Nähe von Paris. Seit der Verstaatlichung gibt es immer einen hohen staatlichen Anteil bei Renault. Da die Gewerkschaften einen starken Einfluss im Unternehmen haben und Veränderungen des Unternehmens besonders verfolgt werden, wird die Diskussionen um die (Teil)Privatisierung teilweise sehr kontrovers geführt. Lionel Jospin hat, nachdem er sich zuerst gegen weitere Privatisierungen ausgesprochen hatte, mit der Teilprivatisierung von Renault seine erste realpolitische Reifeprüfung als Regierungschef abgelegt.[421] In der folgenden Tabelle sind die Vergleichskennzahlen der Unternehmen erfasst:

Ausprägung/ Unternehmen	**Volkswagen**	**Renault**
Staatsanteil/Beteiligungsstruktur 2000	Hannoversche Beteiligungsgesellschaft 18,64 %/ eigene Anteile 0,2 %/Rest Streubesitz	Staat 44,22 %/Beschäftigte 4,04 %/Caisse des Dépôts 1,04 %/Templeton 4,96 %/Rest Streubesitz und andere
Privatisierung seit	1960/1986	1994/1996
Umsatz 1995/1999	88119/147013 Mio. DM	184065/246589 Mio. FF
Gewinn 1995/1999	336/1651 Mio. DM	2139/7610 Mio. FF
Mitarbeiteranzahl 1995/1999	257.000/306.300	139.950/159.608 (275.000*)
Umsatzrendite in % 1995/1999	0,4/1,1	1,1/3
Eigenkapitalquote/-rendite in % 1995	15,1/2,5	19,6/4,9

Tabelle 23: Volkswagen versus Renault
Quelle: Commerzbank (2000): S. 926; sowie o.V. (2000i): S. U2; sowie Bonder/Student (1998): S. 258 und 349; sowie Renault (2001); sowie eigene Zusammenstellung/Berechnung.
** inklusive Nissan*

Die Tabelle zeigt, dass beide Unternehmen über den betrachteten Zeitraum gewachsen sind. Beide haben weiterhin öffentliche Anteilseigner, wobei der Anteil bei Renault etwas mehr als doppelt so groß ist wie der Anteil bei Volkswa-

420 Experteninterview Schlecht im Anhang S. XVI.
421 Vgl. Desportes/Mauduit (1999): S. 25-33.

gen. Die unternehmerische Handlungsfreiheit ist damit bei Volkswagen höher. Privatisierungsschritte werden bei Volkswagen wesentlich früher eingeleitet, sind bis heute aber nicht abgeschlossen. Inklusive aller Tochterfirmen kommen die Unternehmen auf ähnliche Größenzahlen bei den Mitarbeitern und den weltweit verkauften Automobilen. Beide Unternehmen arbeiten insgesamt profitabel im vergangenen Jahrzehnt. Ungefähr zwei Drittel der Privatisierungserlöse sind nicht dem Bund zugeflossen, sondern der Volkswagenstiftung. Im Zuge der Privatisierung werden die Mitarbeiter von Renault über Anteilserwerb am Unternehmen beteiligt.

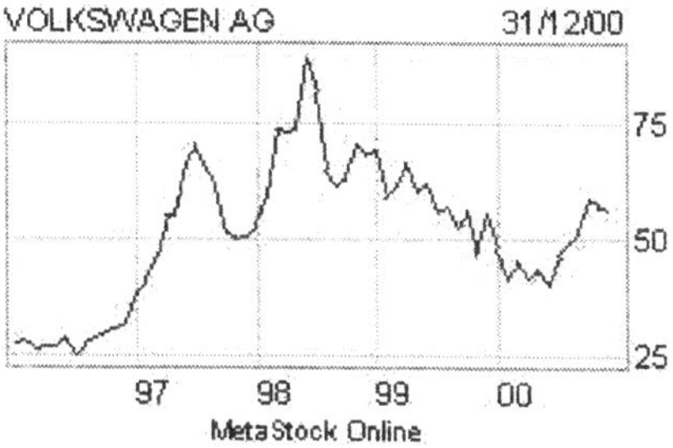

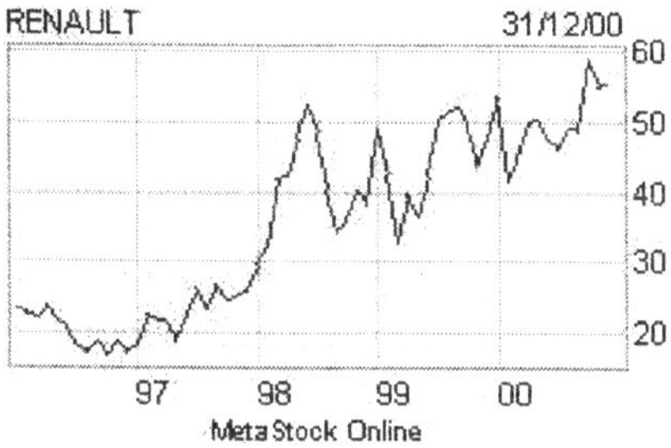

Quelle: www.reuters.de, 21.01.2001.

Beide Aktien sind in den wichtigsten nationalen Aktienindices DAX bzw. CAC40 vertreten. Sie weisen über den Untersuchungszeitraum eine insgesamt positive Entwicklung auf, auch nach den eingeleiteten Privatisierungen.

5.2.2 Entwicklung einzelner privatisierter Unternehmen

Zusätzlich zu den Analysen und Vergleichen, bei denen eine direkte paarweise Gegenüberstellung möglich war, sollen hier einige der bedeutendsten Privatisierungskandidaten in Deutschland und Frankreich untersucht werden. Es handelt sich um Kandidaten, die mit den Privatisierungen konfrontiert sind (schwierige Unternehmenssituation, Einflussnahme von Anteilseignern, jüngste große Privatisierung) oder bei denen es zu einer deutsch-französischen Zusammenarbeit kommt. Für die Arbeit wurden ausgewählt:

- für Deutschland: Preussag, EON (Viag-VEBA) und Deutsche Post
- für Deutschland und Frankreich: EADS (DASA, Casa und Aérospatiale-Matra) und Aventis (Hoechst und Rhône-Poulenc)

- für Frankreich: BNP-Paribas, Crédit Lyonnais, Saint-Gobain, Thomson Multimédia und TotalFinaElf (Elf Aquitaine, Total und Petrofina)

Für die Untersuchung werden weiterhin Kennzahlen zur Kapitalstruktur, zur Geschäftsentwicklung im jeweiligen Markt sowie die Aktienkursentwicklung und Privatisierungsauswirkungen (Erreichen der unternehmerischen Handlungsfreiheit) herangezogen.

- Preussag[422]

Preussag gehört in Deutschland zu den großen Mischkonzernen und ist heute ein europäischer Touristikkonzern. Das Unternehmen wird 1923 gegründet und ist vor allem in den Bereichen Stahl, Energie, Handel, Anlagenbau und Gebäudetechnik tätig. 1959 erfolgt die erste Teilprivatisierung des Unternehmens. Die Kapitalstruktur sieht im Jahr 2000 folgendermaßen aus: GEV (über WestLB) über 30 Prozent, Rest Streubesitz. Die unternehmerische Handlungsfreiheit ist also faktisch eingeschränkt, da das Unternehmen nicht vollprivatisiert ist. Der Aktienkursentwicklung ist langfristig positiv:

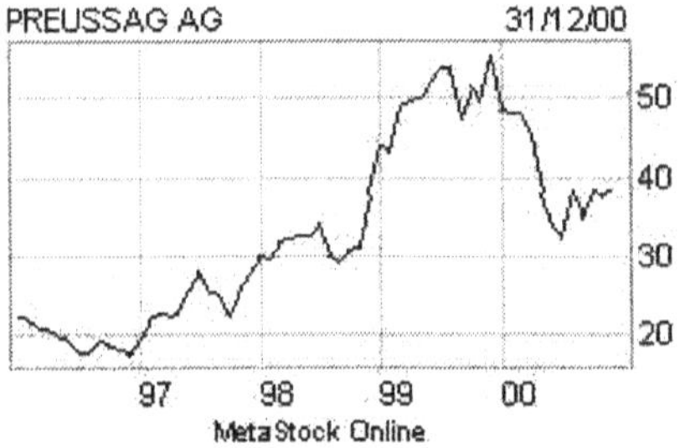

Quelle: www.reuters.de, 21.01.2001.

Im vergangenen Jahr kommt es zu einem Streit (ehemaliger) Vorstandmitglieder um ihre Rollen bei dem versuchten Verkauf des Tochterunternehmens Salzgitter, welches erst Ende der achtziger Jahre übernommen worden war (‚Privatisierung von Salzgitter'). Salzgitter ist hauptsächlich im Besitz der Norddeutschen Landesbank und des Landes Niedersachsen. U.a. wird der Verkauf von Salzgitter durch das Eingreifen Gerhard Schröders verhindert: „Zudem war gerade Landtagswahlkampf. Schröder sorgte für die Übernahme der Mehrheit, das

422 Vgl. Bonder/Student (1998): S. 243-246; sowie Commerzbank (2000): S. 692; sowie Helmer (2000): S. 32.

Publikum applaudierte, Schröder gewann die Wahl und damit die Kanzlerkandidatur."[423]

- EON[424]

Das Unternehmen EON ist aus der Fusion der beiden ehemals öffentlichen Unternehmen VEBA und Viag entstanden. Vor der Fusion sehen die Kapitalstrukturen (in Prozent) der Unternehmen folgendermaßen aus: VEBA (Allianz 10, Münchener Rück 1, Sydkraft 1, institutionelle Investoren 41,9, Privatbesitz 23, Investmentgesellschaften 18, Rest Streubesitz), Viag (Bayern 25,1, VI-Industrie-Beteiligungsgesellschaft 10,5, HI-Vermögensverwaltungsgesellschaft 10,1, Allianz 5,9, Rest Streubesitz). Wegen der jeweils existierenden Anteile der Allianz an beiden Unternehmen ist eine Mitentscheidung der Allianz über die Fusion zu vermuten.

Die VEBA wird 1929 gegründet, 1965 erfolgt die erste Privatisierung und 1987 die Restprivatisierung. Das Unternehmen ist in den Bereichen Strom, Chemie, Telekommunikation sowie Logistik tätig. Die Viag wird 1923 gegründet und 1988 vollprivatisiert. Sie ist tätig in den Bereichen Energie, Telekommunikation, Chemie, Aluminium und Verpackung. Beide Unternehmen gehören zu den Standardwerten im DAX, so wie EON auch wieder dazugehört. Seit den Vollprivatisierungen Ende der achtziger Jahre sind die staatlichen Anteile vollständig verschwunden und damit sind beide Unternehmen frei in ihrer unternehmerischen Handlungsmacht. EON gehört weltweit zu den größten Mischkonzernen. Der Aktienkursverlauf ist langfristig positiv:

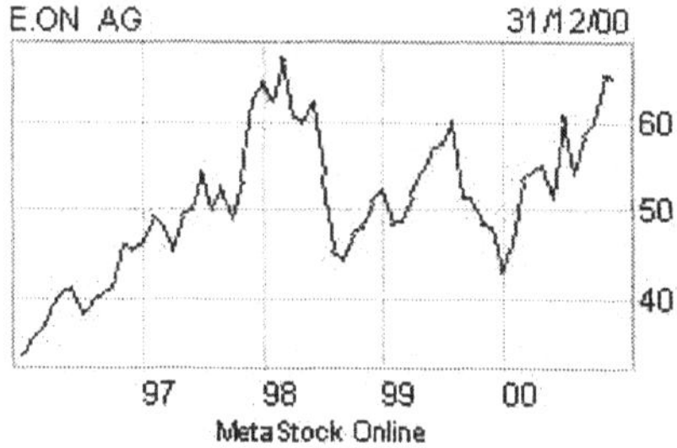

Quelle: www.reuters.de, 21.01.2001.

423 Helmer (2000): S. 32.

424 Vgl. Commerzbank (2000): S. 907 und 919; sowie VEBA-Viag (2000): S. 22 und 26.

- Deutsche Post Worldnet[425]

Die Privatisierung der deutschen Post ist die jüngste große Privatisierung in Deutschland. Im Vergleich zur französischen Post (La Poste) ist die deutsche Post als Vorreiter zu sehen, da sie zuerst die Teilprivatisierung eingeleitet hat, obwohl nicht alle Länder Europas ihre Märkte vollständig dem Wettbewerb geöffnet haben. Der profitabelste Bereich des Unternehmens ist das Briefgeschäft. In dem Börsenprospekt vor der Privatisierung werden als Risikofaktoren vor allem die laufenden Beihilfe- und Wettbewerbsverfahren der EU angesehen. Aufgrund dieser Verfahren wird sogar eine Verschiebung der Privatisierung erwogen. Die staatlichen Eigentümer (Bund und KfW) mussten sich verpflichten, ohne Zustimmung der Banken bis Ende November 2001 keine weiteren Aktien zu verkaufen.

Am 21.11.2000 wird die Aktie der Post zum ersten mal in Frankfurt notiert. Durch die Privatisierung hat der Staat sich von ca. 29 Prozent der Anteile getrennt. Der Schwerpunkt der Platzierung liegt bei Privatkunden in Deutschland und institutionellen Investoren. Es gibt ein Programm zur Beteiligung der Mitarbeiter der Post. Langfristig ist eine vollständige Privatisierung geplant, dieser Schritt ist allerdings abhängig von der Zustimmung des Bundesrates. Es gibt laut Politik keinen Grund, warum der Bund auf Dauer eine Minderheitsbeteiligung halten solle. Die Aktienkursentwicklung seit der Einführung der Aktie ist moderat:

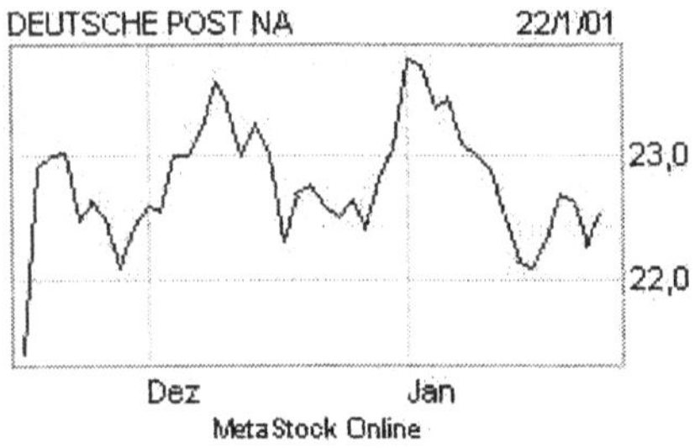

Quelle: www.reuters.de, 21.01.2001.

- EADS[426]

Die EADS (European aeronaute defense and space company) ist als führendes europäisches Luftfahrt- und Rüstungsunternehmen mit einem Gesamtumsatz von

425 Vgl. o.V. (2000g): S. 31; sowie o.V. (2001c): S. 11; sowie o.V. (2000k): S. 13.

426 Vgl. Braunberger (2000a): S. 30; sowie Froehly (2000b): S. 155-156; sowie Froehly (2000a): S. 56-58.

knapp 20 Mrd. EURO entstanden aus einem Zusammenschluss der drei Unternehmen DASA (Daimler Chrysler Aerospace, deutsch), Aérospatiale-Matra (französisch) und Casa (spanisch). Trotz einiger grundlegender Probleme und Fragen vor der Fusion (Fertigungsstandort für den Airbus, potentielle Zusammenarbeit mit British Aerospace, Abgabe des staatlichen Anteils Frankreichs an der Rüstungsindustrie) wird eine pragmatische deutsch-französische Lösung für das Unternehmen gefunden. Die Fusion wird durch die verschiedenen vorherigen Kooperationen begünstigt. Der EADS wird zugetraut, in Zukunft den militärisch-technologischen Abstand zu den USA zu verringern. Den Vorstandsvorsitz teilen sich ein Deutscher und ein Franzose.

Das Kapital des Unternehmens wird zu 34,43 Prozent an den Börsenplätzen Frankfurt, Paris und Amsterdam gehandelt. Der Rest wird von einer Holding gehalten, die wiederum zu gleichen Teilen von Daimler-Chrysler und einer französischen Pooling-Company sowie zu 8,5 Prozent von einer spanischen Holding gehalten werden. Der französische Pool besteht wiederum zu 50 Prozent aus der Regierung, zu 37 Prozent aus Lagardère und zu 13 Prozent aus privaten Institutionen. Lagardère und Daimler-Chrysler werden dazu verpflichtet, ihre Anteile bis mindestens Juli 2003 zu behalten. Die unternehmerische Handlungsfreiheit ist vor allem durch den französischen Anteil weiterhin eingeschränkt. Die Aktienkursentwicklung seit Einführung der Aktie ist moderat.

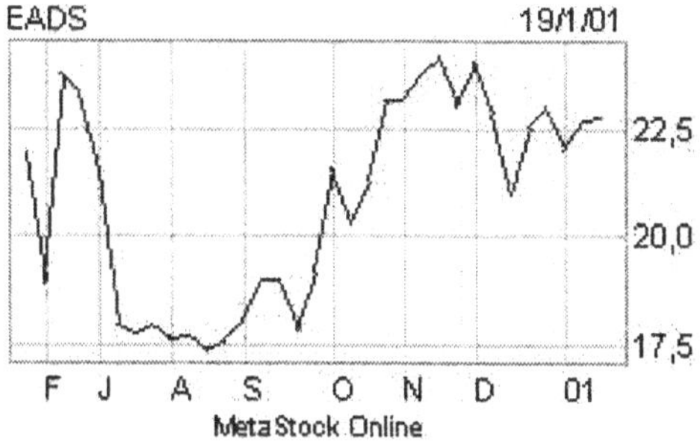

Quelle: www.reuters.de, 21.01.2001.

- Aventis[427]

Der sogenannte Life-Science Konzern Aventis mit Stammsitz in Straßburg, der heute als Kerngeschäfte Pharma und Agrochemie betreibt, ist aus der deutsch-

427 Vgl. Bonder/Student (1998): S. 163-167 und 265-268; sowie Froehly (2000b): S. 157; sowie Juvin (1995): S. 105-107; sowie Braunberger (2000a): S. 30; sowie Cancel/Duval (1997): S. 38-39.

französischen Fusion der ehemaligen Chemie- und Pharmaunternehmen Hoechst und Rhône-Poulenc entstanden. Beide Unternehmen haben vor der Fusion durch Umstrukturierungen (jeweils in eine strategische Management Holding mit verschiedenen Beteiligungen) und Strategieänderungen einen Kurswechsel vollzogen. Hoechst wird 1863 gegründet und ist 1997 Europas größtes Chemieunternehmen. Mehr als 50 Prozent der Aktien befinden sich in ausländischer Hand. Rhône-Poulenc, 1996 Europas fünftgrößter Chemiekonzern, wird 1895 gegründet, 1982 von der sozialistischen Regierung verstaatlicht und 1993 wieder privatisiert. Im Jahr 2000 beschäftigt das Unternehmen in 150 Ländern ca. 93000 Mitarbeiter. Der Umsatz von Aventis liegt 1999 bei 18,4 Mrd. EURO, und Aventis gehört damit vom Umsatz her zu den fünf größten Arzneimittelherstellern der Welt. Die Integrationskosten werden auf 15 Mrd. FF geschätzt. Nach der Fusion werden die traditionellen Chemiebereiche zur Fokussierung auf das Pharmageschäft abgestoßen.

Für Rhône-Poulenc sind die Nationalisierung und/oder Privatisierung insofern bedeutend, als es in Zusammenhang mit diesen Schritten erstens zur finanziellen Sanierung, zweitens zur Expansion im Ausland, drittens zur Übernahmen von anderen Unternehmen (Rorer und Fisons) und viertens zu einer strategischen Neuausrichtung kommt. Dadurch wird die Attraktivität des Unternehmens als Fusionsobjekt letztendlich entscheidend gefördert. Es ist anzunehmen, dass die unternehmerische Handlungsfreiheit in beiden Unternehmen schon länger hoch ist, das heißt, die Manager sind vor allem den nichtstaatlichen Eigentümern verantwortlich. Bereits in 1997 wird für Rhône-Poulenc eine ‚contrôle technocratique' (technokratische Kontrolle) angenommen, das heißt das Management verfolgt eine von externen Einflüssen weitgehend freie Geschäftspolitik. Die Aktienkursentwicklung ist langfristig positiv:

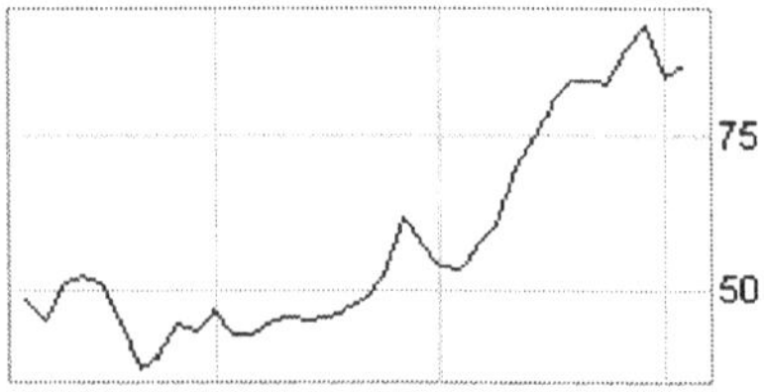

Quelle: www.reuters.de, 28.02.2001.

- BNP-Paribas[428]

Die Handelsbank BNP (Banque Nationale de Paris) und die Investmentbank Paribas sind beide von den Verstaatlichungen und Privatisierungen (BNP: 1945 und 1993, Paribas: 1982 und 1987) betroffen. Beiden ist gemeinsam, dass sie als die ersten großen Privatisierungen am Anfang der ersten beiden Privatisierungswellen standen (Paribas 1987 und BNP 1993) und im System der Überkreuzverflechtungen mit Beteiligungen an zahlreichen Unternehmen (Havas, Elf Aquitaine, AGF, AXA-UAP, Suez und Saint-Gobain) eine zentrale Rolle einnehmen. Zusammen kommen beide Banken auf eine Bilanzsumme von knapp 0,6 Billionen EURO und sind damit fast so groß wie die Deutsche Bank. Das Institut ist eine der führenden, börsennotierten europäischen Banken.

Die Fusion der Unternehmen ist mittlerweile vollzogen, allerdings ist die Art und Weise der Anbahnung der Fusion ein Novum in Frankreich, denn es kommt zum ersten sogenannten feindlichen Übernahmeangebot im französischen Bankenwesen. Das heißt, es kommt zu einer Übernahme der Paribas durch die BNP gegen deren Willen, nachdem ursprünglich eine Fusion zwischen Paribas und Société Générale geplant war (und die BNP dann gleich beide Banken übernehmen wollte). Unter Berücksichtigung der Tatsache, dass gerade die französischen Finanzinstitute (und Finanzmärkte) über Jahrzehnte stark reguliert sind und zu Beginn der achtziger Jahre fast vollständig verstaatlicht werden, ist eine solche Vorgehensweise – unabhängig von einer grundsätzlichen Beurteilung eines solchen Schrittes – als revolutionär zu bezeichnen und zeigt, wie stark sich in Frankreich seit Mitte der achtziger Jahre die ökonomischen Perspektiven verändert haben. Dies gilt umsomehr, als bei der Übernahmeschlacht zwei befreundete Mitglieder der Verwaltungselite (BNP: Michel Pébereau; Société Générale: Michel Bouton) miteinander ringen. Insgesamt verfolgt die BNP damit auch die Strategie ‚nationaler Champion', allerdings ist diese spezielle Art der Vorgehensweise bis dahin mehr als unüblich. Unter den geschilderten Umständen ist vor allem für die BNP von einer weitgehenden unternehmerischen Handlungsfreiheit auszugehen. Die Entwicklung des Aktienkurses beider Unternehmen zusammen ist langfristig positiv:

428 Vgl. Froehly (1999): S. 364-365; sowie Barmeyer (2000): S. 397.

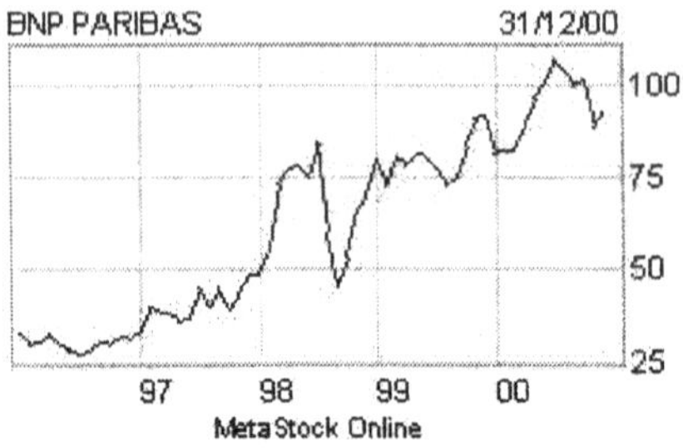

Quelle: www.reuters.de, 21.01.2001.

- Crédit Lyonnais[429]

Die Bank Crédit Lyonnais wird 1945 verstaatlicht. Schon für die erste Privatisierungswelle ab 1986 und später für die zweite Privatisierungswelle ab 1993 steht das Unternehmen als Kandidat auf der Liste der Privatisierungen. Vor allem wegen finanzieller Probleme, die Mitte der neunziger Jahre fast den Konkurs bedeutet hätten, dauert es schließlich bis 1999, bis eine Teilprivatisierung eingeleitet wird. Über den Betrachtungszeitraum hinweg werden die Sanierungskosten, die hauptsächlich durch staatliche Zuschüsse geleistet werden, auf ca. 100 Mrd. FF geschätzt. Dem steht bisher ein Privatisierungserlös von 35 Mrd. FF gegenüber. 1997 beträgt der staatliche Anteil am Crédit Lyonnais 77 Prozent. Dieser Anteil wird 1999 auf 10 Prozent verringert. Die anderen Anteilseigner (in Prozent) lauten: als harter Kern Crédit Agricole (10), AGF (6), AXA (5,5), Commerzbank (4), BBV (3,75), Banca Intesa (2,75), CCF (1), Beschäftigte (5), Société Générale (4,04), Dresdner Bank (3,6), BNP Paribas (3,5) und Streubesitz.

In den vergangenen Monaten wird regelmäßig über die Zukunft des Instituts spekuliert, da es zur Zeit der einzig mögliche Übernahmekandidat der französischen Finanzinstitute zu sein scheint. Diese Spekulation wird durch die unterschiedlichen Anteilseigner (deutsche und französische Versicherungen und Banken) und eine zeitlich befristete Sicherung des harten Kerns genährt. Von unternehmerischer Handlungsfreiheit kann für das Unternehmen nur eingeschränkt gesprochen werden. Bei einer möglichen Übernahme wird der Staat mitentscheiden und es ist zu erwarten, dass ein möglicher Käufer aus Frankreich kommen wird. Die Entwicklung des Aktienkurses ist langfristig positiv und dürfte auch von den Übernahmegerüchten profitieren:

429 Vgl. Cancel/Duval (1997): S. 37; sowie Froehly (1999): S. 364; sowie o.V. (2000l): S. 23; sowie Bureau (1997): S. 57.

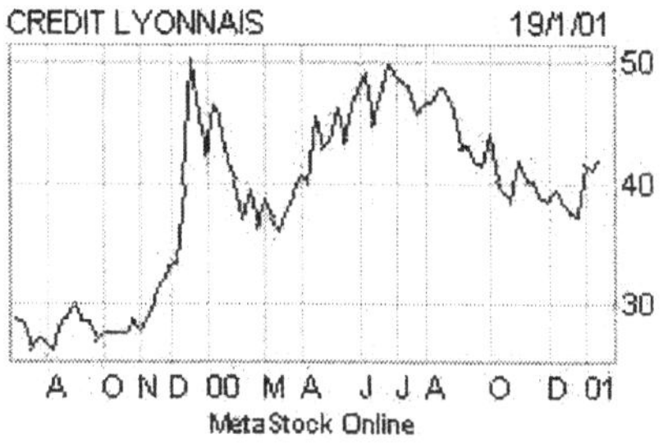

Quelle: www.reuters.de, 21.01.2001.

- Saint-Gobain[430]

Saint-Gobain ist eines der Unternehmen, das ebenfalls in 1982 verstaatlicht wird. Allerdings ist es nur verhältnismäßig kurze Zeit in staatlichem Besitz, da mit seiner Privatisierung in 1986 die erste große Privatisierungswelle eingeleitet wird. Das Unternehmen spielt eine zentrale Rolle im System der Überkreuzverflechtungen mit gegenseitigen Beteiligungen mit Suez, AXA, BNP und Générale des Eaux. Diese Beteiligungen bestehen bis heute. Bereits in 1997 wird für das Unternehmen eine ‚contrôle technocratique' (technokratische Kontrolle) angenommen, das heißt, das Management verfolgt eine von externen Einflüssen weitgehend freie Geschäftspolitik.

Das Unternehmen wird wahrscheinlich als erster Kandidat ausgewählt, da man eine Privatisierung aufgrund der positiven geschäftlichen Entwicklung für unproblematisch hält. Als weltgrößter Glashersteller, gegründet 1665 von Ludwig XIV zur Versorgung des Hofes mit Glas, und in allen anderen Geschäftsbereichen ist Saint-Gobain europa- oder weltweit führend. Die Aktie, die 1986 für 310 FF an der Börse eingeführt werden, kostet in 2001 ca. 170 EURO, nachdem sie während der Börsenhausse schon für ca. 185 EURO gehandelt werden. Die Aktienkursentwicklung weist also langfristig nach oben. Sie folgt damit der globalen Vorgabe des Unternehmens, langfristig ein rentables Wachstum anzustreben. In den neunziger Jahren wird das Wachstum durch verschiedene Unternehmenskäufe vor allem extern erzielt. Ende 1999 macht Saint-Gobain einen Jahresumsatz von 22952 Mio. EURO, erwirtschaftet einen Jahresüberschuss von 1389 Mio. EURO und beschäftigt ca. 164000 Mitarbeiter.

---

430 Vgl. Bonder/Student (1998): S. 280-283; sowie Saint-Gobain (2001): S. 3 ff und 78.

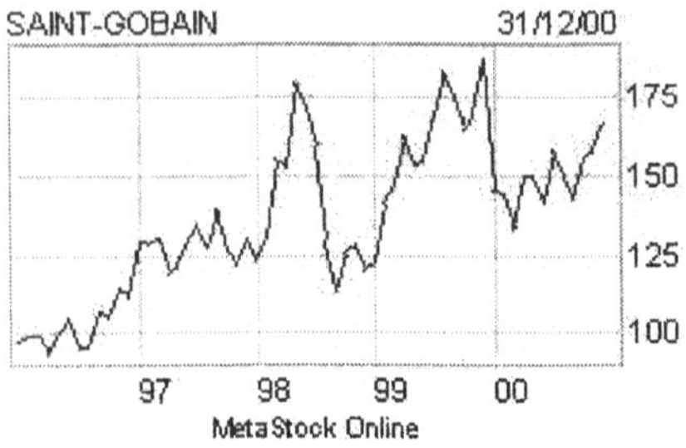

Quelle: www.reuters.de, 21.01.2001.

- Thomson Multimédia[431]

Die Privatisierung von Thomson Multimédia ist die jüngste größere Privatisierung in Frankreich. Das Unternehmen ist entstanden aus der Aufspaltung von Thomson in Thomson Multimédia und Thomson CSF und gehört zu den größten Herstellern von Unterhaltungselektronik in der Welt. Nach der Privatisierung werden die Anteile an Thomson Multimédia vor allem noch vom Staat (35 Prozent), von industriellen Partnern (23 Prozent, z.B. Alcatel, Direct TV, NEC und Microsoft) und von Kleinaktionären gehalten. Die Gesellschaft steht 1997 kurz vor dem Konkurs, kann aber mit staatlichen Beihilfen von 11 Mrd. FF saniert werden. Die Privatisierungserlöse belaufen sich demgegenüber auf 2 Mrd. FF.

Nach der Börseneinführung wird das Unternehmen später in den französischen Aktienindex CAC40 aufgenommen und kommt in der Börsenhausse auf einen Wert von ca. 100 Mrd. FF. In 2000 beschäftigt das Unternehmen 50000 Mitarbeiter bei einem Umsatz von knapp 44 Mrd. FF und einem Gewinn von 1,5 Mrd. FF. Die unternehmerische Handlungsfreiheit ist wegen des Staatsanteils von 35 Prozent eingeschränkt. Nach dem Börsenhoch verläuft die Aktienkursentwicklung moderater:

431 Vgl. Nora (2000): S. 98-102; sowie Froehly (1999): S. 364; sowie o.V. (2000m): S. 23.

Quelle: www.reuters.de, 21.01.2001.

- Elf Aquitaine (TotalFinaElf)[432]

Der Ölgigant Elf Aquitaine ist das umsatzstärkste französische Industrieunternehmen und gehört seit seiner Privatisierung in 1994 auch zu den größten Unternehmen Frankreichs in Bezug auf den Börsenwert. Es weist bei den Privatisierungen Besonderheiten auf, denn das Unternehmen wird außerhalb der großen Verstaatlichungswellen im Jahr 1976 durch einen Zusammenschluss der Unternehmen Elf ERAP (Elf Entreprise de Recherches et d'Activités Pétrolières) und SNPA (Société Nationale des Pétroles d'Aquitaine) nationalisiert (mit einem staatlichen Anteil von 70 Prozent). Es ist eines der wenigen Unternehmen mit einer sogenannten goldenen Aktie. Diese Ausnahmen lassen vermuten, dass Elf kein ‚normales' französisches Unternehmen ist und unter besonderer staatlicher Aufsicht und Einflussnahme steht (ein weiteres Indiz dafür sind die zahlreichen Affären und Untersuchungsverfahren der letzten Jahre, bei denen es im Wesentlichen um unterschiedlichste Verquickungen von staatlichen, politischen und unternehmenseigenen Interessen geht). Die Privatisierung in 1994 wird auch für eine strategische Neuausrichtung genutzt, da es zu einer Konzentration auf die Kernkompetenzen, einem Kostensenkungsprogramm und einem Abbau der Verschuldung kommt.

1998 ist der Staat mit 10 Prozent der Aktien größter Aktionär (4 Prozent der Aktien wird von den Mitarbeitern und 62 Prozent von institutionellen Investoren gehalten). Elf spielt im System der harten Kerne eine wichtige Rolle. Das Unternehmen ist im Erdölgeschäft (upstream und downstream) und in der Chemieindustrie tätig und sein Kernproduktionsgebiet als Ölproduzent liegt in Afrika. Im Jahr 1999 wird Elf Aquitaine nach einem feindlichen Übernahmeangebot von TotalFina übernommen. Es wird vermutet, dass diese revolutionäre Übernahme

432 Vgl. Braunberger (2000a): S. 30; sowie Froehly (1999): S. 365-366; sowie Bonder/Student (1998): S. 126-129 und 323-326; sowie Juvin (1995): S. 106.

des größeren Unternehmens durch den Kleineren vor allem durch den staatlichen Einfluss auf Elf möglich wird. Denn einerseits ist der Staat dem Unternehmen TotalFina im Hinblick auf die Strategie ‚nationale Champions' wohlgesinnt und andererseits verhindert er durch Druck auf den Président Directeur Général (PDG)[433] von Elf, dass dieser ein nicht-französisches Konkurrenzunternehmen in den Fusionspoker mit einbringt. Bereits 1997 wird für Elf eine ‚contrôle technocratique' (technokratische Kontrolle) angenommen, das heißt das Management verfolgt eine von externen Einflüssen weitgehend freie Geschäftspolitik. Die Aktienkursentwicklung von Elf Aquitaine ist langfristig positiv:

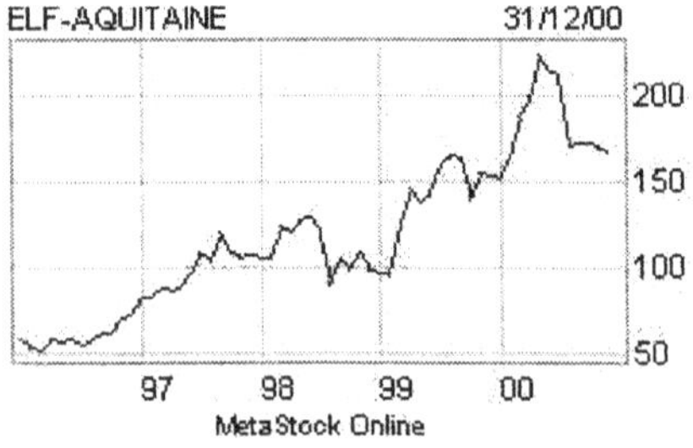

Quelle: www.reuters.de, 21.01.2001.

Obwohl Total auch als staatliches Unternehmen angesehen werden kann, taucht es nicht in der Liste der Privatisierungskandidaten auf. 1931 stockt der Staat seinen Anteil auf 31 Prozent auf, 1992 erfolgt die erste Reduzierung auf 5,4 Prozent und 1996 schließlich werden 9,5 Mio. Aktien abgestoßen. In 1998 waren damit die größten Aktionäre in Prozent: Staat (1), COGEMA (4,4), AGF (3,7), Société Générale (3,6), Crédit Lyonnais (3,3) und GAN (2,6). Bereits in 1997 wird für Total eine ‚contrôle technocratique' (technokratische Kontrolle) angenommen, das heißt, das Management verfolgt eine von externen Einflüssen weitgehend freie Geschäftspolitik. Diese besteht auch nach der Übernahme von Elf.

5.2.3 Zusammenfassung der einzelwirtschaftlichen Untersuchung

Zusammenfassend ist für Kapitel 5.2.1 festzustellen, dass die Unternehmen des Paarvergleichs nach ihrer Privatisierung bzw. Teilprivatisierung insgesamt eine positive geschäftliche Entwicklung aufweisen. Die gewonnene, unternehmerische

433 Entspricht ungefähr einem Vorstandvorsitzenden in Deutschland (aber größere Machtfülle).

Handlungsfreiheit wirkt sich positiv für die Unternehmen aus. Schließlich steht keins der Unternehmen vor dem Konkurs. In den Branchen Automobil und Telekommunikation weisen die deutschen und französischen Unternehmen ähnliche Geschäftsstrategien auf. Dies hängt damit zusammen, dass man hier in einem globalen Markt tätig ist und somit unter den gleichen Bedingungen wirtschaften muss. In den Branchen Stromversorgung, Luftfahrt und öffentliche Kreditinstitute werden teilweise (noch) andere Strategien verfolgt. Dies ist damit zu begründen, dass hier nationale Besonderheiten noch stärker zum Tragen kommen können und direkt oder indirekt die Unternehmen instrumentalisiert werden. Hier sieht man auch eine zögerliche Hinwendung (Deutschland: WestLB; Frankreich: EDF) zu Privatisierungsmöglichkeiten. Die unterschiedlichen Unternehmen zeigen, dass es, unabhängig von einer eingeleiteten Privatisierungspolitik, notwendig ist, jeden Fall einzeln zu betrachten. Jeweilige Besonderheiten der Einflussnahme auf das Unternehmen und/oder sein Beharrungsvermögen im Rahmen der Privatisierungspolitik werden dadurch deutlich. In Deutschland beginnen die Privatisierungen oft früher, und aktuell sind die staatlichen Anteile regelmäßig niedriger als in Frankreich.

Des weiteren ist für Kapitel 5.2.2 festzuhalten, dass die Unternehmen, die nicht im Paarvergleich gegenübergestellt werden konnten, nach ihrer Privatisierung bzw. Teilprivatisierung summarisch ebenfalls eine positive geschäftliche Entwicklung aufweisen und die gewonnene unternehmerische Handlungsfreiheit sich positiv für die Unternehmen auswirkt. Die Handlungsfreiheit wird auch dazu genutzt, um länderübergreifend deutsch-französische Unternehmen zu bilden. Selbst wenn in Frankreich die staatliche Einflussnahme anschaulicher ist, kommt es auch in Deutschland zu erheblichen Einflussnahmen auf die Geschäftspolitik (Preussag). Hier sind die Verhaltensweisen der Politiker bei ihrer Einflussnahme auf die öffentlichen Unternehmen also durchaus ähnlich. Ein großer Unterschied ist darin zu sehen, dass für einige staatliche französische Unternehmen offensichtlich mit staatlicher Unterstützung versucht wird – industriepolitisch motiviert – nationale Champions mit globaler Bedeutung aufzubauen. Eine solche Strategie wird in Deutschland mit Privatisierungen nicht verfolgt. Die Einflussnahme auf die Unternehmen erfolgt eher aus regionalpolitischen Motiven.

Es ist darauf hinzuweisen, dass es sich bei den Vergleichen um vorläufige Bestandsaufnahmen handelt. Viele der Unternehmen stecken mitten in ihrem Privatisierungsprozess. Deshalb ist eine abschließende Beurteilung nicht möglich. Schließlich gib es auch verschiedene Beispiele bei denen eine öffentliche Minder- oder Mehrheitsbeteiligung über einen langen Zeitraum der wirtschaftlichen Entwicklung des Unternehmens nicht geschadet hat (VW, WestLB, Renault, CDC, EDF). Diese Unternehmen werden teilweise aktiv wirtschaftspolitisch instrumentalisiert. Am Beispiel St. Gobain wird zudem deutlich, dass unabgängig von der staatlichen oder privaten Einflussnahme erfolgreich gewirtschaftet werden kann, da das Unternehmen verschiedene Eigentümer ‚erlebt' hat. Die Entwicklungen der Preise für die Endverbraucher sind teilweise positiv (sinkende Telefonkosten), teilweise negativ (steigende Flugpreise). Zudem ist festzustellen, dass als Kandidaten hauptsächlich attraktive Unternehmen des Wettbewerbssektors (auch für Deutschland gültig) gewählt wurden. Diese Unternehmen wirtschaften bereits vor einer Privatisierung erfolgreich. Deshalb sind die Privatisierungsergebnisse einer differenzierten Betrachtung zuzuführen. Eine abschließende Betrachtung bleibt abzuwarten.

5.3 Merkmale der landesspezifischen Privatisierungspolitik

Anschließend an die Untersuchungen der einzelwirtschaftlichen Privatisierungskandidaten wird in den folgenden Kapiteln noch einmal auf die landesspezifischen Privatisierungen und ihre Besonderheiten eingegangen. Denn sowohl in Deutschland als auch in Frankreich gibt es typische Eigenheiten, durch die sich eben auch bei Privatisierungen landestypische Merkmale zeigen. Einige der Besonderheiten werden schon während der Konzeption und/oder Umsetzung der Privatisierungspolitik kritisch beurteilt. Zur Zusammenfassung werden die Kapitel 5.3.1 und 5.3.2 dann am Schluss miteinander verglichen.

Aufgrund der impliziten Vorgehensweise in Bezug auf Privatisierungen in Deutschland, im Gegensatz zur expliziten Vorgehensweise in Frankreich, lassen sich auch die Besonderheiten eher an Unklarheiten bzgl. des Privatisierungsprozesses bzw. den ‚hinter den Kulissen' ablaufenden Vorgängen, denn an einer Kritik klar definierter Spielregeln, Gesetze und Rahmenbedingungen festmachen. Denn Entscheidungen über Privatisierungen waren und sind in Deutschland außerhalb der Bundesprivatisierungen durch die Interaktion innerhalb des föderativen Staatsaufbaus und damit durch den Interessenausgleich der Gebietskörperschaften geprägt.[434]

Auf der einen Seite ist also im besonderen die Rolle der Privatisierungsakteure auf Landes- und Gemeindeebene zu untersuchen, auf der anderen Seite sind die Privatisierungen in Deutschland vor dem Hintergrund des anvisierten Wirtschaftsmodells soziale Marktwirtschaft und den Verhaltensweisen der Akteure im Rahmen des politischen Systems zu beurteilen. In allen Bereichen scheint es zu Prozessen und Umständen zu kommen, die auch die Privatisierungen beeinflussen. Im Gegensatz zu Frankreich wird in Deutschland die Form des deutschen Kapitalismus in Zusammenhang mit den Privatisierungen nicht besonders disku-

434 Vgl. König/Benz (1997): S. 48.

tiert. Dieser Unterschied ist damit zu begründen, dass sie in Frankreich als exakt entgegengesetztes Instrument der bis dahin bekannten Verstaatlichungspolitik zur Lösung wirtschaftlicher Probleme verstanden werden müssen und durch die Vorgehensweise das bisher verfolgte Modell quasi auf den Kopf gestellt wird. Uterwedde spricht in diesem Zusammenhang auch von einer Desillusionierung, da die Verstaatlichungspolitik nichts gebracht hätte.[435] In Deutschland dagegen sind die Privatisierungen als Bestandteil der sozialen Marktwirtschaft zu interpretieren.

Ein weiterer Unterschied besteht zumindest zu Beginn der Privatisierungen darin, dass es in Frankreich wichtig erschien, den staatlichen Einfluss – verstanden als Verhinderung des Einflusses nicht- französischer Interessen – in den Unternehmen zu wahren. Diese Ziele sind in Deutschland – jedenfalls offiziell – weitgehend unbekannt.

Die in Kapitel 4 zu Frankreich vorgestellten Techniken und Vorgehensweisen der Privatisierung(en), und die erreichten, lang- und kurzfristigen Resultate der Privatisierungsphasen haben unterschiedliche Kommentare und Kritik hervorgerufen. Der ersten Privatisierungswelle wird allgemein vorgeworfen, sie sei trotz des schlecht vorbereiteten Kapitalmarkts zu schnell abgewickelt worden. Außerdem wären die Gesetze des Marktes auch respektiert worden, wenn man für einen begrenzten Zeitraum die Koexistenz von privatem und öffentlichem Kapital zugelassen hätte. Ein anderer Vorwurf zielt auf das Rezept, wonach nur das ‚Tafelsilber' verkauft worden sei und der ‚Ramsch' übrigbleiben werde.[436] Dabei scheint eine Beurteilung der Privatisierungen in Frankreicher einfacher, da die Vorgehensweise im Gegensatz zu Deutschland explizit nach klar festgelegten Bedingungen erfolgt.

Elie Cohen, vielleicht der bekannteste liberale Kritiker und Befürworter der Privatisierungen in Frankreich, verweist für die ersten beiden Privatisierungswellen auf die drei folgenden Charakteristika: Zuerst einmal seien sie vollkommen durch den Staat umgesetzt und kontrolliert, da dieser die harten Aktionärskerne, den PDG (Vorstandsvorsitzenden), die Verteilung der Aktien bestimme und gegebenenfalls das Instrument der goldenen Aktie einsetze. Zweitens handele es sich um eine Art umgedrehter Kapitalismus, denn der vom Staat bestimmte PDG wählt wiederum seinen Verwaltungsstab im Unternehmen, obwohl hier eigentlich die Aktionäre Einfluss nehmen sollten. Drittens seien sie parteiisch wegen der Ernennung politisch Verbündeter. Aus diesen Gründen kommt er zu dem Ergebnis, dass es sich in Frankreich um einen ‚capitalisme fermé' (‚geschlossenen Ka-

---

435 Vgl. Experteninterview Uterwedde im Anhang S. XII.

436 Vgl. Bauer (1988): S. 49 ff und Cohen (1994): S. 58-59; sowie Jetter (1994a): S. 14. Es dürfte auch schwer fallen den ‚Ramsch' zu verkaufen, schließlich wurden nur erfolgreiche Unternehmen privatisiert (Anmerkung des Verfassers). Vgl. Vernholes (1988): S. 33.

pitalismus‘) drehe, ohne jegliche kontrollierende Gegengewichte und einer Verstärkung des Establishments.[437]

An anderer Stelle der Literatur wird nach Verweis auf dieselben Charakteristika vom „Pseudo-capitalisme à la française“[438] (französischer Pseudo-Kapitalismus) gesprochen. In diesen Zusammenhang gehört auch das besondere französische Verständnis von „*Deregulierung i. S. einer Substitution der Regulierungsformen*“[439]. Nach liberalen Vorstellungen ist dieses Verständnis unhaltbar, aber Uterwedde weist daraufhin, dass die Privatisierungen neue Unsicherheiten für die Unternehmen mit sich bringen würden. Schließlich gebe es nicht den starken Einfluss der Banken auf die Wirtschaft wie in Deutschland, wo zudem auch Aktionärskerne existieren würden. Außerdem seien die Liberalisierungstendenzen in Frankreich viel schwerer durchsetzbar, und die Gefahr sogenannter ‚raider‘ oder feindlicher Übernahmen sei in Frankreich viel akuter als in Deutschland.[440]

Die Kritik lässt sich durch das Schlagwort ‚Kapitalismus ohne Kapital‘ zusammenfassen. Dieser sei nur abzuwenden durch langfristige Änderung des Sparverhaltens und durch Schaffung eines breit angelegten Beteiligungsgefüges innerhalb der französischen Wirtschaft. Daraus ergibt sich auch die Kritik am sogenannten Kapitalismus à la française. Dieser leidet unter erheblichen Schwächen. Dazu gehören die geringe Größe der großen französischen Unternehmen im internationalen Vergleich, ein Mangel an langfristiger Ersparnis, die Quasi-Nichtexistenz von Aktionären und die fehlende Möglichkeit, einen Eigentumswechsel von Unternehmen herbeizuführen.[441]

5.3.1 Besonderheiten der Privatisierung in Deutschland

5.3.1.1 Politökonomie auf Länder- und Gemeindeebene

Per Saldo fallen die Privatisierungen bei Betrachtung des Umfangs der Privatisierungsanstrengungen insgesamt eher positiv aus. Allerdings scheinen insbesondere für die Bundesländer und die Gemeinden weitergehende Privatisierungsaufgaben

---

437 Vgl. Cohen (1994): S. 58 (‚Geschlossener Kapitalismus‘); Nach ihm wiederholt sich das Szenario von 1986 seit Frühling 1993; sowie Morin (1994): S. V; sowie Uterwedde (1994): S. 104.

438 Leser/Monnot (1994): S. IV.

439 Thiemeyer (1987): S. 100.

440 Vgl. 1. Gesprächsprotokoll Uterwedde im Anhang S. VII; sowie Uterwedde (1990): S. 391.

441 Vgl. Uterwedde (1988a): S. 20 und (1994): S. 104-105; sowie Blandin (1987): S. 34; sowie Sicot (1994): S. 22-23; sowie Izraelewicz (1999): S. 99.

zu verbleiben. Was unterscheidet nun die Privatisierungspolitik auf Bundesebene von den anderen beiden Ebenen?

Zum einen ist hier die selbständige Verwaltung der Länder und Gemeinden aufzuführen, die durch den föderalen Aufbau begünstigt wird. Durch ihn ist auch die Unabhängigkeit der jeweiligen Entscheidungsorgane (Landesregierung und Landespolitiker, Gemeinderat und Kommunalpolitiker) bedingt, so dass es zu unterschiedlichen Verhaltensweisen in Bezug auf Privatisierungen kommt. Der Bund hat regelmäßig versucht, vor allem auf die Kommunen Druck auszuüben. Die Privatisierungsbemühungen sind von kommunaler Seite jedoch auf heftigen Widerstand gestoßen und weitestgehend gescheitert.[442]

Zum anderen treten auf Länder- und Gemeindeebene regelmäßig stärkere Motivkonflikte auf, da die Beziehungen zwischen Politik und öffentlichen Unternehmen direkter sind (über den Verwaltungsrat von Sparkassen[443]). Aufgrund der skizzierten Verhaltensweisen der Politiker in den öffentlichen Unternehmen wird deutlich, dass diese Unternehmen als Mittel zur Erreichung vielfacher wirtschaftspolitischer Ziele eingesetzt werden (sozialpolitisch, machtpolitisch, strukturpolitisch, etc.), je nach den am dringendsten anstehenden Problemen, respektive den Interessen der verantwortlichen Politiker. Eine Privatisierung würde den Verlust von Einflussmöglichkeiten bedeuten.[444]

Es stellt sich in diesem Zusammenhang die Frage, warum es auf Länderebene und/oder kommunaler Ebene nicht zu einer verstärkten Prüfung und Umsetzungen von Privatisierungen kommt, wenn man der privatisierungsbefürwortenden, normativen Theorie folgt und positive, ökonomische Effekte einer Privatisierung nachgewiesen werden. Zur Beantwortung dieser Frage wird auf die politökonomische Theorie aus dem ersten Hauptteil zurückgegriffen. Da die Umsetzung von Privatisierungen ein in starkem Maße von der Politik gesteuerter Prozess ist,[445] sind die Politiker als Entscheidungsträger pro und contra Privatisierung und die Wähler der Politiker von zentraler Bedeutung. Das wohl primäre und langfristige Ziel eines Politikers ist es, wiedergewählt zu werden.

Wenn nun im Rahmen einer geplanten Privatisierung einige Interessenvertreter das politisch und gesellschaftlich bedeutende Argument des potentiellen Arbeitsplatzabbaus durch Privatisierungen vorbringen, geraten Politiker unter

---

442 Vgl. Wermuth (1995): S. 135.

443 Vgl. Blankenburg (2000): S. 49-50. Hier werden drei Gründe gegen Privatisierung von Sparkassen aus Sicht der Kommunalpolitik genannt. Erstens sind Aufgaben in einer Sparkasse mit Ansehen und materiellen Vorteilen verbunden, zweitens wird ein Tauschhandel im politischen Geschehen ermöglicht und drittens ist über den Verwaltungsrat ein informelle Einflussnahme auf die Geschäftspolitik möglich.

444 Vgl. Wermuth (1995): S. 124.

445 Vgl. Experteninterview Uterwedde im Anhang S. XII.

Druck und neigen schließlich dazu, von unpopulären Maßnahmen Abstand zu nehmen. Mögliche Übernahmen von Verlusten durch öffentliche Unternehmen werden dagegen von den einzelnen Wählern finanziell kaum bemerkt, da die Last von allen Steuerzahlern gemeinsam getragen wird. Eine Umsetzung von Privatisierung indessen kann sich in den betroffenen Gemeinden durch Arbeitsplatzverluste äußern. Dies kann dann zu einer Verschlechterung der Wählergunst führen, was dem Ziel der Politiker, nämlich der Wiederwahl, widerspricht. Deswegen sind Privatisierungen auf Landes- und kommunaler Ebene teilweise schwierig durchzusetzen.

Die Stimmenmaximierung (zur Wiederwahl) kann auch im Umgang mit dem öffentlichen Sektor eine Rolle spielen. Über ein öffentliches Unternehmen wäre es für einen Politiker einfacher möglich, auf das lokale Beschäftigungsniveau Einfluss zu nehmen. Es ist davon auszugehen, dass die Allokationseffizienz aus wahltaktischen Gründen als vorrangig vor der Produktionseffizienz betrachtet würde. Dies steht also wiederum Privatisierungen entgegen.[446] Zusätzlich ist weitgehend unklar, ob ein durch Privatisierungserlöse ermöglichtes Angebot anderer öffentlicher Güter durch die möglichen Wähler positiv beurteilt würde. Damit kommt es auch aus dieser Perspektive zu keinem klaren Privatisierungsgrund.

Die Auswirkungen der politökonomischen Verflechtungen von kommunaler Politik und Wirtschaft sind als Beispiel an dem Fall Stadtsparkasse Mannheim nachzuvollziehen, da durch deren finanzielle Schieflage eine hohe Kapitalvernichtung eingeleitet wurde. Details des Tagesgeschäfts der Sparkasse und tendenziell politökonomisch motivierte Verhaltensweisen der Verantwortlichen belegen die bisher getroffenen Aussagen.

Auch nach hohen Verlusten durch eine verfehlte Kreditpolitik (400 Mill. DM Abschreibung auf Kredite) bleiben weitreichende Konsequenzen für die Verantwortlichen, Überwachenden und Kontrollierenden (Verwaltungsrat und der Verwaltungsratvorsitzende Bürgermeister) innerhalb des Instituts weitgehend aus. Die politökonomischen Beziehungen und Handlungsimpulse wurden als Hauptgrund für das Gebaren der Sparkasse vor dem Landgericht Mannheim herausgestellt. Das Gericht „hat herausgearbeitet, dass es der Verwaltungsrat selbst war, der das Unheil letztendlich auslöste. Ende der achtziger Jahre machte er dem damaligen Vorstand, das heißt den späteren Angeklagten, Dampf, aus einer müden Sparkasse ein munteres, sprich expansionsfreudiges, Kreditinstitut zu machen."[447] Der Verwaltungsratsvorsitzende (Oberbürgermeister der Stadt Mannheim) wird aus dem Jahr 1993 zitiert mit seiner Meinung, „dass eine überdurch-

446 Vgl. Bartel (1990): S. 31.
447 Goebel (2000): S. 3.

schnittliche Geschäftsausweitung zwar auch eine volumenmäßige Risikoausweitung mit sich bringe, die Sparkasse aber auch in einem hart umkämpften Markt agieren müsse. Die Sparkasse müsse auch als Instrument der Wirtschaftsförderung genutzt werden und es sei Pflicht der Sparkasse, in bestimmten Fällen einen Regenschirm über gefährdete Unternehmen zu halten, worin er einen typischen Interessenkonflikt sehe.“[448]

Zusammenfassend ist davon auszugehen, dass Privatisierungen auf Länder- und Gemeindeebene umso leichter umzusetzen wären, je mehr Individuen davon betroffen sind und einen positiven Nutzen aus einer Privatisierung ziehen würden. Allerdings ist zum einen unklar, inwieweit Privatisierungsentscheidungen als wichtiges Wahlargument einen Einfluss auf Wahlentscheidungen in Ländern und Kommunen nehmen können. Zum anderen ist der Einfluss privatisierungsbefürwortender Wähler wahrscheinlich gering, da die große Anzahl der Wähler eine Bündelung von Interessen verhindert.[449] Das grundlegende Problem für die genannten Gebietskörperschaften liegt also in der schwierigen Entscheidung und Durchsetzung einer Privatisierung. Die verschiedenen Rollen der Handelnden der Gebietskörperschaften und insbesondere der Länder und Gemeinden als Eigentümer, Unternehmer und als öffentliche Hand lassen auf zahlreiche Interessenkonflikte schließen.[450]

5.3.1.2 Privatisierungskonzept und Ordnungskonformität

Da bei den Privatisierungen regelmäßig auf ordnungspolitische Erfordernisse im Rahmen der sozialen Marktwirtschaft verwiesen wird, ist zu prüfen, inwieweit die Privatisierungsmaßnahmen ordnungspolitische Grundsätze fördern oder verletzen. Zu diesem Zweck können die konstituierenden und regulierenden Prinzipien von Eucken herangezogen werden.[451]

Zunächst ist aus ordnungspolitischer Sicht festzustellen, dass die Privatisierungen, trotz ihrer potentiellen Verankerung in der Konzeption der sozialen Marktwirtschaft (wie im theoretischen Teil der Arbeit hergeleitet) und trotz regelmäßig wiederkehrenden Bekenntnissen zu der Konzeption, scheinbar nicht ausreichend als leitender Grundgedanke der Wirtschaftspolitik gewürdigt werden. Dies gilt insbesondere auf Länder- und Gemeindeebene, aber auch auf Bundesebene, da die Privatisierungen nur in den seltenen Fällen basierend auf ordnungspolitischer Überzeugung denn wegen anderer Handlungszwänge (Ver-

---

448 Goebel (2000): S. 3.
449 Vgl. Blankenburg (2000): S. 47.
450 Vgl. Nass (2000): S. 7.
451 Vgl. Eucken (1990): S. 254 ff.

schuldung) durchgeführt werden. Diskurs und Praxis fallen auch in Deutschland nicht zusammen. Die grundlegenden Anforderungen der sozialen Marktwirtschaft (Privateigentum vor Staatseigentum) und die Vor- und Nachteile der Markt- und Preisbildungsprozesse scheinen auch bei der Privatisierungsdiskussion nicht immer ausreichend anerkannt zu werden. Dies wird an einem aktuellen Beispiel gezeigt.

Das Oberlandesgericht Karlsruhe weist in einem Urteil vom 16.11.2000 eine Unterlassungsklage mehrerer Gartenbaubetriebe gegen die Stadtgärtnerei Offenburg zurück, da die Vorschriften aus der Gemeindeordnung (ein Tätigwerden der Stadt für öffentliche Zwecke ist erlaubt) unerheblich seien. Denn die Vorschriften dienten nicht dem Schutz der Wettbewerber.

Diese Argumentation mag aus juristischer Sicht stichhaltig sein, sie geht jedoch an der entscheidenden, ökonomischen Frage vorbei. Diese lautet stattdessen, ob es auf dem Gartenbaumarkt in Offenburg zu Marktversagen kommt oder nicht. Da mehrere Anbieter am Markt tätig sind, können funktionierende Marktverhältnisse vermutet werden, und ein Tätigwerden der Stadt ist nicht ordnungskonform, da es die Marktverhältnisse nachhaltig beeinträchtigt (z.B. können von dem öffentlichen Anbieter günstigere Preise für gleiche Leistungen abgeboten werden). Ein öffentliches Interesse ist kaum zu erkennen, wenn es mehrere Anbieter auf dem Markt gibt und die Marktversorgung gesichert ist.

Dieser Begründung wird auch widersprochen, da aus der Staatsverpflichtung des Grundgesetzes abgeleitet werden kann, dass die Gebietskörperschaften sich wirtschaftlich betätigen dürfen, auch in direkter Konkurrenz zu privaten Anbietern.[452] Damit ist das wirtschaftliche Tätigwerden der öffentlichen Stadtgärtnerei ebenfalls legitim. In diesem Punkt stehen sich die Argumente pro und contra Privatisierung unversöhnlich gegenüber, und diese ordnungspolitische Grundsatzentscheidung ist letztendlich nur über ein Werturteil möglich. Nach Meinung des Autors sollte indessen der Privatinitiative Vorrang eingeräumt werden, da ein öffentlicher Träger nur dann tätig sein sollte, wenn sich, aus welchem Grund auch immer, kein Privater findet. Es sei denn das öffentliche Unternehmen stellt sich dem Wettbewerb zu den exakt gleichen Bedingungen wie die privaten Unternehmen. Die zu beobachtende Ausbreitung öffentlicher Unternehmen in einzelnen Kommunen in Deutschland lässt vermuten, dass im öffentlichen Bereich Einzelinteressen dieser Unternehmen als Organisation immer dominanter werden.

Auch in anderen Bereichen der praktizierten Privatisierungen und sie begleitender Regulierungen kommt es über den Untersuchungszeitraum hinweg (und auch in jüngerer Zeit) zu ordnungspolitischen Verfehlungen, das heißt, zu ver-

452 Vgl. Steiner (1994): S. 22.

schiedenen Verletzungen der von Eucken formulierten konstituierenden und regulierenden Prinzipien:

- Zum Beispiel ist ein offener Zugang zu den Märkten, der als Voraussetzung für Wettbewerb gegeben sein muss, nicht immer gewährleistet. Das heißt, dass es Unternehmen gibt, die in der Lage sind, aufgrund ihrer Marktmacht, Märkte abzuschotten oder die Angebotsseite zu behindern. Dadurch wird der Wettbewerb beeinträchtigt und Unternehmen, die unter diesen Wettbewerbsbedingungen nicht existieren könnten, müssten am Markt ausscheiden. Das Phänomen der Verschaffung von Wettbewerbsvorteilen wird nach durchgeführten Teilprivatisierungen sowohl in regulierten Märkten (Telekommunikation und Post) als auch in Bereichen ohne staatliche Regulierungsbehörde (Stromversorgung) beobachtet.[453] Die Überwachung und Kontrolle der Marktverhältnisse bleibt eine ordnungspolitische Daueraufgabe, da ansonsten zu befürchten ist, dass ein ehemaliges, öffentliches Monopol durch ein privates ersetzt wird. Dies ist insbesondere für Märkte anzunehmen, die erst vor kurzer Zeit liberalisiert wurden.

- Das im vorigen Kapitel angeführte Beispiel der Sparkasse Mannheim verdeutlicht, dass das Haftungsprinzip, verstanden als Prinzip zur Vermeidung der Sozialisierung von Verlusten, nicht immer konsequent verfolgt wird. Wird ein öffentliches Unternehmen in irgendeiner Form subventioniert, so werden Anreize für eigenverantwortliches Handeln reduziert, da mögliche Verluste sowieso aufgefangen werden. Damit wird das Haftungsprinzip ausgehöhlt. Für die letztendlich Verantwortlichen (Verwaltungsrat) sind, in diesem speziellen Fall, die Verluste der Sparkasse bisher ohne Konsequenzen geblieben, und die Kosten für die verursachten Schäden werden am Ende vom Steuerzahler aufgebracht.

- Durch das Nichtvorhandensein einer Konstanz der Wirtschaftspolitik bei den Privatisierungen, insbesondere auf Länder- und Gemeindeebene, werden Möglichkeiten des Wirtschaftswachstums und damit der Beschäftigungsförderung eingeschränkt. Denn private Investitionen unterbleiben, wenn zusätzlich zu den laufenden Veränderungen der wirtschaftlichen Daten auch die politischen Rahmenbedingungen das unternehmerische Risiko immer schwerer kalkulierbar machen. Die privaten Investitionen werden getätigt, wenn bei stabilen Bedingungen mögliche Gewinne zu erwarten sind. Hier sei wiederum

453 Vgl. Seeliger (2000): S. 664; sowie Monopolkommission (2000): S. 64; sowie Enzelmüller (2000): S. 18.

auf das Beispiel der Stadt Offenburg verwiesen, wo die privaten Gartenbauunternehmen durch die ungleiche Konkurrenz ihre Marktchancen einbüßen. Der öffentliche Anbieter kann schließlich nicht bankrott gehen und wird damit im Markt letztendlich immer überlegen sein.

Unter den gegebenen ordnungspolitischen und rechtlichen Bedingungen müssen weitere Privatisierungsbemühungen skeptisch beurteilt werden. Zukünftige ordnungspolitische und rechtliche Vorgaben könnten darauf zielen, tatsächlich aus einer staatlichen Aufgabe eine private zu machen. Eine solche Positionierung von Privatisierungen wäre für die Bereiche Verkehr und Bildung denkbar und könnte entsprechende Auswirkungen auf die Verhaltensweisen der Anbieter und Nachfrager in diesen Bereichen haben. Allerdings ist nicht klar, woher eine solch grundlegende Richtungsänderung kommen soll. Echte Privatisierungen, verstanden als vollständige Ablösung einer staatlichen Aufgabe durch Private, scheinen auch in nächster Zukunft in Deutschland nicht mehrheitsfähig zu sein. Ein schlüssiges, umfassendes Privatisierungskonzept, das für die Gebietskörperschaften Richtlinien und grundlegende Ideen echter Privatisierungen auf Basis der Prinzipien der sozialen Marktwirtschaft formuliert, wäre wünschenswert.

5.3.1.3 Das politische System

In Ergänzung zu den durch die Wirtschaftstheorie erklärbaren Verfehlungen bei den Privatisierungen sind der Bereich der politischen Akteure und das Thema ‚Umsetzungsblockade', also Probleme des politischen Systems, zu betrachten. Wie bereits erläutert, kommt den Politikern in den verschiedenen Parlamenten eine wichtige, wahrscheinlich sogar die entscheidende Rolle bei den Privatisierungsentscheidungen zu. Deswegen sollen an dieser Stelle die tatsächlichen Umstände, unter denen in der Politik wirtschaftspolitische Entscheidungen getroffen werden, also das politische System in einer repräsentativen Demokratie, noch einmal genauer betrachtet werden. Dies ist im Vergleich zu Frankreich besonders interessant, da auch dort eine bestimmte Gruppe, nämlich die Verwaltungselite, eine Rolle bei den Privatisierungen spielt.

In Deutschland schreitet zum einen eine Verbeamtung der Landesparlamente fort, da eine beträchtliche Anzahl der Abgeordneten sich aus dem öffentlichen Dienst rekrutiert.[454] Bezogen auf Privatisierungsmöglichkeiten ist zu befürchten, dass Privatisierungsfragen und eine Übertragung von Verfügungsrechten auf Private in den Parlamenten wenig erwünscht sind, da man sich selbst politischen Einfluss- und Handlungsspielraums entziehen würde. Zum anderen scheint das

---

454 Vgl. von Arnim (1999): S. 302.

von Politikern zu verfolgende Gemeinwohl, womit auch staatliches Tätigwerden und die Existenz öffentlicher Unternehmen begründet wird, in der Praxis, trotz anders lautender Aussagen, eine geringe Bedeutung zu besitzen.[455] Es liegt daran, dass Politiker zuerst einmal ihre eigenen Interessen verfolgen. Dies ist ihnen nicht vorzuwerfen, da sie sich unter den gegebenen Bedingungen und aus ihrer Sicht menschlich und rational, quasi als homo politicus, verhalten. Problematisch ist eher, dass dieses Verhalten durch das politische System nicht stärker kontrolliert und/oder unterbunden wird. Es bedeutet aber auch, dass es solange nicht zu Privatisierungen kommt, solange Politiker aus einer Privatisierung nicht auch persönlichen Nutzen ziehen können. Im politischen Geschäft scheint auch bei Privatisierungsfragen die sachorientierte Diskussion nur ein Teil der politischen Diskussion. Dies hängt damit zusammen, dass durch die langjährige, parteiinterne Rekrutierung eine Art Sozialisation der Mandatsträger bewirkt wird. Dabei spielen Machtfragen und die Bekämpfung der politischen Gegner eine bedeutendere Rolle als sachorientierte Fragen.[456] Bei Privatisierungen kommen also auch neben der wirtschaftstheoretischen Diskussion vor allem nichtökonomische Motive zum Zuge.

Zusammenfassend ist festzustellen, dass durch das politische System eine konsequente Diskussion der Umsetzung anstehender wirtschaftspolitischer Herausforderungen, wie den Privatisierungen und wahrscheinlich auch anderen ökonomischen Problemstellungen, nur bedingt gewährleistet zu sein scheint. Privatisierungen speziell sind nur auf Bundesebene mehrheits- und konsensfähig. Es ist unklar, inwieweit die diskutierten Probleme des politischen Systems, die sich neben anderen laufenden Herausforderungen auch anhand der Privatisierungen als typisch erweisen, überhaupt behoben werden können. Die Hauptakteure werden unter gleichbleibenden politischen und rechtlichen Rahmenbedingungen der repräsentativen Demokratie kaum einen Anreiz für eine Verhaltensänderung finden. Hamm kommt deswegen zu dem Ergebnis, dass die politischen Kräfte in Deutschland nicht ausreichend seien, um Privatisierungen gegen den Widerstand der unterschiedlichen Interessengruppen durchzusetzen.[457]

455 Vgl. von Arnim (1999): S. 305-306.
456 Vgl. von Arnim (1999): S. 307.
457 Vgl. Hamm (1992): S. 150.

5.3.2 Besonderheiten der Privatisierung in Frankreich

5.3.2.1 Die goldene Aktie

Das Instrument ‚goldene Aktie' ist ein Mittel zur Einschränkung der unternehmerischen Handlungsfreiheit nach einer Privatisierung. Es soll zur Wahrung französischer Interessen die Interventionsmöglichkeiten des Staates aufrechterhalten und das Unternehmen als mögliches Objekt aus- und inländischer Spekulanten schützen. Obwohl es sich nur um *eine* Aktie dreht, kann das Instrument wichtige Entscheidungen beeinflussen (z.B. die Notwendigkeit, im Vorfeld eines Verkaufs von Anteilen in bestimmter Höhe die Zustimmung der staatlichen Anteilseigner einzuholen). Es entspricht faktisch einer Sperrminorität und wird auch als ‚capital de référence' (Referenzkapital) bezeichnet. Das Instrument ist in der beschriebenen Form in Deutschland unbekannt.

Die goldene Aktie wird während der Privatisierungswellen bisher bei drei Unternehmen eingesetzt (Elf Aquitaine, Thomson CSF und SNIAS Aérospatiale). In Zusammenhang mit dem 20 Prozent Limit für Ausländer wird die goldene Aktie schon 1986 als diskriminierend für Ausländer angesehen und mit dem Ausbau der Aktie 1993 wird sie weiterhin als protektionistisch empfunden. Dem Ziel der Verbesserung der Qualität des Finanzplatzes Paris wirkt das Instrument schon während der ersten Privatisierungsphase entgegen, da es schon damals eindeutig ein Investitionshindernis für Ausländer darstellt. Trotz oder gerade wegen der Existenz dieses Instruments laufen die Fusionen von Elf Aquitaine und Total sowie von SNIAS und EADS problemlos ab.[458] Wahrscheinlich sind diese Fusionen im Interesse des französischen Staates im Hinblick auf die Strategie ‚nationale Champions'.

5.3.2.2 Actionnariat populaire und Staatskapitalismus

Die breite Streuung von Aktienbesitz ist erklärtes Ziel der Privatisierungswellen. Dabei geht es auch um die Beteiligung von Aktionären an Entscheidungen der Geschäftsführung als Kontrolle und um eine Veränderung des Sparverhaltens allgemein.[459] Die Anzahl der Aktienbesitzer erhöht sich nach 1986 erst einmal

---

458 Vgl. Mentré (1992-93): S. 865; sowie Uterwedde (1987b): S. 255; sowie Belot (1993): S. 32. Im einzelnen muß das Durchbrechen bestimmter Beteiligungsprozentsätze gemeldet werden. Außerdem werden Mitglieder im Aufsichtsrat vom Staat bestimmt und es existiert ein Vetorecht; sowie Rawsthorn (1993): S. III; sowie Bernhardt (1988): S. 17; sowie CEEP (2001): S. 9; sowie CEEP (2000): S. 59-60.

459 Vgl. Cartelier (1994): S. 6; sowie Bernhardt (1988): S. 19-20. Balladur folgt damit der gaullistischen Idee der ‚participation'.

sprunghaft, aber langfristig ergeben sich auch unerwünschte Entwicklungen. Nach 1988 hat die Anzahl der Aktionäre wieder stark abgenommen und liegt bis vor der zweiten Privatisierungswelle bei 4,5 Mio. (Ende 1992). Dies gilt in ähnlicher Form für die ab 1993 durchgeführten Privatisierungen. Die Anzahl der Aktionäre steigt durch die Privatisierungen von BNP, Rhône-Poulenc und Elf Aquitaine in 1994 auf 5,7 Mio. erhöht, aber hinter der hohen Anzahl der Individualaktionäre verbergen sich oft minimale Bestände. So haben fast 50 Prozent der Besitzer von Privatisierungstiteln allein diese Aktien in ihrem Depot; 70 Prozent aller Aktionäre in Frankreich haben maximal 5 Gesellschaften in ihrem Portefeuille. In den neunziger Jahren kommt durch die Steuergesetzgebung ein zusätzliches Problem in diesem Zusammenhang hinzu, da diese kurzfristige Anlageformen mehr fördert als langfristige. Die Anzahl der Aktionäre stabilisiert sich in dem selben Zeitraum zwischen 10 und 11 Prozent der Gesamtbevölkerung.[460]

Da die Anlagementalität der Kleinanleger sich nicht automatisch verändert, besteht die Gefahr des Verschwindens der Aktionäre. Vor allem die Angst vor der Börse, eine allgemeine Risikoaversion und die Höhe der Transaktionskosten sind die Gründe der Vorsicht der Kleinaktionäre. Damit wird für die privaten Unternehmen eine Eigenkapitalbeschaffung immer schwieriger, da der Börse dieses Kapital verloren geht. Die Anleger wenden sich eher den klassischen Sparformen wie Geldmarktfonds zu. 1993 sind 1100 Mrd. FF in dieser Anlageform investiert, die eher kurzfristigen Investitionen entgegenkommt.[461]

Durch die Privatisierungspolitik der Bildung von Aktionärskernen und gleichzeitiger Atomisierung des restlichen Kapitals wird der Einfluss der Kleinaktionäre extrem beschnitten. Das bedeutet eine klare Trennung von Eigentum und Kontrolle in den Unternehmen.[462] Schließlich unternimmt (zumindest in den achtziger Jahren) der Staat wenig, um eine Struktur für den Volkskapitalismus zu schaffen. Hier sei an die mangelnde Erfahrung der Banken im Umgang mit Kleinanlegern gedacht oder an deren hohe Transaktions- und Verwaltungskosten beim Aktienhandel. Nach dem Crash der Pariser Börse 1987 wird die mangelnde Aufklärung über das Risiko der Investition in Aktien beklagt. Auch Finanzexperten äußern sich zu der eingeschlagenen Praxis kritisch und fordern eine generelle Deregulierung des Handels von Unternehmensanteilen der privatisierten Kandidaten. Seit Beginn der Privatisierungen werden, unterstützt durch die Medien, verstärkt Anstrengungen unternommen, den Kleinaktionären das Börsen – und

460 Vgl. Belot (1993): S. 22-23; sowie Bauer (1988): S. 58; sowie Cartelier (1994): S. 6; sowie o.V. (1994b): S. 3.

461 Vgl. Goujou (2000): S. 3. Es wird auch von einer ‚Sicavisation' der französischen Wirtschaft gesprochen.

462 Vgl. Bauer (1988): S. 54; sowie Bernhardt (1988): S. 13. Die möglichst breite Streuung des Kapitals sollte mögliche spätere Renationalisierungen erschweren.

Marktgeschehen näher zu bringen und die Transaktions- und Verwaltungskosten beim Halten eines Wertpapierdepots zu beschneiden. Cohen schließt mit der Bemerkung, Frankreich sei das einzige Land der Welt, das von vorne herein die Aktionäre mit dem eigentlichen wirtschaftlichen Einfluss bestimmt.[463]

Zusätzlich ist aus aktueller Sicht festzuhalten, dass die Börsenkapitalisierung insgesamt, trotz der Zurückhaltung der französischen Privatanleger, stark zugenommen hat. Die finanziellen Mittel werden mittlerweile durch die institutionellen und/oder ausländische Investoren, insbesondere die sogenannten Pensionsfonds aus England und den USA, die in Frankreich umgangssprachlich auch als ‚zinzins' bezeichnet werden, zur Verfügung gestellt.[464]

5.3.2.3 Der harte Kern und Beteiligungen

Den Hauptkritikpunkt in der Literatur bildet die Bildung der ‚noyaux durs' (harte Kerne), die auch innerhalb der liberal-konservativen Parteien zu Streitigkeiten führt. Die strikte Anwendung des liberalen Gedankenguts hätte den Staat eigentlich nicht dazu veranlassen dürfen, derart Einfluss auf die Aktionärsstrukturen zu nehmen. Denn das grundsätzliche Ziel der Schaffung von stabilen Verhältnissen des Kapitals der privatisierten Unternehmen bringt de facto eine Omnipotenz dieser Unternehmen mit sich.[465]

Drei Sachverhalte sind besonders typisch: Einerseits sind die Unternehmen über Kapitalbeteiligungen miteinander verflochten und andererseits trifft man immer wieder auf dieselben Eigentümer. Die drei großen Versicherungskonzerne schließlich, die die drei größten Aktionäre Frankreichs darstellen, beherrschen die großen Industrie- und Bankkonzerne fast vollständig.[466] Aus diesem Kontext heraus ergeben sich die folgenden Kritikpunkte:[467] Den Aktionärskernen wird mangelnde Effizienz vorgeworfen, da die Beteiligung oftmals mehr als finanzielle Platzierung denn als strategische Investition aufgefasst wird. Nach Ablauf der einzuhaltenden Frist besteht die Gefahr des Verkaufs der bezogenen Anteile und der Neuinvestition in Immobilienfonds. Grundsätzlich wird zu Beginn auch auf die Nichtexistenz institutioneller Anleger als solche in Frankreich hingewiesen. Weiterhin wird der ‚inzestuöse' Charakter kritisiert. In erster Linie gruppiert sich

463 Vgl. Bernhardt (1988): S. 21; sowie Bauer (1988): S. 58; sowie Leser/Monnot (1994): S. IV; sowie o.V. (1994b): S. 3; sowie Izraelewicz (1999): S. 123.

464 Vgl. Goujou (2000): S. 3; sowie Juvin (1995): S. 91; sowie Jones (1999): S. 87.

465 Vgl. Blandin (1987): S. 1; sowie Bernhardt (1988): S. 13; sowie Vernholes (1988): S. 33; sowie Cartelier (1994): S. 4.

466 Vgl. Blandin (1987): S. 34.

467 Vgl. Cartelier (1994): S. 5-6. Der Aufbau folgt im Wesentlichen ihrer Argumentation, wird aber zusätzlich ergänzt; sowie Mentré (1992-93): S. 865.

die Unternehmenskonzentration um drei wesentliche Pole (für 1987 Paribas, Saint-Gobain und CGE-Société générale, für 1994 UAP-BNP-SUEZ, für 1997 AXA-UAP), und daneben entfallen Kontrollmechanismen durch die praktizierte Selbstkontrolle. Schließlich ergibt sich mit dem Fortschreiten der Privatisierungen eine Zunahme der finanziellen und wirtschaftlichen Konzentration.[468]

Hier ist die Systematik der Vorgehensweise wichtig. Im harten Aktionärskern der ersten privatisierten Firmen werden mehrere Aktien an öffentliche Unternehmen verkauft, die im Anschluss privatisiert werden sollen. Die neuen Aktionäre der Privatisierungskandidaten werden dann zwischen privatisierten und zu privatisierenden Unternehmen gefunden. Die Machtkonzentration spiegelt sich indessen auch in dem Geflecht von Überkreuz- und Serienbeteiligungen wider. Dieser Zustand verliert durch weitere indirekte Serienbeteiligungen noch mehr an Überschaubarkeit.[469] Als ein Beispiel der 1994 (1997) bestehenden Kapitalverflechtungen wird einer der „trois pôles du coeur financier“[470] (drei Pole innerhalb der Finanzinstitute) herausgegriffen, und zwar derjenige von UAP, BNP und SUEZ (AXA-UAP, BNP, SUEZ).[471] Die entsprechende Abbildung der Kapitalbeteiligungen 1994 befindet sich im Anhang. Ergänzend ist die Entwicklung dieser Verflechtungen bis zum Jahr 1997 dargestellt. Durch die Fusion mit der UAP wird AXA zu einem bedeutenden Bestandteil des Beziehungsgeflechts (s. Anhang).

Ein Beispiel ist besonders auffallend. Die globale Kapazität zur Mobilisierung von Ressourcen des Dreigestirns UAP-BNP-SUEZ wird für 1992 auf ca. 3300 Mrd. FF geschätzt. Ohne auf die personellen Verflechtungen zwischen Management und Aufsichtsgremien der Unternehmen einzugehen, sind die Kapitalverflechtungen zu beachten. Einerseits ist die Versicherung UAP jeweils wechselseitig und symmetrisch mit der Bank BNP und dem Finanzkonzern SUEZ verbunden, andererseits sind die BNP und die UAP jeweils gegenseitig größter Aktionär. Schließlich sind diese drei im Zentrum des Pols stehenden Unternehmen im Wesentlichen für dessen globale, strategische Koordination verantwortlich. Im besonderen die jeweilige Verflechtung zwischen SUEZ, Elf sowie Saint-Gobain illustrieren die wichtige Rolle des Finanzunternehmens bei der Suche finanzieller Ressourcen bestimmter großer Konzerne. Dabei ist das Beispiel UAP auch durch weitere Beteiligungen bei der Finanzgesellschaft Paribas, der Bank Société

---

468 Vgl. Cartelier (1994): S. 5-6; sowie Morin (1987): S. 34.

469 Vgl. Andreff (1992): S. 148; sowie Leser/Monnot (1994): S. IV; sowie Bernhardt (1988): S. 14; sowie Schmidt (1996): S. 379, hier ist ein tabellarischer Überblick über alle wichtigen Beteiligungen in 1995 zu finden.

470 Morin (1994): S. V.

471 Die anderen beiden sind 1994 AGF, Crédit Lyonnais und Paribas sowie Société générale und Alcatel-Alsthom.

générale und der Compagnie générale d'électricité (verantwortlich für die Bereiche Telekommunikation und Nuklearenergie) besonders auffällig. In 1997 wird die Konzentration auf wenige bedeutende Teilnehmer an dem System noch größer. Vor allem die Versicherung AXA (nach der Fusion mit UAP) und die Bank Crédit agricole sind die Aufsteiger innerhalb des Systems der Überkreuzverflechtungen.[472]

Die Konzentration über die Kapitalbeteiligungen wird indessen seit Mitte der neunziger Jahre abgebaut, und es kommt zu einer Auflösung der ‚harten Kerne'. Wesentliche Anteile an den Unternehmen werden von institutionellen Investoren übernommen und damit gewinnt der Kapitalmarkt – auch als Kontrollinstrument der Unternehmen (Stichwort ‚corporate governance') – immer mehr an Bedeutung. 1999 beträgt der Anteil der ausländischen Investoren an der Börsenkapitalisierung in Frankreich 35,7 Prozent gegenüber 15,6 Prozent in Deutschland.[473]

Der französische Staat hat durch die Privatisierungen erhebliche Anteile an den ehemals öffentlichen Unternehmen abgegeben. Damit kommt es unfreiwillig genau zu der befürchteten Entwicklung, dass nämlich ausländische Investoren mittlerweile wesentliche Anteile an den großen französischen Unternehmen halten. Anteile werden ohne große Einflussnahme durch die Möglichkeiten der ‚noyau dur' verkauft. Aufgrund des nationalen Kapitalmangels ist diese Entwicklung wahrscheinlich unvermeidlich. Die Bildung von französischen Pensionsfonds wird diskutiert, ist bisher aber politisch nicht mehrheitsfähig.[474]

5.3.2.4 Nomenklatura

Wegen der Besetzung der Führungspositionen durch Personen aus dem Umkreis des ehemaligen Regierungschefs Balladur bei beiden Privatisierungswellen, muss sich dieser den Vorwurf der Vetternwirtschaft gefallen lassen. Dabei wird nicht nur die Kompetenz dieser Personen angezweifelt, sondern auch die systematische Vorgehensweise kritisiert. Mit der Besetzung der Chefsessel bestimmter Unternehmen aus seinem Umkreis noch vor Beginn der Privatisierungen 1993 und der

---

472 Vgl. Morin (1994): S. V. Hier erfolgt die ausführliche Darstellung. Vgl. auch Leser/Monnot (1994): S. IV.; sowie Gélédan (1993): S. 92-93; sowie Cancel/Duval (1997): S. 36.

473 Vgl. Duval (2000): S. 36 und 42. 1984 kontrolliert der Staat fast 75 Prozent der 50 größten Industrieunternehmen, 1999 sind es noch 25 Prozent. Die institutionellen Investoren, die es 1984 praktisch nicht gab, halten 1999 47 Prozent dieser Anteile.

474 Vgl. Jones (1999): S. 88; sowie Maclean (1997): S. 225.

Wahl der Aktionärskerne hat Balladur eine bestimmte Einflussstruktur geschaffen.[475]

Jetter spricht in diesem Zusammenhang von 30 französischen Konzernchefs, die Frankreichs Konzerne kontrollieren. „Sie bilden [....] den harten Kern befreundeter Konzernverwaltungen: Einmal als Président Directeur Général (PDG) im eigenen Konzern und ein Dutzend Mal im Aufsichtsrat bei den PDG-Kollegen der übrigen Konzerne“[476]. Daneben ersetzt Balladur genau die Positionen an der Spitze der Unternehmen, die Mitterrand während der Verstaatlichungen für seinen Freundes- und Bekanntenkreis freigemacht hat. Die Verwaltungselite spielt also in den öffentlichen Unternehmen und bei den Privatisierungen eine sehr wichtige Rolle.[477]

Zum besseren Verständnis der Zusammenhänge ist das französische Bildungssystem anzusprechen. Dieses zentralstaatliche System trennt streng Ausbildung von der späteren Berufstätigkeit und hält lange Zeit wenig Kontakt zur Wirtschaft. Für das Thema essentiell sind die französischen Elitehochschulen, die sogenannten Grandes écoles (französische Elitehochschulen), die die Universitäten im zweigeteilten französischen Hochschulwesen dominieren. Einige davon werden schon während der französischen Revolution gegründet.[478] Bei der Ausbildung der Führungskräfte der Wirtschaft hatten und haben sie eine Quasi-Monopolstellung. Durch zahlreiche, gemeinsame Aktivitäten neben dem Studium wird die Eliteidentität der Studenten bereits in den Hochschulen gefördert, was auch die spätere berufliche Integration als sogenannte cadres (Führungskräfte) positiv beeinflusst. Die französischen Führungskräfte bilden einen so starken Zusammenhalt, dass die Zugehörigkeit zur Elite stärker ist als die politische Orientierung.[479]

---

475 Vgl. bspw. für die erste Privatisierungswelle Bernhardt (1988): S. 13; sowie Siegele (1994): S. 38; sowie Blandin (1987): S. 34; sowie Uterwedde (1994): S. 103-104. Er führt u.a. folgende Personen auf: Jacques Friedmann (UAP), Michel Pébereau (BNP), Marc Viénot (Société générale), sowie Philippe Jaffré (Elf Aquitaine). Dabei werden die nach 1981 eingesetzten Vertrauensleute der Linken durch diejenigen der Rechten ersetzt. Vgl. dazu auch Stoffaës (1986a): S. 202. Vgl. auch Jetter (1994c): S. 18.

476 Jetter (1994a): S. 14.

477 Vgl. Jetter (1994a): S. 14; sowie Jetter (1994c): S. 18; sowie Courty/Suleiman (1997): S. 132-133 und 136; sowie Hayward (1998): S. 32 und (1997): S. 159.

478 Vgl. Ammon (1989): S. 158 und 160. Die Wirtschaftshochschulen folgen im Wesentlichen später. Ausgebildet wird hauptsächlich in den Bereichen Ingenieurwesen, Unternehmensführung und Verwaltung; sowie Schlebusch (2000): S. B3.

479 Vgl. Ammon (1989): S. 161; sowie Herzlich (1994): S. IV; sowie Zettelmeier (1994): S. 3, 10 und 11.

Das selektionierende Ausbildungssystem hat sich auch durch breite Akzeptanz in der französischen Gesellschaft dermaßen stabilisiert, dass es zu einer vollkommenen Durchmischung der Führungspositionen in Politik, Verwaltung und Privatwirtschaft kommt.[480] Durch das „wohl ausgefeilteste System der Elitenbildung der westlichen Welt“[481] wird immer mehr Administrationsmentalität in die Führungsetagen der französischen Konzerne getragen. So begannen in Frankreich, nach einer Berechnung Anfang der neunziger Jahre, ca. 44 Prozent der Leiter der 200 größten Unternehmen ihre Karriere beim Staat, gegenüber 3,5 Prozent in Deutschland. Ferner übernimmt dieser Personenkreis als ausgebildete Generalisten oft Positionen in der privaten Wirtschaft, für die sie sich allein durch ihr Generalwissen und die breite Allgemeinbildung qualifizieren. Bei Verlust eines Postens in der Wirtschaft wartet sofort ein freier Posten im Staatsdienst (und umgekehrt).[482] Seit Anfang der achtziger Jahre ist ein verstärkter Wechsel von Spitzenbeamten in die Wirtschaft (bezeichnet als ‚pantouflage‘) zu verzeichnen. Besonders ausgeprägt ist das für ENA-Absolventen.[483]

Die Thematik gewinnt an besonderer Bedeutung, wenn man bedenkt, dass hinter den administrierten Vorgehensweisen der Privatisierungen die Verwaltungselite steht. Da diese Gemeinschaft sich gegenseitig schützt und in den Unternehmen ein Gegengewicht in Form anderer Aktionärsstrukturen in den privaten Unternehmen nicht in Sicht ist, lässt die ‚Privatisierung‘ der französischen Elite auf sich warten. Allerdings kann die Verwaltungselite nicht einfach mit dem Staat in Frankreich gleichgesetzt werden. Zusätzlich ergeben sich wegen der sich entwickelnden Kräfte des Kapitalmarkts Brüche, da die PDGs den Aktionären Rechenschaft über ihr Tun ablegen müssen. Es kommt zu einer Aufweichung der Symbiose zwischen Politik und Wirtschaft in den Unternehmen. Das führt dazu, dass auch persönlich befreundete PDGs sich in Fusionsbestrebungen ihrer Unternehmen mit entgegengesetzten Interessen gegenüberstehen.[484] Die Politik in

---

480 Vgl. Ammon (1989): S. 165 und 167.

481 Siegele (1994): S. 37.

482 Vgl. Siegele (1994): S. 37-38; sowie Zettelmeier (1994): S. 10.

483 Vgl. Bock (1999): S. 396-397. In dem Artikel erfolgt ein Syntheseversuch zum Thema „Enarchie“; über die Privatisierungen hinausgehend werden wichtige Aspekte der Rekrutierungs- und Arbeitsweise der politischen Führungskräfte in Frankreich diskutiert. Als weiterführende Literatur S. bspw. Suleiman, Ezra: Les ressorts cachés de la réussite française, Paris 1995.

484 Vgl. Ammon (1989): S. 165. In einer Auflistung ehemaliger Absolventen der wichtigsten Verwaltungshochschulen Frankreichs taucht fast die ganze aktuelle politische Führung auf (z.B. Balladur, Mitterrand, Chirac, Jospin etc.); sowie Siegele (1994): S. 37-38; sowie De Foucauld (1988): S. 51. Er drückt das folgendermaßen aus: „Elle (la classe dirigeante) n’a pas su dépasser le social-colbertisme dont elle

Frankreich bewegt sich in Zusammenhang mit Privatisierungen rational innerhalb der Möglichkeiten des politischen Systems.

5.3.3 Zusammenfassung der Besonderheiten und Merkmale

In diesem Kapitel werden die Privatisierungsbesonderheiten der vorangegangenen Kapitel direkt miteinander verglichen. Bei einer Privatisierung hat sich der privatisierende Staat fünf Fragen zu stellen: Warum soll verkauft werden? Was soll verkauft werden? An wen soll verkauft werden? Zu welchem Preis soll verkauft werden? Auf welche Art und Weise soll verkauft werden?[485] Diese Grundfragen werden in der praktizierten Privatisierungspolitik in beiden Ländern von nationalen Besonderheiten mitbeeinflusst. Zur weiteren Analyse der Privatisierungen in Deutschland und Frankreich werden die folgenden privatisierungsrelevanten Punkte diskutiert und miteinander verglichen: maßgebliche faktische Privatisierungsgründe, die Existenz eines Privatisierungskonzepts, das Ausmaß des öffentlichen Sektors (Jahre 1980 und 2000) und der Umfang der Privatisierungen, die faktische Privatisierungsmethode und deren staatliche Steuerung, der politökonomische Einfluss, die hauptsächliche Verwendung der Privatisierungserlöse, die weitere Kontrolle der staatlichen Beteiligungen sowie das noch existierende Privatisierungspotenzial.

- Die maßgeblichen Privatisierungsgründe sind für Deutschland und Frankreich insgesamt identisch. Sie bestehen im Wesentlichen aus dem Einfluss der EU-Liberalisierung, den finanziell eingeengten Handlungsspielräumen des Staates sowie den technologischen und technischen Entwicklungen (insbesondere für die natürlichen Monopole oder Leitungsmonopole). Das heißt, dass es trotz der unterschiedlichen Wirtschaftsmodelle (soziale Marktwirtschaft, Planification und Colbertismus) und trotz der landesspezifischen Diskussionen und Zielsetzungen, die in Deutschland ordnungstheoretisch und in Frankreich ideologisch geprägt sind, für beide parallele, realwirtschaftliche und -politische Handlungszwänge gibt. Deutschland hat hier durch die Systemimmanenz der Privatisierungen mehr Spielraum für eine selbständige, nicht extern aufgezwungene Privatisierungspolitik. Eine solche Politik wird nur in den sechziger Jahren verfolgt.

reste prisonnière“; sowie Herzlich (1994): S. IV; sowie Izraelewicz (1999): S. 128; sowie Nonnenmacher (2000): S. 1.

485 Vgl. Juvin (1995): S. 86.

- Das Vorhandensein eines Privatisierungskonzepts (im Sinne eines Konzepts und folgenden gesetzlichen Regelungen) ist sowohl für Deutschland als auch für Frankreich grundsätzlich zu bejahen, allerdings treten konzeptionell verschiedene Unklarheiten auf. In Deutschland werden verschiedene Konzepte präsentiert, angefangen und anschließend wieder verworfen. Die wegen der föderalen Strukturen fehlende Erfassung über alle Gebietskörperschaften hinweg fällt besonders auf. In Frankreich ist durch die Gesetzgebung ein konsistentes Privatisierungskonzept zu erkennen. Es kommt immer wieder zu besonderen Privatisierungszwischenformen und der Kreis der Kandidaten wird mehrfach erweitert. Eine dem zugrundeliegende Logik ist dabei nicht erkennbar. Wahrscheinlich kann in beiden Ländern durch die ersten erfolgreichen Privatisierungen privatisierungstauglicher Kandidaten eine politische und gesellschaftliche Mehrheit auch für fragwürdigere Kandidaten erreicht werden. Bis Mitte der neunziger Jahre werden sowohl in Frankreich als auch in Deutschland nur öffentliche Unternehmen privatisiert, die nach der Privatisierung in einem Wettbewerbsumfeld tätig sind. Für diese Unternehmen sind die mit einer Privatisierung verbundenen Veränderungen auch nicht so groß wie für die öffentlichen Dienstleister, da sie sich bereits früher an Wettbewerb gewöhnen können.

- Der Einfluss des öffentlichen Sektors ist zu Beginn der achtziger Jahre wegen der verschiedenen Nationalisierungsphasen in Frankreich höher als in Deutschland. Deswegen ist die Zahl der Privatisierungskandidaten und das geschätzte Privatisierungspotenzial im ganzen umfangreicher. Über den Betrachtungszeitraum hinweg hat der öffentliche Sektor in beiden Ländern abgenommen, seine Bedeutung ist in Frankreich trotz der Privatisierungen immer noch höher als in Deutschland. Ein Rückgang des öffentlichen Sektors wird dadurch abgeschwächt, dass es auch den Privatisierungen zuwiderlaufende Entwicklungen gibt. Dazu gehört eine Ausdehnung der bestehenden Aufgaben der öffentlichen Unternehmen. Dies gilt in Deutschland insbesondere für öffentliche Unternehmen der beiden Gebietskörperschaften Länder und Gemeinden (hier ist das Privatisierungspotenzial auch heute weiterhin beträchtlich).

- Die Privatisierungsmethode besteht in einem Großteil der Fälle darin, dass nach einer Änderung der Rechtsform (und eventuell konzernorganisatorischen Anpassungen) über mehrere Teilprivatisierungen hinweg Anteile des Unternehmens an der Börse zum Verkauf angeboten werden. Zentrale Fragen dieser Schritte (Unternehmensbewertung, Festlegung des ‚richtigen' Verkaufspreises, Privatisierungs-fahrplan und – terminierung, Bestimmung der zukünftigen Anteilseigner und der Aktionärsstruktur) werden dabei von politischer Seite gesteuert und kontrolliert. In Deutschland ist die Vorgehensweise in der Zusammenarbeit mit den Banken dabei implizit, wohingegen in Frankreich explizit durch direkte Steuerung und staatliche Kontrolle vorgegangen wird. In beiden Ländern werden einige Privatisierungen durch die Garantie von zukünftig anfallenden Pensionszahlungen ermöglicht. Unterschiedlich ist zudem die tatsächliche Vorgehensweise. In Deutschland wird auf Bundesebene relativ langfristig geplant, dafür aber durch typisches Beharrungsvermögen und Interessenabgleich gebremst und zögerlich privatisiert. In den Ländern und Gemeinden sind die Vorgehensweisen dagegen diskretionär. In Frankreich kommt es regelrecht zu ruckartigen Privatisierungswellen. Während einer solchen Welle wird, bezogen auf die Erlöse, in sehr kurzer Zeit quantitativ viel privatisiert.

- Den Privatisierungen in Deutschland und Frankreich ist gemeinsam, dass politisch Verantwortliche bei der praktischen Privatisierungspolitik eine entscheidende Rolle spielen. Damit rücken politökonomische Überlegungen (homo oeconomicus in der Politik in Deutschland und Frankreich) und die Verbindungen der politischen und wirtschaftlichen Elite (in Frankreich) in den Blickpunkt.

  Für eine Analyse kann das wirtschaftspolitische Verhalten des aktuell regierenden deutschen Kanzlers (Gerhard Schröder) und des französischen Premierministers (Lionel Jospin) in Bezug auf die Privatisierungen gegenübergestellt werden. Beiden ist gemeinsam, dass sie Sozialdemokraten sind, in ihrer politischen Vergangenheit Anhänger einer stark ‚links' ausgerichteten Politik waren und ihnen ein relativ geringes Interesse an deutsch-französischen Fragen nachgesagt wird. In der praktischen Wirtschaftspolitik gehen sie leicht konvergierend eher nach einer Methodik aus pragmatisch-diskretionären Fallentscheidungen (Schröders ‚modernes Regieren': s. Holzmann, Steuerreform und Mitbestimmung; Jospins Politik des ‚linken Pragmatismus': s. Renault, Beschäftigungspolitik, Alterssicherung) vor, ohne eine erkennbare, langfristige Systematik oder eine Konstanz der Wirtschaftspolitik vorzugeben.[486] Beiden sollte aufgrund ihrer politischen Gesinnung eine Privatisierungspolitik fern liegen, trotzdem führen sie entgegen ihren politischen Überzeugungen konsequent (Gerhard Schröder) und teilweise umfangreicher als konservative Vorgänger (Lionel Jospin) die eingeleitete Privatisierungspolitik fort. Dieses Verhalten entsteht wahrscheinlich aus (polit)ökonomischen Überlegungen

486 Vgl. Härtel (1999): S. 696; sowie Hamm (2000): S. 17; sowie Uterwedde (2000b): S. 394-395 und (2000a): S. B1.

und Zwängen. Die Weiterführung der Privatisierungspolitik ist als eine politischen Überlebensstrategie zu charakterisieren, da sie mittlerweile mehrheitsfähig ist (außer für die Leitungsmonopole in Frankreich) und wahrscheinlich einer wirtschaftspolitisch akzeptierten Meinung der politischen Mitte entspricht. Durch eine Mischung in der Wirtschaftspolitik, die in mediengerechter Aufbereitung die unterschiedlichen Interessengruppen befriedigt, wird schließlich auch das Stimmenpotenzial des homo oeconomicus ‚Politiker' maximiert. Beide Staatsmänner verhalten sich unter den gegebenen Bedingungen – stellvertretend für alle Politiker – also rational. Konsequenterweise ist in Frankreich die Privatisierungspolitik der ehemals natürlichen Monopole bis zur nächsten Präsidentschaftswahl erst einmal ausgesetzt. Deutschland unterstützt Frankreich dabei auf europäischer Ebene in der Ablehnung einer Festlegung von Terminen zur Öffnung der Gas- und Energiemärkte.
Des weiteren werden durch die Privatisierungen Unterschiede im Selbstverständnis der politisch Verantwortlichen deutlich. Der Verzicht auf Privatisierungen auf Landes- und Gemeindeebene in Deutschland ist in Frankreich weitgehend unbekannt. Landes- und Lokalpolitiker haben im Rahmen der föderalen Struktur in Deutschland mehr Entscheidungsfreiheit und damit Möglichkeiten zur Selbstbehauptung und Selbständigkeit. Außerdem kommt es in Deutschland eher selten zu einer solchen massiven Begünstigung von politischen Freunden und einem unkomplizierten Wechsel zwischen Politik und Wirtschaft (bzw. vice versa) wie unter Mitterrand und Balladur in Frankreich. Demgegenüber hat eine kohärente Privatisierungspolitik durch die zentrale Struktur in Frankreich und das Machtzentrum Paris eine bessere Chance der konsequenten Umsetzung, sobald die Verwaltungselite sich die Privatisierungen ernsthaft vornimmt. Wenn man zu dieser gesellschaftlichen Gruppe gehört, spielt es tendenziell keine Rolle, ob man in der Politik oder in der Wirtschaft tätig ist und/oder die Position wechselt. Das intellektuelle Potenzial ist schließlich für beide Bereiche mehr als ausreichend und traditionell unabhängig von langjährigen, beruflichen Erfahrungen.

- Die Privatisierungserlöse werden, in Deutschland und Frankreich identisch, hauptsächlich zum Abbau der Staatsverschuldung verwendet (früher auch zur laufenden Haushaltsfinanzierung). Frankreich hat hier durch die insgesamt höheren Privatisierungserlöse einen größeren Handlungsspielraum, obwohl Teile der Privatisierungserlöse auch für laufende Kapitalhilfen an die noch existierenden öffentlichen Unternehmen abgetreten werden müssen. Dieses Vorgehen ist in Deutschland nicht notwendig. Wahrscheinlich hat Deutschland langfristig davon profitiert, dass es nach Ende des 2. Weltkriegs auf Verstaatlichungen zur Unterstützung des wirtschaftlichen Wiederaufbaus verzichtet hat. Gerade in den achtziger Jahre muss der französische Staat vielfach finanzielle Unterstützung leisten, die letztendlich teilweise über Steuern finanziert wird.

- Das Verhalten und die Entwicklung einer staatlichen Beteiligung oder später von Beteiligungen der nationalen institutionellen Investoren weisen in Deutschland und Frankreich Gemeinsamkeiten und Unterschiede auf. Gemeinsam ist beiden Ländern, dass Anteile der Unternehmen nach einer Privatisierung im Besitz von nationalen Großinvestoren sind. Einen Überblick über diese Verflechtungen ist im Anhang zu finden.
  Auch wenn es in Deutschland im Zusammenhang mit Privatisierungen den Begriff ‚harte Kerne' und eine systematische Institutionalisierung dieser Kerne nicht gibt, so sind die Resultate nach den Privatisierungen ähnlich. Von der Versicherung Allianz werden wesentliche Beteiligungen an ehemals öffentlichen Unternehmen gehalten. Durch die Verflechtung mit der Deutschen Bank und die vielfältigen Einflussmöglichkeiten der deutschen Banken auf die Industrieunternehmen (Eigentümer, Gläubiger, Kontrollorgan, Depotstimmrechte) sind unterschiedlichste Einflussmöglichkeiten faktisch gegeben. An der Preussag, die bereits 1959 teilprivatisiert wird, hält die WestLB (eine öffentlich-rechtliche Landesbank) über ihre 100-prozentige Tochter GEV, Gesellschaft für Energie- und Versorgungswerte, einen Anteil von über 30 Prozent.[487] Das Potenzial an Einflussmöglichkeiten des ‚harten Kerns' Deutsche Bank und Allianz legt die Vermutung nahe, dass es bei einem höheren Privatisierungspotenzial von Großunternehmen in Deutschland noch stärker zu parallelen Entwicklungen mit Frankreich gekommen wäre.
  Unterschiedlich ist die Entwicklung mittlerweile dahingehend, dass ausländische Investoren maßgebliche Beteiligungen an französischen Unternehmen erwerben konnten (dies gilt für Unternehmen des CAC40 stärker als für den DAX. Hier liegt der ausländische Anteil bei 28 Prozent)[488]. Diese Öffnung ist wegen des Kapitalmangels des nationalen Kapitalmarkts notwendig gewesen. Der französische Kapitalmarkt hat sich durch zusätzliche Deregulierungen stärker und dynamischer entwickelt als in Deutschland (während der jüngsten weltweiten Börsenhausse lag die Gesamtkapitalisierung der Pariser Börse

487 Vgl. Commerzbank (2000): S. 358 und 692. 1992 belaufen sich die Prozentsätze der Stimmrechtsanteile deutscher Großbanken an Volkswagen auf 44,05, an der VEBA auf 90,85, an der Viag auf 49,1 und an Preussag auf 99,46; S. dazu Morin (1998): S. 123.

488 Vgl. CGP/DFI (2001): S. 53. Die Angaben für den DAX schwanken zwischen 15 und 28 Prozent, S. S. 192.

über der von Frankfurt;[489] Ende der neunziger Jahre gibt es zahlreiche Fusionen und Übernahmen). Allerdings wird mit dem vorgesehenen steuerbefreiten Anteilsverkauf Bewegung in den deutschen Kapitalmarkt und die Beteiligungspolitik kommen. Es folgt also auch hier eine konvergente Entwicklung, und man bewegt sich damit in Richtung einer „économie du marché financier"[490] (‚Marktwirtschaft plus Kapitalmarkt').

- Das weitere Privatisierungspotenzial betrifft in Deutschland hauptsächlich die Unternehmen des öffentlichen Sektors der Länder und Gemeinden sowie die verbliebenen natürlichen Monopole, die in Bundesbesitz sind. In Frankreich verbleiben als zukünftige Privatisierungskandidaten vor allem die Unternehmen des ‚service public' (öffentliche Dienstleister) und einige kleinere Privatisierungskandidaten. Insgesamt wird das Privatisierungsvolumen für die öffentlichen Dienstleister in Europa auf mehr als 100 Mrd. EURO geschätzt.[491] Mittel- bis langfristig ist aus heutiger Sicht zu vermuten, dass es bei einer weiterhin konvergenten Entwicklung zu weiteren Privatisierungen kommt. Es ist nicht abzusehen, dass der Privatisierungszwang aufgrund einer massiven Verringerung der hohen Staatsverschuldung oder aufgrund des Nachlassens der konsequent verfolgten EU-Wettbewerbspolitik in nächster Zeit abnehmen könnte. Auch für den durch den Systemwettbewerb aufgebauten Anpassungsdruck auf die Staaten ist keine Abschwächung in Sicht. Allerdings nimmt die Anzahl der ‚einfachen' Privatisierungskandidaten ab.

Die diskutierten Punkte sind in der folgenden Tabelle noch einmal als grobes Schema zusammengefasst:

Ausprägung/Land	**Deutschland**	**Frankreich**
Privatisierungsgründe	EU, Finanzen, Technologie	EU, Finanzen, Technologie
Privatisierungskonzept	Unklar	Ja
Ausmaß öffentlicher Sektor	Mittel	Hoch
Privatisierungsausmaß	Mittel	Hoch
Privatisierungsmethode	Rechtsformänderung/Verkauf von Anteilen über Quoten und an der Börse/Privatisierungskonstanz (Bund)	Rechtsformänderung/Verkauf von Anteilen über Quoten und an der Börse/Privatisierungswellen
Staatlicher Einfluss	Hoch, implizit	Hoch, explizit

489 Vgl. CGP/DFI (2001): S. 52.
490 Experteninterview Cohen im Anhang S. XVIII.
491 Vgl. Bridier/Ellyas (2001): S. 1.

Politökonomischer Einfluss	Hoch, homo oeconomicus	Hoch, Concubinage, homo oeconomicus
Privatisierungserlöse für	Abbau Verschuldung, Beamtenpensionen	Abbau Verschuldung, Unterstützung öffentliche Unternehmen, Beamten-pensionen
Kontrolle der Anteile	Staat/banque-industrie	Staat explizit/harte Ker-ne/Kapitalmarkt
Privatisierungspotenzial	Hoch (Länder und Gemein-den, Leitungsmonopole)	Mittel (service public)

Tabelle 24: Vergleich der Privatisierungspolitik und -besonderheiten in Deutschland und Frankreich
Quelle: Eigene Zusammenstellung.

5.4 Gesamtwirtschaftliche Auswirkungen der Privatisierungen

5.4.1 Zielerreichungsgrad der jeweils selbstgesetzten Ziele

Als Grundlage für die Evaluierung der Erreichung politisch gesetzter Ziele wird im Wesentlichen auf die in Kapitel 2.2.2.1.1 beschriebenen, tabellarisch erfassten und diskutierten Ziele zurückgegriffen. Auch wenn eine detaillierte Quantifizierung methodisch und empirisch nicht möglich ist, so lassen die zum vorliegenden Thema aufgezeigten Entwicklungen doch grobe Rückschlüsse auf das Erreichen oder Nichterreichen und somit eine Beurteilung des jeweiligen Zielerreichungsgrads zu. Im Folgenden wird eine Unterteilung in drei Ebenen nach gesellschaftspolitischen, makroökonomischen und mikroökonomischen Zielen für Deutschland und Frankreich vorgenommen. Da von einer zunehmend konvergenten, wirtschaftlichen Entwicklung in beiden Ländern auszugehen ist (s.o.), sind fast alle Bewertungen für beide Länder gleichermaßen relevant. Zur Einführung in die Evaluation der Zielerreichungsgrade wird zuerst die Beeinflussung der Ziele Wirtschaftswachstum, Fiskaleffizienz und Reduktion der Arbeitslosigkeit, die auch für Privatisierungen angeführt werden, analysiert und visualisiert.

Wenn man die Privatisierungen zusammen mit Deregulierung und Liberalisierung (von Märkten) betrachtet, verbindet sie in einem Modell makroökonomischer Mechanismen im Wesentlichen eine Stärkung des Wettbewerbs als *das* Mittel zur Zielerreichung. Wettbewerb selbst ist also im Zusammenhang mit Privatisierungen kein Ziel, sondern ein Mittel zur Zielerreichung.[492] Dadurch werden eine steigende Investitionstätigkeit und Preissenkungen induziert. Durch die

492 Vgl. Experteninterview Eichhorn im Anhang S. XIV.

steigenden Investitionen wird das Wirtschaftswachstum gefördert. Durch die Senkung der Preise kommt es einerseits zu Kaufkraftgewinnen der nationalen Einkommen und zu einer Stärkung der Wettbewerbsposition. Dadurch wird wiederum das Wirtschaftswachstum unterstützt. Schließlich werden durch das Wachstum eine Verbesserung des staatlichen Haushaltsbudgets und die Schaffung von Arbeitsplätzen ermöglicht. Die Schaffung von Arbeitsplätzen wiederum führt zu einer Entlastung des staatlichen Budgets. Es kommt also zu sich gegenseitig positiv beeinflussenden Effekten. Als einziger negativer Effekt taucht eine mögliche Nachfrageinflation durch das Wirtschaftswachstum auf, was zu Preiserhöhungen führt. Graphisch stellen sich diese makroökonomischen Mechanismen folgendermaßen dar:

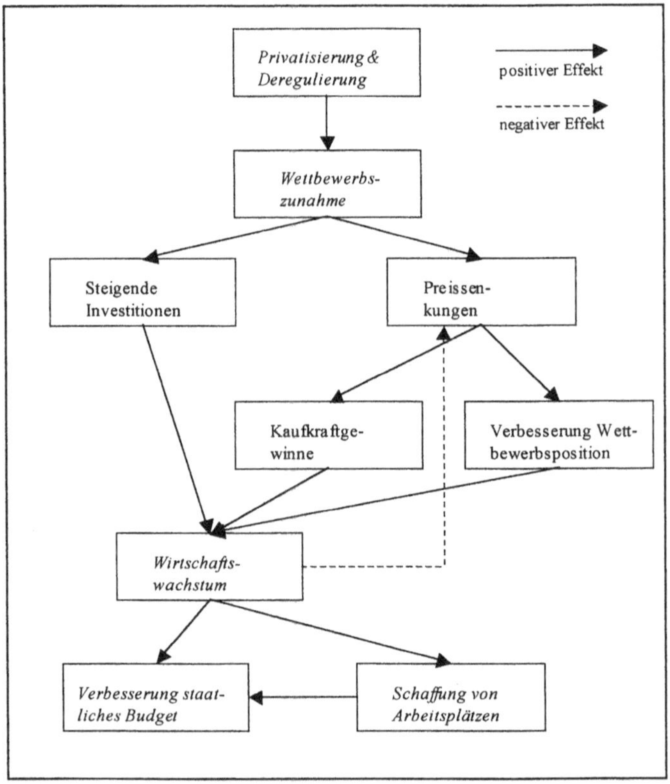

Abbildung 7: Privatisierung und makroökonomische Mechanismen
Quelle: Eigene Zusammenstellung.

Bei einer Gegenüberstellung der tatsächlichen Entwicklung in Deutschland und Frankreich, mit den offiziellen Zielvorgaben der Privatisierungen der jeweiligen Regierungen, fällt zuerst auf, dass im Zeitablauf Zielabweichungen auftreten. Dies wird, außer von den die Privatisierungen kommentierenden Wissenschaftlern, aber kaum in der Politik und in der Öffentlichkeit diskutiert. Aus Sicht der Gesellschaftspolitik sind in Deutschland im Zusammenhang mit Privatisierungen die Ziele Freiheit und Wohlfahrt von Bedeutung. Verstanden als individuelle Wahlfreiheit hat sich der Freiheitsgrad durch die mögliche, selbständige Auswahl von unterschiedlichen Dienstleitungen (Telefondienst, Stromversorgung) für den Bürger durch Privatisierung und Liberalisierung erhöht. Andererseits werden weiterhin öffentliche Unternehmen neu gegründet, was eine Wahlfreiheit unternehmerischer Tätigkeit negativ beeinflussen dürfte. Verstanden als individuelle finanzielle Freiheit hat sich der Freiheitsgrad nicht verändert, da es nach Privatisierungen zu Preissenkungen (Telekommunikation) und zu Preiserhöhungen (übrige Aufgaben der Daseinsvorsorge) kommt. Infolgedessen ist eine abschließende Aussage über eine Ausweitung des Freiheitsgrads in Deutschland nicht möglich. Für Frankreich wird dieser Punkt nicht analysiert, da Freiheit nicht als Ziel vorgegeben wird. Die gesellschaftliche Wohlfahrt kann teilweise über die Beurteilung zweier makroökonomischer Ziele des magischen Vierecks (Vollbeschäftigung, Wirtschaftswachstum) erfolgen.

Das Vollbeschäftigungsziel scheint von Privatisierungen nicht stark gestützt worden zu sein. Die Arbeitslosenzahlen sind bis heute in beiden Ländern hoch. Die Verringerung der Arbeitslosenzahlen in jüngster Zeit wird hauptsächlich auf den Rückgang der Anzahl der Erwerbspersonen zurückgeführt. Da in den privatisierten Unternehmen regelmäßig ein Abbau der Kosten mit einem Beschäftigtenabbau einhergeht, ist eventuell sogar von einer negativen Beeinflussung der Arbeitslosenrate auszugehen. Inwieweit und wie schnell dieser Abbau durch einen positiven Geschäftsverlauf, Investitionen und damit das Schaffen von neuen Stellen in den postprivatisierten Unternehmen kompensiert werden kann, ist unklar. Eine direkte Beziehung zwischen Privatisierungen und Wirtschaftswachstum ist nicht erkennbar. Bei einem Vergleich der beiden Länder ist indessen auffällig, dass Frankreich, bei einem insgesamt volkswirtschaftlich quantitativ höheren Privatisierungsvolumen und einem entsprechend größeren Einfluss auf die Gesamtwirtschaft, seit Mitte der neunziger Jahre ein höheres Wirtschaftswachstum als Deutschland aufweist. Auch wenn hier eine positive Korrelation zwischen Privatisierung und wirtschaftspolitischem Ziel auftritt, ist eine direkte Beziehung nur bedingt herstellbar. Damit scheint auch eine Bewertung der Erhöhung der Wohlfahrt als wirtschaftspolitisches Ziel nicht abschließend möglich.

Bei der Entlastung der öffentlichen Haushalte leisten die erzielten Privatisierungserlöse einen Beitrag, allerdings fallen diese Erlöse nur einmal an. Unter Berücksichtigung der Gesamtbelastung der öffentlichen Haushalte ist eine größere Entschuldung kaum zu erwarten, da sich die Privatisierungserlöse im Vergleich zu den öffentlichen Etats im einstelligen Prozentbereich bewegen. Bei der Produktionseffizienz ist ebenfalls keine genaue Aussage möglich, da hinsichtlich der Preisbewegungen oder der Qualität der öffentlichen Dienstleitung nicht klar ist, ob und inwieweit tatsächliche Verbesserungen der Produktionseffizienz überhaupt weitergegeben werden.

Obwohl in Deutschland die Standortdebatte regelmäßig kontrovers diskutiert und die Privatisierungen als eine Möglichkeit zur Sicherung der ‚Deutschland AG' postuliert wird, sind die Privatisierungsbemühungen über die Gebietskörperschaften hinweg ungleich verteilt. Zum einen werden Privatisierungen durch gegenläufige Entwicklungen konterkariert, zum anderen ist fraglich, ob ein Verzicht auf Privatisierungen zu einer Schwächung des Standorts geführt hätte. Aus diesen Gründen wird kein essentieller Beitrag zur Stärkung des Standorts Deutschland geleistet. In Frankreich ist in der Standortfrage insofern eine positive Entwicklung festzustellen, als es in den vergangenen Jahren als Standort ausländischer Investitionen an Attraktivität gewonnen hat. Für die allgemein positive wirtschaftliche Entwicklung werden regelmäßig auch die Privatisierungen genannt. Sie haben eine positive Signalfunktion als offensichtlichste Ausrichtung einer verfolgten liberalen Wirtschaftspolitik. Eine detailliertere Analyse der Standortkriterien und der Frage, ob sie überhaupt von Privatisierungen beeinflusst werden, erfolgt im folgenden Kapitel.

Wie bereits aufgezeigt, kommt es in der Theorie zu einer wechselseitig positiven Beeinflussung der Privatisierung und der Förderung des Kapitalmarkts. In Deutschland haben von den ca. 550.000 existierenden Kapitalgesellschaften ca. 3.000 die Rechtsform einer Aktiengesellschaft. Davon sind nur ein geringer Anteil börsennotiert. Vor diesem Hintergrund kommt es zu sehr großen Privatisierungen mit einem hohem Bekanntheitsgrad in der Öffentlichkeit (Telekom). Allerdings dürften die durchgeführten Privatisierungen wegen ihrer geringen Anzahl börsennotierter Aktiengesellschaften insgesamt kaum zu einer echten Förderung des Kapitalmarkts beigetragen haben, auch wenn die privatisierten Unternehmen einen enormen Börsenwert erreichen und zu den größten börsennotierten Unternehmen werden. Insgesamt kommt es indessen auch in Deutschland, wahrscheinlich mitbeeinflusst durch Privatisierungen (Stichwort Volksaktie), zu steigenden Aktionärszahlen (ca. 17 Prozent an der Gesamtbevölkerung) sowie zu einer stärkeren Beschäftigung mit Aktien und Kapitalmärkten. In Frankreich stellt sich die Entwicklung am Kapitalmarkt anders dar. Schon die Anzahl der durchgeführten Privatisierungen lässt einen größeren Einfluss erwarten. Dies wird durch die vielen früheren Verstaatlichungen möglich, da zahlreiche Mitglieder des CAC40 in den vergangenen 20 Jahren privatisierte Unternehmen sind. Gegenwärtig sind ca. 11 Prozent der Gesamtbevölkerung Aktienbesitzer. Im internationalen Vergleich liegen Deutschland und Frankreich auch nach den Privatisierungen beim Anteil der Aktionäre an der Gesamtbevölkerung weit zurück (Schweden ca. 35 Prozent, Spanien ca. 33 Prozent, England ca. 23 Prozent).

Mit der steigenden Anzahl der Aktionäre ist die Streuung des Aktienbesitzes gestiegen. Allerdings werden die Kleinaktionäre auch durch besondere Konditionen und kurzfristig positive Börsenentwicklungen überzeugt. Längerfristig werden die Anteile durch Private oftmals wieder verkauft. Die Streuung des Aktienbesitzes hat wahrscheinlich zugenommen, aber die wesentlichen Anteile der bedeutenden Unternehmen werden in Deutschland von institutionellen Großinvestoren (und dem Staat) gehalten (Streubesitz bei Lufthansa ca. 90 Prozent, bei Telekom ca. 33 Prozent). In Frankreich sind zu den institutionellen Großinvestoren insbesondere die Pensionsfonds als große Anteilseigner hinzugekommen, die Kleinaktionäre spielen eine unbedeutende Rolle. Dies war kein ursprüngliches Ziel der Privatisierungen in Frankreich. Man wollte sich, im Gegenteil, einen nationalen Einfluss auf die privatisierten Unternehmen sichern.

Die Einschränkung staatlicher Tätigkeit wird durch Privatisierungen vorangetrieben, da die staatlichen Anteile der Unternehmen in private Hände übergegangen sind. Durch die Liberalisierung wird eine Regulierung bestimmter Märkte notwendig, wodurch sich die staatliche Tätigkeit auch wieder ausweitet. Dies gilt für beide Länder (Regulierung der Telekommunikationsmärkte). Eine abschliessende Abschätzung, ob die Regulierungskosten bis jetzt niedriger sind als der Regulierungsnutzen, ist nicht möglich. Da es in den deregulierten Märkten immer wieder zu Versuchen kommt, aus den verschiedensten Motiven das Marktgeschehen zu beeinflussen, werden die Regulierungsbehörden vermutlich über Jahre tätig werden müssen. Aufgrund der bisherigen Erfahrungen ist zu befürchten, dass sich die Regulierungsbehörden weiter ausdehnen werden, da sie eigene Interessen und Ziele verfolgen.

Auf mikroökonomischer Ebene sind ebenfalls verschiedene Privatisierungsziele und deren Zielerreichungsgrad zu analysieren. Auf die Produktionseffizienz bzw. Kostenvergleichsstudien wird in der Arbeit nicht eingegangen. Zum einen existieren zahlreiche Untersuchungen unter diesem Aspekt,[493] denen nicht noch eine weitere hinzugefügt werden soll (s.o.), stattdessen wird auf die vorangegangenen Kapitel verwiesen, die insbesondere die Entwicklung der einiger Unternehmen nach der Privatisierung untersucht und vergleicht.

Bei der Finanzierung von Pensionsverpflichtungen haben die Privatisierungen insofern einen Beitrag geleistet als Privatisierungserlöse verstärkt für diese Verpflichtungen verwendet werden sollen (was aber in Frankreich nicht offiziell als

493 Vgl. Völmicke (1996): S. 225 ff.

Ziel verfolgt wird). Dabei ist zu bedenken, dass die Übernahme der Pensionsverpflichtungen in Deutschland (und Frankreich) durch den Staat erfolgt und oft dadurch eine Privatisierung überhaupt erst ermöglicht wird. Die in Zukunft anfallenden Verpflichtungen sind in ihrer Gesamthöhe wahrscheinlich durch die Privatisierungserlöse nicht gedeckt. Daher ist zu befürchten, dass diese Belastungen letztendlich durch den Steuerzahler getragen werden müssen.

Die Untersuchung der Veränderung der Eigentumsverhältnisse der privatisierten Unternehmen ist analog zur Diskussion der Streuung der Anteile an den Unternehmen zu sehen. Eine Veränderung ist hier in Frankreich erkennbar, allerdings entsprechen die heutigen Eigentumsverhältnisse nicht den ursprünglichen Zielen. Eine Förderung der Mitbestimmung in den privatisierten französischen Unternehmen ist nicht erkennbar. Im Gegenteil dürfte der durch Privatisierungsschritte geförderte Bezug von eigenen Aktien Mitbestimmungsfragen eher zurückgedrängt haben. Durch die Zahlung variabler Gehaltsbestandteile in Form von Aktienoptionen wird eher eine unternehmerische Mentalität gefördert. Gegen eine Förderung der Mitbestimmung spricht zudem die Gegenwehr französischer Gewerkschaften gegen die Privatisierungen der verbleibenden ‚service public' (öffentliche Dienstleister). Wenn die Mitbestimmung faktisch gefördert würde, wären die Gewerkschaften wahrscheinlich privatisierungsfreundlicher.

Eine Beurteilung der Förderung strategischer Partnerschaften der privatisierten Unternehmen ist schwierig, da keine exemplarischen Fälle postprivatisierter strategischer Partnerschaften bekannt sind. Diese werden in Frankreich hauptsächlich angestrebt, um den französischen Unternehmen Expansionsmöglichkeiten zu bieten, da sie im internationalen Vergleich relativ klein sind. Insgesamt kommt es in Frankreich zu zahlreichen Fusionen, an denen auch privatisierte Unternehmen beteiligt sind (z.B. BNP-Paribas, EADS, TotalFinElf, Air France-Air Inter; s. folgendes Kapitel). Die zur Verfügung stehenden expliziten Instrumente staatlichen Einflusses werden zurückhaltend eingesetzt, aber insgesamt kommt es zu einer Beeinflussung der Entwicklung der nationalen Champions.

Die diskutierten Analysen und Bewertungen zu den politisch vorgegebenen Privatisierungszielen werden noch einmal in einer Tabelle zusammengefasst.

Es ist festzustellen, dass für beide Länder eine abschließende Bewertung der Privatisierungsziele und ihrer Erreichungsgrade in direkter Beziehung zu einzelnen Privatisierungen (auch zusammengefasst als Privatisierungspolitik) kaum zu leisten ist. Aus makroökonomischer Sicht sind sowohl positive als auch negative Resultate und Entwicklungen zu verzeichnen, allerdings wird die Privatisierungspolitik von allen übrigen Maßnahmen der Wirtschaftspolitik überlagert. Aus mikroökonomischer Sicht gewinnt man den Eindruck, dass vollzogene (Teil-)Privatisierungen wegen der Gewinnung von Handlungsfreiheit eine positive Wirkungen haben. In Frankreich gibt es zwar Beispiele mit finanziellen Schwierigkeiten

(Crédit Lyonnais), diese waren aber schon vor der Privatisierung bekannt und sind hauptsächlich hausgemacht. Im Unterschied zu Deutschland ist für Frankreich aufgrund der Höhe des Privatisierungsvolumens tendenziell eine stärkere positive Beeinflussung gesamtwirtschaftlicher Ziele anzunehmen.

Zielerreichungsgrad Politisch definierte Privatisierungsziele	**Deutsch-land**	**Frank-reich**
Erhöhung der Freiheit	?	
Stärkung des Wettbewerbs	?	
Fiskaleffizienz	_	_
Förderung der Beschäftigung	_	_
Förderung des Wirtschaftswachstums	?	+
Produktionseffizienz	?	?
Förderung des Kapitalmarkts	+	+
Einschränkung staatlicher Tätigkeit	?	?
Sicherung des Standorts	?	?
Streuung des Aktienbesitzes	?	?
Finanzierung von Pensionsverpflichtungen privatisierter Unternehmen	?	
Förderung der Mitbestimmung in den privatisierten Unternehmen		?
Veränderung der Eigentumsverhältnisse der privatisierten Unternehmen		?
Erleichterung strategischer Partnerschaften der privatisierten Unternehmen		?

Tabelle 25: Politisch definierte Privatisierungsziele in Deutschland und Frankreich und ihr Zielerreichungsgrad
Quelle: Eigene Zusammenstellung („ „ = nicht als Ziel vorgegeben; „+“ = positiver Effekt; „_„ = negativer Effekt; „?“ = Effekt unklar).

5.4.2 Standortpolitik und Beteiligungspolitik

Indirekt werden über die Privatisierungsfragen in beiden Ländern auch weitere wirtschaftspolitische Themen berührt. Dabei kommt es regelmäßig zu Diskussionen um den Standort Deutschland und seine Zukunftsfähigkeit (Sicherung des

Standorts im globalen Systemwettbewerb[494]). Deshalb soll diskutiert werden, wie die Standorte im direkten Vergleich eigentlich zu bewerten sind und ob die Privatisierungen tatsächlich zu einer positiven Beeinflussung von Standortkriterien führen. In Frankreich wird vor dem Hintergrund der zahlreicheren staatlichen Beteiligungen vor allem diskutiert, inwieweit der nationale Einfluss gewährleistet werden kann, um die Unternehmen zu schützen und zu stabilisieren sowie inwieweit die Unternehmen im Wachstum unterstützt werden müssen (wegen ihrer vermeintlich geringen Größe im internationalen Vergleich). Diese Entwicklung erfolgt logisch aus den Versuchen seit den sechziger Jahren, sogenannte ‚champions nationaux' (nationale Champions) aufzubauen.[495] Es geht um eine Beteiligungspolitik aus der Sicht des Staates und aus der Sicht der Unternehmen (Fusion, Beteiligung und/oder Akquisition nach einer Privatisierung). Damit soll zusätzlich analysiert werden, wie beide Länder in der Beteiligungspolitik agieren und ob es hier durch Privatisierungen zu Veränderungen gekommen ist.

Die folgenden Analysen gelten für die Standortpolitik eher aus deutscher Sicht und für die Beteiligungspolitik mehr aus französischer Sicht. Dieses Vorgehen ist notwendig, da die Diskussionen um diese Punkte in starkem Maß aus der jeweiligen landesspezifischen Sicht geführt werden.[496]

Für die grundsätzliche Beurteilung der beiden Standorte (‚Deutschland AG versus France S.A.') werden Kriterien wie Lohnstückkosten/Produktivität, Qualität der Arbeitskräfte/Ausbildung, Unternehmensbesteuerung und allgemeine Steuer- und Abgabenquote, Infrastruktur (Verkehr/Kommunikation), Umwelt-

494 Vgl. Monopolkommission (1998): S. 8. Als Systemwettbewerb wird hier der auf verschiedenen Ebenen stattfindende Wettbewerb zwischen Wirtschaftssystemen definiert.

495 Vgl. CGP/DFI (2001): S. 12.

496 Bei ‚Standortpolitik' kommt man in Frankreich eher zur Analyse globaler Parameter zum magischen Viereck, wohingegen eine ‚Beteiligungspolitik' in Deutschland wahrscheinlich als zu industriepolitisch gesteuert angesehen würde. Es ist also schwierig, klare Definitionen und Abgrenzungen zu finden, was tatsächlich gemeint ist. In dem aktuellen Bericht vom CGP/DFI geht es im Wesentlichen um den Begriff der Wettbewerbsfähigkeit des Standorts (‚compétivité globale'). Dabei werden folgende Dimensionen der Wettbewerbsfähigkeit behandelt: allgemeine Rahmenbedingungen der Unternehmen, finanzielle Dimensionen ihrer Strategie, soziale Aspekte, Innovation sowie Ausbildung. Aus wirtschaftswissenschaftlicher Sicht könnte man eine Unterteilung in Standort Deutschland/Frankreich, wie in der Arbeit gewählt, vornehmen. Bei internationaler Wettbewerbsfähigkeit kommen dann bspw. folgende Punkte dazu: Leistungsbilanzsaldo, Terms of trade, Realeinkommen pro Kopf, Weltmarktanteile, Anteil der Exporte am Bruttosozialprodukt, Faktor- und Technologieausstattung, Investitionstätigkeit sowie Wirtschaftsordnungsrahmen.

schutz, Regulierungsdichte/Verwaltung, Umverteilungspolitik und Leistungsanreize herangezogen und in einer Tabelle zusammengefasst:[497]

Standortkriterien	**Deutschland**	**Frankreich**
Lohnstückkosten/Produktivität	?	?
Qualität der Arbeitskräfte/Ausbildung	+	+
Unternehmensbesteuerung/allgemeine Steuer- und Abgabenquote	-	-
Infrastruktur (Verkehr/Kommunikation)	+	+
Umweltschutz	+	?
Regulierungsdichte/Verwaltung	-	-
Umverteilungspolitik	?	?
Leistungsanreize	-	?

Tabelle 26: Vergleich der Standorte Deutschland und Frankreich
Quelle: Eigene Zusammenstellung und Analyse („+“ = positiv; „?“ = unklar; „_“ = negativ).

Die Tabelle zeigt, dass beide Länder ähnliche Merkmale der Standortkriterien aufweisen. Diese Feststellung entspricht der Konvergenz ihrer wirtschaftlichen Entwicklung als ‚postindustrielle Standorte‘. Auch in anderen Untersuchungen zur Standortpolitik wird auf parallele Entwicklungen verwiesen. 1998 wird in der Rangliste der Standorte des „Global Competitiveness Report“ des Weltwirtschaftsforums in Davos Deutschland an 25. und Frankreich an 23. Stelle geführt.[498] Die Lohnkosten sind zwar in beiden Ländern im internationalen Vergleich hoch, dafür ist die Produktivität aber auch höher und die Lohnstückkosten insgesamt moderat. Die Ausbildung und die Qualität der Arbeitskräfte ist in beiden Ländern hoch, ebenso wie die Besteuerung der Unternehmen und die allgemeine Steuer- und Abgabenlast. Bei der Infrastruktur haben beide Länder ebenfalls ein hohes Niveau erreicht. Der Umweltschutz spielt in Deutschland traditionell eine größere Rolle und sollte langfristig trotz der laufenden Kosten positiv für den Standort Deutschland sein. Frankreich schneidet hier wegen der Konzentration auf die Atomenergie zur Energieversorgung und einem tendenziell gerin-

497 Vgl. Schmalen (1992): S. 63-72; sowie Frisch (2000): S. 301; sowie Delmas (2000): S. 110-118; sowie Uterwedde (2000b): S. 393; sowie Mentré (1994): S. 1-3 pièces jointes (Anhang); sowie CGP/DFI (2001): S. 22, 26 und 27; sowie Guillaume (2000): S. 92.

498 Vgl. Picht/Uterwedde (1998): S. 189; sowie Froehly (1999): S. 361; sowie aktuell aus 2001: CGP/DFI (2001).

ger ausgeprägten Umweltbewusstsein schlechter ab. Die Regulierungs- und Verwaltungsdichte ist in beiden Ländern gleichermaßen hoch. Durch den erheblichen sozialpolitischen Einfluss in der Wirtschaftspolitik (Stichwort Sozialversicherungen) kommt es in beiden Ländern zu einer Dominanz der Umverteilungspolitik. Inwieweit diese Umverteilungen sich positiv oder negativ auswirken, ist nicht eindeutig zu sagen, da die gesamtwirtschaftlichen Wirkungen nicht bewertbar sind und sowohl positive als auch negative Ergebnisse resultieren (Finanzierungsprobleme der Rentenversicherung, aber auch sozialer Friede). Besondere Leistungsanreize scheinen in beiden Ländern eher zu fehlen, dabei ist eine Unternehmensgründung in Frankreich insgesamt unkomplizierter, auch wenn es offiziell mehr Bürokratiehürden zu überwinden gilt.

Privatisierungen könnten im Zusammenspiel mit einer weitergehenden Liberalisierungspolitik in unterschiedlichen Bereichen einen positiven Einfluss auf die Standortkriterien nehmen. Erstens könnten in privatisierten Unternehmen die Kosten gesenkt und eventuell die Produktivität erhöht werden. Weiterhin könnte die Regulierungs- und Verwaltungsdichte abgebaut werden. Schließlich könnte es zu einer Förderung der Leistungsanreize durch die Betonung und Belohnung von privater Initiative kommen (s.o.). Inwieweit solche Auswirkungen einzelner Privatisierungen auf Standortfaktoren einwirken, ist unklar. Für Frankreich ist eine positive Korrelation zwischen den Privatisierungen und dem wesentlich verbesserten ‚Image' des Standorts naheliegend (s.o.). Zusätzlich kommt dem Eigentum an Produktionsmitteln und den Handlungsrechten im Wettbewerb zwischen Standorten eine steigende Bedeutung zu.[499] Hier spielen Privatisierungen eine Schlüsselrolle. Die massiven Privatisierungsanstrengungen sollten eine positive Signalfunktion für den Standort Frankreich gehabt haben.

Über die jeweilige, nationale Standortpolitik hinaus rücken der Einfluss der EU und der Globalisierung auf die Wirtschaftspolitik in den Mittelpunkt. Da die wirtschaftspolitischen Hauptimpulse mittlerweile von der EU vorgegeben werden, ist des weiteren zu fragen, was Deutschland und Frankreich gemeinsam in Europa tun können, um den europäischen Standort insgesamt und damit auch sich selbst zu fördern. Durch ein detailliertes Benchmarking der Standortkriterien könnte man von den Stärken und Schwächen des anderen lernen. Solche Überlegungen werden von dem grundsätzlich unterschiedlichen Wirtschaftsdenken überlagert.

Mit dem letzten Absatz wird zum Thema Beteiligungspolitik übergeleitet, denn gerade von (teil)privatisierten Unternehmen werden u.a. pragmatisch verschiedene, grenzüberschreitende Beteiligungen, Akquisitionen o.ä. durchgeführt. Diese Schritte werden vor allem in Frankreich durch die Privatisierungen erst

---

499 Vgl. Hamm (1992): S. 153.

ermöglicht. Aufgrund von gemeinsamen strategischen Interessen für die Unternehmen, die unabhängig von der historischen Entwicklung sind, werden vielfach Grundlagen für eine erfolgreiche deutsch-französische Kooperation gelegt. Froehly drückt das folgendermaßen aus: „Dank fortschreitender Transnationalität kommt es zu einer „Privatisierung“ des deutsch-französischen Verhältnisses“[500]. Aus französischer Sicht geht es sicherlich auch darum, durch Zusammenschlüsse Unternehmen mit ausreichender Größe und Wettbewerbsfähigkeit zu schaffen.

Dafür lassen sich zahlreiche Beispiele finden, bei denen auch ehemals (oder immer noch) öffentliche Unternehmen beteiligt sind:[501]

- für Deutschland: EON (aus Veba & Viag), Volkswagen und Skoda, Preussag und Salzgitter
- für Frankreich: AXA und UAP, BNP und Paribas, Renault und Nissan, Total-Petrofina (französisch-belgisch) und Elf Aquitaine, Alcatel und Thomson, Air France und Air Inter
- für Deutschland und Frankreich: Deutsche Telekom und France Télécom (gescheitert), Aventis (aus Rhône Poulenc und Hoechst), EADS (aus DASA, CASA und Aérospatiale-Matra), EDF und EnBW, Deutsche Bahn und SNCF, Deutsche Telekom und Lagardère, Siemens und Framatome, Rhône-Poulenc und Hoechst, Allianz und AGF

Die Privatisierungen spielen für die Kooperationen vor allem aus zwei Gründen eine mitentscheidende Rolle. Erstens werden bessere Möglichkeiten der Entfaltung und Entwicklung unternehmerischer Handlungsmöglichkeiten für die Unternehmen selbst geschaffen. Das heißt, sie können freier über ihre strategischen Ziele und die notwendigen Maßnahmen zur Umsetzung dieser Ziele entscheiden (z.B. Fokussierung auf die Kernkompetenzen, Internationalisierung und/oder Wachstum o.ä.). Zweitens wird durch die ‚Privatisierung der Anteile und ihrer Eigner‘ ein Tausch, bzw. An- und Verkauf, vereinfacht. Der Kapitalmarkt hat (zunächst unbeabsichtigt) diese verschiedenartigen Kooperationen nach den Privatisierungen ermöglicht. Allerdings hat der französische Staat das Ziel der Förderung der nationalen Champions und eine Umsetzung durch seinen Einfluss nie aus den Augen verloren. Beim vorletzten Argument – dem Kapitalmarkt – ist Frankreich nach den Privatisierungen heute wahrscheinlich weiter entwickelt als Deutschland, da insgesamt das sog. ‚banque-industrie‘ System in Deutschland immer noch dominant ist. Es ist festzustellen, dass sich weder der französische

500 Froehly (1999): S. 370.

501 Vgl. Froehly (1999): S. 362-368, (2000a): S. 55 und (2000b): S. 155; sowie Braunberger (2000a): S. 30.

Staat über seine Anteile oder Einflussmöglichkeiten noch die Kernunternehmen von ‚banque-industrie' in Deutschland über ihre Anteile als Bremsklötze erwiesen haben. Wahrscheinlich spielen eigene finanzielle Interessen hier eine wichtige Rolle, denn ein möglicher Verkauf mit entsprechenden Gewinnen ist für jeden Anteilseigner, sei er staatlich oder privat, interessant.

Für einen zusammenfassenden Überblick der Beteiligungspolitik werden drei Kriterien ausgewählt, die bei den Diskussionen um die Privatisierungen und in der praktischen Privatisierungspolitik thematisiert werden. Das sind erstens der bestehende Anteil ausländischer Eigentümer an den bedeutenden Unternehmen in Deutschland und Frankreich (der ursprünglich verhindert werden soll), zweitens der vermutete Einfluss von institutionellen Investoren in beiden Ländern (der lange Zeit auch für Frankreich vorgeschlagen wird) und drittens ein als notwendig angesehenes Management der staatlichen Beteiligungen (bzw. ihrer Privatisierung, also ein Privatisierungskonzept). Es ergibt sich folgende Tabelle:

Kriterien der Beteiligungspolitik	**Deutschland**	**Frankreich**
Anteil ausländischer Eigentümer in %	Ca. 16	ca. 36
Einfluss institutioneller Investoren	Groß/ Unternehmen	Groß/ Pensionsfonds
Management der staatlichen Beteiligungen	?	?

Tabelle 27: Kriterien der Beteiligungspolitik Deutschland und Frankreich
Quelle: Eigene Zusammenstellung („?" = unklar).

Die Tabelle zeigt, dass Gemeinsamkeiten und Unterschiede in Bezug auf die ausgewählten Kriterien der Beteiligungspolitik existieren. Gemeinsam ist beiden, dass es kein sichtbares aktives Management der staatlichen Beteiligungen gibt. Dies wird zum einen vermutet, weil regelmäßig Privatisierungskonzepte erstellt werden, diese dann aber oft zur Makulatur werden. Hier scheint der externe Privatisierungszwang eher maßgeblich als eine politische Steuerung. Zudem ist ein wesentlicher Abbau des öffentlichen Sektors nicht zu beobachten, sondern andere Beteiligungen kommen hinzu. Weiterhin ist beiden Ländern gemeinsam, dass institutionelle Investoren bei den Beteiligungen der Unternehmen die zentrale Rolle spielen. Als Unterschied hat sich bisher ergeben, dass diese Investoren in Deutschland tendenziell noch national sind, wohingegen in Frankreich mittlerweile vor allem ausländische Pensionsfonds einen erheblichen Einfluss haben. Dies wird an dem heute existierenden relativ hohen Anteil der ausländischen Eigentümer deutlich und ist durch das Zurückdrängen der ‚harten Kerne' verursacht worden. Die betroffenen Unternehmen stehen damit unter maßgeblichem externem Einfluss ihrer Geschäftspolitik durch die Pensionsfonds und den Kapitalmarkt. Für die Zukunft ist anzunehmen, dass der Kapitalmarkt in Deutschland ebenfalls eine wichtigere Rolle spielen wird, da die noch gehaltenen großen Beteiligungen steuerfrei verkauft werden können. Es wird erwartet, dass von dieser Möglichkeit in großem Umfang Gebrauch gemacht wird. Man erhofft sich davon eine Verbesserung der Liquidität des Aktienmarkts und eine Verwendung der Einnahmen für Investitionen.[502] Bei vorteilhaften Angeboten zur Beteiligungsübernahme werden sich die ausländischen Pensionsfonds mit aller Wahrscheinlichkeit auch in Deutschland verstärkt engagieren.

---

502 Vgl. Seifert/Voth (2000): S. 34.

6 Ausblick und Schluss

Im folgenden Kapitel werden zuerst auf Basis der vorangegangenen Analysen und Diskussionen mögliche Ansätze und/oder Richtlinien für die weitere Privatisierungspolitik vorgeschlagen. Die Vorschläge werden für notwendig gehalten, da sich eine Stabilisierung des Anteils des öffentlichen Sektors (Beschäftigte, Investitionen und Produktion) feststellen lässt. Das liegt einerseits daran, dass die Privatisierungen in den nächsten Jahren wegen der Verringerung der geeigneten Kandidaten abnehmen werden. Andererseits sind die Veränderungen im öffentlichen Sektor nicht abgeschlossen, und in verschiedenen Bereichen kommt es auch zu Wachstum. Es ist davon auszugehen, dass es immer einen Kernbestandteil öffentlicher Unternehmen geben wird, allerdings ist dieser auch laufend hinsichtlich seiner Rechtfertigung und seiner Kosten/Nutzen zu untersuchen. Dies ist umsomehr der Fall, als der Staat auch auf andere Weise Einfluss auf die Volkswirtschaft nimmt. Vor diesem Hintergrund sind Privatisierungen oder privatisierungsnahe Lösungen eine wirtschaftpolitische Daueraufgabe in jeder gemischten Wirtschaftsordnung. Zum Abschluss erfolgt im letzten Kapitel eine Zusammenfassung der Grundtendenzen und Ergebnisse des Themas.

6.1 Ansätze für kommende Privatisierungsvorhaben

Aus deutscher Sicht ist unter Berücksichtigung der Privatisierungen der vergangenen 20 Jahre darauf hinzuweisen, dass die Privatisierungen über eine privatrechtliche oder eine private Aufgabenerfüllung hinausgehen sollten. Denn nur ein Zurückweichen des Staates in dem Sinne, dass eine Aufgabe zukünftig als nicht staatlich deklariert wird, könnte ordnungspolitisch notwendige Zeichen setzen.[503] Kommt es zu einer Weiterführung der bisherigen Privatisierungspolitik, sollte die implizite Einflussnahme verringert und demgegenüber der Kapitalmarkt gestärkt werden, da es durch diesen Markt zu einer unabhängigeren, externen Kontrolle der Unternehmen kommt. Gerade in Deutschland, wo die hohe Staatsquote regelmäßig thematisiert wird, ist ein aktives Vorantreiben der Privatisierungen zur Verringerung der Quote notwendig. Aufgrund der konsequenteren Privatisie-

503 Vgl. Thiel (1984): S. 3.

rungspolitik auf Bundesebene ist hier hauptsächlich an die Länder und Gemeinden zu denken.

Zur laufenden Überprüfung der öffentlichen Wirtschaft und möglichen Privatisierungen sind grundsätzlich immer wieder die Fragen zu stellen, ob für die öffentliche Aufgabenerfüllung weiterhin eine Rechtfertigung besteht, welche Kosten und Nutzen durch eine Privatisierung ermöglicht werden und ob es definierte Ausnahmebereiche gibt.

Ebenso ist für diejenigen Bereiche, die einer Regulierung unterworfen sind, regelmäßig zu fragen, ob die Rechtfertigung der Regulierung noch gegeben ist, für wie lange, welche Kosten und Nutzen aus der Regulierung resultieren und ob es klar definierte Ausnahmebereiche gibt.

Diese Fragen sind aus den Untersuchungen der Arbeit relativ einfach ableitbar. Bedeutend schwieriger ist die praktische Umsetzung solcher Aufgaben und gegebenenfalls eine Realisierung der daraus resultierenden Konzepte unter den analysierten politökonomischen Bedingungen. Wie auch schon von anderer Seite vorgeschlagen, könnte man an die Einrichtung einer spezialisierten und unabhängigen Expertenkommission und/oder ein Privatisierungsamt denken. Dieses sollte regelmäßig Gutachten zum öffentlichen Sektor (und den Privatisierungen) veröffentlichen und dort entsprechende wirtschaftspolitische Vorschläge und Gebote formulieren. Es könnte sich besonders auf die Analysen für Länder und Gemeinden spezialisieren und den Austausch von Privatisierungserfahrungen vorantreiben. Dies wäre eine wünschenswerte Ergänzung zu bisher existierenden Gutachten (Sachverständigenrat, Monopolkommission). Diesem Gremium könnte man zusätzlich die Aufgabe übertragen, für mehr Transparenz der öffentlichen Wirtschaft und auch der Privatisierungen zu sorgen.

Schließlich sollten die Privatisierungen der ehemaligen natürlichen Monopole weiter vorangetrieben und die EU-Richtlinien zur Liberalisierung der verschiedenen Märkte zügig umgesetzt werden. Auch wenn dies Deutschen aus verschiedenen Gründen schwer fallen mag oder wenig Kenntnisse über unseren wichtigsten Handelspartner existieren, ist ein Blick nach Frankreich geboten. Dort gibt es zahlreiche Beispiele für schnellere, effizientere und/oder pragmatische Privatisierungslösungen. Hier sei aus aktueller Sicht an die öffentlich-rechtliche Bank CDC und ihre Aufspaltung in eine öffentliche und eine kommerzielle Bank, an Teilprivatisierungen der Gefängnisverwaltung und des Bestattungswesens, an die relativ frühe Einführung von Konzessionsmodellen in die Wasserver- und entsorgung oder Ausschreibungswettbewerbe gedacht (achtzig Prozent der französischen Haushalte werden durch private Unternehmen mit Trinkwasser versorgt, das heißt, in diesem Bereich kommt man weitgehend ohne öffentliche Unternehmen aus).

Aus französischer Sicht ist unter Berücksichtigung der Privatisierungen der vergangenen 20 Jahre darauf hinzuweisen, dass die Privatisierungen aus bereits erwähnten Gründen über eine privatrechtliche oder eine private Aufgabenerfüllung hinausgehen sollten. Kommt es zu einer Weiterführung der bisherigen Privatisierungspolitik, sollte die explizite Einflussnahme verringert (‚harte Kerne' und goldene Aktien) und demgegenüber von vorne herein der Kapitalmarkt gestärkt werden, da es durch diesen Markt zu einer unabhängigeren externen Kontrolle der Unternehmen (und der Verwaltungselite) kommt. Eine mögliche Erklärung, eine bestimmte Aufgabe sei nicht mehr Sache des Staates, ist in Frankreich im Vergleich zu Deutschland noch wesentlich schwieriger durchzusetzen. Dies hängt mit der Glorifizierung des Staates und seiner Leistungen zusammen und äußert sich bis heute an der Unantastbarkeit des ‚service public' (öffentliche Dienstleister). Eine stärkere Hinwendung zu ökonomischen Fragestellungen in der Gesellschaft und die Diskussion wirtschaftspolitischer Fakten wäre hier hilfreich.

Ebenso wie in Deutschland besteht laufender Bedarf, die bestehenden öffentlichen Aufgaben in Frage zu stellen und sich über eine private Aufgabenerfüllung Gedanken zu machen. Eine erhöhte Transparenz des öffentlichen Sektors und der Privatisierungen ist ebenfalls notwendig.[504]

Im Vergleich mit Deutschland hinkt Frankreich bei der Öffnung seiner Märkte (Strommarktöffnung in Deutschland 100 Prozent, in Frankreich 30 Prozent) und/oder der Privatisierung der öffentlichen Dienstleister (erste Teilprivatisierung der Deutschen Post wird vollzogen) teilweise hinterher. Frankreich schaut deswegen nach Deutschland, allerdings fällt ihm wegen seines historisch starken Staates, dem sakralen ‚service public' (öffentliche Dienstleister) und dem Einfluss der Gewerkschaften jeder weiterreichende Schritt bisher schwer.

Für beide Länder wurden in den vorangegangenen Ausführungen bezüglich der Privatisierungen zwar konkrete Vorschläge zu deren Durchführung gemacht, aber aufgrund der Erkenntnisse der Privatisierungspolitiken und ihren Zwängen räumt der Autor wenig Chancen auf eine nationale Umsetzung ein. Externe Zwänge der Weltwirtschaft sowie der Abbau der öffentlichen Verschuldung bestimmen die Privatisierungen in beiden Ländern stärker als eigene nationale Ordnungskonzeptionen. Der Einfluss der EU und ihrer Organe ist in Bezug auf die Privatisierungen als insgesamt positiv zu bewerten. Aus diesem Grund, und da wirtschaftspolitischer Handlungs- und Entscheidungsspielraum größtenteils auf die EU übergeht, kommen die weiteren Vorgaben für wirtschaftspolitische Fragen und damit auch für Privatisierungen hauptsächlich von der EU.

Zuerst einmal könnten die sich aus den Privatisierungen ergebenen Partnerschaften, Fusionen und Kooperationen auf deutsch-französischer und europäi-

---

504 Vgl. Griotteray (1994): S. 167.

scher Ebene verstärken. Denn für bestimmte Bereiche, wie die Rüstungsindustrie, werden sich nur gemeinsam die notwendigen Mittel aufbringen lassen, um mit den USA konkurrieren zu können. Darüber hinaus könnten bestehende Allianzen vertieft und auch sogenannte Public Private Partnerships als Vorstufe zukünftiger Privatisierungen grenzübergreifend verstärkt werden. Dies wäre für die Bahnunternehmen Deutsche Bahn und SNCF denkbar, die ähnliche Herausforderungen meistern müssen. Solche Zusammenarbeit in Allianzen oder für bestimmte Projekte könnte auch als Vorstufe für künftige Zusammenschlüsse dienen. Bisher scheinen die Unternehmen, die von einer deutsch-französischen Zusammenarbeit betroffen sind, trotz aller Schwierigkeiten, insgesamt erfolgreicher als deutsch-angelsächsische Fusionen (s. Daimler-Chrysler oder BMW-Rover).

Besonders auf europäischer Ebene sind weitere Anstrengungen zu unternehmen, um die Transparenz des öffentlichen Sektors und seiner Unternehmen zu erhöhen, um auch die Möglichkeiten der Privatisierungen zu verdeutlichen. Mit der kommenden Veröffentlichung des CEEP in 2001 (Die öffentliche Wirtschaft in Europa) wird hier ein Wiederanfang gemacht. Durch diese Anstrengung könnte die Standardisierung der Berichterstattung gefördert und damit ein länderübergreifendes Benchmarking vereinfacht werden. Dem öffentlichen Sektor sollte schon allein wegen des Ausmaßes seines gesamtwirtschaftlichen Einflusses mehr Aufmerksamkeit geschenkt werden.

Des weiteren sollte die Euro-Gruppe verstärkt zum wechselseitigen Austausch, zur Diskussion und Untersuchung der nationalen und europäischen, wirtschaftspolitischen Herausforderungen in Bezug auf Standortpolitik und internationale Wettbewerbsfähigkeit genutzt werden. Bei diesen Fragen wären auch der öffentliche Sektor und die Privatisierungen zu untersuchen. Dieser Austausch könnte die unterschiedlichen, wirtschaftspolitischen Stärken und Schwächen transparenter machen. Besonders in Deutschland wird im Frühjahr 2001 oft auf das vermeintlich hohe Wirtschaftswachstum hingewiesen. Tatsächlich bewegt es sich bei ca. 2,5 Prozent, kann also durchaus als hoch bezeichnet werden. Allerdings ist Deutschland in Europa damit Schlusslicht.

Gerade die Privatisierung natürlicher Monopole und Infrastrukturunternehmen stehen seit Mitte der neunziger Jahre im Vordergrund der praktischen Privatisierungspolitik. Da die Richtlinien und Vorgaben von der EU in Deutschland schneller und weitergehender umgesetzt werden als in Frankreich, kommt es regelmäßig zu Wettbewerbsverzerrungen zuungunsten eines Landes oder seiner Unternehmen. Zumindest für den europäischen Vergleich scheint hier eine kurzfristige Abstimmung zwischen den Regulierungsorganisationen notwendig. Allerdings ist davon auszugehen, dass langfristig diejenigen Unternehmen besser positioniert sein werden, die sich früher und/oder stärker dem Wettbewerb stellen müssen, wenn die Richtlinien zur Liberalisierung in ihrem Land früher umgesetzt oder sogar übererfüllt werden.

Die Privatisierungen und Liberalisierungen sind auf europäischer Ebene anscheinend richtig verankert, weswegen die Einbettung in den europäischen Rahmen beibehalten werden sollte. Die Staaten Deutschland und Frankreich (und Länder und Gemeinden in Deutschland) werden weiterhin über die Aufgaben der Daseinsvorsorge oder der Aufgaben im öffentlichen Interesse entscheiden, innerhalb des Ordnungsrahmens des nationalen und europäischen Rechts und im Sinne der Konsumenten. Die EU-Kommission, die hauptverantwortlich die Liberalisierung der Märkte und die Wettbewerbspolitik vorantreibt, ist demgegenüber in ihrer Aufgabe zu stärken. Denn sie „[übt] ihre Tätigkeit in voller Unabhängigkeit zum allgemeinen Wohle der Gemeinschaft [aus]“[505]. Sie wird dabei direkt durch das europäische Parlament, indirekt durch die Mitglieder und potentiell durch den Europäischen Gerichtshof kontrolliert.

6.2 Schlussfolgerung

Die Untersuchungen zeigen, dass Privatisierungen in Deutschland und Frankreich in den vergangenen beiden Jahrzehnten eine besondere Rolle in der Wirtschaftspolitik und für die wirtschaftliche Entwicklung gespielt haben. Sie betreffen praktisch alle Branchen in beiden Ländern. In den betroffenen Unternehmen hat sich die unternehmerische Handlungsfreiheit wegen der Verringerung der staatlichen Anteile erhöht und die betroffenen Unternehmen nehmen auch nach den Privatisierungen eine positive wirtschaftliche Entwicklung. Der Hauptanstoß zu Privatisierungen rührt aus externen, quasi aufgezwungenen, nationalen und weltweiten Entwicklungen. Beide agieren bei Privatisierungen also nicht eigenständig. Jede einzelne Privatisierung bedürfte einer unabhängigen Analyse, da für jeden Fall besondere Umstände (aktuelle wirtschaftliche Lage, Branchenentwicklung, Historie des Privatisierungskandidaten, etc.) in Betracht zu ziehen sind. Gemeinsam ist den Privatisierungen, dass bei der Umsetzung die Verquickung von staatlichen, politischen und ökonomischen Interessen auftritt und die jeweiligen besonderen landesspezifischen Umstände zum Tragen kommen. Obwohl der Spielraum für die Wirtschaftspolitik enger wird, bleiben nationale Spielräume in Deutschland und Frankreich bestehen. Die Ergebnisse der Arbeit zum Thema Privatisierungen zeigen die Einschränkung des Handlungsspielraums, die unterschiedlichen Ausprägungen und wie damit umgegangen wird.

---

505 Nass (2000): S. 7.

Das europäische Wirtschaftsmodell bewegt sich zwischen drei Polen. Der eine ist die marktwirtschaftliche Ausrichtung, die auch besonders durch die EU-Integration vorangetrieben wird, und sich vor allem in den liberalisierten Kapitalmärkten manifestiert (von deren Entwicklung auch die ehemals öffentlichen Unternehmen profitieren). Die anderen Pole sind die aus der Historie erklärbare starke Einflussnahme des Staats und die grosse Bedeutung der Sozialpolitik. Letztere manifestiert sich in Deutschland und Frankreich in einem hohen Maß an Umverteilung, deren genaue wirtschaftspolitische Auswirkung nicht abzuschätzen ist. Der Staat spielt in beiden Ländern eine maßgebliche Rolle, so dass kaum von ‚Marktwirtschaft' gesprochen werden kann. In der Realität liegen in Deutschland und Frankreich gemischte Wirtschaftsordnungen vor. Für beide Wirtschaftsmodelle bringen die Privatisierungen eine stärkere Entwicklung des Kapitalmarkts mit sich (mit einer dynamischeren Entwicklung in Frankreich). Eine weitergehende Diskussion im Sinne eines Wechsels staatlicher Aufgaben hin zu Privaten – im Rahmen des jeweiligen Modells – findet kaum statt. Die Privatisierungen bewegen sich im Rahmen der bestehenden Wirtschaftsmodelle und deren angenommener Anpassungsfähigkeit. Die Privatisierungen sind als ein Teil einer Akzentverschiebung vom Staat in Richtung Markt zu verstehen.

Obwohl es jeweils Privatisierungsvorbilder gibt (Deutschland: Deutsche Post; Frankreich: CDC), scheinen sie in dem anderen Land wenig wahrgenommen zu werden. Dies liegt u.a. wahrscheinlich an der angenommenen besonderen Situation im Nachbarland. Ein Verweis auf den Nachbarn als Modell für Privatisierungen erfolgt in der Regel nicht, sondern wird eher in gesamteuropäischen Vergleichen durchgeführt. Eine normative ordnungspolitische Diskussion zum Thema Privatisierung scheint bei Betrachtung der jeweiligen Privatisierungspolitik nicht notwendig. Frankreich weist in dem Bereich zumindest ähnliche Ergebnisse auf, ohne eine als solche qualifizierte und im Vorfeld diskutierte Ordnungspolitik, auch wenn es ordnungspolitische Ansätze gibt. Da die Ordnungspolitik für die praktische Privatisierungspolitik eine unbedeutende Rolle spielt und sich auch keine Änderung in diesem Bereich abzeichnet, stellt sich die Frage nach deren Sinn und Notwendigkeit. Die Privatisierungspraxis ist stark von politischer Seite geprägt. Die in der Politik getroffenen Entscheidungen sind nur in seltenen Fällen von ordnungspolitischen Handlungsprinzipien geleitet, sie richten sich nach dem allgemeinen, ökonomischen Trend und der gesellschaftlichen Akzeptanz. Aktuell verzögern sich, gesteuert von politischer Seite, die Umsetzungen der EU-Vorgaben zu den Post-, Gas- und Strommärkten.

Für die Arbeit zusammenfassend wird für Deutschland eine implizite und für Frankreich eine explizite Vorgehensweise festgestellt, das heißt, dass in Frankreich die Spielregeln und Verhaltensweisen offensichtlicher auftreten. Beide Länder bleiben auch bei Privatisierungen typischen Verhaltensweisen treu. Daraus resultieren verschiedene in der Arbeit dargestellte Vor- und Nachteile. Mittel- bis langfristig sind die Ergebnisse der Privatisierungen aber weitestgehend identisch, da die Unternehmen sich unter weltweitem Wettbewerbsdruck ähnlich entwickeln. Durch das insgesamt umfangreichere Programm wird in Frankreich eine höhere positive Einwirkung auf die gesamtwirtschaftliche Entwicklung angenommen. Bei den ökonomischen Kennzahlen weist Frankreich in den letzten Jahren eine höhere Zielerreichung auf als Deutschland. In beiden Ländern sind die Privatisierung notwendig, aber nicht hinreichend zur Erzielung einer höheren Zielerreichung der vorgegebenen gesamt- und einzelwirtschaftlichen Ziele. Sie werden nicht konsequent genug durchgeführt. Deutschland bleibt im Gegensatz zu Frankreich hinter den Vorgaben seines Wirtschaftsmodells zurück, trotzdem kommt es selten zu einem Blick auf das französische Modell als Vorbild. In Deutschland hätte man die Privatisierungen als einen Bestandteil einer Revitalisierungsstrategie der sozialen Marktwirtschaft nutzen können. In Frankreich sind die Privatisierungen ein Element der vollständigen Umstellung des Wirtschaftsmodells seit Beginn der achtziger Jahre. Diese Umstellung resultiert in einer Neugestaltung von Teilbereichen der französischen Wirtschaftsstruktur (Finanzwesen) und des Wirtschaftsmodells (Kapitalmarkt). Es ist wegen der bisherigen Erfolge der Privatisierungen und der hohen Staatsverschuldung davon auszugehen, dass es in Frankreich nicht wieder zu massiven Verstaatlichungen kommen wird (Abkehr von der Pendelpolitik).

Der Föderalismus in Deutschland ist eher privatisierungshemmend und der Zentralismus in Frankreich eher privatisierungsfördernd (zumindest bisher; für die ausstehenden Privatisierungskandidaten des ‚service public‘ gilt das wahrscheinlich nicht). Langfristig sollten die politischen Systeme einen geringeren Einfluss auf die Privatisierungen nehmen. Vor den notwendigen ökonomischen Zwängen kann man nicht von einem Primat der Wirtschaft in Deutschland und einem Primat der Politik in Frankreich sprechen. Auch wenn der politische Diskurs in Frankreich anders lautet, sind die allgemeine Wirtschaftspolitik und die Verhaltensweisen der öffentlichen und privaten Unternehmen klar durch ökonomische und nicht durch politische Vorgaben geprägt. Diesen Vorgaben muss sich die Politik beugen, auch wenn regelmäßig auftauchende diskretionäre Maßnahmen hier ein anderes Bild vortäuschen (‚Rettung‘ bestimmter Unternehmen). Dies gilt ebenfalls für Deutschland. Insgesamt ist für das Thema festzustellen, dass es über den Untersuchungszeitraum in der Wirtschafts- und Privatisierungspolitik in Deutschland eher zu einem stabilen Verhältnis von Politik und Wirtschaft kommt, während in Frankreich das Politische seit Beginn der achtziger Jahre anscheinend stärker ökonomisiert wird.

Die wichtigen wirtschaftspolitischen Herausforderungen bestehen in beiden Ländern gleichermaßen in einem weiteren Abbau der staatlichen Einflussnahme, die u.a. durch Privatisierungen abgebaut werden kann, in einer Verringerung der strukturellen Arbeitslosigkeit und in einer stärkeren Berücksichtigung der Veränderung der Bevölkerungsstruktur. Es wäre wünschenswert, dass es in Deutschland und Frankreich in Zukunft zu einer stärkeren Beschäftigung mit dem jeweils anderen in wirtschaftspolitischen Fragen kommt, um sich für diese identischen Probleme über Mittel und Wege zur Lösung der Probleme auszutauschen.

Der Rede des Vorstandsvorsitzenden von EnBW, Gerhard Goll, der anlässlich der Hauptversammlung über die Zusammenarbeit der deutschen EnBW mit der französischen EDF referiert, ist zuzustimmen, wenn er folgendes feststellt: „Die Partnerschaft ist nicht einfach. Wir reden [....] von unterschiedlichen Organisationsformen, wir reden von unterschiedlichen Formen, wie Entscheidungen zustande kommen. Aber wenn wir diesen europäischen [und den Weltmarkt] erobern wollen, dann müssen wir mit diesen Schwierigkeiten fertig werden [....]. [....] es gibt überall Kulturunterschiede, es gibt überall andere Formen des Wirtschaftens und der Organisation, es gibt überall andere Formen, Entscheidungen zu finden. Es ist nicht einfach, aber es ist nicht schwieriger als mit anderen Partnern. [....] Es gab und gibt für uns keine Alternative zu dieser Partnerschaft."[506] Dies gilt für Deutschland und Frankreich auch bei der zukünftigen Zusammenarbeit für eine europäische Wirtschaftspolitik. Wie es scheint, sind beide Länder, zumindest unter ökonomischen Gesichtspunkten, auf lange Sicht gleich, auch wenn aufgrund historischer Gegebenheiten mit unterschiedlichen Perspektiven an wirtschaftspolitische Fragen und Herausforderungen herangegangen wird.

506 Goll (2000): S. 7.

Anhang

Tabellen

Pläne	Hauptziele
1. Plan 1947-53	„Modernisierung oder Dekadenz“ (Monnet)/Produktionssteigerung/ Besserung des Lebensstandards/Zahlungsbilanzgleichgewicht
2. Plan 1954-57	Modernisierung und Wachstum/Vorbereitung der Volkswirtschaft auf die Marktöffnung/Steigerung der Produktionsrentabilität
3. Plan 1958-61	Hohes Wirtschaftswachstum unter Beachtung von Preis- und Währungsstabilität/Vollbeschäftigung geburtenstarker Jahrgänge/ Anpassung an den Wettbewerb innerhalb der EWG
	Übergangsplan zur Vorbereitung auf den 4. Plan
4. Plan 1962-65	Hohes Wirtschaftswachstum durch Investitionserhöhung/Erweiterung der Ziele auf die soziale Entwicklung und auf die Regionalpolitik
5. Plan 1966-70	Erhöhung der Wettbewerbsfähigkeit der Industrie in der EWG/ Hohes Wirtschaftswachstum unter Beachtung des gesamtwirtschaftlichen Gleichgewichts
6. Plan 1971-75	Hohes Wachstum unter Einhaltung der Gleichgewichte/1971-75 Wettbewerbsfähigkeit/Industrielle Entwicklung
7. Plan 1976-80	Hohes Wachstum bei freiem Außenhandel und weltweiter Konkurrenz/Gleichgewicht der Zahlungsbilanz/Erreichen der Vollbeschäftigung/Verringerung sozialer Ungerechtigkeiten und bessere Lebensqualität/Forschung
8. Plan 1981-85	Verzicht auf Zielwerte/Weiterentwicklung der Forschung/Verringerung der Rohstoff- und Energieabhängigkeit/Wettbewerbsfähige Industrie etc.
	Übergangsplan 1982-83 nach dem Regierungswechsel
9. Plan 1984-88	Ausgeglichene Handelsbilanz/Geringe Inflation/Wettbewerbsfähigkeit/Beschäftigung/Solidarität
10. Plan 1989-92	Geringe Inflation/Ausgeglichene Handelsbilanz/Steigende Investitionen/Verringerung des Haushaltdefizits etc.
11. Plan 1993-97	Verringerung der Arbeitslosigkeit/Verbesserte Wettbewerbsfähigkeit/Veränderung des Bildungssystems/Umweltschutz/Effizienterer Staat zur Wahrung des Gemeinwohls

Tabelle 1: Übersicht über die Pläne 1-11 und deren wichtigste Ziele von 1945 bis 1997 in Frankreich
Quelle: Plan 1-9: Menyesch/Uterwedde (1982): S. 59-62; sowie Plan 10: Quinet (1990): S. 51; sowie Plan 11: De Foucauld (1993): S. 20-24.

Bundespräsident	**Regierung**	**Wichtige Ereignisse & Fakten**
Heuss 1949-1959	Adenauer 1949-1963	1949 Tarifvertragsgesetz 1950 Wohnbaugesetz 1951 Mitbestimmung der Arbeitnehmer, Kündigungsschutzgesetz 1952 Betriebsverfassungsgesetz 1957 Rentenreform in der BRD, Verträge über die EWG treten in Kraft, GWB, Bundesbankgesetz
Lübke 1959-1969	Erhard 1963-1966	
Heinemann 1969-1974	Kiesinger 1966-1969	1967 Stabilitäts- und Wachstumsgesetz 1969 Arbeitsförderungsgesetz
Scheel 1974-1979	Brandt 1969-1974	1971 Übergang zu flexiblen Wechselkursen 1972 Betriebsverfassungsgesetz 1973 1. Ölkrise
Carstens 1979-1984	Schmidt 1974-1982	1974 Neue Geldpolitik 1979 Deregulierung in Großbritannien und den USA
v. Weizsäcker 1984-1994	Kohl 1982-1998	1982 Wiederbelebung Angebotspolitik, Beginn Deregulierung und Reprivatisierung 1990 Wiedervereinigung 1993 EG-Binnenmarkt tritt in Kraft (EU) 1996 Vertrag über die Wirtschafts- und Währungsunion*
Herzog 1994-1999	Schröder 1998*	2000 Steuerreform*
Rau 1999*		

Tabelle 2: Übersicht über die wichtigsten wirtschaftspolitischen Ereignisse seit Ende der 50er Jahre in Deutschland
Quelle: Kappler/Grevel (1995): S. 142-142. Pätzold 1993: S. 71-72.
** vom Verfasser der Arbeit hinzugefügt*

Staatspräsident	Regierung	Wichtige Ereignisse & Fakten
Coty 1953-1959	Mollet 1956-1957	1957 Unterzeichnung des Vertrags von Rom zur Gründung der EG
de Gaulle 1959-1969	Debré 1959-1962 Pompidou 1962-1968 de Murville 1968-1969	1960 Schaffung des neuen Franc 1963 Stabilitätsplan von Giscard 1964 Spaltung der CFTC und Bildung der CFDT 1968 Studentenunruhen und soziale Konflikte 1968 Einführung der Zollgemeinschaft in der EG
Pompidou 1969-1974	Chaban-Delmas 1969-1972 Messmer 1972-1974	1969 Abwertung des Franc 1970 Schaffung des SMIC 1973 1. Ölkrise
Giscard d'Estaing 1974-1981	Chirac 1974-1976 Barre 1976-1981	1974 Schwanken des Franc 1975 Plan zur Konjunkturbelebung 1976 Plan zum Kampf gegen die Inflation/Preisstop 1979 2. Ölkrise/Bildung des SME
Mitterrand 1981-1995	Mauroy 1981-1984 Fabius 1984-1986 Chirac 1986-1988 Rocard 1988-1991 Cresson 1991-1992 Bérégovoy 1992-1993 Balladur*1993-1995	1981 Wirtschaftsbelebung/Francabwertung/Nationalisierungen 1982 39-Stunden-Woche/5. bezahlte Urlaubswoche/Auroux-Gesetz 1982 Rigeur: Abwertung und Preis- und Gehälterstop 1983 Abwertung und Desinflation 1985 Ölgegenschock (Preissenkung) 1986 Abwertung/Privatisierung und Deregulierung/Unterzeichnung der europäischen Akte 1987 Börsencrash 1988 Schaffung des RMI 1992 Unterzeichnung des Vertrags von Maastricht 1993 Privatisierung
Chirac 1995	Juppé* 1995-1997 Jospin* 1997	1995* Privatisierung 1997* Privatisierung 2000* Entscheidung für das Quinquennat

Tabelle 3: Übersicht über die wichtigsten wirtschaftspolitischen Ereignisse seit Ende der 50er Jahre in Frankreich
*Quelle: Capul (1991): S. 124. * vom Verfasser der Arbeit hinzugefügt*

Abbildungen

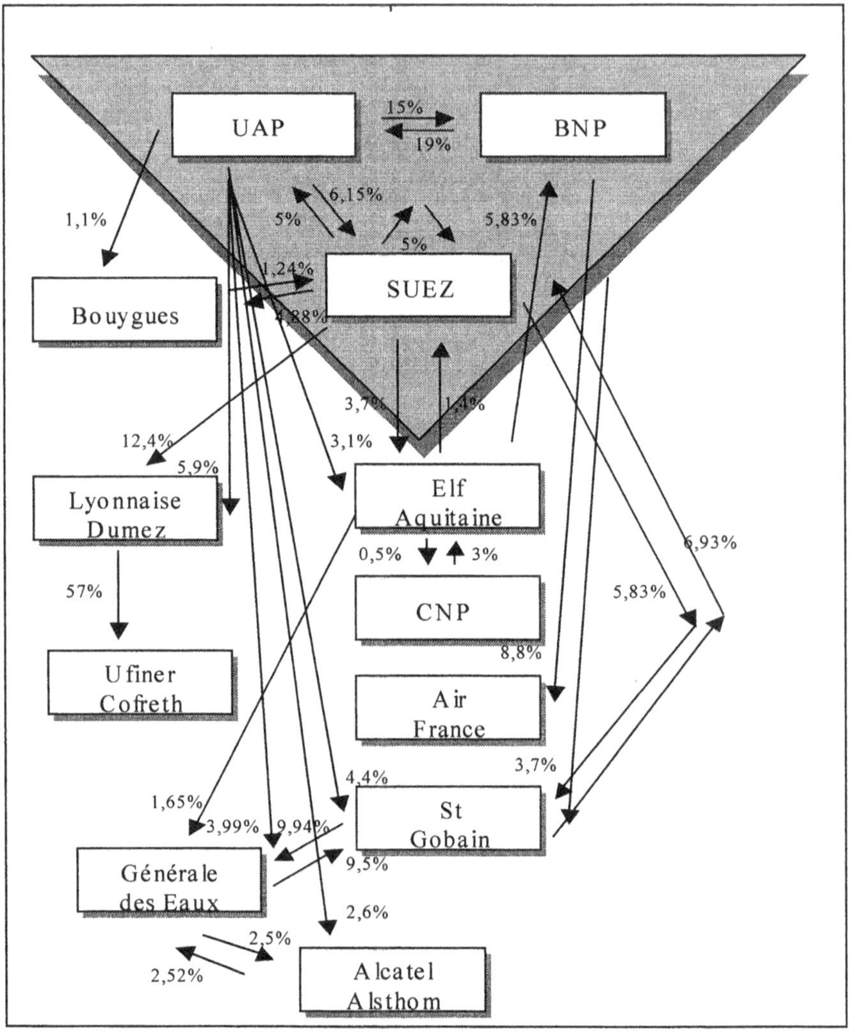

Abbildung 1: Beteiligungsverflechtungen UAP-BNP-SUEZ 1994
Quelle: Morin (1994): S. V.

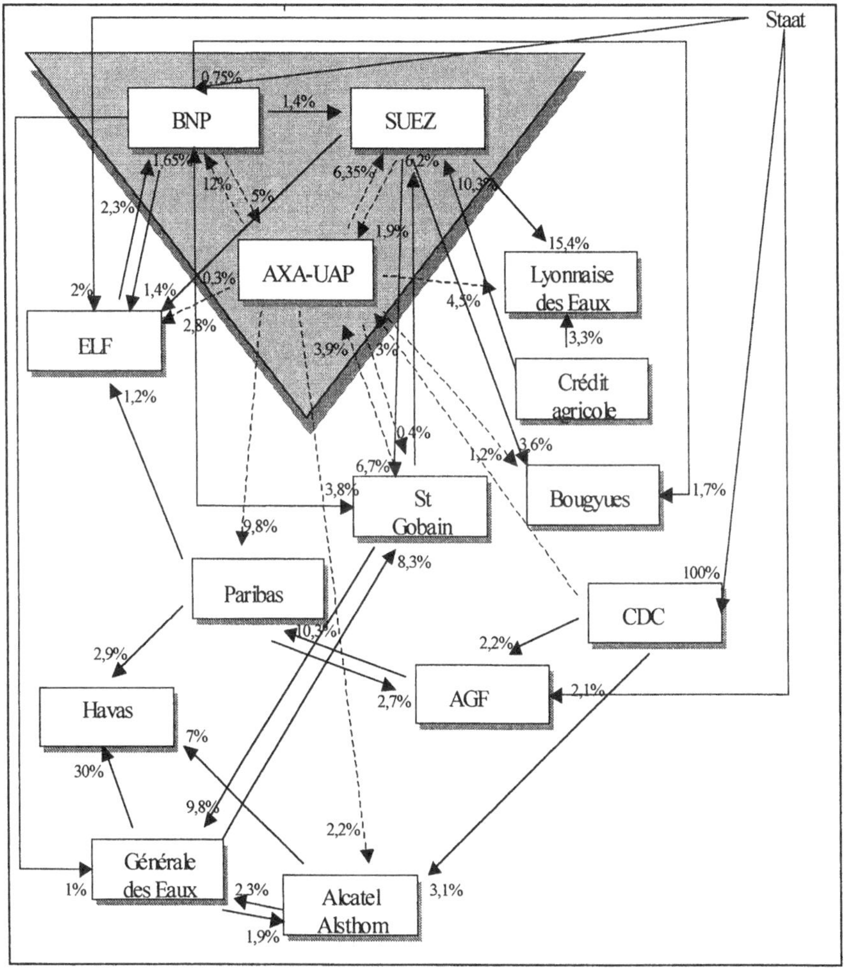

Abbildung 2: Beteiligungsverflechtungen UAP-AXA 1997
Quelle: Cancel/Duval (1997): S. 36-37. „--------„ Anteile in Verbindung mit AXA-UAP.

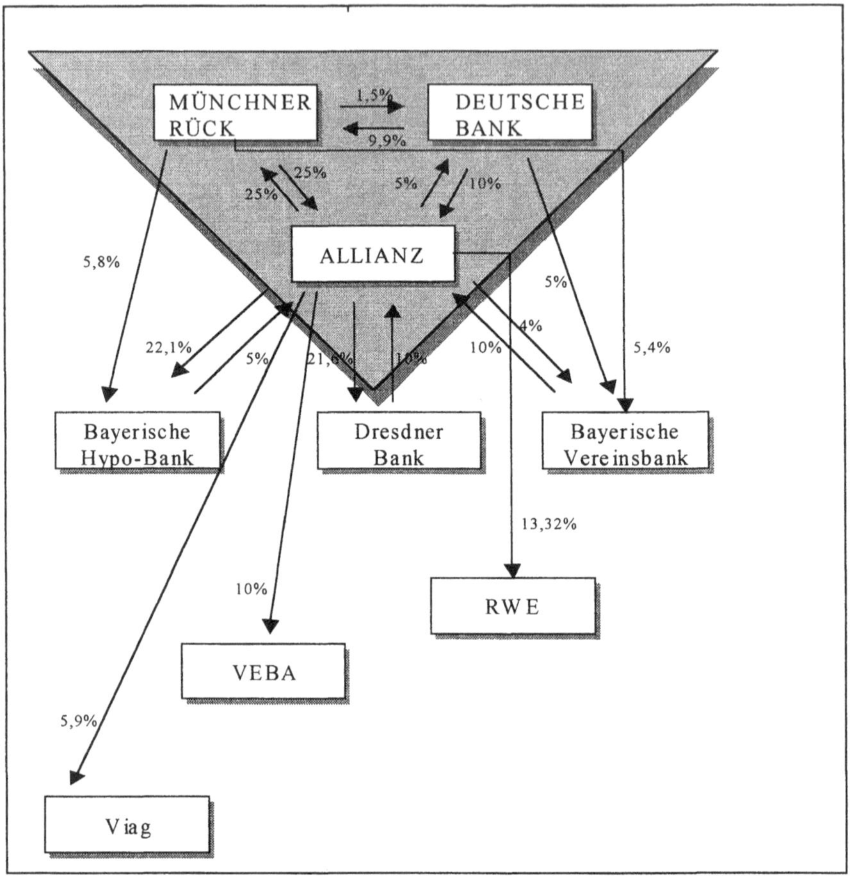

Abbildung 3: Beteiligungsverflechtungen ALLIANZ 1997
Quelle: Morin (1998): S. 126; sowie Commerzbank (2000); sowie de Maizières (1997): S. 50. Die deutsche Bank besitzt 1997 mehr als 300 Industriebeteiligungen. Neben der Beteiligung an der Allianz gehören dazu Beteiligungen an Karstadt und Philipp Holzmann. Die 12 Vorstandsmitglieder sind in mehr als 70 Aufsichtsräten vertreten. Es besteht die Möglichkeit besonderer Einflussnahme auf die Unternehmen Daimler-Benz, Volkswagen, RWE, VEBA und Viag.
Die deutschen Banken sind regelmäßig Eigentümer, Gläubiger und Kontrolleur. Dazu verfügen sie in Hauptversammlungen über das Instrument der Depotstimmrechte oft über Stimmrechtmehrheiten.

Gesprächsprotokolle

1. Gesprächsprotokoll Dr. Uterwedde

Das erste Gespräch wurde am 7.10.1994 mit Herrn Dr. Henrik Uterwedde in Ludwigsburg geführt. Er ist seit 1974 Mitarbeiter am Deutsch-Französischen Institut (Aspergerstr. 34/38, 71634 Ludwigsburg) und seit kurzem dessen stellvertretender Direktor. Als Autor zahlreicher Publikationen zur Frankreichkunde und zur französischen Wirtschaft gilt sein wissenschaftliches Interesse vor allem der Politologie und der Volkswirtschaftslehre. Hier soll ein Überblick über die wichtigsten Aussagen zu einzelnen Punkten der Arbeit gegeben werden (das Gespräch wurde vom Verfasser der Arbeit für eine Diplomarbeit an der Universität Passau bei Prof. Dr. Kleinhenz über Privatisierungen in Frankreich geführt).

- Die Wirtschaftswissenschaften hätten in Frankreich eine völlig andere Entwicklung genommen als in Deutschland. Zuerst einmal gebe es in der Wirtschaftstheorie allerhöchstens Teildoktrinen zu speziellen Gebieten. Die französischen Elitehochschulen seien eigentlich bis heute Kaderschmieden der Praxis, betrieben aber bis vor kurzem keinerlei Forschung. Infolgedessen seien wirtschaftspolitische Debatten selten und selbstentwickelte normative Modelle eher unbekannt. Schließlich würden Betrachtungen der Wirtschaft oft eher historisch angegangen und folgten weniger normativen Ordnungsmodellen. Oft hätten deutsche Wissenschaftler ein falsches Verständnis der französischen Wirtschaftskultur und die Anwendung deutscher Modelle der Theorie auf die Praxis in Frankreich würden selbstverständlich zu einem negativen Urteil führen.

- Zur französischen Planung sei zu sagen, dass sie nur früher quantifizierbare Wachstumsziele beinhaltete, heute aber keinerlei Lenkungsdirektiven enthalte und sich mehr mit aktuellen Problemen beschäftige wie bspw. der Standortdebatte. Das Planungskommissariat diene der aktuellen Regierung als eine Art `think tank´ und stelle eine kleine, agile und flexible Behörde von Sachverständigen dar. Ohne diese Einrichtung würde sich die französische Wirtschaftspolitik jedoch nicht grundlegend ändern. Am Beispiel der Telekommunikation würde deutlich, dass aber auch effiziente Strukturen des Staates vorhanden seien.

- Das französische Wirtschaftssystem habe seit 1945 eine klar marktwirtschaftliche Ausrichtung, aber die leitende und steuernde Funktion des Staates als Substitut des Marktes widerspreche deutschem Verständnis eines funktionierenden Wirtschaftssystems. Seit Beginn der achtziger Jahre würde das französische Modell immer öfter in Frage gestellt (Vgl. Literatur von De Foucauld, Albert oder Cohen). Es handele sich um eine Umbruchsphase zur Zeit, aber nicht vor dem Hintergrund normativ-ordnungspolitischer Debatten. Besonders wichtig sei in diesem Zusammenhang die fortschreitende Dezentralisierung Frankreichs zur Unterbindung des deutlich sichtbaren staatlichen Interventionismus. Ein Vergleich mit dem dezentralisierten Deutschland mit dem Staat, den Ländern und verschiedenen Einrichtungen zur wirtschaftspolitischen Reflexion und Entscheidungsfindung müsse hinken. Geräuschlos, erfolgreich funktionierende intermediäre Strukturen wie z.B. die Tarifautonomie und das duale Ausbildungssystem fehlten in Frankreich.

- 1994 stehe die Wirtschaftspolitik Frankreichs eher ratlos da und sei durch die bevorstehende Wahl des Staatspräsidenten 1995 gelähmt. Obwohl alles vom zukünftigen Präsidenten abhängen wird, sei keine Kursänderung bei den Privatisierungen zu erwarten. Es stehe wohl keine wesentliche Wende wie in den sechziger Jahren oder 1983 bevor. Im Wesentlichen werde Abschied genommen vom französischen Wachstumsmodell und die Privatisierungen würden als Spitze des Eisbergs den Blick auf die tiefgreifenden Veränderungen des Wirtschaftssystems verdecken.

- Zur ersten Privatisierungswelle sei festzustellen, dass ihr Zustandekommen grundsätzlich durch ein Zusammenwirken dreier Faktoren erklärbar ist. Diese seien der Einfluss der EG, der politische Wechsel und die liberalen Tendenzen. Bei der spezifischen französischen Art und Weise der Abwicklung der Privatisierungen gehe es auch darum, die wegfallenden Regulierungen durch nichtstaatliche sinnvoll zu ersetzen. So schwanke man bei den sogenannten harten Kernen zwischen einem deutschen und angelsächsischen Weg. Dabei würden in der Deutschland auch stabile Aktionärskerne existieren und das Problem feindlicher Übernahmeangebote sei nicht so präsent wie in Frankreich. Außerdem schaffe das Wegfallen der bestehenden Regulierungen neue Probleme, da die Zukunft der betroffenen Unternehmen unsicherer würde. Hier sei bspw. an die weniger stabilen Beziehungen zwischen Kreditinstituten und Unternehmen gedacht oder an die unbekannten Aufnahmefähigkeiten des französischen Kapitalmarktes. Schließlich ginge es um das Festlegen längerfristiger Strategien. Auch das Besetzen der freiwerdenden Posten wäre in dieser Form in der Deutschland undenkbar. Die Elitenbildung entspreche aber dem pyramidenförmigen Staatsaufbau und sei vor allem durch informelle Beziehungen gekennzeichnet. Das Fehlen bestimmter deutscher Strukturen würde Deregulierung und Liberalisierung in Frankreich viel schwieriger machen.

Außerdem würden die Erlöse aus den Privatisierungen nicht zum Abbau der Staatsverschuldung, sondern zum Stopfen der laufenden Haushaltslöcher verwendet.

2. Gesprächsprotokoll Dr. Uterwedde

Das zweite Gespräch wurde am 21.6.2000 mit Herrn Dr. Henrik Uterwedde in Ludwigsburg im Deutsch-Französischen Institut geführt. Hier soll ein Überblick über die wichtigsten Aussagen und aktuelle Entwicklungen zu einzelnen Punkten der Arbeit gegeben werden.

- Grundsätzlich eigen sich die Betrachtung funktionaler Äquivalenz bei der Auseinandersetzung mit zwei Staaten. Mögliche Ansatzpunkte für einen Vergleich seien die Gegenüberstellung ordnungspolitischer Leitbilder sowie der Aussagen deutscher und französischer Minister (z.B. Edouard Balladur ‚Vers la liberté', 1986; Dominique Strauss-Kahn; Theo Waigel; Hans Eichel) sowie des Planungskommissariats (‚La nationalité des entreprises en France') und der Jahreswirtschaftsberichte bzw. des Bundesministeriums der Finanzen und des Ministère de l'Économie, des Finances et de la Privatisation. Weitere wichtige Quellen und Literatur seien die OECD, die Monopolkommission, das OFCE (Observatoire Français des Conjonctures Economiques), Elie Cohen, die Zeitschrift ‚Alternatives économiques', François Morin, Colletis/Levet, der ‚Conseil d'analyse économique' (Beirat des Premierministers). Es sei festzustellen, dass bspw. das Planungskommissariat gemischt besetzt sei aus Wirtschaftswissenschaftlern und Politikwissenschaftlern. Dies führe zu einer Abstimmung mit Umsetzungsmöglichkeiten in der Politik (Ausnahme sei das Scheitern der Wirtschaftspolitik Juppé's aufgrund mangelnder Rückkopplung). Im Vergleich dazu sei die Diskussion in Deutschland wirtschaftswissenschaftlich geprägt und dauere länger vor der Umsetzung. In Frankreich gibt es kein entsprechendes Pendant zum Sachverständigenrat. Allerdings gibt es seit 1997 einen ‚Conseil d'analyse économique', der als Beirat des Premierministers tätig ist.

- Wichtig für die Arbeit sei die nationalen Ausgangspositionen und Rahmenbedingungen der öffentlichen Wirtschaft zu Beginn der achtziger Jahre zu klären. Die Privatisierungen seien in Frankreich viel sichtbarer, dagegen gäbe es beim Bund strengere Richtlinien zum Thema. Die Begründungen für die Nationalisierungen in Frankreich hingen zusammen mit den Punkten Industriepolitik, natürliche Monopole, Subventionen (Stahlindustrie) und sozialen Gründen (Beschäftigung). Seit den Jahren 1988/89 ist das Thema Privatisierungen in Frankreich konsensuell. Das Thema ‚noyau dur' sei mittlerweile obsolet geworden. Grundsätzlich ging es um die Frage wie Einfluss gesichert und ein Ausverkauf verhindert werden kann? In Deutschland sei der ordnungspolitische Diskurs eindeutig, allerdings sähen die Fakten anders aus (z.B. Industriepolitik der Länder, Diskussion um Landesbanken). So wie sich die ‚noyau dur' in Frankreich auflösen, würde sich in Deutschland die Verbindungen ‚banque-industrie' auflösen. Im Wesentlichen sei eine Betrachtung des Bundes insgesamt (und der Länder und Gemeinden fallweise) für die Arbeit hilfreich.

- Die aktuelle Diskussion drehe sich in Frankreich hauptsächlich um den ‚service public' und in Deutschland um die Privatisierung der Sparkassen und Landesbanken. Aus kommunaler Sicht sei Deutschland in manchen Bereichen staatlicher als Frankreich (z.B. wird die Wasser- und Energieversorgung der Kommunen über Konzessionsvergaben gelöst). In beiden Ländern bestehe weiterhin Privatisierungspotenzial. Für einen ordnungspolitischen Vergleich böten sich die Vergabe und Zusammenstellung der ‚noyau dur' an.

Experteninterviews

Fragenkatalog (Deutsch)

- Gibt es ein verbindliches Kapitalismusmodell? Gibt es ein europäisches Wirtschaftsmodell und/oder eine Wirtschaftsordnung? Wo sind Parallelen und Unterschiede zwischen Deutschland und Frankreich auszumachen?

- Welchen Einfluss haben Globalisierung und europäische Integration auf die Modelle in Deutschland und Frankreich?

- Welche Auswirkungen haben die Privatisierungen auf das jeweilige landesspezifische Modell (Systemwettbewerb, Standortpolitik und Beteiligungspolitik)?

- Welche Erfahrungen haben Deutschland und Frankreich mit den Privatisierungen seit Beginn der achtziger Jahre gemacht? Wo liegen Stärken und Schwächen? Ist Frankreich ein Modell für Privatisierungen in Deutschland oder umgekehrt (für welche Ebene der Gebietskörperschaften)?

- Wie läuft eine Privatisierung typischerweise ab? Wer sind die stakeholder? Sind die Aufgabe klar verteilt? Welche Entscheidungen sind am wichtigsten?

- Gibt es spezifische Pre- oder Postprivatisierungsmaßnahmen, die die Privatisierungen begleiten (Restrukturierung, Kaufanreize, Verpflichtungen für Anteilseigner, goldene Aktien, etc.)? Wie sehen diese aus? Wie werden ehemalige Monopolmärkte reguliert?

- Inwieweit wurden die politisch festgesetzten Ziele erreicht? Welche Rolle spielt die Politik bei Privatisierungen?

- Wie sieht die aktuelle Situation bei den Privatisierungen aus? Wie geht es weiter? Sind die Privatisierungen heute per Saldo positiv oder negativ zu bewerten?

Fragenkatalog (Französisch)

- Est-ce qu'il y a un ordre économique européen ou un modèle économique européen? Quelles sont les parallèles et les différences entre l'Allemagne et la France?

- Est-ce que les privatisations sont nécessaires au sein du capitalisme rhénan?

- Quel est l'impact directe et indirecte des privatisations sur le modèle économique en Allemagne et en France (concurrence des systèmes, ‚Standortpolitik', politique de détention du capital de l'État)?

- Quel est le cadre légal et constitutionnel concernant la propriété, les entreprises publiques et les privatisations? Quelles sont les parallèles et les différences entre l'Allemagne et la France?

- Est-ce qu'il y a un déroulement typique d'une privatisation? Qui sont les ‚stakeholders'? Est-ce que les responsabilités sont bien définies? Quelles décisions sont les plus importantes?

- Quel bilan peut-on tirer des privatisations effectuées par l'Allemagne et la France depuis 1985? Quelles sont les expériences avec les privatisations en Allemagne et en France depuis le début des années 80? Quels sont les points forts et les points faibles? Est-ce que la France est un exemple pour les privatisations en Allemagne ou vice versa?

- Est-ce qu'il y a des mesures spécifiques pré- ou postprivatisations qui accompagnent les privatisations (par exemple restructurations, encouragements d'achat, charges pour les propriétaires, golden share, etc.)? Est-ce qu'on a établie des régulations sur les anciens marchés de monopole?

- Est-ce qu'on a atteint les buts politiques prévus? Quels buts étaient suivis outre ceux officiels? Est-ce que les buts étaient sans contradiction? Quel rôle jouait la politique dans les privatisations?

- Est-ce que la mondialisation et l'intégration européenne soutiennent ou bloquent les privatisations?

- Quelle est la situation actuelle en ce qui concerne les privatisations? Que se passera-t-il dans l'avenir proche? Comment est-ce que vous jugeriez les privatisations en faisant un bilan aujourd'hui?

1. Interview

Name: Dr. Henrik Uterwedde
Position: Direktor des Deutsch-Französischen Instituts, Ludwigsburg
Datum: 17.1.2001
Ort: Ludwigsburg

- Als Wirtschaftsmodelle seien verschiedene Unterteilungen möglich. Zum einen könne man nach den Punkten Kapitalstruktur und corporate governance fragen (Stichworte: Michel Albert, banque-industrie, etc.). Zum anderen könne nach der Steuerungsinstanz gefragt werden, wobei sich drei Modelle aus der Markt und/oder Staat ergeben. In Frankreich: Staat reguliert und lenkt (elitär, etatistisch, getragen von Politik links wie rechts); in England: Markt durch Zurückdrängen von Staat und Gewerkschaften; in Deutschland: Diskurs Markt, aber Praxis Regulierung durch Verbände und Neokorporatismus (kooperativ, Konsensmodell). Es gäbe keine eindeutigen Begriffe. Die zentrale Frage drehe sich um die Rolle des Staates. In Zukunft würden weiterhin Mischformen in Europa bestehen. Das deutsche Konsensmodell würde durch die Globalisierung zwar angegriffen, würde aber nicht verschwinden.

- Durch die Globalisierung würden Stärken und Schwächen der Standorte Deutschland und Frankreich neu diskutiert. Ein kontinentaleuropäisches Modell könne über den Sozialstaat, Staat und Markt als Lenkungsmechanismen und landesspezifische Ausprägungen abgegrenzt werden. Ob ein europäisches Modell geschaffen wird, ist eine Frage des Voluntarismus. Fraglich ist, ob es dafür eine politische Basis gäbe. Deutschland möchte die soziale Marktwirtschaft bewahren und die positiven kollektiven Erfahrungen auf Europa übertragen. Wichtige Fragen für die Zukunft eines europäischen Modells seien: Gibt es ein europäisches Unternehmensnetz? Gibt es eine europäische Unternehmensverfassung? Gibt es einen europäischen Ordnungsrahmen? Gibt es eine europäische Unternehmenskultur?

- Seit den Privatisierungen und der Deregulierung in 1983 stellt sich die Frage wohin das französische Modell sich entwickelt? Aktuelle Fragen drehten sich erneut um die Kapitalstruktur und die zahlreichen OPAs und M&As. Der rheinische Kapitalismus sei in Frankreich politisch korrekt, allerdings fehlten verschiedene Voraussetzungen für eine ‚Kopie' Deutschlands (Verbände hätten in Frankreich einen viel geringeren Einfluss; sie seien zu schwach, um ordnend zu wirken (de facto Ordnungsfunktion der Gewerkschaften) bspw. gewerkschaftlicher Organisationsgrad in Deutschland 30 Prozent in Frankreich dagegen 8 Prozent. Zusätzlich gäbe es kulturelle Unterschiede). Ökonomisch ergäben sich regelmäßig ähnliche oder gleiche Befunde, aber die politische und gesellschaftliche Beharrungskraft seien zu berücksichtigen. Die nationalen Unterschiede seien historisch begründet. Ein Wirtschaftsmodell sei nie nur reine Ökonomie.

- Privatisierung hieße in Deutschland ‚zurück zur sozialen Marktwirtschaft'. In Frankreich dagegen würde das Modell durch die Privatisierungen komplett in Frage gestellt. Es bedeute einen direkten Schnitt in den Kern des Systems. Auch Ideologie spiele eine Rolle. Die soziale Marktwirtschaft sei in Frankreich nicht mehrheitsfähig. Dem Behaarungsvermögen bzgl. Privatisierung auf Länder- und Gemeindeebene in Deutschland entspreche in Frankreich das Beharrungsvermögen beim service public (öffentliche Dienstleister). Eine Ausweitung der öffentlichen Unternehmen auf regionaler und kommunaler Ebene gäbe es in Frankreich wegen der Konzessionsbetriebe nicht. Durch die Staffelung der Kompetenzen sei der Föderalismus in Deutschland tendenziell privatisierungshemmend, wohingegen der zentralistische Aufbau in Frankreich eher privatisierungsfördernd sei. Der Staat in Deutschland bedeute ‚Berlin plus 16 Bundesländer', in Frankreich bedeute er ‚Paris'. Für beide Länder sei allerdings der EU-Einfluss maßgeblich. In Deutschland sei eine wesentlich stärkere vertikale (Bundesländer) und horizontale (halb-öffentliche Institutionen z.B. DIN-Norm) Differenzierung anzutreffen, was zu einer gewissen positiven, da ausgeglichenen, Regulierungsdichte führe. Dadurch sei aber auch ein Politikwechsel wesentlich schwieriger.

- Summarisch seien die Privatisierungen in Frankreich positiv zu beurteilen, da eine Rekapitalisierung (oder Restrukturierung) vorangegangen sei, kein Unternehmen trotz der vorigen finanziellen Probleme vom Markt verschwunden sei, die privatwirtschaftliche Organisation sich bewährt habe und die noyau dur für eine Beruhigung der Unternehmen gesorgt habe. Da aber noch kein abschließendes Modell gefunden sei, stelle sich die Frage, was mit den Unternehmen in Zukunft passieren wird. Viele Unternehmen seien Papiergewichte an der Börse. Interessanterweise verlaufen die Veränderungen im Bankensektor in Deutschland (Deutsche Bank und Dresdner Bank) und Frankreich (Banque nationale de Paris, Société générale und Paribas) parallel.

- Privatisierung an sich sei ein extrem politischer Akt. Dies äußere sich in einer starken Einflussnahem des Staates. In 1985 sei es zu einer Desillusionierung gekommen, da festgestellt wurde, dass die Verstaatlichungen nichts gebracht hätten. In jüngster Zeit sei vor allem der Fall Jospin interessant, da er gegen seine Überzeugung zum umfangreichsten und erfolgreichsten Privatisierer geworden sei. Die Frage, ob weiter privatisiert werden soll oder nicht, sei aktuell umstritten. Vor den Wahlen in 2002 seien keine bedeutenden Schritte zu erwarten. Fraglich ist auch wie weit der Einfluss von Brüssel gehe. Die Zeit der schnellen Erfolg sei erst einmal vorbei. Die Diskussion um den service public stelle eine andere Dimension dar. Das Thema wird auch durch den bereits beginnenden Wahlkampf bestimmt.

2. Interview

Name: Prof. Dr. Dr. h.c. Peter Eichhorn
Position: Inhaber des Lehrstuhls für Allgemeine Betriebswirtschaftslehre, öffentliche Verwaltung und öffentliche Unternehmen, insbesondere Krankenhauswesen an der Universität Mannheim
Datum: 31.1.2001
Ort: Mannheim

- Die Situation der öffentlichen Unternehmen und die Privatisierungen in Deutschland und Frankreich seien unterschiedlich. Der Bund würde laufend neue Unternehmen gründen und öffentliche Unternehmen würden in Deutschland kommen und gehen (z.B. wurden unter Helmut Kohl verschiedene öffentliche Unternehmen gegründet, die Grundlagenforschung betreiben). Bei Privatisierungen spielten parteipolitische Überlegungen oder Ideologien keine Rolle, sondern sie seien machtpolitisch motiviert. In Bayern wären unter Franz Josef Strauß öffentliche Unternehmen gegründet worden (z.B. Bayernwerk). In Niedersachsen würde die 20 Prozent-Beteiligung an Volkswagen gehalten, um Beschäftigungspolitik zu betreiben. In Deutschland sei aber nicht nur das Äquivalenzprinzip, sondern auch das Solidaritätsprinzip zu beachten. In Frankreich dagegen seien die Privatisierungen ideologisch geprägt und es sei zu einer ‚Pendelpolitik' zwischen Verstaatlichungen und Privatisierungen gekommen. Außerdem seien in Frankreich die Gewerkschaften stark.

- In der Realität würden vor allem die leeren Kassen und der Zwang zum Schuldenabbau die Privatisierungen fördern und es komme in beiden Ländern zu einer pragmatischen Vorgehensweise. Bei den öffentlichen Unternehmen würden völlig verschiedene Konzepte vorliegen. Auf der einen Seite seien sie in Deutschland dezentral und föderal, auf der anderen Seite in Frankreich zentralistisch ausgerichtet. So lägen in Deutschland Regionalmonopole vor, wohingegen in Frankreich große Teilmonopole vorherrschten. Die kommunale Selbstverwaltung in Deutschland sei einzigartig (kommunale Planungshoheit, Personalhoheit, Finanzhoheit). In der Stadt Mannheim gäbe es bspw. 30-40 öffentliche Unternehmen, was kaum bekannt sei.

- Zur Zeit ergäben sich verschiedene Entwicklungen im öffentlichen Bereich in Deutschland. Die Landesbetriebe nach §26 Landeshaushaltsordnung würden faktisch wie Eigenbetriebe umgesetzt. Es komme zu einer starken Umwandlung in diese Rechtsform, wobei ein Umsatz über Gebühren erzielt würde (also statt Steuerfinanzierung eine Entgeltfinanzierung). Damit würde eine Entwicklung zu marktnäheren Lösungen hin unterstützt. Die weitere Entwicklung gehe in Richtung einer Trennung von öffentlichen und kommerziellen Aufgaben, was sich vor allem durch betriebswirtschaftliche Entscheidungen (Eigenerstellung oder Fremdbezug, make or buy) zeige (Coase ‚Do what you can do best, outsource the rest'). Zusätzlich sei heute aus theoretischer Sicht allein die funktionale Definition und nicht mehr das Eigentum relevant. Bei Ausschreibungsverfahren sei es irrelevant ob die Ausschreibungsteilnehmer privat oder öffentlich seien. Der Begriff ‚öffentlich' beziehe sich nicht mehr auf öffentliches Eigentum, sonder sei im Sinne von ‚Öffentlichkeit' zu verstehen. Die soziale Marktwirtschaft sei faktisch ein Auslaufmodell. Die deutsche Regierung habe es nicht verstanden, bei den Verhandlungen von Maastricht die Ideen der sozialen Marktwirtschaft entsprechend zu verkaufen und durchzusetzen. Viele Details der sozialen Marktwirtschaft seien im übrigen Europa vollkommen unbekannt (z.B. das die öffentlichen Unternehmen nur durch öffentliche Gesetzgebung legitimiert seien). Im Ausland herrsche stattdessen Staatskapitalismus vor.

- In Deutschland würde man in Zukunft wieder stärker merkantilistisch werden. Zwischen den beiden von der EU vorgegebenen Polen, ‚Wettbewerb versus Gemeinwohl', würde sich in Zukunft eine andere Arbeitsteilung entwickeln. Heute böten die öffentlichen Unternehmen ihre Leistungen marktkonform an und alle Kunden würden gleich behandelt. Durch die Liberalisierung kämen aber Marktpreise stärker auf und es wäre möglich, dass für die gleiche Leistung unterschiedliche Preise verlangt würden. Als Vision ergäbe sich die Entwicklung, dass die öffentlichen Unternehmen rein kommerziell werden (und damit gewisse öffentliche Aufgaben wegfallen würden) und öffentliche Aufgaben beim Mutter-Gemeinwesen verbleiben würden. Die öffentlichen Aufgaben werden aus den Erwerbseinkünften der Stadt finanziert und entweder bei einem öffentlichen Unternehmen oder einem Dritten eingekauft. Alle öffentlichen Leistungen werden zu bezahlen sein. Diese Vision käme einer formalen Privatisierung gleich.

- Bei dem Vergleich und der Bewertung seien verschiedene Punkte zu diskutieren. Erstens gäbe es ein unterschiedliches Verständnis der öffentlichen Unternehmen. In Deutschland hätte früher ein Über-Unterordnungsverhältnis geherrscht und die öffentlichen Unternehmen wären instrumentalisiert worden. Heute gäbe es eine Gleichbehandlung. Zweitens seien die Entwicklungen in Deutschland und Frankreich in Bezug auf den öffentlichen Sektor konvergent. Hier hätten die EU, der Wettbewerb und finanzielle Probleme einen entscheidenden Einfluss. Drittens gäbe es Unterschiede bzgl. der Konzernarchitektur.

In Deutschland gehe die Tendenz bei dezentraler Ausgangslage in Richtung Zentralisierung in den öffentlichen Unternehmen (Bsp. RWE). In Frankreich sei diese Entwicklung genau entgegengesetzt (Bsp. Suche nach Brückenköpfen EDF und EnBW). Viertens würden die Staatsmonopole in Deutschland und Frankreich in Zukunft verschwinden. Fünftens käme es in Deutschland zu einem starken Wachstum der Regulierungsbehörden. Deren Hauptaufgabe läge in einer Missbrauchsaufsicht und einer Globalsteuerung durch Regulierung (Vorgabe Rahmenbedingungen), wohingegen die öffentlichen Unternehmen selbst die öffentliche Aufgabe angenommen hätten.

- Bei den Gutachten der Monopolkommission sei typisch, dass die kommunale Selbstverwaltung außer Acht gelassen würde. Aus theoretischer Sicht bestehe der Grundfehler darin, dass Wettbewerb als Ziel vorgegeben würde. Stattdessen stelle Wettbewerb faktisch nur ein Mittel dar. Die Ziele seien Wohlfahrt, Schaffung von Sozialprodukt und Lebensqualität.

3. Interview

Name: Prof. Dr. Otto Schlecht, Staatssekretär a.D.
Position: Vorsitzender der Ludwig-Erhard-Stiftung, Bonn
Datum: 14.2.2001
Ort: Bonn

- Bei der Betrachtung der Wirtschaftsmodelle und -ordnungen sei zunächst die geschichtliche Entwicklung wichtig, da in der frühen Phase Europas Deutschland für Marktwirtschaft und Frankreich für Planification gestanden habe. Man könne die Behauptung aufstellen, in den Verträgen der EU seien konkrete Grundrisse der Sozialen Marktwirtschaft enthalten. Die Marktwirtschaft soll durch eine Rahmenordnung sozialverträglich gestaltet werden. Die arbeitsteilige Wirtschaft funktioniere nur mit Privateigentum. Das Modell des rheinischen Kapitalismus von Michel Albert entspreche ungefähr der Sozialen Marktwirtschaft. Die EU sei in verschiedenen Teilen von der Sozialen Marktwirtschaft geprägt. Der Binnenmarkt sei insgesamt marktwirtschaftlich ausgerichtet. Seine Regeln, eine stabile Geldordnung, Wettbewerbs- und Beihilfevorschriften und eine flankierende Strukturpolitik bilden die Rahmenordnung.

- In einer Grundsatzrede im europäischen Parlament 1962 habe sich Ludwig Erhard gegen die französische Planification ausgesprochen. Damals habe es in der Sechsergemeinschaft indessen bemerkenswerte Annäherungen zu Fragen der Wirtschaftsordnungen gegeben. Deutschland würde auch von Frankreich lernen (bspw. in der mittelfristigen Finanzplanung und bei der Strukturpolitik), aber es gäbe noch große Unterschiede. Nach dem Krieg sei in Deutschland eine neue wirtschaftspolitische Philosophie entstanden. Frankreich sei stark von Colbert geprägt. Grob gesagt sei in Frankreich der Diskurs ‚links' und das wirtschaftspolitische Verhalten ‚rechts'.

- Die EU spiele eine bedeutendere Rolle für die Privatisierungen als die Globalisierung. Zusätzlich sei insbesondere die technische Entwicklung erheblich, da durch sie erst die Privatisierung der leistungsgebundenen Monopole (natürliche Monopole) möglich geworden sei. Unter den damaligen Bedingungen sei die Privatisierung von Post und Bahn für Erhard kein Thema gewesen, da es sich damals um natürliche Monopole gedreht habe. Heute sie aber die Privatisierung möglich. Die Privatisierung der natürlichen Monopole werde heute wiederum besonders durch die EU vorangetrieben.

- Auf Bundesebene habe es drei große Privatisierungsschübe gegeben: unter Erhard, Stoltenberg und heute. Die Sozialdemokraten seien früher davon ausgegangen, dass man öffentliche Unternehmen für Strukturpolitik brauche. Diese Annahme sei heute weggefallen. Die jüngeren Privatisierungsschritte der Leitungsmonopole erfolgten nicht aufgrund eigener ordnungspolitischer Überlegungen, sondern durch die Liberalisierungsschritte der EU. Auf Länder- und Gemeindeebene bestünden weiterhin Privatisierungsdefizite. Privatisierung erfolge in diesen Gebietskörperschaften aufgrund fiskalischer Zwänge. Der Bund sei diesbezüglich im Rahmen des föderalen Systems in Deutschland ohne Handhabe. Längerfristig werden die staatlichen Anteile an der Telekom und an der Post gegen Null gehen. Allerdings sei nicht die Höhe der Anteile bedeutsam, sondern die mit der Vollprivatisierung verfolgten Ziele. Am kritischsten sei die Privatisierung der Bahn, da zuerst eine Sanierung stattfinden müsse. Die Trennung von Bahn-Netz und Nutzung des Netzes sowie deren Privatisierung seien weiterhin offene Fragen.

- Bei verschiedenen Privatisierungen sei es von politischer Seite zu erheblichen Verzögerungen gekommen. Der weiterhin existierende staatliche Anteil an Volkswagen (VW) sei ein Relikt, werde aber nicht ernsthaft diskutiert. Gegen die Privatisierung habe es Einwände gegeben, da befürchtet wurde, VW würde als global player seinen Firmensitz nicht in Wolfsburg behalten, sondern verlegen. Von Landespolitikern Niedersachsens höre man auch die Aussage, dass es ‚schön sei, wenn man (vor Ort) im Aufsichtsrat sitzt'. Bei der Lufthansa sei es ebenfalls durch Landespolitiker zu Verzögerungen gekommen. Man wollte den Einfluss im Unternehmen behalten, um sicherzustellen, dass Lufthansa Flugzeuge von Airbus (und nicht von Boeing) kauft und dass der Firmensitz nicht von Köln nach Frankfurt verlegt wird.
  Es habe in Deutschland keine Instrumente wie die stabilen Aktionärskerne oder die goldenen Aktien gegeben. Allerdings sei die Struktur der Anteile an den Unternehmen über bestimmte Absprachen mit den Bankenkonsortien indirekt gesteuert worden, um eine ‚optimale' Aufteilung zwischen Privatanlegern und institutionellen Anlegern zu erhalten. Eine Aktionärskultur entwickle sich in Deutschland eher schleppend und sei vor allem seit der Privatisierung der Telekom vorangekommen.

- In Bezug auf die Diskussion um die Landesbanken und Sparkassen werde deutlich, dass die EU heute über die Beihilfevorschriften einen größeren wirtschaftspolitischen Einfluss ausübt als der Bund. Das Wirken der EU-Kommission sei summarisch positiv zu sehen. Das vorgeschlagene Mutter-Tochter-Modell sei keine abschließende Lösung, da die Landesbanken sich wie die Privaten dem Wettbewerb stellen müssten. Besser sei eine Umwandlung der Institute in Aktiengesellschaften und eine Übernahme von Minderheitsbeteiligungen für den strukturpolitischen Bereich durch die Länder und/oder Gemeinden. Die Landesbanken müssten sich der europäischen Wettbewerbsordnung unterwerfen.

- Der aktuell von der CDU aufgebrachte Begriff ‚Neue Soziale Marktwirtschaft‘ sei schlecht gewählt und man habe sich der Einfachheit halber den Werbetextern gefügt. Es gehe aber nicht um eine *Neue* Soziale Marktwirtschaft, sondern um eine Revitalisierung im Sinne einer Anpassung der Sozialen Marktwirtschaft an neue Bedingungen (Globalisierung, Digitalisierung, Europäisierung, alternde Gesellschaft, ‚new economy‘). Zum einen heiße dies ‚zurück zu den Wurzeln im Sinne Erhards‘ und zum anderen gehe es um eine Anpassung der Ausführungsbestimmungen. Die Soziale Marktwirtschaft sei ein offenes System und die Anpassungen seien systemimmanent möglich.

- Aktuell lägen die Probleme der Sozialen Marktwirtschaft in der Staatsquote von rd. 50 Prozent, in der Abgabenquote von über 40 Prozent, in dem Übermaß an Regulierung und in den strukturkonservierenden Subventionen. Eine Revitalisierung im Sinne von Erhard sei notwendig. Die Rentenreform gehe durch den Bezug auf das 3-Säulen-Modell in die richtige Richtung, für die Krankenversicherung sei in der nächsten Legislaturperiode einschneidende Schritte zu erwarten. Am kritischsten sei die Situation auf dem Arbeitsmarkt. Die laufende Diskussion um das Betriebsverfassungsgesetz stelle einen faulen Kompromiss dar. Allerdings werde die Wirklichkeit auf die Regulierung des Arbeitsmarkts keine Rücksicht nehmen und der Markt werde sich weiter flexibilisieren. Bei der Steuerreform sei der sozialdemokratischen Regierung insgesamt ein großer Wurf gelungen, allerdings werde der Mittelstand durch die höhere Belastung diskriminiert, was auch eine ordnungspolitische Schieflage bedeute.

- In einer mediengesteuerten politischen Landschaft verdränge populistischer Aktionismus eine nachhaltige Ordnungspolitik. Das Bundeswirtschaftsministerium habe in seiner ordnungspolitischen Kompetenz erheblich eingebüßt. Dem amtierenden Wirtschaftsminister fehle die Hausmacht im Parlament weswegen die ordnungspolitische Einflussnahme auf die anderen Ressorts abgenommen habe. Die ordnungspolitische Querschnittsfunktion werde nicht mehr erfüllt und es fehle an einem Politiker, der die Ordnungspolitik personifiziere. In der Wettbewerbspolitik bspw. werde dieses Vakuum vom EU-Wettbewerbskommissar gefüllt.

4. Interview

Name: Prof. Elie Cohen
Position: Directeur de recherche CNRS, Paris
Datum: 27.3.2001
Ort: Paris

- Après la deuxième guerre mondiale ce n'est pas un capitalisme européen mais une pluralité des variétés de capitalismes nationaux qui se développe. De 1945 à 1975 le capitalisme français est basé sur trois orientations majeures:
  La première orientation est une „économie du financement administré ». Cela veut dire qu'après la guerre le gouvernement a fait le pari d'une reconstruction de l'économie française à travers un certain nombre d'initiatives publiques et que tout le financement de l'économie française dépend d'une manière ou d'une autre de la direction du Trésor. Les investissements publics ainsi que toute la politique économique et financière (contrôle des échanges, contrôle des prix, contrôle des taux, contrôle des émissions financières, contrôle de l'aide à l'investissement, contrôle de l'aide à l'exportation) dépendent de la direction du Trésor. Ce système d'économie du financement administré est aussi appelé „state-led financial system" (John Seismann), ce qui n'est pas un système „bank-led" (Allemagne) ou „market-led" (Etats-Unis, Grande-Bretagne).
  La deuxième orientation est le „Colbertisme High-Tech". Pour des raisons stratégiques, diplomatiques et militaires, donc pour des raisons de souveraineté, la France a voulu se doter de compétences propres dans un certain nombre de secteurs d'activité reconnus stratégiques et pour lesquels il y a un manque d'initiative privée. La France a voulu avoir une capacité dans l'aéronautique, l'aérospatiale, le nucléaire, les télécoms, le ferroviaire, l'énergie électrique, l'énergie pétrolière, etc.. Dans ces domaines la France a mené toute une série de grands projets mettant en place des systèmes d'acteurs publics et privés pour aider l'émergence d'une capacité technologique autonome et de champions nationaux français.
  La troisième orientation de ce modèle français est un „compromis inflationiste social implicite". La tradition de lutte des classes en France et la tradition des syndicats a fait que l'État est devenu le tiers obligé en matière de relations sociales. Comme on ne peut pas avoir de compromis social institutionnalisé parce que ceci est contraire à la culture politique et à la culture syndicale, on a un système dans lequel les revendications salariales sont au fond satisfaites par l'État. L'État impose un certain nombre de normes socia-

les par la loi et les entreprises sont obligées de s'y adapter. Le moyen utilisé est l'inflation.

- A partir de 1975 le modèle est entré en crise (grands chocs pétroliers, monétaires et financiers internationaux). De 1975 à 1985 la France a un peu cherché sa voie et, au terme de cette période, le modèle a fondamentalement changé sous le gouvernement socialiste français. La France n'est plus une „économie du financement administré“ mais une „économie du marché financier“ et le rôle de l'État en matière d'intervention économique a radicalement changé. Tous les guichets d'intervention qui existaient ont été supprimés. Il n'y a plus de différence fondamentale en matière financière entre la France et l'Angleterre par exemple. Le degré de libéralisation n'est pas encore intégral mais il n'y a plus de spécificité dans le capitalisme financier français. En tout cas, cette spécificité est en train de disparaître progressivement.
  Il ne faut jamais considérer les privatisations seules. Il faut considérer les privatisations dans un mouvement d'ensemble dont les bases principales sont la réforme bancaire de 1984, la réforme du financement des entreprises publiques avec la création des certificats d'investissements, etc.. Il s'agit donc de tout un mouvement de réorganisation du capitalisme français.
  On a renoncé au „Colbertisme High-Tech“. La France n'a plus de grands projets et a même accepté qu'une industrie de souveraineté aussi fondamentale que l'aérospatiale soit privatisée, industrie reprise dans un premier temps par Monsieur Lagardère avant d'être fusionnée dans le cadre de l'EADS avec des intérêts allemands et espagnols. L'objectif n'est plus aujourd'hui l'indépendance technologique. La France est désormais entrée dans une logique de grands groupes industriels cherchant le retour sur investissement et la valeur pour l'actionnaire etc.. En ce qui concerne les „public utilities“ dans lesquels la France avait de grandes entreprises nationales monopolistes („service public“), l'intégration européenne est en train de conduire le pays à un modèle basé sur une relation entre un régulateur indépendant et une entreprise de marché. Il reste un attachement à la notion de service public mais il est en train de disparaître progressivement.
  Le modèle social est la chose la plus résistante. Le gouvernement a renoncé au compromis inflationiste puisque maintenant l'inflation est interdite et que les politiques de désinflation compétitive sont partout. Mais c'est la dimension sociale qui a le mieux résisté dans le modèle français. La France n'a pas régressé en matière sociale mais a étendu sa politique dans ce domaine au cours des vingt dernières années. Ce qui reste de plus solide et de plus typique dans le modèle européen et français est le système social (exemples majeurs: les politiques contre l'exclusion, la politique de la dépendance, les 35

heures). Un pays qui consacre 45 % de sa richesse nationale à la redistribution d'une manière ou d'une autre ne peut pas être considéré comme un pays qui régresse socialement. En outre, les réformes fiscales en France n'ont pas pour but de favoriser l'enrichissement mais elles accentuent la redistribution. La dimension sociale fait ainsi la spécificité du modèle européen.

- Aujourd'hui le modèle européen est basé sur trois points importants: le premier est une normalisation capitaliste (mode de financement de l'économie, relation entre les banques et l'industrie, statut de l'actionnaire, propriété publique, etc.). On est tous en train de nous américaniser, même les Allemands. Le capitalisme allemand est dans un aussi mauvais état que le capitalisme français.
  Par contre les autres deux points restent spécifiques. Il y a premièrement un modèle européen d'acclimatation à la mondialisation. L'Europe n'est pas une copie des États-Unis en ce qui concerne l'économie politique et le régime institutionnel. Deuxièmement le système social reste un système social original: un modèle social européen.

- Le gouvernement français a nationalisé massivement en 1982 après l'arrivée de la gauche au pouvoir. En 1984, à peine deux ans après, Laurent Fabius est nommé Premier ministre et explique au Parlement que ce n'est pas le rôle du budget de financer les entreprises publiques. Ces dernières doivent trouver elles-mêmes les ressources financières nécessaires à leur croissance. Pour cela, le gouvernement va très tôt créer les certificats d'investissements qui représentent une forme de capital sans droit de vote. Dès 1984 la gauche renonce à l'idée de nationalisation dans le sens où la gauche elle-même ne croit plus que les nationalisations représentent un modèle de développement alternatif. Au fond la gauche a cru à son programme pendant un an environ. Ceci est assez fascinant parce que cette idée de nationalisation comme vecteur d'un modèle de développement alternatif n'a en fait pas résistée une année à l'épreuve du pouvoir alors que ce modèle a été un combustible pour la gauche pendant des décennies. Du jour où le gouvernement a mis en place les certificats d'investissements, le moment arrive où il se dit que les moyens financiers doivent être encore plus importants, d'où la création de filiales pour l'entrée sur le marché boursier. Lorsque le gouvernement de droite arrive au pouvoir en 1986, il y a des filiales côtées en bourse et des certificats d'investissements dans la société mère et il décide alors de privatiser ce qui ne choque personne. Les suppressions massives de postes, chez Usinor par exemple, ont delégitimés l'idée de nationalisation parce que dans l'esprit des Français le terme „nationalisation" représente le secteur public et le secteur public quant

à lui représente la sécurité de l'emploi. Entre 1983 et 1986, l'idée même de nationalisation s'est effondrée dans l'esprit du public. Quand la droite arrive au pouvoir elle n'a donc pas beaucoup de difficultés à privatiser. Le grand virage est amorcé par Laurent Fabius en 1984.
Les modalités de la privatisation ont provoqué un débat. Plusieurs modèles de privatisation peuvent être envisagés (par exemple la privatisation par vente aux enchères ou par vente d'in bloc de contrôle). Monsieur Balladur a choisi une modalité qui est une modalité étatiste-dirigiste de privatisation. La privatisation est ici une privatisation administrative et politiquement orientée. L'État effectue une privatisation par quotas, c'est-à-dire qu'une partie du capital va à un noyau dur d'actionnaires choisis par la direction du Trésor, une partie va à des investisseurs institutionnels étrangers, une autre partie à des investisseurs institutionnels nationaux, une partie aux salariés et une partie dans une offre publique de vente. En choisissant ce modèle de privatisation avec noyau dur, l'État choisit le chef d'entreprise qui lui-même choisit les actionnaires du bloc de contrôle, qui eux-mêmes choisissent les actionnaires qui apportent le capital, qui choisissent enfin les petits actionnaires qui comptent ce qui ne comptent pas. Ce système, que l'on pourrait décrire comme un système très français, n'a pas survécu très longtemps. Les noyaux durs ont commencé à s'effriter après la crise financière de 1987. Avec la globalisation financière des années 90 ce modèle s'est progressivement dissout et aujourd'hui les entreprises du CAC40 sont contrôlées à 40 % par des investisseurs étrangers (fonds de pensions). Le modèle de privatisation avec noyau dur est donc un modèle qui disparaît progressivement du paysage économique français.
En nationalisant les entreprises, en les recapitalisant et en leurs permettant de se redresser l'État favorise la transition d'un capitalisme à l'autre, ce qui représente un des paradoxes de la situation. En effet une privatisation réussie est la marque d'une nationalisation réussie. En d'autres termes, autant il était légitime de nationaliser en 1981 autant il était légitime de privatiser en 1986. Au total ce sont des opérations très positives même s'il y a eu quelques échecs (par exemple dans les conditions de la privatisation de Havas). Il y a eu une adaption progressive.
En 1983, année capitale pour la France, François Mitterrand fait un constat et un choix. Le constat est le suivant: le „Keynesianisme avancé" dans un seul pays ne fonctionne pas et donc François Mitterrand amorce le grand tournant libéral majeur en France. Son choix repose sur les deux points suivants: l'intégration européenne et le couple monétaire Franc-Mark. Il a ainsi désiré créer des contraintes macroéconomiques fortes et engager la France dans une politique de désinflation compétitive. Il a également voulu accélerer

l'intégration européenne pour que l'Allemagne ne domine pas l'Europe. C'est pour cela qu'il a accepté le marché unique et c'est également pour cela qu'il est devenu l'avocat de l'Union économique et monétaire.

Literaturverzeichnis

Air France (2001): Air France: Air France, aujourd'hui, in: http://www.airfrance.net/, 30.1.2001.

Albert (1992): Albert, Michel: Kapitalismus kontra Kapitalismus, Frankfurt, New York 1992.

Ammon (1989): Ammon, Günther: Der französische Wirtschaftsstil, München 1989.

— (1993): Ammon, Günther: Gibt es einen europäischen Wirtschaftsstil?, in: Kultur – Identität – Kommunikation, 2. Versuch, hrsg. von Ammon und Eberhard, München 1993, S. 177-196.

Andreff (1992): Andreff, Wladimir: French privatization techniques and experience: a model for central-eastern Europe? in: Privatization in Europe- west and east experiences, ed. by Ferdinando Targetti, Worcester 1992.

Arthuis/Belot/Marini (1993-1994): Arthuis, Jean; Belot, Claude; Marini, Philippe: Les ambiguïtés de l'État actionnaire, Paris 1994.

Asselain (1991): Asselain, Jean-Charles: L'ouverture á la concurrence internationale, in: Les cahiers français, N° 255, septembre-octobre 1991, S. 58-63.

Balladur (1987): Balladur, Edouard: Vers la liberté. La réforme économique 1986, Paris 1987.

Bancel (1995): Bancel, Franck: Le processus de privatisation: la spécificité française, in: Les privatisations en France, hrsg. von Dion, Fabrice, Paris 1995, S. 17-46.

— (1996): Bancel, Franck: Les stratégies de banque-industrie, in: Revue d'économie industrielle, N° 77, 3e trimestre 1996, S. 29-52.

Barmeyer (2000): Barmeyer, Christoph: Fusion oder Konfusion? Bankenzusammenschlüsse und Wirtschaftsstil im Vergleich, in: Dokumente, Heft 5/2000, 56. Jg., S. 396-403.

Bartel (1990): Bartel, Rainer: Theoretische Überlegungen zur Privatisierung, in: Privatisierung und Deregulierung öffentlicher Unternehmen in westeuropäischen Ländern, hrsg. von Schneider, Friedrich; Hofreither, Markus F., Wien 1990, S. 15-46.

Bauby (1998): Bauby, Pierre: Entreprises publiques et mondialisation, in: Après-demain, N° 405-406, juin-septembre 1998, S. 20-22.

Bauer (1987): Bauer, J.M.: Privatisierung – ein internationaler Vergleich, in: Gemeinwirtschaft, Heft 2, 1987, S. 7-18.

Bauer (1988): Bauer, Michel: The politics of state-directed privatisation, in: West European Politics, Nr. 11, 1988, S. 49-60.

Beck (2000): Beck, Hanno: Jede Aktie ist eine Volksaktie, in: FAZ, Nr. 270, 20.11.2000, S. 17.

Beilecke (1999): Beilecke, François: Diskursive Rehabilitierung des republikanischen Modells und Neoliberalismus-Kritik in der französischen Presse seit 1990, in: Frankreich-Jahrbuch 1999, hrsg. von Albertin, Bock et al., Opladen 1999, S. 97-112.

Belot (1993): Belot, M. Claude: Rapport sur le projet de loi de privatisation, Senats-Drucksache N° 326, second session ordinaire de 1992-1993, Paris 1993.

Berg (1992): Berg, Hartmut: Wettbewerbspolitik, in: VKWW, 5. Aufl., München 1992, Band 2, S.239-300.

Berg/Cassel (1992): Berg, Hartmut; Cassel, Dieter: Theorie der Wirtschaftspolitik, in: VKWW, 5. Aufl., München 1992, S. 163-238.

Berger (1987): Berger, Suzanne: Liberalism reborn: the new liberal synthesis in France, in: Contemporary France. A review of interdisciplinary studies, ed. by Jolyon Howorth, London 1987, S. 84-108.

Bernhardt (1988): Bernhardt, Mark: Die Privatisierung von Staatsunternehmen, Seminararbeit, Tübingen/Stuttgart 1988.

Besters (1982): Besters, Hans: Neue Wirtschaftpolitik durch Angebotslenkung, 2. Aufl., Baden-Baden 1982.

Beukert (1995): Beukert, Lutz: Privatisierung ist für den Senat kein Thema, in: Handelsblatt, Nr. 42, 28.2.1995, S. 5.

Bilger (2000): Bilger, François: Ideen und Interessen in der Entwicklung der europäischen Wirtschaftsordnung, in: Freiheit und wettbewerbliche Ordnung, hrsg. von Külp und Vanberg, Freiburg 2000, S. 125-151.

Bizaguet (1988): Bizaguet, Armand: Le secteur public et les privatisations, 2. éd., Paris 1988.

— (1998): Bizaguet, Armand: L'impact économique des entreprises du secteur public dans l'Europe des quinze, in: Après-demain, N° 405-406, juin-septembre 1998, S. 38-43.

Blandin (1987): Blandin, Claire: Des privatisations en circuit fermé, in: Le Monde, N° 13261, 17.9.1987, S. 1 und 34.

Blankenburg (2000): Blankenburg, Götz: Die Politökonomie der Sparkassenprivatisierung, in: Wirtschaftsdienst 2000/I, S. 45-50.

Bloch-Lainé/Moschetto (1981): Bloch-Lainé, Jean-Michel; Moschetto, Bruno: La politique économique de la France, Paris 1981.

Bock (1999): Bock, Hans Manfred: Republikanischer Elitismus und technokratische Herrschaft, in: Länderbericht Frankreich, hrsg. von Christadler, Uterwedde, Opladen 1999, S. 383-403.

Boncoeur (1986): Boncoeur, Jean: Prix et marché en économie planifié, in: Supplément aux Cahiers français N° 228, octobre-décembre 1986, Notice 5, S. 1-4.

Bonder/Student (1998): Bonder, Michael; Student, Thomas: Wem gehört was in Europa?, Düsseldorf 1998.

Bourdieu (2000): Bourdieu, Pierre: L'essence du néolibéralisme, in: http://www.leforum.de/fr/fr-revue-economie07.htm, 13.12.2000.

Boyer (1987): Boyer, Robert: The current economic crisis. Its dynamics and its implications for France, in: The Mitterrand experiment, ed. by Ross, George et al., Cambridge 1987, S.33-53.

Braunberger (2000a): Braunberger, Gerald: Die französischen Unternehmen bereiten sich auf das 21. Jahrhundert vor, in: FAZ, Nr. 55, 6.3.2000, S. 30.

— (2000b): Braunberger, Gerald: Am Bahnhof der roten Rüben, in: FAZ, Nr. 280, 1.12.2000, S. 13.

Bridier/Ellyas (2001): Bridier, Gilles; Ellyas, Akram: 100 milliards d'euros de services publics à privatiser, in: http://www.latribune.fr/Archives/Archives Proxy.nsf/Articles/20001120161441? OpenDocument, 21.1.2001.

Budäus (1998): Budäus, Dietrich: Privatisierung öffentlich wahrgenommener Aufgaben – Grundlagen, Anforderungen und Probleme aus wirtschaftswissenschaftlicher Sicht, in: Privatisierung von Staatsaufgaben: Kriterien – Grenzen – Folgen, hrsg. von Gusy, Baden-Baden 1998, S. 11-36.

— (1999): Budäus, Dietrich: Von der Dominanz der Sachziele im öffentlichen Sektor zum System von Formalzielen als Grundlage zukünftiger Reformentwicklungen, in: Stand und Perspektiven der Öffentlichen Betriebswirtschaftslehre, hrsg. von Bräunig und Greiling, Berlin 1999, S. 55-65.

Bundesministerium der Finanzen (1999a): Bundesministerium der Finanzen: Beteiligungsbericht 1999, Bonn 1999.

— (1999b): Bundesministerium der Finanzen: Finanzbericht 2000, Bonn 1999.

Bureau (1997): Bureau, Dominique: Le „gouvernement" des entreprises publiques, in: Revue française d'économie, volumeXII, 2, printemps 1997, S. 57-95.

Caire (1999): Caire, Guy: Services publics et construction européenne, in: Droit social, N° 2, février 1999, S. 176-183.

Cancel/Duval (1997): Cancel, Sophie; Duval, Guillaume: Le retour des monopoles, in: alternatives économiques, N° 149, juin 1997, S. 30-41.

Capul (1991): Capul, Jean-Yves: Chronologie des principaux faits économiques et sociaux depuis 1871, in: Les cahiers français, N° 255, septembre-octobre 1991, S. 124-127.

Cartelier (1994): Cartelier, Lysiane: L'expérience française de privatisation 1986-1988: bilan et enseignement, in: Problèmes économiques, N° 2362, 9.2.1994, S. 1-7.
Cassel/Thieme (1992): Cassel, Dieter; Thieme, Jörg H.: Stabilitätspolitik, in: VKWW, 5. Aufl., München 1992, S. 303-364.
— (1995): Cartelier, Lysiane: De nouvelles théories économiques pour l'intervention de l'État, in: Les cahiers français, N° 271, mai-juin 1995, S. 74-79.
CEEP (2000): CEEP: L'importance et l'évolution des Entreprises à Participation Publique et des Entreprises d'Intérêt Economique Général dans l'Economie française depuis 1996, Paris 2000.
— (2001): CEEP: L'évolution des Entreprises à Participation Publique et d'Intérêt Economique Général en Europe depuis 1996, in: http://www.ceep.org/fr/doc.htm, 31.1.2001.
Cerny (1989): Cerny, Philip G.: From dirigisme to deregulation? The case of financial markets, in: Policy-making in France, London 1989, S. 142-161.
CGP/DFI (2001): CGP/DFI: Compétivité globale: une perspective franco-allemande, in: http://www.dfi.de/neues.htm, 1.3.2001.
Chabanas/Vergeau (1996): Chabanas, Nicole; Vergeau, Eric: Nationalisations et privatisations depuis 50 ans, in: INSEE première, N° 440, avril 1996, S. 1-4.
Chaloupek/Teufelsbauer (1987): Chaloupek, Günther; Teufelsbauer, Werner: Gesamtwirtschaftliche Planung in Europa, Frankfurt 1987.
Charras (1986): Charras, Patrice: Droit et pratique de la concurrence, in: Supplément aux Cahiers français N° 228, octobre-décembre 1986, Notice 7, S. 1-4.
Chevallier (1995): Chevallier, Jacques: Le débat sur l'État, in: Regards sur l'actualité, N° 209-210, mars-avril 1995, S. 29-41.
Cohen (1986): Cohen, Élie: Nationalisations: une bonne leçon de capitalisme, in: Problèmes économiques, N° 1972, 30.4.1986, S. 13-18.
— (1994): Cohen, Élie: „Ces privatisations mènent à un capitalisme fermé", in: Le Nouvel Economiste, N° 931, 4.2.1994, S. 58-59.
— (1996): Cohen, Élie: La tentation hexagonale, Paris 1996.
— (1998): Cohen, Élie: A dirigiste end to dirigisme?, in: The Mitterand years, hrsg. von Maclean, Mairi, Basingstoke 1998, S. 23-35.
Cohen (1982a): Cohen, Stephen S.: France: Industrial Policy in the Entrepreneurial State, in: Journal of Contemporary Business, 11, 1982, S. 100.
— (1982b): Cohen, Stephen S.: Informed bewilderment: French strategy and the crisis, in: France in the troubled world economy, ed. by Cohen, Stephen S.; Gourevitch, Peter A., London 1982, S. 21-48.
Cohen/Henry (1997): Cohen, Èlie; Henry, Claude: Service public, Secteur public, Paris 1997.

Cole (1999): Cole, Alistair: French Socialists in office: lessons from Mitterand and Jospin, in: Modern & contemporary France, volume 7, N° 1, february 1999, S. 71-87.
Colletis (1996): Colletis, Gabriel: Regionen und Wirtschaftsentwicklung in Frankreich, in: Dokumente, Heft 5/1996, 52. Jg., S. 374-379.
— (1999): Colletis, Gabriel: Die französische Industrie: Abstieg oder Erneuerung der Wettbewerbsfähigkeit?, in: Länderbericht Frankreich, hrsg. von Christadler, Uterwedde, Opladen 1999, S. 252-268.
Colletis/Levet (1994): Colletis, Gabriel; Levet, Jean-Louis: Industriepolitik und Planification: Eine Neubewertung, in: Dokumente, Heft 2/1994, 50. Jg., S. 92-98.
Commerzbank (2000): Commerzbank: wer gehört zu wem – Beteiligungsverhältnisse in Deutschland, 20. Auflage, Darmstadt 2000.
Cotta (1983): Cotta, Alain: Le Capitalisme, 3. édition, Paris 1983.
— (1993): Cotta, Alain: Une nouvelle politique, in: Revue des deux mondes, septembre 1993, S. 32-43.
Courty/Suleiman (1997): Courty, Guillaume; Suleiman, Ezra: L'Âge d'or de l'État, Paris 1997.
Cox (1984): Cox, Helmut: Privatisierung von Bundesunternehmen – Die Privatisierungsdiskussion entideologisieren, in: Wirtschaftsdienst 1984/II, S. 59-62.
— (1998): Cox, Helmut: Entreprises publiques et concurrence, in: Après-demain, N° 405-406, juin-septembre 1998, S. 15-19.
— (1999): Cox, Helmut: Öffentliche Unternehmen und Europäischer Binnenmarkt – Kommt es zu einem Paradigmenwechsel in der öffentlichen Wirtschaft?, in: Stand und Perspektiven der Öffentlichen Betriebswirtschaftslehre, hrsg. von Bräunig und Greiling, Berlin 1999, S. 268-279.
Dannebom et al. (1984): Dannebom, Ursula; Fach, Wolfgang; Huwe, Angela; Simonis, Georg: Das „Modell" Frankreich, in: Politische Vierteljahresschrift, 25. Jg., März 1984, Heft 1, S. 31-52.
De Boissieu (1992): De Boissieu, Christian: Quelques réflexions sur la politique économique dans les années 90, in: Où va l'État?, sous la direction de Lenoir, R. et al., Paris 1992, S. 260-285.
De Calan (1977): De Calan, Pierre: La planification française: un dirigisme relevant du socialisme, in: Les cahiers français, N° 181, mai-juin 1977, S. 9-11.
Deger (2001): Deger, Marc: Le Plan propose la régulation pour les services publics, in: http://www.latribune.fr/Archives/ArchivesProxy.nsf/SearchSimple/62BC0CA5F27E761DC12568CB007710C9?OpenDocument&highlight=2,privatisations, 21.1.2001.
De Foucauld (1988): De Foucauld, Jean-Baptiste: La fin du social-colbertisme, Belfond 1988.

— (1993): De Foucauld, Jean-Baptiste: Le plan contre la dictature du court terme, in: Inter-Régions, N° 160, mars 1993, S. 16-24.

De Jong (1989): De Jong, Henry W.: The State as Entrepreneur, in: Deregulierung – eine Herausforderung an die Wirtschafts- und Sozialpolitik in der Marktwirtschaft, hrsg. von Seidenfus, Hellmuth St., Berlin 1989, S. 173-193.

Delmas (2000): Delmas, Philippe: Über den nächsten Krieg mit Deutschland, Berlin 2000.

De Maizières (1997): De Maizières, Christine: L'échec du raid de Krupp sur Thyssen: la fin d'un modèle?, in: Documents, N° 2 1997, S. 47-50.

Deregulierungskommission (1991): Deregulierungskommission: Marktöffnung und Wettbewerb, Stuttgart 1991.

Desportes/Mauduit (1999): Desportes, Gérard; Mauduit, Laurent: La gauche imaginaire et le nouveau capitalisme, Paris 1999.

De Vauplane (1995): De Vauplane, Hubert: Les aspects juridiques des privatisations, in: Les privatisations en France, hrsg. von Dion, Fabrice, Paris 1995, S. 47-84.

Dichmann (1994): Dichmann, Werner: Subsidiarität, in: ORDO, Band 45 1994, S. 195-249.

Doenecke (2000): Doenecke, Gebina: Die Bundesregierung rüttelt am Trinkwasser-Monopol, in: FAZ, Nr. 267, 6.9.2000, S. 18.

Dubois (1999): Dubois, Jean: Les services publics à l'épreuve de l'Europe, in: Projet, N° 260, décembre 1999, S. 79-88.

Durrieu (1998): Durrieu, Yves: Qu' est-ce qu'une entreprise publique?, in: Après-demain, N° 405-406, juin-septembre 1998, S. 4.

Durupty (1994): Durupty, Michel: La loi de privatisation de 1993, in: Problèmes économiques, N° 2363, 9.2.1994, S. 8-14.

Duval (2000): Duval, Guillaume: Le nouveau capitalisme français, in: alternatives économiques, N° 182, juin 2000, S. 35-42.

Edelmann (1999): Edelmann, Heidrun: Privatisierung als Sozialpolitik. „Volksaktien“ und Volkswagenwerk, in: Jahrbuch für Wirtschaftsgeschichte 1999/1, hrsg. von Baar et al., S. 55-72.

Ederer/Schuller (1999): Ederer, Peer; Schuller, Philipp: Geschäftsbericht Deutschland AG, Stuttgart 1999.

EDF (2001): EDF: Résultats financiers, in: http://www.edf.fr/htm/fr/groupe_edf/finance/resfinance, 24.2.2001.

Eger/Nutzinger (1999): Eger, Thomas; Nutzinger, Hans G.: Traditionelle Ordnungstheorie, Neue Institutionenökonomik und Evolutorische Ökonomik im Vergleich, in: Perspektiven der Systemforschung, hrsg. von Cassel, Berlin 1999, S. 11-44.

Eichhorn (1969): Eichhorn, Peter: Entstehungsgründe für gemischtwirtschaftliche Unternehmen, in: Betriebswirtschaftliche Forschung und Praxis, 21. Jg., Heft 6, S. 346-353.
— (1981): Eichhorn, Peter: Finanzielle Beziehungen zwischen öffentlicher Hand und öffentlichen Unternehmen in der EG, in: Gemeinwirtschaft, Zeitschrift für Führungskräfte in der Wirtschaft (Österreichs), 20. Jg., Heft 3, S. 3-5.
— (1983): Eichhorn, Peter: Aufgaben und Ziele öffentlicher Unternehmen in der sozialen Marktwirtschaft, in: Der Nahverkehr, 1. Jg., Heft 3, 1983, S. 8-13.
— (1989): Eichhorn, Peter: Privatisierung, in: Handwörterbuch der Öffentlichen Betriebswirtschaft, hrsg. von Chmielewicz und Eichhorn, Stuttgart 1989, Sp. 1302-1314.
— (1991): Eichhorn, Peter: Die gemischte Wirtschaftsordnung in Deutschland und Europa, in: Gemeinwirtschaft, Nr. 3/4, 1991, S. 75-82.
— (1995): Eichhorn, Peter: Public Private Partnership – Praxis, Probleme, Perspektiven, in: Sozialpolitik und öffentliche Wirtschaft, hrsg. von Neumann und Schulz-Nieswandt, Berlin 1995, S. 173-184.
— (1996): Eichhorn, Peter: Öffentliche Unternehmen als Alternative zwischen Verwaltungshandeln und Privatisierung, in: Öffentliche Unternehmen – eine Alternative zur Privatisierung, Beiträge zur öffentlichen Wirtschaft, hrsg. von der Gesellschaft für öffentliche Wirtschaft, Heft 16, Berlin 1996, S. 6-13.
— (1999a): Eichhorn, Peter: Nicht immer alles über den Rendite-Leisten schlagen, in: FAZ, Nr. 291, 14.12.1999, S. 18.
— (1999b): Eichhorn, Peter: Merkantilismus, Kameralismus, Colbertismus aus heutiger Sicht, in: Schriftenreihe der Johann Joachim Becher-Gesellschaft zu Speyer, Heft 10, Speyer 1999, S. 3-9.
— (2001a): Eichhorn, Peter: Marktnahe und marktferne Erfüllung öffentlicher Aufgaben, in: Wettbewerb in Europa und die Erfüllung öffentlicher Aufgaben, hrsg. von Brede, Baden-Baden 2000/2001, S. 83-91.
— (2001b): Eichhorn, Peter: Die öffentliche Wirtschaft im wiedervereinigten Deutschland, Manuskript für das CEEP-Jahrbuch 2000, Mannheim 2001.
Eichhorn/Von Loesch (1988): Eichhorn, Peter; von Loesch, Achim: Die Zukunft der öffentlichen Unternehmen, in: Privatisierung und die Zukunft der öffentlichen Wirtschaft, hrsg. von Brede, Schriftenreihe der Gesellschaft für öffentliche Wirtschaft und Gemeinwirtschaft, Heft 29, Baden-Baden 1988, S. 313-326.
Enzelmüller (2000): Enzelmüller, Horst: Ein Riese, der sich gern als Zwerg gibt, in: FAZ, Nr. 241, 17.10.2000, S. 18.
Esambert (1992): Esambert, Bernard: L'État et les entreprises, in: Où va l'État?, sous la direction de Lenoir, R. et al., Paris 1992, S. 242-258.

Eucken (1932): Eucken, Walter: Staatliche Strukturwandlungen und die Krise des Kapitalismus, in: Weltwirtschaftliches Archiv, 36, S. 297-321; zitiert nach Wiederabdruck in ORDO, Bd. 48, S. 5-24.
— (1990): Eucken, Walter: Grundsätze der Wirtschaftspolitik, 6. Aufl., Tübingen 1990.
Europäisches Parlament (1999): Europäisches Parlament: Kurzdarstellungen der Europäischen Union, Luxemburg 1999.
Eurostat (2000): Eurostat: Eurostatistik, Daten zur Konjunkturanalyse (1982, 1986, 1988, 1992, 1996, 2000), Luxemburg 2000.
Ewers/Wein (1990): Ewers, Hans-Jürgen; Wein, Thomas: Grundsätze für eine Deregulierungspolitik, in: Wirtschaftsdienst 1990/VI, S. 320-328.
FAZ/Moog (1995): FAZ; Moog Consult: Nachbar Frankreich: Gebrauchsanweisung für einen wohlüberlegten Umgang mit Franzosen, 6. Aufl., Leipzig 1995.
Fels (1997): Fels, Gerhard: Podiumsdiskussion „Ansätze und Erfahrungen mit Privatisierungen" mit Ewers, Hans-Jürgen; Grandke, Gerhard; von Geldern, Wolfgang; Sichler, Heinz-Werner, in: Privatisierung kommunaler Aufgaben, Köln 1997, S. 33-52.
Fels (1987): Fels, J.: Zur Privatisierung öffentlicher Unternehmen in Frankreich, in: Die Weltwirtschaft, Heft 2/1987, S. 73-81.
Fély (1999): Fély, Jean: Les nouveaux visages du „bien public", in: Projet, N° 260, décembre 1999, S. 37-45.
Ferret/Portejoie (1998): Ferret, Jean-Pierre; Portjoie, Marie-Laure: Répertoire des entreprises contrôlées majoritairement par l'État, Paris 1998.
Fischer (1996): Fischer, Matthias: Interkulturelle Herausforderungen im Frankreichgeschäft, Wiesbaden 1996.
Fournier (1992): Fournier, Jacques: Légitimité de l'État producteur, l'éthique des entreprises publiques, in: Où va l'État?, sous la direction de Lenoir, R. et al., Paris 1992, S. 220-241.
France Télécom (2000): France Télécom: rapport annuel 1999, Paris 2000.
Frémeaux (1993): Frémeaux, Philippe: 1981-1993: Éléments pour un bilan, in: alternatives économiques, mars 1993, S. 25.
Frisch (2000): Frisch, Alfred: Französische Erfolge und Eigentore, in: Dokumente, Heft 4/2000, 56. Jg., S. 299-304.
Froehly (1999): Froehly, Jean-Pierre: Frankreich globalisiert! Bewegung im Kapitalismus an der Seine, in: Dokumente, Heft 5/1999, 55. Jg., S. 361-371.
— (2000a): Froehly, Jean-Pierre: Wie geht es voran mit der europäischen Verteidigungsindustrie?, in: Dokumente, Heft 1/2000, 56. Jg., S. 55-61.

— (2000b): Froehly, Jean-Pierre: Globale Brücke über den Rhein: Der neue deutsch-französische Kapitalismus, in: Dokumente, Heft 2/2000, 56. Jg., S. 152-163.

Funk (2000): Funk, Lothar: Ein New Economy-Effekt für Deutschland?, in: Wirtschaftsdienst 2000/V, S. 271-276.

Gay/Monnot (1994): Gay, Pierre-Angel; Monnot, Caroline: La dernière vague des privatisations devrait permettre à l'État de boucler son Programme de recapitalisation, in: Le Monde, N° 15436, 13.9.1994, S. 20.

Gélédan (1993): Gélédan, Alain: Le bilan économique des années Mitterrand 1981-1994, 2. éd., Paris 1993.

Gesellschaft für öffentliche Wirtschaft (1994): Gesellschaft für öffentliche Wirtschaft (Stellungnahme des wissenschaftlichen Beirats): Privatisierungsdogma widerspricht Sozialer Marktwirtschaft, in: ZögU, Band 17, Heft 2, 1994, S. 195-215.

Goebel (2000): Goebel, Gert: Das Finanzdesaster um die Sparkasse hat viele Väter, in: Mannheimer Morgen, Nr. 277, 30.11.2000, S. 3.

Goldman Sachs (2000): Goldman Sachs: The International Economics Analyst, volume 15, issue 01, january/february 2000.

Goll (2000): Goll, Gerhard: Rede des EnBW Vorstandsvorsitzenden, Hauptversammlung 2000, Karlsruhe 2000.

Gottschalk (1999): Gottschalk, Wolf: Kommunale Unternehmen zwischen öffentlichem Auftrag und Wettbewerb, in: Stand und Perspektiven der Öffentlichen Betriebswirtschaftslehre, hrsg. von Bräunig und Greiling, Berlin 1999, S. 167-174.

Goujou (2000): Goujou, Pauline: Les Français indifférents à l'euphorie boursière, in: Revue de la Presse, N° 2, février 2000, S. 3.

Gourevitch (1982): Gourevitch, Peter A.: Making choices in France: industrial structure and the politics of economic policy, in: France in the troubled world economy, ed. by Cohen/Gourevitch, London 1982, S. 1-20.

Griotteray (1994): Griotteray, Alain: Mieux privatiser, Paris 1994.

Grossekettler (1999): Grossekettler, Heinz: Kritik der Sozialen Marktwirtschaft aus der Perspektive der Neuen Institutionenökonomik, in: Soll und Haben – 50 Jahre Soziale Marktwirtschaft, hrsg. von Nörr und Starbatty, Stuttgart 1999, S. 53-81.

Grosser (1998): Grosser, Alfred: Deutschland in Europa, Weinheim und Basel 1998.

Guérot (1996): Guérot, Ulrike: Deutschland, Frankreich und die Währungsunion: Einige sorgenvolle Anmerkungen zum Stand einer Diskussion, in: Dokumente, Heft 6/1996, 52. Jg., S. 448-455.

Guillaume (2000): Guillaume, Thomas (Pseudonym): L'économie française à l'aube du XXIe siècle, Paris 2000.

Guski (1988): Guski, Hans-Günther: Privatisierung in Frankreich, Großbritannien und den USA, Köln 1988.

Gutmann (1987): Gutmann, Gernot: Systemvergleich als Forschungsfeld der Wirtschaftswissenschaft – Definitionen, Kriterien und wissenschaftstheoretische Fundierung: Ein Überblick über offene Probleme, in: Methoden und Kriterien des Vergleichs von Wirtschaftssystemen, hrsg. von Gutmann, Berlin 1987, S. 11-52.

Hamdouch (1989): Hamdouch, Abdelilah: L'État d'influence. Nationalisations et privatisations en France, Paris 1989.

Hamer/Gebhardt (1992): Hamer, Eberhard; Gebhardt, Rainer: Privatisierungspraxis – Hilfe zur Umstellung von Staats- auf Privatwirtschaft, Schriftenreihe des Mittelstandsinstituts Niedersachsen, Band 26, 2. Aufl., Essen 1992.

Hamm (1992): Hamm, Walter: Privatisierung – ein Schlüsselproblem freiheitlicher Ordnungen, in: ORDO, Band 43 1992, S. 139-156.

— (2000): Hamm, Walter: „Modernes Regieren", in: FAZ, Nr. 135, 13.6.2000, S. 17.

Hampe/Weber (1999): Hampe, Peter; Weber, Jürgen: Einleitung, in: 50 Jahre Soziale Mark(t)wirtschaft, hrsg. von Hampe und Weber, München 1999, S. 9-16.

Hartwig (1993): Hartwig, Karl-Hans: Privatisierung in Westdeutschland: Vertane Chancen bei der deutschen Wiedervereinigung, in: Privatisierungsstrategien im Systemvergleich, hrsg. von Thieme, Berlin 1993, S. 41-63.

— (1998): Hartwig, Karl-Hans: Der Staat als Unternehmer: Zur Rolle der öffentlichen Unternehmen in der Sozialen Marktwirtschaft, in: 50 Jahre Soziale Marktwirtschaft, hrsg. von Cassel, Stuttgart 1998, S. 651-676.

Hassenstein (1995): Hassenstein, Reinhardt: Kiel investiert Erlöse in die Wirtschaftsförderung, in: Handelsblatt, Nr. 46, 6.3.1995, S. 8.

Hayward (1997): Hayward, Jack: Changing partnerships: firms and the French state, in: Modern & contemporary France, volume 5, N° 2, May 1997, S. 155-165.

— (1998): Hayward, Jack: Moins d'État or mieux d'État: the french response to the neo-liberal challenge, in: The Mitterand years, hrsg. von Maclean, Mairi, Basingstoke 1998, S. 23-35.

Härtel (1999): Härtel, Hans-Hagen: Lehrfall Holzmann AG, in: Wirtschaftsdienst 1999/XII, S. 696.

Heidelberg (1993): Heidelberg, Gerhard: Privatisierungsprogramm soll vollendet werden, in: SZ, Nr. 64, 18.3.1993, S. 26.

Helmer (2000): Helmer, Wolfgang: Streit zwischen Selenz und Preussag beschäftigt auch die Politik, in: FAZ, Nr. 271, 21.11.2000, S. 32.

Hentschel (1999): Hentschel, Volker: Ludwig Erhard – Vater der Sozialen Markwirtschaft Legende oder Wirklichkeit?, in: 50 Jahre Soziale Mark(t)-wirtschaft, hrsg. von Hampe und Weber, München 1999, S. 17-33.

Herrhausen (1990): Herrhausen, Alfred: Denken_Ordnen_Gestalten, Reden und Aufsätze, Berlin 1990.

Herrmann (1996): Herrmann, Rudolf: Das Modell Deutschland wird demontiert, in: Dokumente, Heft 5/1996, 52. Jg., S. 396-399.

Herzlich (1994): Herzlich, Guy: „Une classe dirigeante fermée“, in: Le Monde, L'Economie, N° 15277, 8.3.1994, S. IV.

Hickel (1999): Hickel, Rudolf: Angebotsdoktrin in der Krise: Gründe für die Revitalisierung der keynesschen Makroökonomik, in: 50 Jahre Soziale Mark(t)wirtschaft, hrsg. von Hampe und Weber, München 1999, S. 95-128.

Hoffmann-Martinot/Uterwedde (1995): Hoffmann-Martinot, Vincent; Uterwedde, Henrik: Primauté et adaption graduelle du secteur public en Allemagne, in: Partenariat public-privé et développement territorial, hrsg. von Chatrie und Uhaldeborde, Paris 1995, S. 121-127.

Hornig (1999): Hornig, Frank: Die französische Revolution, in: Der Spiegel, Nr. 38, 20.9.1999, S. 98-100.

Hough (1982): Hough, J.R.: The French Economy, London 1982.

Howarth (1998): Howarth, David: Alternance, continuity and change: economic review of 1997, in: Modern & contemporary France, volume 6, N° 2, May 1998, S. 218-222.

Institut der deutschen Wirtschaft (1999): Institut der deutschen Wirtschaft: Zahlen zur wirtschaftlichen Entwicklung der BRD, Köln 1993.

International Monetary Fund (1999): International Monetary Fund: World economic outlook, Washington 1999.

Izraelewicz (1999): Izraelewicz, Erik: Le capitalisme zinzin, Paris 1999.

Jacquillat (1985): Jacquillat, Bertrand: Désétatiser, Paris 1985.

Jetter (1994a): Jetter, Karl: 30 Männer herrschen über Frankreichs Konzerne, in: FAZ, Nr. 4, 6.1.1994, S. 14.

— (1994b): Jetter, Karl: Frankreichs Unternehmen nutzen die Globalisierung der Märkte, in: FAZ, Nr. 206, 5.9.1994, S. 16.

— (1994c): Jetter, Karl: Frankreichs reprivatisierte Konzerne weiter unter Staatseinfluß, in: FAZ, Nr. 260, 8.11.1994, S. 18.

Jones (1999): Jones, George: The limits of economic dirigisme and collusion, in: Structures of power in modern France, hrsg. von Raymond, Basingstoke 1999.

Juvin (1995): Juvin, Hervé: Les répercussions économiques et financières, in: Les privatisations en France, hrsg. von Dion, Fabrice, Paris 1995, S. 85-122.
Kappler/Grevel (1995): Kappler, Arno; Grevel, Adriane: Facts about Germany, Frankfurt 1995.
Kessedjian/Dion (1995): Kessedjian, Catherine; Dion, Fabrice: Introduction, in: Les privatisations en France, hrsg. von Dion, Fabrice, Paris 1995, S. 7-14.
Klauder (2001): Klauder, Wolfgang: Mit Nachfragepolitik gegen Konjunkturflaute und drohende Weltwirtschaftskrise?, in: Wirtschaftsdienst 2001/X, S. 564-572.
Kläsgen (2000): Kläsgen, Michael: Modell für Deutschland?, in: Die Zeit, Nr. 10, 2.3.2000, S. 19.
Kloepfer (2000): Kloepfer, Inge: Zu retten, was wohl nicht zu retten ist, in: FAZ, Nr. 21, 26.1.2000, S. 17.
Knauss (1993): Knauss, Fritz: Privatisierungs- und Beteiligungspolitik in der Bundesrepublik Deutschland, Baden-Baden 1993.
Knoepfel (2000): Knoepfel, Peter: Mehr Regulierung als Folge der Privatisierungen, in: NZZ, Nr. 186, 12.-13.8.2000, S. 63.
Knödler (2000): Knödler, Hermann: Merkantilistische Vorstellungen im Zeitalter der Globalisierung: Staatliche Förderung von ein- und ausfließenden Direktinvestitionen kleiner und mittlerer Unternehmen?, in: Merkantilismus und Globalisierung, hrsg. von Reinermann und Roßkopf, Schriften zur öffentlichen Verwaltung und öffentlichen Wirtschaft (Band 168), Baden-Baden 2000, S. 51-122.
Kowalsky (1987): Kowalsky, Wolfgang: Frankreichs Privatisierung, in: Lendemains, 12/1987, N° 45, S. 105-114.
König/Benz (1997): König, Klaus; Benz, Angelika: Zusammenhänge von Privatisierung und Regulierung, in: Privatisierung und staatliche Regulierung, hrsg. von König und Benz, Baden-Baden 1997, S. 13-79.
Kraft/Obermann (1990): Kraft, Sabine; Obermann, Gabriel: Frankreich, in: Privatisierung und Deregulierung öffentlicher Unternehmen in westeuropäischen Ländern, hrsg. von Schneider, Friedrich; Hofreither, Markus F., Wien 1990, S. 80-82.
Kral (1995): Kral, Fritz: Alte Vorwürfe gegen Kanther, in: Handelsblatt, Nr. 37, 21.2.1995, S. 5.
Krawinkel (1995): Krawinkel, Hildegunde: Aktien der Stadtwerke sind bei Investoren besonders begehrt, in: Handelsblatt, Nr. 45, 3.-4.3.1995, S. 5.
Kronberger Kreis (1993): Kronberger Kreis (Frankfurter Institut für wirtschaftspolitische Forschung e.V.): Privatisierung auch im Westen, Bad Homburg 1993.
Kuisel (1984): Kuisel, Richard F.: Le capitalisme et l'État en France, Paris 1984.

— (1990): La planification: mythes, tendances, problèmes, in: Modernisation ou décadence, éd. de Cazes, Bernard et Mioche, Philippe, Aix-en-Provence 1990, S. 117-143.

Lampert (1992): Lampert, Heinz: Die Wirtschafts- und Sozialordnung der Bundesrepublik Deutschland, 11. Aufl., München 1992.

Lang (2001): Lang, Volker: Die künftige Rolle kommunaler Unternehmen in der Wasserwirtschaft, in: Wirtschaftsdienst 2001/III, S. 164-169.

Laskine et al. (1994): Laskine, Roland; Lefevre, Dominique; Roux, Jean-Christophe; Turin, Michel: Privatisations: tenez-vous prêts!, in: La vie française, N° 2537, 22.-28.1.1994, S. 41-46.

Lauber (1987): Lauber, Volkmar: Frankreich, in: Gesamtwirtschaftliche Planung in Europa, hrsg. von Chaloupek/Teufelsbauer, Frankfurt 1987, S. 69-112.

Lebaron (2000): Lebaron, Frédéric: La croyance économique – Les économistes entre science et politique, Saint-Amand-Montrond 2000.

Le Cacheux (1986): Le Cacheux, Jacques: La nouvelle macro-économie classique, in: Les cahiers français, N° 228, octobre-décembre 1986, S. 42-44.

— (1990): Le Cacheux, Jacques: Les nouveaux fondements théoriques des politiques économiques, in: Les cahiers français, N° 245, mars-avril 1990, S. 11-16.

Lennings/Späth (1997): Lennings, Manfred; Späth, Heribert: Einführung, in: Privatisierung kommunaler Aufgaben, Köln 1997, S. 5-9.

Lepage (1986): Lepage, Henri: Le mythe du libéralisme sauvage, in: Supplément aux cahiers français, N° 228, octobre-décembre 1986, Notice 6, S. 1-2.

Leser/Monnot (1993): Leser, Eric; Monnot, Caroline: Les huit vertus des privatisations, in: Le Monde, L'Economie, N° 15286, 18.3.1993, S. 32-33.

— (1994): Leser, Eric; Monnot, Caroline: Pseudo-capitalisme à la française, in: Le Monde, L'Economie, N° 15277, 8.3.1994, S. IV.

Letier (2000): Letier, Jérôme: Les privatisations en France, in: http://www.chez.com/bibelec/publications/eco/privatfrance.htm, 30.11.2000.

Lévy-Leboyer/Casanova (1991): Lévy-Leboyer, Maurice; Casanova, Jean-Claude: Entre l'État et le marché, Lonrai 1991.

Lindblom (1980): Lindblom, Charles: Jenseits von Markt und Staat, Stuttgart 1980.

Lösch (2000): Lösch, Dieter: Das Dilemma mit der Rolle des Staates in der Wettbewerbsordnung, in: Wirtschaftsdienst 2000/III, S. 185-192.

Lutz (1977): Lutz, Vera: Plan et marché: fondamentalement antinomiques, in: Les cahiers français, N° 181, mai-juin 1977, S. 15-17.

Maclean (1997): Maclean, Mairi: Privatisation, dirigisme and the global economy: an end to French exceptionalism?, in: Modern & contemporary France, volume 5, N° 2, May 1997, S. 215-228.

Malingre/Mauduit (2001): Malingre, Virginie; Mauduit, Laurent: Privatisation, la nouvelle controverse, in: http://www.lemonde.fr/article/0,4275,2857--131147, 00.html, 21.1.2001.

Massé (1977): Massé, Pierre: L'éloge du Plan, in: Les cahiers français, N° 181, mai-juin 1977, S. 6-8.

Maurer (1995): Maurer, Ursula: Bei Privatisierungen spielt Bayern eine Vorreiterrolle, in: Handelsblatt, Nr. 43, 1.3.1995, S. 6.

Mentré (1992-93): Mentré, Paul: Les privatisations. Bilan et perspectives, in: Commentaire, N° 60, hiver 1992-93, S. 861-869.

— (1994): Mentré, Paul: France et Allemagne: les enjeux industriels, Paris 1994.

Menyesch/Uterwedde (1982): Menyesch, Dieter; Uterwedde, Henrik: Frankreich, Grundwissen Länderkunde, Band 1, Opladen 1982.

Menyesch (1994): Menyesch, Dieter: Gesellschaftssystem und sozialer Wandel, in: Informationen zur politischen Bildung – Frankreich, Bonn 1994, S. 22-35.

Meyer (1986): Meyer, Jean: Le Colbertisme, in: Les cahiers français, N° 228, octobre-décembre 1986, S. 16-17.

Moatti/Gibier (1994): Moatti, Gérard; Gibier, Henri: Y a-t-il une autre politique économique?, in: L'Expansion, N° 476, 18.5.1994, S. 44-50.

Monnier/Bance (1986): Monnier, Lionel; Bance, Philippe: The privatization of public enterprises in France, in: Annalen der Gemeinwirtschaft, Jg. 55/1986, Heft 2, S. 181-204.

Monopolkommission (1998): Monopolkommission: Systemwettbewerb, Baden-Baden 1998.

— (2000): Monopolkommission: Wettbewerb auf Telekommunikations- und Postmärkten?, Baden-Baden 2000.

Morin (1987): Morin, François: Les trois cercles des liaisons financières, in: Le Monde, N° 13264, 17.9.1987, S. 34.

— (1994): Morin, François: Les trois pôles du coeur financier, in: Le Monde, L'Economie, N° 15277, 8.3.1994, S. V.

— (1998): Morin, François: Le modèle français de détention et de gestion du capital, Paris 1998.

Möschel (1997): Möschel, Wernhard: Notwendigkeit und Potentiale der Aufgabenprivatisierung, in: Privatisierung kommunaler Aufgaben, Köln 1997, S. 19-32.

Müller-Armack (1966): Müller-Armack, Alfred: Wirtschaftsordnung und Wirtschaftspolitik, Freiburg im Breisgau 1966.

Müller-Ohlsen (1967): Müller-Ohlsen, Lotte: Wirtschaftsplanung und Wirtschaftswachstum in Frankreich, hrsg. von Erich Schneider, Tübingen 1967.

Münch/Meerwaldt (2002): Münch, Ursula; Meerwaldt, Kerstin: Politikverflechtung im kooperativen Föderalismus, in: Informationen zur politischen Bildung – Frankreich, Bonn 2002, S. 30-38.
Nass (2000): Nass, Klaus Otto: Wer mit dem Zaunpfahl winkt, in: FAZ, Nr.144, 24.6.2000, S. 7.
Neumann/Uterwedde (1986): Neumann, Wolfgang; Uterwedde, Henrik: Industriepolitik: Ein deutsch-französischer Vergleich, Opladen 1986.
Nienhaus (1984): Nienhaus, Volker: Kontroversen um Markt und Plan, Darmstadt 1984.
Noblecourt (1994): Noblecourt, Michel: Le gouvernement engage une 2. vague de privatisations, in: Le Monde, N° 15279, 10.3.1994, S. 15.
Noll (1995): Noll, Reinhold: Brüderle will mit Erlösen Innovationen fördern, in: Handelsblatt, Nr. 47, 7.3.1995, S. 7.
Nonnenmacher (2000): Nonnenmacher, Günther: Wie sich Frankreich wandelt, in: FAZ, Nr. 160, 13.7.2000, S. 1.
Nora (2000): Nora, Dominique: Thomson Multimédia rit, Bull pleure, in: Le nouvel observateur, Nr. 1872, 21.-27.9.2000, S. 98-102.
OCDE (1993): Perspectives économiques de l'OCDE, Paris, 1993.
— (2000): Etudes économiques de l'OCDE, Paris 2000.
OECD (1997): OECD: Comparative Overview of Privatisation Policies and Institutions in OECD Member Countries, in: http://www.oecd.org//daf/corporate-affairs/privatisation/index.htm, 6.9.2000.
— (2000): OECD: Recent Privatisation Trends, in: http://www.oecd.org//daf/corporate-affairs/privatisation/index.htm, 6.9.2000.
Otte (1993): Otte, Max: Allgemeine Wirtschaftspolitik, 3. Aufl., Köln 1993.
o.V. (1986): ohne Verfasser: Contrôle et libération des prix, in: Supplément aux cahiers français, N° 228, octobre-décembre 1986, Notice 8, S. 1-3.
o.V. (1993): ohne Verfasser: Paris reprivatisiert 21 Staatsunternehmen, in: FAZ, Nr. 121, 27.5.1993, S. 15.
o.V. (1994a): ohne Verfasser: Der nächste Privatisierungskandidat heißt Renault, in: FAZ, Nr. 187, 13.8.1994, S. 16.
o.V. (1994b): ohne Verfasser: In Frankreich nimmt die Zahl der Aktionäre zu, in: Börsen-Zeitung, Nr. 212, 3.11.1994, S. 3.
o.V. (1998): ohne Verfasser: Les aides publiques à l'économie en Allemagne, in: Regards sur l'économie allemande, N° 36, mai 1998, S. 26-44.
o.V. (1999a): ohne Verfasser: Redonner la priorité aux entreprises, in: La revue des entreprises, N° 611, mai 1999, S. 44-50.
o.V. (1999b): ohne Verfasser: Jospin verkauft Staatsbeteiligungen gegen seine Überzeugung, in: FAZ, Nr. 241, 16.10.1999, S. 21.

o.V. (1999c): ohne Verfasser: „Den öffentlichen Wohnungsbestand privatisieren“, in: FAZ, Nr. 294, 17.12.1999, S. 53.

o.V. (1999d): ohne Verfasser: L'économie sociale de marché, in: http://perso.wanadoo.fr/droit.economique/letetxte.htm, 24.11.1999.

o.V. (2000a): ohne Verfasser: Eichel: Die Privatisierung stärkt die Wirtschaft, in: FAZ, Nr. 17, 21.2.2000, S. 15.

o.V. (2000b): ohne Verfasser: Projet de loi sur la modernisation et le développement du service de l'électricité, in: http://www.industrie.gouv.fr/accueil.htm, 6.9.2000.

o.V. (2000c): ohne Verfasser: OECD sieht Frankreich in bester Verfassung, in: FAZ, Nr. 155, 7.7.2000, S. 14.

o.V. (2000d): ohne Verfasser: Teure Beamte, träge Politiker, in: http://www.ndrtv.de/panorama/archiv/20000622.html#a5, 7.10.2000.

o.V. (2000e): ohne Verfasser: Die Franzosen proben den Aufstand gegen eine „autistische Ökonomie“, in: FAZ, Nr. 235, 10.10.2000, S. 20.

o.V. (2000f): ohne Verfasser: Öffentliche Unternehmen brauchen harmonisierte Kostenrechnung, in: FAZ, Nr. 74, 28.3.2000, S. 28.

o.V. (2000g): ohne Verfasser: Die Deutsche Post legt den Börsenprospekt vor, in: FAZ, Nr. 247, 24.10.2000, S. 31.

o.V. (2000h): ohne Verfasser: Eichel rechnet mit Verkauf von Flughäfen und anderen Beteiligungen, in: FAZ, Nr. 282, 4.12.2000, S. 17 und 19.

o.V. (2000i): ohne Verfasser: Die hundert größten Unternehmen, in: FAZ, Nr. 152, 4.7.2000, S. U2.

o.V. (2000k): ohne Verfasser: Der Bund hält am Börsengang der Deutschen Post fest, in: FAZ, Nr. 155, 7.7.2000, S. 13.

o.V. (2000l): ohne Verfasser: Neue Spekulationen über die Zukunft des Crédit Lyonnais, in: FAZ, Nr. 129, 5.6.2000, S. 23.

o.V. (2000m): ohne Verfasser: Privatisierung von Thomson Multimédia, in: FAZ, Nr. 218, 19.9.2000, S. 23.

o.V. (2001a): ohne Verfasser: Frankreichs öffentlich-rechtliche Großbank CDC hat sich gespalten, in: FAZ, Nr. 20, 24.1.2001, S. 24.

o.V. (2001b): ohne Verfasser: „Telekommunikationsmarkt weiter regulieren“, in: FAZ, Nr. 45, 22.2.2001, S. 28.

o.V. (2001c): ohne Verfasser: Der Bund will die Mehrheit an der Deutschen Post aufgeben, in: FAZ, Nr. 4, 5.1.2001, S. 11.

Papier (1999): Papier, Hans-Jürgen: Soziale Marktwirtschaft – ein Begriff ohne verfassungsrechtliche Relevanz?, in: Soll und Haben – 50 Jahre Soziale Marktwirtschaft, hrsg. von Nörr und Starbatty, Stuttgart 1999, S. 95-114.

Pascallon (1977): Pascallon, Pierre: La planification: de quoi s'agit-il?, in: Les cahiers français, N° 181, mai-juin 1977, S. 2-5.

Pateau (1992): Pateau, Jacques: Das deutsch-französische Modell, in: Zielsprache französisch, 4/1992.
— (1999): Pateau, Jacques: Die seltsame Alchimie in der Zusammenarbeit von Deutschen und Franzosen, Frankfurt/New York 1999.
Pätzold (1993): Pätzold, Jürgen: Stabilisierungspolitk, Stuttgart 1993.
Pébereau (1987): Pébereau, Michel: La politique économique de la France – les objectifs, Paris 1987.
Peffekoven (1992): Peffekoven, Rolf: Öffentliche Finanzen, in: VKWW, 5. Aufl., München 1992, S. 479-560.
Percebois (1998): Percebois, Jacques: Les relations entre l'État et les entreprises publiques, in: Après-demain, N° 405-406, juin-septembre 1998, S. 5-9.
Perroux (1960): Perroux, François: Le capitalisme, 4. édition, Paris 1960.
Peters (1995): Peters, Hans-Rudolf: Wirtschaftspolitik, München 1995.
Peyrefitte (1978): Peyrefitte, A.: Was wird aus Frankreich, Berlin 1978.
Picht/Uterwedde (1998): Picht, Robert; Uterwedde, Henrik: Europäische Zukunft gestalten – Neue Aufgaben für das Deutsch-Französische Institut, in: Dokumente, Heft 3/1998, 54. Jg., S. 185-192.
Picq (1999): Picq, Jean: Les avatars du service public à la française, in: Projet, N° 260, décembre 1999, S. 47-54.
Poser (1994): Poser, Günther: Wirtschaftspolitik, Stuttgart 1994.
Quinet (1990): Quinet, Emile: La planification française, Paris 1990.
Rachline (1996): Rachline, François: Services publics – économie de marché, Paris 1996.
Rakovsky (1995): Rakovsky, Claude: Services publics et concurrence, in: Les cahiers français, N° 271, mai-juin 1995, S. 61-67.
Rawsthorn (1993): Rawsthorn, Alice: So far the omens are not ideal, in: Financial Times, 24.6.93, S. III.
Redor (1992): Redor, Dominique: The state ownership sector: Lessons from the french experience, in: Privatization in Europe – West and East Experiences, ed. by Targetti, Ferdinando, Worcester 1992, S. 155-165.
Refait (1997): Refait, Michel: Le secteur public en France, Paris 1997.
Renault (2001): Renault: Rapport annuel 1999, in: http://www.renault.fr, 23.2.2001.
Rexrodt (1997): Rexrodt, Günter: Privatisierung kommunaler Aufgaben als Beitrag zur Sicherung des Standortes Deutschland, in: Privatisierung kommunaler Aufgaben, Köln 1997, S. 53-61.
Rittenbruch (1990): Rittenbruch, Klaus: Makroökonomie, 7. Aufl., München/ Wien 1990.
Rosanvallon (1987): Rosanvallon, Pierre: Histoire des idées keynésiennes en France, in: Revue française d'économie, hiver 1987, N° 2, S. 23-54.

— (1990): Rosanvallon, Pierre: L'État en France, Paris 1990.
Rousselot (1992): Rousselot, Michel: L'État ou le secteur public, in: Où va l'État?, Paris 1992, S. 202-219.
Rozenblum (1986): Rozenblum, Serge-Allain: Liberalismus à la française, in: Dokumente, Heft 3/1986, 42. Jg., S. 271-274.
Röpke (1979): Röpke, Wilhelm: Die Lehre von der Wirtschaft, 12. Aufl., hrsg. von Hayek et al., Zürich/Stuttgart 1979.
RWE (2001): RWE: Geschäftsbericht 1999/2000, in: http://www.rwe.de, 23.2.2001.
Saint-Gobain (2001): Saint-Gobain: rapport annuel 1999, in: www.saint-gobain.fr/ra99.html, 5.3.2001.
Samuelson (1955): Samuelson, Paul A.: Volkswirtschaftslehre – Eine Einführung, 2. Aufl., New York 1955.
Saussois (1997): Saussois, Jean-Michel: La fin de l'exception française, in: revue française de gestion, N° 115, septembre-octobre 1997, S. 57-68.
Scharpf (2000): Scharpf, Fritz W.: Der globale Sozialstaat, in: Die Zeit, Nr. 24, 8.6.2000, S. 26-27.
Scherpenberg (1992): Scherpenberg, Jens van: Ordnungspolitik im EG-Binnenmarkt: Auftrag für die politische Union, Baden-Baden 1992.
Schlebusch (2000): Schlebusch, Giselher: Crème de la Crème, in: Verlagsbeilage zur FAZ, Nr. 86, 11.4.2000, S. B3.
Schlecht (1990): Schlecht, Otto: Grundlagen und Perspektiven der Sozialen Marktwirtschaft, Tübingen 1990.
— (1999): Schlecht, Otto: Die Soziale Marktwirtschaft muß erneuert werden – Bilanz und aktuelle Herausforderungen, in: 50 Jahre Soziale Mark(t)-wirtschaft, hrsg. von Hampe und Weber, München 1999, S. 83-94.
Schleyer (1997): Schleyer, Hanns-Eberhard: Schlusswort, in: Privatisierung kommunaler Aufgaben, Köln 1997, S. 62-65.
Schmalen (1992): Schmalen, Helmut: Grundlagen und Probleme der Betriebswirtschaft, 8. Aufl., Köln 1992.
Schmid (1992): Schmid, Klaus-Peter: Abschied von Colbert? Frankreich und der europäische Binnenmarkt, in: Frankreich Jahrbuch 1992, Opladen 1992, S. 67-77.
— (1994a): Schmid, Klaus-Peter: Flaggschiffe unter Beschuß, in: Die Zeit, Nr. 39, 23.9.1994, S. 48.
— (1994b): Schmid, Klaus-Peter: Ideen statt Subventionen, in: Die Zeit, Nr. 44, 28.10.1994, S. 35.
Schmidt (1996): Schmidt, Vivien: From state to market?, Cambridge 1996.

— (1997): Schmidt, Vivien: Running on empty: the end of dirigisme in French economic leadership, in: Modern & contemporary France, volume 5, N° 2, May 1997, S. 229-241.
Schmidt et al. (1983): Schmidt, B.; Doll, J.;Fekl, W.; Loewe, S.: Planification, in: Grundlagen der Romanistik, Frankreich-Lexikon, Band II, S. 182-187, Berlin 1983.
Schnitzler (2000): Schnitzler, Lothar: Bessere Zahlen, in: Wirtschaftswoche, Nr. 14, 30.3.2000, S. 18-21.
Schoser (2000): Schoser, Franz: Deutsche und französische Internationalisierungsstrategien, in: Dokumente, Heft 2/2000, 56. Jg., S. 148-151.
Schürmann (1995): Schürmann, Jürgen: Gemeinwohl nur Alibi für einen Privatisierungsstopp, in: Handelsblatt, Nr. 59, 23.3.1995, S. 8.
Schwenn (2000): Schwenn, Kerstin: Geschützt im Wettbewerb, in: FAZ, Nr. 96, 25.4.2000, S. 17.
Seeliger (2000): Seeliger, Andreas: Ist die Verbändevereinbarung zur Stromnetznutzung gescheitert?, in: Wirtschaftsdienst 2000/XI, S. 661-665.
Seidel (1993): Seidel, Martin: EG-Binnenmarkt und öffentliche Unternehmen, in: Die europäische Integration als ordnungspolitische Aufgabe, hrsg. von Gröner und Schüller, Stuttgart 1993, S. 343-358.
Seifert/Voth (2000): Seifert, Werner G.; Voth, Hans-Joachim: Tafelsilber zu Pflugscharen?, in: FAZ, Nr. 214, 17.5.2000, S. 34.
Sicot (1994): Sicot, Dominique: Secteur public: quel rôle?, in: Problèmes économiques, N° 2362, 9.2.1994, S. 22-23.
Siebert (2000): Siebert, Horst: Einführung in die Volkswirtschaftslehre, 13. Aufl., Stuttgart 2000.
Siebke (1992): Siebke, Jürgen: Preistheorie, in: VKWW, 5. Aufl., München 1992, Band 2, S.63-121.
Siegele (1994): Siegele, Ludwig: Geschlossene Gesellschaft, in: Die Zeit, Nr. 38, 16.9.1994, S. 37-38.
Sinz (1999): Sinz, Dagmar: Electricité de France (EDF), in: Dokumente, Heft 5/1999, 55. Jg., S. 377-378.
Smith (1974): Smith, Adam: Der Wohlstand der Nationen, übertragen aus dem Englischen nach der 5. Aufl. London 1789, München 1974.
Smith (1990): Smith, W. Rand: Nationalizations for what? Capitalist power and public enterprise in Mitterrand's France, in: Politics and Society, Los Altos (California), S. 75-99.
Spiegel (1999): Spiegel: Almanach `99, Spiegel Buchverlag, Hamburg 1999.
Steinacker/Westphal (1985): Steinacker, Max; Westphal, Andreas: Sozialistische Wirtschaftspolitik in Frankreich. Projet socialiste und sozialdemokratische Modernisierung der Volkswirtschaft, Berlin 1985.

Steiner (1994): Steiner, Jürgen: Defekte einer polarisiert geführten Diskussion, in: Handelsblatt, Nr. 136, 18.7.1994, S. 22.

Stoffaës (1986a): Stoffaës, Christian: Postscript, in: French Industrial Policy, ed. by Adams and Stoffaës, Washington 1986, S. 198-210.

— (1986b): Stoffaës, Christian: L'économie de l'offre, in: Les cahiers français, N° 228, octobre-décembre 1986, S. 45.

— (1989): Stoffaës, Christian: Von den großen Entwürfen zum pragmatischen Fortschritt, in: Dokumente, Heft 2/1989, 45. Jg., S. 133-138.

— (1995): Stoffaës, Christian: Services publics – question d'avenir, Paris 1995.

Stoltenberg (1984): Stoltenberg, Gerhard: Privatisierung von Bundesunternehmen – Ein Beitrag zur Erneuerung der Sozialen Marktwirtschaft, in: Wirtschaftsdienst 1984/II, S. 59-62.

Streit (1991): Streit, Manfred E.: Theorie der Wirtschaftspolitik, 4. Aufl., Düsseldorf 1991.

Suleiman (1990): Suleiman, Ezra N.: The politics of Privatization in Britain and France, in: The political economy of public sector reform and privatization, ed. by Suleiman and Boulder, Colorado 1990, S. 111-183.

Tanzi (2000): Tanzi, Vito: Flux et reflux de l'action économique de l'État, in: Problèmes économiques, N° 2653, février 2000, S. 28-32.

Tartler (1995): Tartler, Jens: NRW verfügt nur über wenig „Tafelsilber", in: Handelsblatt, Nr. 63, 29.3.1995, S. 5.

Thiel (1984): Thiel, Eberhard: Privatisierung und Verstaatlichung, in: Wirtschaftsdienst 1984/I, S. 2-3.

Thieme (1992): Thieme, Jörg H.: Wirtschaftssysteme, in: VKWW, 5. Aufl., München 1992, S. 1-48.

Thiemeyer (1986): Thiemeyer, Theo: Privatisierung. Zur Vielfalt der Verwendungsweisen des Wortes in einer internationalen wirtschaftstheoretischen Diskussion, in: Annalen der Gemeinwirtschaft, 55. Jg., Heft 2/1986, S. 141-152.

— (1987): Thiemeyer, Theo: Öffentliche Bindung, Deregulierung, Privatisierung, in: Öffentliche Unternehmen und ökonomische Theorie, hrsg. von Thiemeyer, Theo, Baden-Baden 1987, S. 95-113.

Thiemeyer (1999): Thiemeyer, Guido: Wie die Geschichte die Gegenwart prägt, in: Damals 1/1999, S. 38-40.

Uhlmann (1995): Uhlmann, Reinhard: Verkäufe brachten Waigel Erlöse in Milliardenhöhe, in: Handelsblatt, Nr. 36, 20.2.1995, S. 6.

Uterwedde (1979): Uterwedde, Henrik: „Soziale Marktwirtschaft à la française. Die Wirtschaftspolitik Raimond Barres", in: Dokumente, 35. Jg., März 1979, S. 66-71.

— (1987a): Uterwedde, Henrik: Sozialistische Wirtschaftspolitik in Frankreich 1981-1985: Modernisierung der Volkswirtschaft und des Sozialismus?, in: Zeitschrift für Politik, 34. Jg., März 1987, S. 56-75.
— (1987b): Uterwedde, Henrik: Die „liberale" Wende in der Wirtschaft Frankreichs, in: Dokumente, Heft 4/1987, 43. Jg., S. 253-258.
— (1988a): Uterwedde, Henrik: Bilanz der Wirtschaftspolitik Chiracs, in: Dokumente, Heft 1/1988, 44. Jg., S. 16-20.
— (1988b): Uterwedde, Henrik: Die Wirtschaftspolitik der Linken in Frankreich. Programme und Praxis 1974-1986, Frankfurt/New York 1988.
— (1990): Uterwedde, Henrik: Rocards Wirtschaftspolitik: glanzloser Kurs des Ausgleichs, in: Dokumente, Heft 5/1990, 46. Jg., S. 387-392.
— (1993a): Uterwedde, Henrik: Eine neue Wirtschaftspolitik für Frankreich nach der Wahl?, in: Dokumente, Heft 1/1993, 49. Jg., S. 10-16.
— (1993b): Uterwedde, Henrik: Französische Wirtschaftspolitik in den 90er Jahren, in: Aus Politik und Zeitgeschichte, Nr. B32, 6.8.1993, S. 3-9.
— (1994): Uterwedde, Henrik: Nationalisierungen, Privatisierungen und die Zukunft der Industrie, in: Dokumente, Heft 2/1994, 50. Jg., S. 99-105.
— (1995): Uterwedde, Henrik: Eine neue Wende in der Wirtschaftspolitik? – Optionen und Spielräume des neuen Präsidenten, in: Dokumente, Heft 3/1995, 51. Jg., S. 190-195.
— (1996a): Uterwedde, Henrik: Privatisierungspolitik in Frankreich, in: aktuelle frankreich analysen, Nr. 4, Oktober 1996, Ludwigsburg 1996.
— (1996b): Uterwedde, Henrik: Abschied von den Illusionen? – Wirtschafts- und Sozialpolitik in der Ära Chirac, in: Dokumente, Heft 3/1996, 52. Jg., S. 192-198.
— (1997a): Uterwedde, Henrik: Ein neuer Weg aus der Krise? – Wirtschaftspolitische Perspektiven der Linksregierung, in: Dokumente, Heft 4/1997, 53. Jg., S. 280-287.
— (1997b): Uterwedde, Henrik: Wirtschaft, in: Grundwissen Politik, Band 19, hrsg. von Czada, Simonis, von Alemann, Opladen 1997, S. 115-188.
— (1998a): Uterwedde, Henrik: Frankreich nach den Präsidentschaftswahlen: Chancen und Grenzen des Wandels, in: Europa eine Seele geben...., hrsg. von Hüchtermann, Jörger, Mötter, Köln 1998, S. 38-45.
— (1998b): Uterwedde, Henrik: Wirtschaftliche Ängste und ihre Hintergünde, in: Dokumente, Heft 1/1998, 54. Jg., S. 16-23.
— (1998c): Uterwedde, Henrik: Neue Gemeinsamkeiten in der Wirtschafts- und Sozialpolitik?, in: Dokumente, Heft 6/1998, 54. Jg., S. 449-455.
— (1999a): Uterwedde, Henrik: Abschied vom französischen Modell? Staat und Wirtschaft im Wandel, in: Länderbericht Frankreich, hrsg. von Christadler, Uterwedde, Opladen 1999, S. 201-227.

— (1999b): Uterwedde, Henrik: Dritter Weg, Neue Mitte, Sozialismus à la française: Das Schröder-Blair-Papier und seine Folgen, in: Dokumente, Heft 4/1999, 55. Jg., S. 274-276.
— (2000a): Uterwedde, Henrik: Erfolg weckt Begehrlichkeiten, in: Verlagsbeilage zur FAZ, Nr. 86, 11.4.2000, S. B1.
— (2000b): Uterwedde, Henrik: Erfolgreiche Bilanz – Ungewisse Zukunft, in: Dokumente, Heft 5/2000, 56. Jg., S. 388-395.
Van Miert (1999): Van Miert, Karel: Wettbewerbspolitik, Liberalisierung und Privatisierung, in: Erfahrungen mit Privatisierungen von Monopolunternehmen, Köln 1999, S. 5-16.
VEBA-Viag (2000): VEBA; Viag: Die Fusion, Düsseldorf und München 2000.
Vernholes (1988): Vernholes, Alain: Le libéralisme au prix fort, in: Le Monde, N° 13354, 5.1.1988, S. 33.
Voisin (1995): Voisin, Colette: Les entreprises publiques aujourd'hui: nationalisations, privatisations, marché unique, in: Les cahiers français, N° 271, mai-juin 1995, S. 55-60.
Von Arnim (1999): von Arnim, Hans Herbert: Ist der Reformstau jetzt vorbei? Von der Handlungs(un)fähigkeit der Politik, in: Stand und Perspektiven der Öffentlichen Betriebswirtschaftslehre, hrsg. von Bräunig und Greiling, Berlin 1999, S. 297-312.
Von Loesch (1997): von Loesch, Achim: Privatisierung – Kommunalisierung, in: ZögU, Band 20, Heft 2, 1997, S. 222-225.
Von Weizsäcker (1988): von Weizsäcker, Carl Christian: Deregulierung und Privatisierung als Ziel und Instrument der Ordnungspolitik, in: Deregulierung und Privatisierung, hrsg. von Otto Vogel, Köln 1988, S. 11-20.
Von Weizsäcker (2000): von Weizsäcker, Robert: Mit Selbstbindung zum kleineren Schuldenberg, in: FAZ, Nr. 222, 23.9.2000, S. 15.
Völmicke (1996): Völmicke, Christine: Privatisierung öffentlicher Leistungen in Deutschland, Frankfurt am Main 1996.
Wagener/Flintz/Freudenthaler (1999): Wagener, Monika; Flintz, Detlef; Freudenthaler, Horst: Edmund Stoibers Geldvernichtung in Milliardenhöhe, in: http://www.wdr.de/tv/monitor/archiv/1999/09/30b.rtf, 7.10.2000.
Weber (1957): Weber, Fritz S.: Kompendium der Nationalökonomie, 4. Aufl., Düsseldorf 1957.
Weber (2001): Weber, Frank Paul: Les Länder allemands défendent les services de proximité, in: http://www.latribune.fr/Archives/ArchivesProxy.nsf/Search Simple/720188F0B6BC3F8AC125699D007F0CA8?OpenDocument&highlight=2, privatisations, 21.1.2001.

Weidenfeld/Wessels (1995): Weidenfeld, Werner; Wessels, Wolfgang: Europa von A-Z, Bonn 1995.

Wellenstein (1992): Wellenstein, Andreas: Privatisierungspolitik in der Bundesrepublik Deutschland: Hintergründe, Genese und Ergebnisse am Beispiel des Bundes und vier ausgewählter Bundesländer, Frankfurt 1992.

Wermuth (1995): Wermuth, Dieter: Allemagne: des réalisations pragmatiques, in: Les privatisations en France, hrsg. von Dion, Fabrice, Paris 1995, S. 123-138.

Werner (1990): Werner, Georg: Bessere Berichterstattung des Staates über seinen Unternehmensbesitz, hrsg. vom Karl-Bräuer-Institut des Bundes der Steuerzahler, Bonn 1990.

Wetter (1995): Wetter, Wolfgang: Ordnungs- und strukturpolitische Anforderungen beim Aufbau der Europäischen Wirtschafts- und Währungsunion, Baden-Baden 1995.

Willms (1992): Willms, Manfred: Strukturpolitik, in: VKWW, 5. Aufl., München 1992, S. 371-404.

Woll (1984): Woll, Artur: Weniger Staat als Gebot der Stunde, in: Wirtschaftsdienst 1984/I, S. 11-14.

— (1990): Woll, Artur: Allgemeine Volkswirtschaftslehre, 10. Aufl., München 1990.

Wright (1997): Wright, Vincent: Introduction: la fin du dirigisme?, in: Modern & contemporary France, volume 5, N° 2, May 1997, S. 155-165.

Yarrow (1986): Yarrow, George: Privatization in theory and practice, in: Economic Policy, Volume 2-3, Cambridge 1986.

Yergin/Stanislaw (1999): Yergin, Daniel; Stanislaw, Joseph: Staat oder Markt, Frankfurt 1999.

Zettelmeier (1994): Zettelmeier, Werner: Universitäre Lehre im Wandel: Das Beispiel der „gestion“, Manuskript zum Frankreich-Jahrbuch 1994, Ludwigsburg 1994.

Ziebura (1989): Ziebura, Gilbert: Frankreich: Umrisse eines neuen Wachstumsmodells?, in: Aus Politik und Zeitgeschichte, Nr. B39, 22.9.1989, S. 3-13.

Zinn (1984): Zinn, Karl-Georg: Privatisierung von Bundesunternehmen – Privatisierung – eine öffentliche Angelegenheit, in: Wirtschaftsdienst 1984/II, S. 65-67.

Mikko Klein

Die Privatisierung der Sparkassen und Landesbanken

Begründungen, Probleme und Möglichkeiten aus ökonomischer und rechtlicher Perspektive

Frankfurt am Main, Berlin, Bern, Bruxelles, New York, Oxford, Wien, 2003.
273 S., 8 Abb., zahlr. Tab.
Europäische Hochschulschriften: Reihe 5, Volks- und Betriebswirtschaft.
Bd. 2994
ISBN 3-631-51345-3 · br. € 45.50*

In dieser Arbeit geht es um die Privatisierung der Sparkassen und Landesbanken. Dargestellt werden zunächst die institutionellen Grundlagen dieser Kreditinstitute sowie das Spannungsfeld zwischen Gewinnerzielung und Gemeinnützigkeit, das sich aus ihrem Zielsystem ergibt. Die darauf aufbauende Analyse beschränkt sich nicht nur auf die (prinzipiell zu bejahende) Frage, ob Sparkassen und Landesbanken privatisiert werden sollten, sondern wendet sich auch den tatsächlichen Möglichkeiten einer Privatisierung unter Berücksichtigung der Verbundeinheit der Sparkassenorganisation zu. Im Mittelpunkt stehen dabei die gegebenen ökonomischen, interessenpolitischen und rechtlichen Restriktionen. Die Ergebnisse zeigen, daß eine partielle Öffnung der Sparkassen und Landesbanken möglich ist und sowohl volks- als auch betriebswirtschaftliche Vorteile bieten kann.

Aus dem Inhalt: Sparkassen und Landesbanken als Teil des öffentlich-rechtlichen Geschäftsbankensektors · Sparkassen und Landesbanken im Spannungsfeld zwischen Gewinnerzielung und Gemeinnützigkeit · Möglichkeiten und Grenzen der Privatisierung der Sparkassen und Landesbanken · Ein Modell zur Teilprivatisierung der Sparkassen und Landesbanken

Frankfurt am Main · Berlin · Bern · Bruxelles · New York · Oxford · Wien
Auslieferung: Verlag Peter Lang AG
Moosstr. 1, CH-2542 Pieterlen
Telefax 00 41 (0) 32 / 376 17 27

*inklusive der in Deutschland gültigen Mehrwertsteuer
Preisänderungen vorbehalten

Homepage http://www.peterlang.de

www.fsc.org

MIX

Papier | Fördert gute Waldnutzung

FSC® C083411

Kolibri 360 GmbH
Ferdinand-Jühlke-Straße 7
99095 Erfurt, Deutschland
produktsicherheit@kolibri360.de

Druck:
CPI Druckdienstleistungen GmbH
im Auftrag der
Kolibri 360 GmbH
Ferdinand-Jühlke-Str. 7
99095 Erfurt